本书为肖文评主持教育部社会科学司项目《晚清民国时期粤东北客家侨乡民间文献收集整理与研究》（项目批准号：18YJA770017）的阶段性成果。

本丛书出版得到以下研究机构和项目经费资助:

嘉应学院客家研究院

梅州市客家研究院

中国侨乡(梅州)研究中心

广东客家文化普及与研究基地

广东省特色重点学科"客家学"建设经费

嘉应学院第五轮重点学科"中国史"建设经费

广东省客家文化研究基地—嘉应学院客家研究院

广东省非物质文化遗产研究基地—嘉应学院客家研究院

理论粤军 · 广东地方特色文化研究基地—客家文化研究基地

广东省普通高校人文社会科学省市共建重点研究基地—嘉应学院客家研究院

客家学研究丛书

第八辑

侨乡的起源

梅州海外移民与文化研究

魏明枢 著

暨南大学出版社
JINAN UNIVERSITY PRESS

中国·广州

图书在版编目（CIP）数据

侨乡的起源：梅州海外移民与文化研究/魏明枢著. —广州：暨南大学出版社，2023.8
（客家学研究丛书. 第八辑）
ISBN 978 - 7 - 5668 - 3588 - 8

Ⅰ. ①侨…　Ⅱ. ①魏…　Ⅲ. ①华人—移民—研究—梅州　Ⅳ. ①D634.3

中国版本图书馆 CIP 数据核字（2022）第 254623 号

侨乡的起源：梅州海外移民与文化研究
QIAOXIANG DE QIYUAN：MEIZHOU HAIWAI YIMIN YU WENHUA YANJIU
著　者：魏明枢

出 版 人：张晋升
策划编辑：杜小陆　刘宇韬
责任编辑：刘宇韬
责任校对：苏　洁　陈慧妍　黄子聪
责任印制：周一丹　郑玉婷

出版发行：暨南大学出版社（511443）
电　　话：总编室（8620）37332601
　　　　　营销部（8620）37332680　37332681　37332682　37332683
传　　真：（8620）37332660（办公室）　37332684（营销部）
网　　址：http：//www.jnupress.com
排　　版：广州良弓广告有限公司
印　　刷：佛山市浩文彩色印刷有限公司
开　　本：787mm×960mm　1/16
印　　张：24.25
字　　数：350 千
版　　次：2023 年 8 月第 1 版
印　　次：2023 年 8 月第 1 次
定　　价：98.00 元

总　序

　　客家文化以其语言、民俗、音乐、建筑等方面的独特性，尤其是客家人在海内外社会经济发展中的突出贡献，引起了历史学、人类学、民俗学和语言学等诸多学科领域内学者的关注。而随着西方人文学科理论和研究方法在 20 世纪初传入我国，客家历史与文化研究也逐渐进入科学规范的研究行列，并相继出现了一批具有开创性的研究成果。1933 年，罗香林《客家研究导论》的出版，标志着客家研究进入了现代学术研究的范畴。20 世纪 80 年代以来，著作、论文等研究成果的推陈出新，也在呼吁学界能够设立专门的学科并规范客家研究的科学范式。

　　作为国内较早成立的专门从事客家研究的机构，嘉应学院客家研究院用二十五载的岁月，换来了客家研究成果在数量上空前的增长，率先成为客家学研究的重要阵地，也引起了国内外学术界的高度关注。但若从质的维度来看，当前的客家研究还面临一系列有待思考及解决的问题：客家学研究的主题有哪些？哪些有意义，哪些纯粹是臆测？这些主题产生的背景是什么？它们是如何通过社会与历史的双重作用，而产生某些政治、经济乃至文化权力的诉求与争议的？当代客家研究如何紧密结合地方社会发展的需要，又如何与国内外其他学科对话与交流？诸如此类的疑惑，需要从理论探索、田野实践和学科交叉等层面努力，以理论对话和案例实证作为手段，真正实现跨区域和多学科的协同创新。

一、触前沿：客家学研究的理论探索

当前的客家学研究主要分布在人文社会科学的诸多学科范围之内，所以开展卓有成效的客家研究自然需要敢于接触不同学科领域的学术理论。比如，社会学科先后出现过福柯的权力理论、布尔迪厄的实践理论、吉登斯的结构化理论、鲍曼的风险社会理论、哈贝马斯的沟通行动理论、卢曼的系统理论、科尔曼的理性选择理论和亚历山大的文化社会学理论。社会科学研究经常需要涉及的热点议题，在客家研究中同样不可回避，比如社会资本、新阶层、互联网、公共领域、情感与身体、时间与空间、社会转型和世界主义。再比如，社会学关于移民研究的推拉理论、人类学对族群研究的认同与边界理论以及社会转型与文化变迁的机制，都可以具体应用到客家研究上，并形成理论对话而提升客家研究的高度。在研究方法上，人文社会科学提倡的建模、机制与话语分析、文化与理论自觉等前沿手段，都可以遵循"拿来主义"的原则为客家研究所用。

可以说，客家研究要上升为独具特色的独立学科，首先要解决的便是理论对话和科学研究的范式问题。客家学作为一门融会了众多社会人文学科的综合性学科，既不是客家史，也不是客家地区政治、经济、文化等内容的汇编或整合，而是一门以民族学基础理论为基础，又比民族学具有更多独特特征、丰富内容的学科。不可否认的是，客家研究具有自身独特的学术传统，但要形成自身的理论构架和研究方法，若离开历史学、文献学、考古学、人类学、语言学、社会学、民俗学等诸多学科理论的支撑，显然就是痴人说梦。要在这方面取得成绩，则非要长期冷静、刻苦、踏实、认真潜心研究不可。如若神不守舍、心动意摇，就会跑调走板、贻笑大方。在不少人汲汲于功名、切切于利益、念念于职位的当今，专注于客家研究的我们似乎有些另类。不过，不管是学者应有的社会良知与独立人格，还是人文学科秉持的历史责任与独立思考的精神，都激励我们坚持实事求是的原则，在触碰前沿理论上不断探索，以积累学科发展所需的坚实理论。

要做到这一点，就得潜下心来大量阅读国内外学术名著，了解前沿理论的学术进路和迁移运用，使客家研究能够进入国际学术研究对话的行列。

二、接地气：客家研究的田野工作

学科发展需要理论的建设与支撑，更离不开学科研究对象的深入和扩展，而进入客家人生活的区域开展田野工作，借助从书斋到田野再回到书斋的螺旋式上升的研究路径，客家研究才能做到"既仰望星空又能接地气"，才能厚积薄发。

人类学推崇的田野工作要求研究者通过田野方法收集经验材料的主体，客观描述所发现的任何事情并分析发现结果。[①] 田野工作的目标要界定并收集到自己足以真正控制严格的经验材料，所以需要充分发挥参与观察、深度访谈和问卷调查的手段。从学科建设和学科发展的角度，客家族群的分布和文化多元特征，决定了客家研究对田野调查的依赖性。这就要求研究者深入客家乡村聚落，采用参与观察、个别访谈、开座谈会、问卷调查等方法调查客家民俗节庆、方言、歌谣等，收集有关客家地区民间历史与文化丰富性及多样性的资料。

而在客家文献资料采集方面，田野工作的精神同样适用。一方面，文献资料可以增加研究者对客家文化的理解，还可以对研究者的学术敏感和问题意识产生积极影响；另一方面，田野工作既增加了文献资料的来源，又能提供给研究者重要的历史感和文化体验，也使得文献的解读可以更加符合地方社会的历史与现实。譬如，到图书馆、档案馆等公藏机构及民间广泛收集对客家文化、客家音乐、客家方言等有所记载的正史、地方志、文集、族谱及已有的研究成果等。田野调查需要入村进户，因此从具有深

---

① 埃里克森. 什么是人类学 [M]. 周云水，吴攀龙，陈靖云，译. 北京：北京大学出版社，2013：65 – 67.

厚文化传统的客家古村落入手，无疑可以取得事半功倍的效果。

在客家地区开展田野调查，需要点面结合才能形成质量上乘的多点民族志。20 世纪 90 年代，法国人类学家劳格文与广东嘉应大学（2000 年改名为嘉应学院）、韶关大学（2000 年改名为韶关学院）、福建省社会科学院、赣南师范学院、赣州市博物馆等单位合作，开展"客家传统社会"的系列研究。他在长达十多年的时间里，辗转于粤东、闽西、赣南、粤北等地，深入乡镇村落，从事客家文化的田野调查。到 2006 年，这些田野调查的成果汇集出版了总计 30 余册的"客家传统社会"丛书，不仅集中地描述客家地区传统民俗与经济，还具体地描述了传统宗族社会的形成、发展和具体运作及其社会影响。

2013 年以来，嘉应学院客家研究院选择了多个历史悠久、文化底蕴深厚的古村落，以研究项目的形式开展田野作业，要求研究人员采用参与观察、深度访谈、文献追踪等方法，对村落居民的源流、宗族、民间信仰、习俗等民间社会与文化的形成与变迁进行深入的分析和研究，形成对乡村聚落历史文化发展与变迁的总体认识。在对客家地区文化进行个案分析与研究的基础上，再进行跨区域、跨族群的文化比较研究，揭示客家文化的区域特征，进而梳理客家社会变迁和文化发展过程。

闽粤赣是客家聚居的核心区域，很多风俗习惯都能够找到相似的元素。就每年的元宵习俗而言，江西赣州宁都有添丁炮、石城有灯彩，而到了广东的兴宁市和河源市和平县，这一习俗则演变为"响丁"，花灯也成了寄托客家民众淳朴愿望的符号。所以，要弄清楚相似的客家习俗背后有何不同的行动逻辑，就必须用跨区域的视角来分析。这一源自田野的事例足以表明田野调查对客家学研究的重要性。

无论是主张客家学学科建设应包括客家历史学、客家方言学、客家家族文化、客家文艺、客家风俗礼仪文化、客家食疗文化、客家宗教文化、华侨文化等，① 还是认为客家学的学科体系要由客家学导论、客家民系学、客家历史学、客家方言学、客家文化人类学、客家民俗学、客家民间文学、客家学研究发展史八个科目为基础来构建，客家研究都无法回避研究对象的固有特征——客家人的迁徙流动而导致的文化离散性，所以在田野调查时更强调追踪研究和村落回访②。只有夯实田野工作的存量，文献资料的采集才可能有溢出其增量的效益。

三、求创新：客家研究的学科交叉

学问的创新本不是一件易事，需要独上高楼，不怕衣带渐宽，耐得住孤独寂寞，一往无前地上下求索。客家研究更是如此，研究者需要甘居边缘、乐于淡泊、自守宁静的治学态度——默默地做自己感兴趣的学问，与两三同好商量旧学、切磋疑义、增益新知。

客家研究要创新，就需要综合历史学、人类学、语言学、音乐学、社会学等学科理论和方法，对客家民俗、客家方言、客家音乐等进行综合分析和研究，以学科交叉合作的研究方式，形成对客家族群全面的、客观的总体认识。

客家族群作为中华民族共同体的一个重要支系，在其形成和发展过程中融合多个山区民族的文化，形成独具特色的文化体系。建立客家学学科，科学地揭示客家族群的个性和特殊性，可以加深和丰富对中华民族的认识。用客家人独特的历史、民俗、方言、音乐等本土素材，形成客家学体系并进一步建构客家学学科，将有助于促进中国人文社会科学本土化的发展，从而为中国人文社会科学的发展和繁荣作出应有的贡献。客家人遍布海内外 80 多个国家和地区，客家华侨华人 1 000 余万，每年召开一次世

① 张应斌. 21 世纪的客家研究：关于客家学的理论建构 [J]. 嘉应大学学报，1996（10）：71 - 77.

② 科塔克. 文化人类学：欣赏文化差异 [M]. 周云水，译. 北京：中国人民大学出版社，2012：457 - 459.

界性的客属恳亲大会，在全世界华人中具有重要影响。粤东梅州是全国四大侨乡之一，历史遗存颇多，文化积淀深厚，华侨成为影响客家社会历史和文化发展的重要因素。建立客家学学科，将进一步拓宽华侨华人研究领域，有助于华侨华人与侨乡研究的深入发展。

在当前客家学研究成果积淀日益丰厚、客家研究日益受到社会各界重视的情况下，总结以往研究成果，形成客家学学科理论和方法，构建客家学学科体系，成为目前客家学界非常紧迫而又十分重要的任务。

嘉应学院客家研究院敢啃硬骨头，在总结以往研究成果的基础上，完成目前学科建设条件已初步具备的客家文化学、客家语言文字学、客家音乐学等的论证和编纂，初步建构客家学体系的分支学科。具体而言，客家文化学探讨客家文化的历史、现状和未来并揭示其发生、发展规律，分析客家族群的物质文化、制度文化和精神文化的产生、发展过程及其特征。客家语言文字学探讨客家方言的语音、词汇、语法、文字等的特征，展示客家语言文字的具体内容及其社会意义。客家音乐学探讨客家山歌、汉剧、舞蹈等的发生、发展及其特征，揭示客家音乐的具体内容和社会意义。

客家族群是汉民族的一个支系，研究时既要注意到汉文化、中华文化的普遍性，又要注意到客家文化的独特性，体现客家文化多元一体的属性。客家学研究的对象，决定客家学是一门融合历史学、民俗学、方言学、音乐学、社会学等众多社会人文学科的综合性学科。如何形成跨学科的客家学研究理论与方法，是客家研究必须突破的重要问题。唯有明确客家学研究的基本概念、理论和方法，并通过广泛的田野调查和深入的个案研究，广泛收集关于客家文化、客家方言、客家音乐等各种资料，从多角度进行学科交叉合作的分析和研究，才能实现创新和发展。

嘉应学院地处海内外最大的客家人聚居地，具有开展客家学研究得天独厚的地缘优势。1989 年，嘉应学院的前身嘉应大学率先在全国建立了专门性的校级客家研究机构——客家研究所。2006 年 4 月，以客家研究所为基础，组建了嘉应学院客家研究院、梅州市客家研究院。因研究成果突出、社会影响大，2006 年 11 月，客家研究院被广东省社会科学界联合会评为"广东省客家文化研究基地"；2007 年 6 月，被广东省教育厅评为"广东省普通高校人文社会科学省市共建重点研究基地"。之后其又被广东省委宣传部、广东省社会科学院评为"广东地方特色文化研究基地——客家文化研究基地"，被广东省文化厅评为"广东省非物质文化遗产研究基地"，被广东省教育厅评为"广东省粤台客家文化传承与发展协同创新中心"；还经国家民政部门批准，在国家一级学会"中国人类学民族学研究会"下成立了"客家学专业委员会"。

2009 年 8 月，在昆明召开的第 16 届国际人类学大会上，客家研究院成功组织"解读客家历史与文化：文化人类学的视野"专题研讨会，初步奠定了客家研究国际化的基础。2012 年 12 月，客家研究院召开了"客家文化多样性与客家学理论体系建构国际学术研究会"，基本确立了客家学学科建设的基本途径和主要方法。另外，1990 年以来，嘉应学院客家研究院坚持每年出版两期《客家研究辑刊》（现已出版 45 期），不仅刊载具有理论对话和新视角的论文，也为未经雕琢的田野报告提供发表和交流的平台。自 1994 年以来，客家研究院承担国家社会科学基金项目 2 项，广东省哲学社会科学规划项目等 20 余项，出版《客家源流探奥》① 等著作 50 余部，其中江理达等的著作《兴宁市总体发展战略规划研究》② 获广东省哲学社会科学优秀成果一等奖，肖文评的专著《白堠乡的故事——地域史脉络下的乡村建构》③ 获广东省哲学社会科学优秀成果二等奖，房学嘉的专著《粤东客家生态与民俗研究》④ 获广东省哲学社会科学优秀成果三等奖。

① 房学嘉. 客家源流探奥 ［M］. 广州：广东高等教育出版社，1994.
② 邱国锋，江理达. 兴宁市总体发展战略规划研究 ［M］. 广州：广东教育出版社，2009.
③ 肖文评. 白堠乡的故事：地域史脉络下的乡村建构 ［M］. 北京：生活·读书·新知三联书店，2011.
④ 房学嘉. 粤东客家生态与民俗研究 ［M］. 广州：华南理工大学出版社，2008.

007

深厚的研究成果积淀，为客家学学科建设奠定了坚实的理论基础。经过几代人的不懈努力，嘉应学院的客家研究已经具备了在国际学术圈交流的能力，这离不开多学科理论对话的实践和田野调查经验的积累。

客家学研究丛书的出版，既是客家研究在前述立足田野与理论对话"俯仰之间"兼顾理论与实践的继续前行，也是嘉应学院客家学研究朝着国际化目标迈出的坚实步伐。"星星之火，可以燎原"，这套丛书包括学术研究专著、田野调查报告、教材、译著、资料整理等，体现了客家学学科建设的不同学术旨趣和理论关怀。古人云，"不积跬步，无以至千里；不积小流，无以成江海"，我们愿意从点滴做起。希望丛书的出版，能引起国内外客家学界对客家学学科体系建设的关注，促进客家学研究的科学化发展。

编　者

2014 年 8 月 30 日

目录
Contents

引论　乡土历史和侨乡研究的梅州视角

区域研究不仅要关注区域内部，还要关注其相邻区域，要处理好区域内部整体及外部生态的关系。每个区域都有其内部生态和外部生态，这两者是相对独立的系统。本书是以梅州客家人为主的世界客家人为研究对象的，本书研究主要属于中国历史研究，亦属客家学范畴，而不是华人华侨历史研究。诚然，区域海外移民研究必须具有与华人华侨研究相同的中国和世界的视野和胸襟。

一、历史叙述的中心与边缘

多年来，笔者虽身处逼仄山中，却更想去看看精彩的外部世界。与此同时，也总想换个位置从世界来看梅州。于是，围绕着梅州进行的阅读与思考成了笔者认识世界的视角和支点，在认识自我的同时也认识外界。本书所作的也正是以梅州为中心的区域研究。

1. 历史研究的中心和边缘

中心与边缘理论常被用来解读历史。什么是中心？什么是边缘？所谓中心和边缘其实是需要参照物的。中心是相对于边缘而言的，没有边缘即无中心，中心与边缘同处于一个整体链条上，不可或缺，相互需要，然后能换个视角，各自成中心或边缘。

确定中心和边缘很重要。中心往往就是主角。缺少了中心意识的人和区域，总是难于摆正自我位置，常因此形成区位劣势心态，进而丧失自立、自强的信心和勇气。梅州似乎总是地处"边区"：闽粤赣边、海西经

济区的边缘、粤港澳大湾区的外缘等。

梅州需要有自己的视角，因为梅州发展只能以梅州为中心，以梅州人为主角，梅州任何时候都不能少了被需要的自我中心意识，否则就会被自我边缘化——特别可怕的不是被他人边缘化，而是被自我边缘化。诚然，就如其他地区一样，梅州也不能盲目地只唱主角而没有配角意识。

历史研究需要有中心。人生每个阶段也都有其相对的中心工作，历史研究者有其相对的研究主题，也就是研究的中心主旨。最重要的是，历史研究常常要有其立足的中心点，每个人看待世界都有其特定的立足点，这就是中心点。课题和著作需要围绕一个中心来阐述，或者以人物，或者以事件，或者以某个时间、地点。从区域研究来说，"区域社会史研究在中国的复苏和发展，还与'本土人做本土研究'的情结密不可分，也就是'在地化'研究取向。研究者选择自己生长或长期生活的地区作为开展研究的试验田，把个人体验和切身感受融入严格规范的学术研究之中，出现了我们今日所熟悉的'华南''华北''关中''江南''西南'等研究模式，以及'走向历史现场''走向田野与社会'等具有号召力的治学路径，造就了中国区域社会史研究的繁荣景象。"① 从区域历史出发的研究能够更加深入，也能够更加贴近民众生活。区域社会史理论研究的材料和成果多源于其身边和社会实践，有其必要性和必然性。

2. 历史研究者的中心与边缘

多年来，笔者教授世界史、中国史和广东地方史，又以梅州（客家）为研究对象。笔者出生、生活且工作在梅州，常不自觉地以之为中心，变换学科视野和思维理念，变幻着世界的影像，将世界"放入"梅州，或者将梅州"当成"世界。所谓"人同此心，心同此理"，在历史学的世界里，精神不死，时间永恒。对其他地区和其他人展开的观察和思考，同样可以围绕梅州及其海外移民进行，深入结合自我，不断换位思考，从不同方位

---

① 孔勇：《区域社会史研究应兼顾横比与纵通》，《中国社会科学报》，2020 年 6 月 16 日第 A04 版。

和视角去审视。

历史研究要有广阔的学科视野和相应定位。斯塔夫里阿诺斯《全球通史》强调，要跳出地球看人类历史，就是说，要整体地看问题，而不能仅在其本身或内部去看，所谓"不识庐山真面目，只缘身在此山中"正是如此。

历史研究和认识世界都需要有支点和路径，有其特定的时空背景，所谓研究其实正是以作者为中心去看待世界。中心当然不能局限于其内部，还应关注其外部关联。

历史学以其立体视角和发展思维，凸显其在整体性思考中的独特作用。笔者《梅州发展生态论略》一书以区域协调发展为基本框架的话语体系和现实映像，强调梅州要以自身为主体去看待世界，以梅州为中心出发去探寻世界，形成自我发展的独立精神和发展路径。

中国历来皆重乡土历史和乡土地理，家谱、族谱和方志成为其典型。20世纪初，新式教育伊始，乡土历史与乡土地理即被纳入小学生之教育范围，以其为现代人之基础知识。1903年，《奏定初等小学章程》特别强调：

尤当先讲乡土历史，采本境内乡贤名宦流寓诸名人之事迹，令人敬仰叹慕，增长志气者为之解说，以动其希贤慕善之心。

尤当先讲乡土有关系之地理，以养成其爱乡土之心……间亦带领小学生寻访古迹为之解说，俾其因故事而记地理，兼及居民之职业、贫富之原因、舟车之交通、物产之生殖，并使认识地图，渐次由近及远……①

中国传统强调"家国同构"，家是最小国，国是千万家；在世界的国，在天地的家。站立在梅州，去关联和眺望广东、中国和全球，这具有以点

003

① 舒新城编：《中国近代教育史资料（第2版）》（中册），北京：人民教育出版社，1983年，第416页。

带面、以我为主的著述愿望，也是以主人翁的精神与立场去表达和展示自我。这是一种历史视角，是一种情感表达，也是一种思维模式，还是讲述历史故事的必要平台。

二、以"梅州"而不是以"客家"为名

盛世时代的学问研究百花齐放，笔者的历史研究与问题思考，总穿梭在梅州、客家、侨乡、客都等核心概念中，常不自觉地以"客"为出发点和落脚点，打着"客"的旗号，真有点"梦里不知身是客"了。

1. 客家概念的不确定性

客家人被认定是一个自北方南迁而形成的古老民系。客家民系何时形成？罗香林认为形成于宋代；还有形成于秦始皇征岭南、宋末元初、元末明初、明代中期[①]等多种观点，见解不一，众说纷纭。

客家人乃从北方经过多次南迁，"占籍"而沉淀为客家民系。晚清以来，客家人重要的聚居地相对固定，客家意识更加强烈。晚清著名学者温仲和说：

> 嘉应州及所属兴宁、长乐、平远、镇平四县，并潮州府属之大埔、丰顺二县，惠州府属之永安、龙川、河源、连平、长宁、和平、归善、博罗一州七县，其土音大致皆可相通，然各因水土之异，声音高下亦随之而变，其间称谓亦多所异同焉。广州之人谓以上各州县人为客家，谓其话为客家话。由以上各州县人迁移他州县者所在多有，大江以南各省皆占籍焉，而两广为最多，土著皆以客称之，以其皆客话也。[②]

---

① 李吉奎：《佗城开基客安家》，邬观林主编：《客家古邑研究文选》，中共河源市委宣传部，2008 年，第 10－15 页；孔永松：《客家学研究中的几个问题》，《客家》1997 年第 3 期；冯秀珍：《客家文化大观》上册，北京：经济日报出版社，2003 年，第 73 页；王东：《从方言看客家民系之形成》，张恩庭主编：《宁化石壁与客家世界学术研讨会论文集》，北京：中国华侨出版社，1998 年，第 364 页。

② 温仲和纂：（光绪）《嘉应州志》，台北：成文出版社，1968 年，第 122 页。

　　客家民系乃历代战乱和避乱而南迁形成的稳定共同体，迁徙成为其最根本的特征。客家还是个世界性民系，有分散性和国际性。客家是个族群和文化概念，有其区域和时间的不确定性和不稳定性。

　　客家有俗谚"有海水的地方就有客家人"，客家人移民海外"是一种具有世界性质的事件"。① 客家人何时开始走向世界？其海外移民史可以追溯到哪个时期？论者认为："因为这涉及客家民系何时形成的问题，所以难于说确切。"②

　　梅州有不同的称号，如侨乡、国家历史文化名城、世界客都等。客家、侨乡、客都其实是开放梅州的三个历史阶段，有其特定时代的历史文化内涵，亦有其特定的语言和逻辑。"客家""客都"等概念都有其主观的认定因素，有其内蕴的强烈情感。

　　人是环境的产物，所谓"一方水土养一方人"。同样源于梅州而生活于世界各地，或者生活于一个区域而源于不同地域的人，其文化差别都会相当明显。"客家人与闽南人等其他地区的人结婚，其后代属于什么族群？"诸如此类的话题总是困扰着研究者。

　　学术探讨必须先确定前提，历史研究亦追求准确表达，这都需要客观的立场与真实视角。诚然，历史研究总是免不了情感倾向的主观性。历史学有其客观主义追求，总要以特定语言去表述，是特定的语言表达的结果，研究者的特定情感倾向也不可避免地内蕴其中。

　　2. 以梅州为中心的客家研究

　　客家研究的成果已经非常多，其研究也非常热烈、热闹，已渐成"显学"。客家研究因其学者视角和立场的不同也难免形成不同的中心，导致许多研究具有不确定性。以"梅州"为核心关键词，其话语定位比"客家"更具确定性，有其空间特点，其叙述更加客观，更符合历史学的科学追求。

---

　　① 丘权政：《客家的源流与文化研究》，北京：中国华侨出版社，1999 年，第 272 页。

　　② 丘菊贤：《客家人向南洋迁徙问题论略》，《梅州侨史》1994 年第 1 期，第 26 页。

梅州行政区有其历史发展和演变。如今的梅州市地处粤东北，介于东经 115°18′至 116°56′，北纬 23°23′至 24°56′之间，下辖梅江区、梅县区、兴宁市、大埔县、丰顺县、五华县、平远县、蕉岭县 2 区 1 市 5 县，面积 15 876.06 平方公里。

梅州的行政区划不论如何变动，其客家属性都是相对确定的，梅州是客家人的主要聚居地之一。以梅州为中心是为了追求地域确定性的叙述，并非说梅州就是世界的中心，梅州也不等同于客家，梅州历史也不同于客家形成史。

想确定梅州与客家之关系，可借鉴广东与岭南的关系。清初，张渠《粤东闻见录》申述，要为广东"正名"：

> 广东之地，昔人尝以岭海兼称。即今分岭南、东、西三道，则专乎"岭"以为言。又分海北、海南道，则专乎"海"以为言。余见世之著书者往往称广东为岭南，就唐时所设之道则太广，就今日分巡所辖则已隘，故必正其称为广东，庶以尊本朝命名之实与今日四封之所至。此亦立言之体也。

张渠乃广东按察使，其解读少不了政治性思维，其强调"广东"而非"岭南"乃"著书者"应持之"立言之体"。当代史家对此则指出：

> 从行政区划来说，"岭南"与"广东"两个名称，是各有所指的。……张渠指出的差别是有道理的。不过，"称广东为岭南"既已约定俗成，则现代的"著书者"似乎不妨沿用。从"立言之体"来看，立足广东来谈岭南文化，也就没有什么离奇了。①

---

① 蔡鸿生：《清初岭南佛门事略》，广州：广东高等教育出版社，1997 年，第 2 - 3 页。

无论"立言之体"或"约定俗成"，笔者甚为认可"立足广东来谈岭南文化"，这与立足梅州谈客家乃异曲同工。梅州是粤、闽、赣三省的边区（如南汉的对闽军事中心）和边缘性城市，却是闽粤赣边区域性中心城市。立足梅州进行阅读与思考，进行历史叙述与探讨，有其现实根源。

三、梅州客家中心的自我定位和历史进程

任何"中心"地位都是历史形成的，是历史的产物。宁化石壁被誉为"客家祖地"，是客家人走向梅州的"中转站"。梅州虽地处广东"偏僻边陲"，却是著名侨乡，甚至被誉为"世界客都"，其客家中心地位同样是历史形成的。

1. 世界客都：当代客家中心的历史定位

改革开放40余年，梅州交通已经相当发达，但其边远和偏僻山区的特征依然突出，甚至被认定是经济落后的根本原因，是强烈的"区位劣势"。这一说法没有足够的依据。

历史上，因客家各地发展的不平衡，客家中心是不断转移和变化的，客家文化中心是动态的，是社会历史发展的产物。[①] 罗香林在《客家研究导论》中指出：

按客家人文的中心每随时代的变迁而异其地域，赵宋一代当以汀州八属及韶州各属为其代表……朱明一代则以惠汀各属及赣南各客家居住地以及潮州的大埔为人文的中心……降及清代，客家的文物中心渐由汀、韶、惠各州而移于嘉应及大埔二地。[②]

自改革开放以来，客家地区有意识地擎举"客家"旗号，在历史溯源

---

① 吴永章：《客家文化中心的历史变迁与启示》，《嘉应学院学报》，2006年第4期，第5-9页。

② 罗香林：《客家研究导论（外一种）》，广州：广东人民出版社，2018年，第31-32页。

中进行着自我区域定位。江西省赣州市是客家先民自中原南迁的第一站而被定位为发祥地和"客家摇篮"；福建省龙岩市因其辖属汀州为客家人迁徙历史上的第一个府治行政机关而被定位为"客家首府"；广东省河源市亦被认定为客家文化的重要起源地而自称为"客家古邑"。

在第十二届世界客属恳亲大会上，梅州被公认为"世界客都"，奠定了梅州的"客家中心"和"世界地位"。"都"是汇总、中心之意；"客"指客家，包括客家人及其文化；"世界"则首先指客家人之世界性分布。世界客都首先指梅州是全球客家人的重要祖籍地；其次指梅州为客家人及其文化之世界性中心地位。

2. 重点侨乡：当代客家的分布及梅州的中心定位

客都者，客家人及其文化之都也。梅州被誉为"世界客都"，体现出其在客家历史中的地位，有着强烈的"中转""中心"等历史内涵，蕴含着客家人在此汇聚，又由此往外繁衍之意；从这里走向世界，又从世界返回这里。梅州是客家人走向世界的主要出发地，是世界客家人的精神家园。华侨之乡和文化之乡则是其相对应之称誉。

客家人分布于世界各地，有海水的地方就有客家人。中国纯客住县41个，其中广东15个，江西18个，福建8个，其他各省市区皆无。中国非纯客住县246个，分布在广西、四川、湖南、浙江、海南、贵州、云南、江苏、安徽、陕西、新疆和台湾、香港、澳门地区。广东客家总人口最多也最集中，梅州甚至可称为闽粤赣客家人集中居住区的中心。

客家人还广泛分布在世界各国和地区，人数较多的是东南亚的印度尼西亚、马来西亚、泰国、新加坡、缅甸、越南，南亚的印度；美洲的美国、加拿大；欧洲的英国、法国；非洲的毛里求斯、留尼旺、南非；大洋洲的澳大利亚等。祖籍梅州的华人华侨有700多万，分布在世界五大洲80多个国家和地区。

梅州是国家和省重点侨乡，这是基于事实的结论。梅县（包括今梅江区）、蕉岭、大埔、兴宁、丰顺为重点侨乡，平远和五华为一般侨乡。在其他客家地区中，惠州市的惠阳、惠东以及增城、东莞、深圳为重点侨乡，龙川、紫金、河源、博罗为一般侨乡。^①客属重点侨乡的这种分布体现出梅州"世界客都"的地位和特征。

3. 历史形态：梅州文明与文化的演进

梅州首先是自然地理概念，这里是闽粤赣交界区，是粤东北生态发展区，是南岭山区等。这些都是特定的自然条件，是"一方水土"，乃育人之最根本因素。

环境塑造人，环境则不仅指自然环境，更包括人文环境。这里是重点侨乡，是世界客都，是全域红色苏区等。这些都是历史形成的人文特色。这是"一方人"，即特定环境所塑造出来的特定精神实质。

人类社会是自然地理和人文历史共同塑造的产物，不同的时代各有其特定的历史文化形态与内涵，有其特定的精神文化特质。叔本华说："大自然赐予了无比宝贵的精神财富的人，才是最幸福的。"人是精神之载体，人是需要精神的，精神因人而异。

精神内涵则在不同历史阶段的层层叠叠中不断累积而成。揭示精神实质需要从历史出发。罗香林研究客家源流，"客家的特性"成为其历史探讨的重要内容和依归。钱穆则从历史研究出发，揭示中国文化特性，据此坚定中华民族不亡之信心。钱穆又说："我们若譬喻历史是演戏，则地理就是舞台，人物就是角色。"^②

历史若是演戏，读史便是看戏了，看戏当然需要特定视角。本书特定以梅州为舞台，探讨其一幕幕剧目，感受其间人物之熙来攘往及其精神气质，或者说，其文明与文化形态的历史演进。

秦汉时期梅州被纳入中原政权，其后逐渐吸收中原文化。梅州文明与文化形态演进及杰出文化伟人的历史贡献，反映出文教之伟力。明代中后

① 广东省地方史志编纂委员会编：《广东省志·华侨志》，广州：广东人民出版社，1996年，第138-139页之间的插页《广东省侨乡颁布图》。

② 钱穆：《中国历史精神》，贵阳：贵州人民出版社，2019年，第110页。

期，梅州人口逐渐饱和，与闽南等区域形成紧密关联。

明末清初佛道儒三教合一，客家佛教强烈世俗化，凸显出梅州客家文化的新高峰。客家佛教人士的海外关联，看似只是偶然，但从梅州历史内部发展轨迹看，实为客家文明开始溢出梅州的标志和表征。

清初梅州客家人口明显过剩，台、桂、琼、川等地区成为其重要的迁入地。嘉应州的设立虽以社会治安为辞，其治道和文化之发达亦颇受称赞，显示出其山水秀区与人文秀区的乐土认同。

康乾时代梅州社会看似岁月静好，盛极而衰的气象则悄然来临。其海外移民兴起，形成海外社会，梅州客家新时代倏尔到来。晚清时期国内外推拉双重合力作用，梅州形成海外移民潮，海外移民成为列强开发殖民地的重要力量。伴随清政府海外移民政策的现代转型，海外移民也不再被认定是奸民，而被赋予臣（公）民的法律内涵，其政治地位和社会影响力亦急剧提升。

侨乡伴随华侨的产生而形成，并逐步深入发展。清末民初，梅州侨风侨俗浓郁，以海外移民（华侨）为纽带，形成了海内外紧密关联的开放社会体系，也形成了客家民系的世界性特征，完成了从客乡到侨乡、从人口内迁到文化外向的文明形态递进。

四、本书主题与方法论

本书主要考察梅州的对外关系史及其对外移民的历史进程。北方移民南迁定居于梅州后，出于历史因缘再向区域外移民，进而播衍世界各地，这就是本书主题。

1. 梅州向外移民的历史进程

移民是人类精神的传播载体，是文明和文化的传播使者。梅州移民史展现了客家文明与文化的不同发展内涵及其形态。北方移民迁入而汇聚于梅州，形成其客乡文明与文化，之后又由梅州向世界各地播衍。

梅州是中国客家民系的重点区域，自然有人口迁入时期，但人口迁入时期并非就没有人口迁出。入和出其实并无必然的内在矛盾和冲突。事实上，梅州长期保持着与外界的紧密关联。

世界客都有其深厚的历史文化渊源，是梅州历史文化发展的结果，此乃依据梅州历史发展而形成的共识。首先是北方移民南迁汇聚而形成客家之乡；其次是基于梅州客家的海内外播衍，因其大量的海内外移民，逐渐转型成为著名侨乡和世界客都。

梅州在唐朝就开始了海外交往的历史，明朝之前却一直是人口迁入地。伴随着内部人口的迅速增长，梅州逐渐成为人所向往的乐土，生活舒适而文化振兴。明末清初，梅州已经显现出人多地少的生存困境，开始了向外移民的历史进程，人口开始迁出，台、桂、琼、川等耕地充足的地区和东南亚等海外"番地"都是其重要的目的地。

乾嘉时代，梅州社会士农工商看似各安其业，其职业却已开始分化。以安南黄恒有和坤甸罗芳伯等为代表的梅州采矿工，在东南亚形成了相对集中的居住地，形成了其独立社群，侨乡新时代悄然来临。谢清高著《海录》亦是其海外移民文化的时代反映。

海禁大开之后，伴随着东南亚的开发和中国政局的动荡，梅州受到东南亚的强烈牵引而形成海外移民大潮。南洋梅州客家社会群体进一步发展壮大，逐步建立与故乡的关联。东南亚成为梅州华侨的"外府"，内家外府关联紧密，两地之间人员往来频繁，深刻地影响着梅州的人情风俗，使梅州形成浓厚的侨乡新风。

梅州华侨契合中国发展，积极响应和参与晚清政府的各种新政，成为中国近代经济与社会发展的重要力量与榜样，为侨乡、为中国的现代化建设做出了积极而重要的贡献，深刻地影响着晚清中国的历史进程。清末民初，华侨之乡逐渐成为"世界客都"，彰显其独特的侨乡意蕴。

2. 学术前史及本书方法论反思

客家移民史的研究已经非常深入，其代表性著作，如罗香林《客家源

011

流考》《客家研究导论》，王东《客家学导论》①，谢重光《客家人形成发展史纲》，房学嘉《客家源流探奥》② 和刘佐泉《客家历史与传统文化》③等，详细地探讨和研究了客家源流，大多附带讨论了梅州客家人的向外移民史。

客家的海内外播衍可划分为不同发展阶段。罗英祥将其归纳为从宋末到太平天国以前的冒险出国、明末清初反清复明志士的出洋、太平天国失败后客家士兵的出洋。④ 陈美豪将其归纳为 1911 年以前的禁海时期、1911—1941 年的自由时期和 1945—1955 年的限制时期。⑤ 黄钰钊则将其归纳为三个时期：南宋末年、明末清初和清前期、鸦片战争以后。⑥ 总的来看，这些划分简单扼要，乃线索性重构。

"世界客都，长寿梅州"已经成为梅州最家喻户晓的广告词。梅州官方编印和出版了大量冠名"客都"的著作⑦和杂志（如《客都论坛》《客都文学》），还赞助出版著作，如《客都梅州》⑧《客都文化面面观》⑨《客都梅州辞典》⑩《梅州世界客都论》⑪。许多作者亦以"客都"命名其著作，如梁德新《客都民俗风情》（2013）、余志《客都家园》（2011）。

---

① 王东：《客家学导论》，上海：上海人民出版社，1996 年。

② 房学嘉：《客家源流探奥》，广州：广东高等教育出版社，1994 年。

③ 刘佐泉：《客家历史与传统文化》，开封：河南大学出版社，1991 年。

④ 罗英祥：《飘洋过海的客家人》，开封：河南大学出版社，1994 年，第 3－4 页。

⑤ 陈美豪：《客家人在东南亚——历史回顾与展望》，《客家大观园》1996 年第 2 期。

⑥ 黄钰钊：《论客家人迁徙海外经历及其历史贡献》，《嘉应大学学报》1997 年第 1 期，第 102－103 页。

⑦ 比如：中共梅州市委党史研究室编：《客都热土》，2009 年；梅州市政协编：《客都墨韵》；梅州市旅游局编：《客都梅州美》，2008 年；杨飞、殷玥：《慢游客都梅州》，广州：广东人民出版社，2012 年；邱青：《客都民间故事》，梅州：梅州市城西印刷有限公司，2016 年；罗青山总主编：《客都客家文学选粹》，广州：华南理工大学出版社，2013 年；丘洪松：《世界客都梅州》，广州佳音音像出版社，2005 年；《客都第一村平远》，北京：中国质检出版社、中国标准出版社，2017 年。

⑧ 叶小华、谭元亨、管雅编著：《客都梅州》，广州：华南理工大学出版社，2006 年。

⑨ 胡希张：《客都文化面面观》，广州：广东人民出版社，2018 年。

⑩ 谢继、郭新志主编，中国客家博物馆编：《客都梅州辞典》，广州：广东省出版集团，2013 年。

⑪ 谭元亨主编：《梅州世界客都论》，广州：华南理工大学出版社，2005 年。

　　笔者在此并非作具体入微的学术史探讨，仅作简单罗列以把握研究的方向。学术需要继承，也必不能自说自话，"独学而无友，则孤陋寡闻"，转引和继承、探讨才能推动学术进步。

　　其一，本书探讨梅州从蛮荒走向繁华的文明发展史，重点在其向外移民、海外交往及相关的历史与文化，内容主要集中在"对外"生态，例如中外形势和国家大政，其目的是展示侨乡梅州的历史演进形态和现象。

　　探讨梅州历史的海外关联及其时代演进，重点在于探讨梅州侨乡形成的历史条件、演进轨迹，感知其时代进程、主题、内涵，揭示其地域特色。侨乡与客都是梅州历史发展的不同阶段。"世界客都"是侨乡历史的必然产物，着眼于梅州的海外关联。

　　侨乡历史关注重点在民众生活。英雄常常以个体出现，民众则常常以整体呈现。历史研究的视角难免侧重英雄人物，英雄因其领导一方民众建功立业而成就其优秀和伟大，亦因此常代表了某群体。功业有大小，小人物能够历史留名，总有其特定因缘，亦是英雄。

013

　　其二，以梅州为立足点。集中考察梅州人移民海外的推力，主要是移民之前的内部推力，而不是移民之后的外部生存状态，是站在梅州看中国和世界，在中国发现历史，因而属于中国史、侨乡史。

　　梅州被誉为世界客都，充满了客家中心的文化特色与内涵，这要基于其庞大的海内外移民群体及其侨乡文化，这是历史发展的结果，这意味着其历史研究不仅是区域的、中国的，亦必然有着强烈的世界性、时代性特征。

　　新的历史时期里，梅州需要注意其边缘化和内向化的历史特征，这既有其地缘因素，也有其历史传统的惯性。无论是作为全域苏区还是生态发展区，梅州都必须朝宜业宜游宜居的方向发展，要既进得来又出得去，这需要内在的独立精神。

　　其三，整体而宏观地关注梅州侨乡之形成与演进轨迹。笔者曾经强烈主张，避免盲人摸象般地看待世界，而是要打通、整合学科分界。诚然，

分科有其特定需求和必要。历史是一套有效认识世界的工具、手段和途径，理解梅州最有效的途径还是要从历史出发，要深入梅州的历史分层中。

大历史强调全人类关怀和宏观叙事，重视视野和整体。微观历史则更关注具体事件，重视史料实证。前者难免空疏空泛而流于空谈，后者则难免碎片化而似盲人摸象。区域历史研究必须有机结合大历史和微观历史，在宏观思考的同时却又必须更接地气，给人更直观的感受和感悟。史学研究要经常放大或缩小其视角，拉近或拉远其时空距离，因其像素不同会看到不同内容，因此便产生了宏观史和微观史的区分。

第一章　明朝之前梅州社会文明发展史略

文明是人类社会发展的积极成果和进步状态。"文明，是历史以来沉淀下来的，有益增强人类对客观世界的适应和认知，符合人类精神追求，能被绝大多数人认可和接受的人文精神、发明创造以及公序良俗的总和。"

社会文明是指人类社会及其文化的存在状态和进步程度，是人类改造客观世界和主观世界的积极成果，也是衡量和认识社会进步的重要标志。文明与文化"皆自西方移译而来"，两者"皆指人类群体生活言"，其内涵则有所区别：

> 文明偏在外，属物质方面。文化偏在内，属精神方面。故文明可以向外传播与接受，文化则必由其群体内部精神累积而产生。①

文明与文化分指人的外在和内在两方面属性，统一于人类社会。社会文明不仅是指区域发展，更是指社会发展。因为区域发展常被定义为在特定时空范围内的经济社会活动，社会发展则包含经济、文化、政治、习俗、体制等总体发展。

历史探究承担着文化传承与文明传播的使命。古人说："观乎天文，以察时变；观乎人文，以化成天下。"（《易·贲卦象传》）先进文化必将激励社会进步，落后文化则必将阻滞历史发展。清晰地认识旧传统，然后

---

① 钱穆：《中国文化史导论》（修订本），北京：商务印书馆，1994 年，"弁言"第 1 页。

才能培养新精神，更好地推动社会发展。抗日战争时期，钱穆便强调：

当知无文化便无历史，无历史便无民族，无民族便无力量，无力量便无存在。所谓民族争存，底里便是一种文化争存。所谓民族力量，底里便是一种文化力量。若使我们空喊一个民族，而不知道做民族生命渊源根柢的文化，则皮之不存，毛将焉附。目前的抗战，便是我民族文化的潜力依然旺盛的表现。①

文化区分民族，亦成为凝聚人心的重要力量和纽带。文化具有区域性和时代性等特征。认识自己要从传统精神与文化着手，合理合适的区域定位亦必然要区别其文化内涵。钱穆又指出：

然中国改进，其事亦不易。使中国人回头认识其已往文化之真相，必然为绝要一项目。……中国文化，表现在中国已往全部历史过程中，除却历史，无从谈文化。我们应从全部历史之客观方面来指陈中国文化之真相。

文明是理解世界历史的基本单位，世界史就是人类文明发展史。人类的形成是其社会文明萌发的标志，这是世界文明的开端。农业的诞生及其革命引发了人类社会文明的第一次巨大飞跃，使人类从动物界中彻底分离出来，从此告别了粗野蛮荒状态，社会文明的演进历程则由此开启。② 人类文明总是随着社会生产力的发展，不断由低级向高级发展。钱穆说：

各地文化精神之不同，穷其根源，最先还是由于自然环境有分别，而

① 钱穆：《历史教育几点流行的误解》，《中国历史研究法》，北京：生活·读书·新知三联书店，2001 年，第 168 页。
② 杨世安、孟广林等：《世界文明史》，北京：中国人民大学出版社，2002 年，第 1 – 3 页。

影响其生活方式。再由生活方式影响到文化精神。①

　　特定的地理环境和自然条件塑造了梅州的历史与文化，也形成了梅州社会文明发展史。认识梅州就要认识其历史与文化，理解其构成梅州社会的各种要素的变迁过程，即社会文明发展的历史。

　　本章介绍和探研梅州客乡文明的起源史，从内部整体视角回顾其历史发展，审视和反思其对外开放与交流，考察其人口的迁入与外迁情况。梅州从蛮荒之地，逐渐发展成为客家乐土，这是人口及其文化从北方迁入的历史，也是客家文化和客乡文明的形成与发展史。明代之前，梅州虽然已有海外贸易，亦有个别海外移民，但往内移民才是主流。

第一节　宋元之前梅州文教与社会的初步发展

　　中华人民共和国成立后，梅州开展了多次文物普查。比如，到20世纪80年代末，兴宁境内共发现了30多处新石器时代遗址，兴宁博物馆收藏了这些遗址出土的190多件石器，9个完整的瓶罐。其他各县也大都有类似发现。可见，梅州在新石器时代就已经有人类居住和生息，且已形成了农业和畜牧业。

　　从远古蛮荒一路走来，进入文明时代的梅州人与其原始人类似乎并不是一脉而承的。梅州早已被打上了中原南迁而形成的客家印记，梅州与客家早已被视作一体了。

　　梅州文明与文化似乎总被北方南来的士大夫所占据，形成了强烈的"瘴疠之乡"形象。其时梅州文明的星光显然不是那么地璀璨耀眼，诚然，贬官及其记录不能完全占据此时期的梅州历史。

---

　　①　钱穆：《中国文化史导论》（修订本），北京：商务印书馆，1994年，"弁言"第2页。

按照苏秉琦的考古学成果，中国有六大考古文化区系①，全国各地的人类文化各有其独特的发展路径。中国历史早已形成由中原向四周辐射的多元一体格局，司马迁《史记》便是这种大一统历史观的典型，且基本上奠定了后来历史著述的模式。

在"中原向四周辐射"的历史进程中，一波又一波的人口南迁潮，将华夏文明带入岭南大地。他们或面海而居，或局促于崇山峻岭。俗谚曰"逢山必有客，无客不住山"，他们南迁而聚居在"山里"，便形成了客家社会及其文化内涵与文明形态。

一、南北朝之前基于自然地理的人文进步

梅州地处东江与韩江的源头，赣、闽、粤三省交界地。这里层峦叠嶂，山深林密，关隘险峻，曾经多是所谓的"盗贼"出没之地。梅州成为一级行政区划之初，也多源于军事上的考量。

1. 开辟鸿蒙

始皇三十三年（公元前214），秦平定岭南，设立南海郡、桂林郡和象郡。广东开始被纳入全国统一政权，省境大部分属南海郡，下辖番禺、四会、博罗、龙川、揭阳五县，治番禺。② 秦末，南海郡尉赵佗并岭南三郡而自立南越国。今梅州全境分属龙川和揭阳。

五华、兴宁地扼东江、韩江上游，秦汉时期归属龙川县。今梅江上游的琴江、五华河、宁江，古时分别称右别溪、兴宁江、左别溪，三河自山间而出，成为重要的交通干线，汇入梅江。五华河是古代连接珠江与韩江水系之干道，兴宁盆地面积约350平方千米，是粤东北地区最大的盆地。

龙川和五华、兴宁之间，乃东江与韩江的分水岭，在设置嘉应州之

① 苏秉琦：《中国文明起源新探》，北京：生活·读书·新知三联书店，1999年。
② 方志钦、蒋祖缘主编：《广东通史》（第一册），广州：广东高等教育出版社，1996年，第181页。亦有谓南海郡辖番禺、四会、博罗、龙川4县。见广东百科全书编纂委员会编：《广东百科全书》，北京：中国大百科出版社，1995年，第609页。

前，五华、兴宁曾长期隶属于惠州，地处其边缘而扼梅江、韩江之上游，其山、河、盆地的地形地貌，都使其具有突出的军事战略地位。

赵佗"以龙川为兴王地"，五华与兴宁则是其中核心地区。五华县华城镇塔岗秦汉遗址便是秦汉之间重要的城堡建筑，当属赵佗和南越国经略龙川和岭南的重要基地，甚至可能是其龙兴之地。据塔岗遗址出土的材料，有"定""楬"等字，当时揭阳令名为定，这里极可能与揭阳有特别的关联。①

编钟盛行于春秋战国直至秦汉，是贵族专用乐器。1984 年 3 月 27 日，兴宁市新圩镇大村古树窝出土了 1 组 6 枚春秋战国时期的编钟。② 大村村中偏西北有座人称"秦皇坪"的矮山，更让人不禁联想此地曾是先秦军队驻地。无论如何，兴宁与五华在先秦时期已经建置行政区，其早期文明当有较高水平。

2. 文明之光

东吴政权偏居东南，相当重视开发和利用百越族；东晋、南北朝则积极发展长江中下游地区，同时长期致力于开发岭南地区，梅州境内的行政区划也有了较大变化。

其一，兴宁县的分置和演变。粤东北客家各县大多由龙川县分立而来，兴宁则是最早者，亦为梅州最早的县。论者谓：

现在之兴宁县，原属龙川，至东晋哀帝时，始分置兴宁县。疑在未分兴宁之先，龙川曾迁至老龙；及兴宁分县，再迁回现城址……兴宁为哀帝年号，兴宁置县，即在此时。今河源、新丰、连平、五华皆自秦汉龙川县

① 司徒尚纪：《赵佗经略龙川与东江流域早期开发》，邬观林编：《客家古邑探源》，广州：华南理工大学出版社，2010 年，第 138 - 139 页。

② 黄红亮：《浅谈兴宁编钟的传奇》，《大众文艺》2014 年第 6 期，第 50 页；尚杰：《广东出土两批铜甬钟及相关问题》，《文物》2012 年第 2 期，第 71 - 79、2 页。

地分出，兴宁其先分者。①

东晋咸和六年（331），兴宁县自龙川分立，县境包括今兴宁、五华两县全境和龙川县东部、紫金县东北部地区。一般认为，县名由兴宁江而得，县治在今五华县华城镇雷公墩。南齐永明元年（483），分设兴宁、齐昌两县，齐昌县辖境即今兴宁地。梁天监二年（503），齐昌并入兴宁，县治迁至佗城（古龙川城）。

其二，因招收和安置流民，东晋义熙九年（413），以东官郡五营地立义招县，即今广东大埔县湖寮镇古城村，属义安郡所辖。

其三，因程旼南来及其对当地的教化，南齐（479—502）析海阳县之一部而置程乡县。程旼被誉为"广东古八贤之首"。南宋王象之《舆地纪胜》引《图经》载："（程旼）不知何代人，或云南齐人，或云隋人"②，又云：

> 为人悃愊无华，性嗜书，恬荣达，结庐江滨，环堵萧然，晏如也。人服其行，有不平者，不诣官府，辄质成于旼。③

《嘉应州志》之历史人物多由程旼开端，亦可谓追溯至程旼。因程旼而有程江和程乡。宋代徐庚《咏程江》：

> 程旼当年一匹夫，不操三尺制群愚。

---

① 黄麟书：《故乡谈往》，黄勋总编：《广东省龙川县志续编》，台北：天文印刷厂，1981年，第492页。

② 程旼生卒年及其名字之"旼"而非"旻"等之考证，可参看余蔚文：《世界客属名贤程旼》，广州：花城出版社，2013年。有关诗词亦可参看冯华德编著：《程旼小传》，内部发行，2007年。

③ 温仲和纂：（光绪）《嘉应州志》，台北：成文出版社，1968年，第397页。

片言能使人心服，万古江山与姓俱。①

康熙间，程旼入祀"七贤祠"，程乡知县刘广聪有诗：

隐居行义两无妨，处士偏增俎豆光。

沧海桑田知几许？到今犹号是程乡。②

程乡之设应当寻求其内在之发展理路，比如：北方动荡，人口南迁，引入先进的耕作技术，加速了当地的开发与发展。论者每谓，因程旼之教化，程乡得以被正式纳入行政区划，则程旼为当地社会点燃了文明之光。

二、唐朝的"恶溪"和迁谪之区

隋初，今广东省境分置广州、循州、潮州等 11 州。隋大业三年（607）改州为郡，成郡县二级建制，又合并、调整南陈 39 郡为 12 郡，压缩 133 县为 72 县。唐形成道、州、县三级建制。开元二十九年（741），共设 25 州 93 县，州郡比隋代增加一倍，县增加 21 个。

此时的梅州只是偏远地区，其自然环境恶劣，人口稀少，人口与经济增长并不明显，缺乏足够的历史文献，却留下了韩愈、李德裕等外来历史人物的足迹，③ 其诗文虽仅记其途中见闻，却构成了本地历史印象："野梅""瘴江""恶溪"……这些印象显然不那么美好。

1. 韩愈刺潮过蓝关

元和十四年（819），韩愈（768—824）被贬为潮州刺史，在潮七个多月，潮人感怀其"传道起文"而奉其为神，改笔架山称韩山，改鳄溪称韩江，"赢得江山皆姓韩"。程乡本潮属，后世亦祠奉其贤。

---

① 程志远等整理：《程乡县志》，广州：广东省中山图书馆，1993 年，第 179 页。
② 程志远等整理：《程乡县志》，广州：广东省中山图书馆，1993 年，第 197 页。
③ 陈蔚梁：《到过梅州的唐宋名人》，《梅州日报》，2015 年 4 月 13 日第 7 版。

韩愈诗《左迁至蓝关示侄孙湘》之"蓝关"，史上多有争论，究竟在五华与龙川之交界处，还是指陕西的蓝田县，后世广东官民在五华与龙川县界设祠奉祀。[①] 晚清丁日昌于正月二十四日，于五华河偶遇大雪，并联想到韩诗"雪拥蓝关马不前"，以为"此间古亦有雪矣，岂古今之气候不同欤？姑纪之以质高明，并赋七古一首"。[②]

韩愈"好收吾骨瘴江边"之诗句，其刺潮必死之想象是如此之悲怆，其所经之蓝关，亦感动古今多少骚客。丁日昌便有诗作《过蓝关韩文公庙题壁》，论韩愈刺潮事，亦感怀其所经之"瘴江"，即充满瘴气的梅江和韩江。韩愈《泷吏》诗亦有很好的想象：

> 恶溪瘴毒聚，雷电常汹汹。鳄鱼大于船，牙眼怖杀侬。
> 州南数十里，有海无天地。飓风有时作，掀簸真差事。

韩愈刺潮，"过海口下恶水，涛泷壮猛，是自广、惠而循、潮，顺流而下"。其《左迁至蓝关示侄孙湘》《泷吏》诗之"恶溪"图景皆源于其想象，《祭鳄鱼文》《潮州刺史谢上表》等诗文所称"恶溪"则皆为平常称呼。

2. 李德裕过梅州

唐宣宗大中元年（847），前宰相李德裕（787—850）因受检举而遭贬潮州司马。第二年，他从洛阳由水路南行赴潮州。据《岭表录异》卷下：

> 故太尉李德裕贬官潮州，经鳄鱼滩，损坏舟船。平生宝玩、古书、图画，一时沉失，遂召舶上崑崙取之，见鳄鱼极多，不可辄近，乃是鳄鱼窟宅也。

---

① 徐琪：《重修蓝关韩文公祠告示》，黄勋总编：《广东省龙川县志续编》，台北：天文印刷厂，1981年，第469－470页。

② 赵春晨编：《丁日昌集》（下），上海：上海古籍出版社，2010年，第1146页。

温仲和在其后批注说："鳄鱼滩疑即是蓬辣滩。本与韩类，附志之，知涛浪汹险语不诬也。"① 据《全唐诗》载，李德裕有《到恶溪夜泊芦岛》诗，记其赴潮经过梅州时的辛酸遭遇：

> 甘露花香不再持，远公庆怪负前期。
> 青蝇岂独悲虞氏，黄犬应闻笑李斯。
> 风雨瘴昏蛮海日，烟波魂断恶溪时。
> 岭头无限相思泪，泣向寒梅近北枝。

恰遇恶劣环境，他本就沉重的心情瞬间更加凄惨，甘露寺高僧、三国虞翻、秦末李斯霎时出现在脑海，"风雨瘴昏蛮海""烟波"和"岭头""寒梅"则是其应景之物。恶溪沉船，"资储荡尽，家事一空"，到潮后很快又再贬崖州司户参军，他竟然"百口嗷然，往往绝食"（《与姚谏议剖书》），大中三年（849）十二月，他便在崖州（今海口）病逝，终年63岁。

3. 梅江之原生态

梅江是梅州的母亲河。论者皆以唐宋"梅江即恶溪"，② "梅溪又名恶溪"，"梅溪恶溪名殊而实一"。梅江之所以有恶溪之名，是因为"唐宋以其地远恶，迁谪者苦之，故恶之名特著"③。韩愈和李德裕都表达了梅江之"恶"，称之为恶溪。

或曰恶溪当为韩江，相较之下，梅江之说更为恰当。宋代乐史《太平寰宇记》卷160载："梅州程乡县恶水，即州大江，东流至潮州出海，其水险恶，多损舟船。水中鳄鱼遇江水泛涨之时，随水至州前。"④ 所谓"江

---

① 温仲和纂：（光绪）《嘉应州志》，台北：成文出版社，1968年，第59页。
② 丁晋清：《梅江桥建设始末》，《广东党史》1996年第2期，第34－36页。
③ 温仲和纂：（光绪）《嘉应州志》，台北：成文出版社，1968年，第54－55页。
④ 温仲和纂：（光绪）《嘉应州志》，台北：成文出版社，1968年，第54页。

水泛涨"当指雨季洪水。唐人所称恶溪，宋时其险恶仍存，仍受侧目。

梅江虽恶，却是当时的交通干道。据考古发现与推测，梅县的水车瓷，揭开了梅州客家的海外贸易关系史，是显示其文明之进步的物证。诚然，唐玄宗开元年间，程乡全县总数只有 1 800 户。

三、南汉的发展与局限

后梁贞明三年（917），刘龑（889—942）凭借父兄基业，创立南汉。北宋开宝四年（971），南汉后主刘鋹降宋，共历四帝五十四年。其疆域大约在今广东、广西两省及越南北部，面积40多万平方公里。

1. 对外关联与发展

汉武帝征伐南越，五路军队皆在珠江流域。故黄钊《石窟一征》曰：

宋周去非《岭外代答》："自秦世有五岭之说，皆指山名之。"考之，乃入岭之途五耳，非必山也。自福建之汀入广东之循、梅，一也；……至漳潮一路，非古入岭之驿，不当备五岭之数。[1]

此时，韩江流域未完全开发，揭阳是否设县亦存争论，福建则统治于东越和骆越。晚清温仲和则进一步评论说：

第一路由福建之汀入广东之循梅，其取道亦不一，其由镇平踰岭者取道于会昌县之军（一作筠）门岭，崇山叠嶂，行五六日乃豫章闽粤犬牙交错之路，易藏奸宄，较之梅岭尤当防范也。[2]

"犬牙交错之路，易藏奸宄"，梅州之地形却在动荡时期招徕北方流

---

[1] 黄香铁：《石窟一征》（点注本），内部发行，2007 年，第 179 页。
[2] 温仲和纂：（光绪）《嘉应州志》，台北：成文出版社，1968 年，第 593 页。

人，如魏晋南北朝一样。经魏晋以来的发展，再经黄巢起义扫荡，唐末闽越之间的交流已较频繁，王潮、王审知（862—925）兄弟着力经营和开发闽地，与南汉在闽南漳州一带直接对峙。

南汉敬州（945—970）人口从400余户发展到千余户，① 虽成倍增长，然其基数较小，总量相较于偌大地区来说，其实并不值得惊讶，值得注意的是其对于闽赣人群的吸引力，使三省边较快融合。论者评南汉祯州博罗县张遇贤（？—943）起义对梅州客家的影响：

中天帝率八大国王东取虔州，闽国觊觎梅口，南康卢光稠取虔、韶、潮三州，表明闽粤赣客家通道已打通，为粤东客家准备了地理交通基础。尤其是卢光稠建镇南军，兼五岭开通使，闽赣度岭南向的历史指向已经确立，为粤东客家准备了族群来源，客家的历史大背景已初具规模。事实上，南汉梅州人口有较大增长，闽赣畲客已进入粤东。②

闽粤赣边客家区域开始形成一体整合发展，形成其代表性历史人物——曾芳。曾芳曾凿井除瘴毒之害，让其青史留名，侧面反映了当地民众除瘴毒之害的强烈愿望。与南齐程旼不同，曾芳曾长期受历史遗忘，论者指出：

自明嘉靖二十年（1541）第一本《程乡县志》存世的四百多年中，梅州终于告别历史大断裂，曾芳得到历史确认，清雍正重新设州，梅州进入历史持续发展的新时代。这也是粤东客家形成的时代，可简称为客家时代。③

---

① 张应斌：《粤东老县客家的形成——以梅州为中心》，《嘉应学院学报》2017 年第 3 期，第 5 页。
② 张应斌：《五代梅州史》，《嘉应学院学报》2018 年第 1 期，第 12 页。
③ 张应斌：《五代梅州史》，《嘉应学院学报》2018 年第 1 期，第 12 页。

所谓"大断裂"，根本上在于人口和生产力的不发展。曾芳则因"历史大断裂"被长期遗忘。

2. 军事与政治地位

南汉是区域性、过渡性的小政权，全境总计设 27 州府 82 县，粤北和粤东北一改以往州县比较稀疏的状态，增置 1 府 4 州：兴宁县升格为齐昌府，新置祯州、英州、雄州和敬州（后改为梅州）。梅州有 2 王：齐王领齐昌府，敬王领敬州。

乾亨元年（917），南汉高祖刘龑建国之时即设齐昌府，下辖兴宁县，府治在洪塘坪，兴宁县治则从今五华县的雷公墩移到今龙川县丫下圩。论者强调：

南汉国仅两府，一是首都广州，名兴王府；二是齐昌府。岭南有府，自南汉始。齐昌称府，确有不凡处。①

府是县和省之间的行政区，亦指地方高级行政长官及诸王之官邸。齐昌府乃王住之地，当然"不凡"，但设府更多的应是军事考量，与当年赵佗相似。

程乡县乃南汉与闽对峙的边防前沿，其梅口则为汉、闽边境军事重镇。中宗刘晟乾和三年（945），设敬州，领程乡县。这是梅州历史上设州之始。敬州存在了 26 年，奠定了宋代梅州的政治和行政基础。

梅州本偏处粤东北之偏僻山地，南汉"以敬州、齐昌府和边防重镇梅口"始显现出其独特性。南汉高祖刘龑曾避灾梅口，同光二年（924）夏四月屯兵于汀、漳之境，曾两至梅州。论者强调：

由于历史大断裂，梅州史的真正开端在南汉。同时，南汉也是梅州史

---

① 张应斌：《五代梅州史》，《嘉应学院学报》2018 年第 1 期，第 7 页。

上的开创性时代……梅州文化达到前所未有的高峰。……前南汉时期，是梅州文化史上的荒漠时代。①

四、两宋的贬官文化形象

宋平南汉，岭南被统称为"广南"。至道三年（997），分岭南为广南东路和广南西路，路、州（府、军）、县三级建制。今广东省境大部分属广南东路，以广州为路治，广东自此而得名。北宋后期，今广东省境设 1 府、22 州军、60 县。南宋嘉定元年（1208），省境设广州、韶州、循州、潮州、惠州等 16 州、3 府、2 军、61 县。

1. 梅州初设与梅之"恶"称

今梅州境分属循州、潮州和梅州。两宋偏安东南一隅，更重视开发东南沿海，此时梅州地区较南汉时当有更大的发展。

北宋开宝四年（971），宋平岭南，避宋太祖祖父赵敬之讳，改"敬州"为"梅州"，"梅州"名称始于此。其设置显然与近闽地之梅口镇相关。晚清温仲和说：

松口之名亦甚古，《九域志》：海阳有松口盐务，则北宋已名松口矣。《舆地纪胜》：今程乡松口号恶溪庙，则南宋亦称松口也。②

今日梅县之松口，南汉称梅口，而梅亦为州名。两宋皆称松口，设松口盐务，即边境关隘的食盐缉私站，然而，松口仍然以"恶"著称。

两宋梅州仍属蛮荒，因"瘴雾毒恶""滩石险恶""鳄鱼狞恶"，故其地沿唐别称"恶溪"而不称"梅溪"。③ 其实，其地之"恶"仍然是外来

① 张应斌：《五代梅州史》，《嘉应学院学报》2018 年第 1 期，第 12 页。
② 温仲和纂：（光绪）《嘉应州志》，台北：成文出版社，1968 年，第 60 页。
③ 温仲和纂：（光绪）《嘉应州志》，台北：成文出版社，1968 年，第 54－55 页。

者的印象。温仲和考证说：

> 唐宋以其地远恶，迁谪者苦之，故恶之名特著。……如谓明以前但有恶号而无梅称，则梅口何以名镇，梅土何以分封，而宋之改敬为梅又何所取义乎。[1]

"镇"乃市镇、集镇，或者指古代重兵驻守的边境重地。两宋设立分别与州县级别相当的"军"和"镇"行政区，前者重治安，后者则重税课。松口地处闽粤间，乃闽粤赣边的重要孔道，既是边界交通重镇，亦是人口聚集之商贸市镇。

2. 梅花和毒雾印象

两宋时，梅州并不被人向往是确定的。在此经过的名宦多有诗咏梅州，[2] 记录其旅梅观感，展示其心路历程。

蓬辣滩曾经被称为梅江天险，又名晒甲溪，源自韩京帅师平潮"寇"经此触石、舟坏而晒甲于此之传说。[3]

淳熙八年（1181）冬，广东提点刑狱杨万里率兵赴潮平闽"盗"，往返皆经梅州，留下20多首诗歌。[4] 其咏梅花之美好：

> 一路谁栽十里梅，下临溪水恰齐开。
>
> 此行便是无官事，只为梅花也合来。

上诗所咏一般认定在丰顺县境，州志却当作程乡境内事物。[5] 梅花似

① 温仲和纂：（光绪）《嘉应州志》，台北：成文出版社，1968年，第54-55页。
② 张应斌：《宋代诗人与梅州》，《嘉应大学学报》2003年第2期，第104-109页。
③ 温仲和纂：（光绪）《嘉应州志》，台北：成文出版社，1968年，第59页。
④ 谢崇德：《宋代的梅花产地蓝田溪》，《梅州侨乡月报》1998年第7期。
⑤ 张应斌：《杨万里梅州诗歌考论》，《南昌大学学报》（人文社会科学版）2003年第6期，第101页。

乎并非梅州风物，亦非梅州名称之由来。诚然，丰顺今已属梅州境，梅花多在州境之下游地带。其《明发梅州》则明确有"梅"：

> 市小山城寂，船稀野渡忙。
>
> 金暄梅蕊日，玉冷草根霜。

州境除"梅花"外，给人印象最深的则是"瘴雾"之毒，《入程乡县界》曰：

> 长乐昏岚着地凝，程乡毒雾噀人腥，
>
> 吾诗不是南征集，只合标题作瘴经。①

晚清温仲和评论说，杨诗"大有深林密菁景状"，且"不止林深，亦且水深也。若使河道如今日之浅，安能藏鳄鱼乎？……南汉造镇象塔，其记文有云：群象踏食百姓田禾……以鳄象二事观之，其时尚是人与禽兽争力之世，若如今日之开辟，何处复容此二物也"②。

潮梅之"鳄""象"出没，南宋末流亡朝廷亦流落于此，该地有穿凿附会南宋末帝赵昺的故事和遗址，梅州至今仍然流传着文天祥抗元故事，他驻师程乡时写下了内心感受：

> 楼阁凌风迥，孤城隐雾深。
>
> 万事随转烛，秋光近青岑。③

隐在深雾中的小城，是那么孤单和偏僻。

---

① 黄香铁：《石窟一征》（点注本），内部发行，2007年，第8页。
② 温仲和纂：（光绪）《嘉应州志》，台北：成文出版社，1968年，第594页。
③ 程志远等整理：《程乡县志》，广州：广东省中山图书馆，1993年，第180页。

3. 贬官及其梅州印象

绍圣元年（1094），苏轼已年近六旬，被贬宁远军节度副使至惠州安置。当年十月二十三日，他与程乡令侯晋叔、归善簿谭汲同游大云寺，作《浣溪沙》："醉归江路野梅新"，此诗之梅常被称为梅州之梅。[①]

南宋建炎二年（1128）十一月，抗金名臣李纲被贬谪万安军（今海南万宁），第二年十一月被赦北返，"岂谓艰难日，翻成汗漫游"，他记录了沿途的见闻。泛舟循惠间，山水清绝，"于今江浙可忘归"[②]，心情良好，心态也平和，两岸青山绿水便都成为助兴之美景："峤南瘴毒地，乃尔气候清。"整个岭南皆被认定是蛮荒之地，惠循间能感受到美景，一入梅州便不再美好：

> 深入循梅瘴疬乡，烟云浮动日苍凉。
> 逾年踏遍峤南土，赖有仙翁肘后方。
>
> 邪气岂能干正气，妄心自不胜真心。
> 治心养气无多术，一点能销瘴毒深。[③]

岭南时属"唐宋为瘴疬之乡"，其中有"八州恶地"："春、循、梅、新，与死为邻；高、窦、雷、化，说着也怕"。刘安世（号元城，1048—1125）因其一贬再贬，去过其中七州，而有"铁汉"誉称。[④]

刘安世被贬英州，梅州安置，移居梅州四年，建元城书院，聚士讲学，开梅州教育先河。清代刘安世入祀七贤祠、七贤书院。其于梅城影响

---

① 王启鹏：《同是遭贬谪，为何苏轼填词越后越少》，《黄冈师范学院学报》2008 年第 1 期，第 5 - 7 页。
② 卓佛坤、吴木编：《客家古邑诗文》，广州：华南理工大学出版社，2010 年，第 27 - 28 页。
③ 卓佛坤、吴木编：《客家古邑诗文》，广州：华南理工大学出版社，2010 年，第 29 页。
④ 温仲和纂：（光绪）《嘉应州志》，台北：成文出版社，1968 年，第 589 页。

最深，"至今生气在，两字焕梅州"①，梅城建铁汉楼以作纪念，刘安世亦为历代读书人所景仰。清嘉庆年间李黼平作《和榛儿铁汉楼》：

> 百尺危楼倚北门，好凭栏槛与招魂。
>
> 宝文待制千秋识，玉局评人两安遵。
>
> 竟日谈禅安竹径，全家断酒寄榕邨。
>
> 梅州过化流民风，家有元城语录存。②

五、宋元"客乡"人口与民族

梅州客家历史就是一部移民史，两宋则是客家民系形成的重要时期。晚清以来，客家民系的历史受到高度关注，出现了许多研究成果，大多学者认同客家民系在宋代形成。民系的形成不仅关乎人口的增长与衰落，还在于其文明形态与文化心态的归属，而教育是整合文化认同而使社会群体心灵有所归属的重要工具。

1. 南迁客的"原乡"文化与文明之心态滞留

随着中原政权在岭南的发展，岭南的"汉化"进程也在加速。战争、自然灾害等消耗了人口，土地又荒芜了，在人口迁入—损耗—又迁入的浪潮中，本土就完全客家化了。一波又一波的移民将梅州甚至岭南汉化。

土著的衰落与客家的崛起亦是汉化的典型模式。汉化和客家化是一个长期演进的历史进程，而不是一蹴而就的。俗语说：一方水土养一方人。"一方人"就是受同样环境所塑造出来的相同文化及其心态，是在共同的生产和生活中协调出来的。

"谁不说俺家乡好"，这似乎是人类社会的普遍现象。环境塑造和养成

---

① 魏成汉：《铁汉楼二首》，中共梅州市梅江区委宣传部、梅州市梅江区文学艺术联合会主编：《铁汉流徽：开辟梅州文教名贤刘元城》，北京：线装书局，2020年，第208页。

② 李国器辑录：《李黼平家族诗词钞》，香港：中国文化艺术出版社，2020年，第177页。

了"民性"，文化和文明则影响了社会心态。一个人要融入其他社会群体时，难免会依据其本来群体的社会文化与文明水准，从而展现出自卑或自负感。

秦末之南迁移民，虽有北方人的内心自觉，"本土化"却在所难免，即如赵佗本人，亦长期保持"蛮夷大长"形象，坚持"和辑越人"。"原住民"虽受到深刻的"汉化"，却仍有强大的本土文化特征。

南齐程旼以其文明化育程乡，其人及其所代表的文化与文明，在程乡就如"神"一般的存在。隋唐之后，士大夫的岭南印象形成了"瘴毒"定式。南汉高祖刘䶮称帝，其内心仍然夹杂着强烈的"蛮夷"自卑感，总强调其"老家在咸阳"的身份特征，以显示其中原文化和文明的优越感。

2. "客"之人口兴衰与文化弘扬

北宋熙宁四年（1071），拆兴宁县分设长乐（今五华）县。据《正德兴宁县志》，两县分置后，兴宁人口从大约有 6 000 户降为 4 000 户。南汉至北宋元丰年间，梅州有梅口（松口）、松源、李坑、双派和乐口五个大镇，"人口增长 10 倍，从千余户发展到 12 000 余"①。宋熙宁八年（1075）程乡县共 12 372 户，其中主户 5 824 户，客户 6 548 户，每平方公里 2.25 户，② 较开元年间的 1 800 户增长了近 8 倍。宋朝文献的具体记载是：

《太平寰宇记》载：梅州户主一千二百一，客三百六十七；而《元丰九域志》载：梅州户主五千八百二十四，客六千五百四十八，则是宋初至元丰不及百年，客户额增数倍。而较之于主且浮十之一二矣。③

乐史（930—1007）《太平寰宇记》撰于宋太宗太平兴国年间（976—983），是继《元和郡县志》后又一部较完整的地理总志，记述了各州府之

---

① 张应斌：《粤东老县客家的形成——以梅州为中心》，《嘉应学院学报》2017 第 3 期，第 5 页。
② 梅州市地方志编纂委员会编：《梅州市志》，广州：广东人民出版社，1999 年，第 331 页。
③ 温仲和纂：（光绪）《嘉应州志》，台北：成文出版社，1968 年，第 122 页。

户口、人物。王存主编之《元丰九域志》成书于元丰三年（1080），备载了各地户数。这一时段为较长的和平期，其人口增长亦非常迅速，且因人口迁入而显得更加不同寻常。

人口分主、客。主常被当作少数民族，其实应当指已经登记占籍者，是较早前已经迁入者；客则指后来迁入者。隋唐南汉与之后的元朝皆不分主客。和平时期的大规模外来移民，主户年均增长了五六户，客户则增长了八户，且基本上反客为主了。

农耕时代的人口增长，是经济与社会发展的重要标志。南宋是梅州的大发展时期，此时其人口与耕地矛盾还不突出，南宋王象之《舆地纪胜》记梅州风俗形胜说：

> 郡土旷民惰，业农者鲜，悉藉汀赣侨寓者耕焉。故人不患无田，而田每以工力不给废。[1]

所谓"民"当指"土著"，与"汀赣侨寓者"相提并论。前者就是"主"，后者则是"客"；前者因"土旷民惰，业农者鲜"，就是不从事农耕，后者则"耕焉"。温仲和强调："由其说可以知，南宋以前土著之少，而汀赣客民侨寓之多"。然则"业农者鲜"更在乎其"主""客"身份与职业特征，此与近代南洋外来人之论当地土著之"懒"，[2] 似是异曲同工——"慵懒"印象让南迁客更有文明优越感。

"客"逐渐迁入，"主"相应地不断减少。江西之虔州（今赣州）和福建之汀州，"二州民多盗贩广南盐"，导致循梅间劫掠杀伐不断，南宋虔贼陈三枪、周十隆等之乱，都导致民不聊生，户口逐日凋耗。[3] "宜乎其时

① 温仲和纂：（光绪）《嘉应州志》，台北：成文出版社，1968 年，第 122 页。
② 魏明枢：《"富裕的弱势群体"：近代华侨与印尼华族》，《嘉应学院学报》2018 年第 1 期，第 18－19 页。
③ 温仲和纂：（光绪）《嘉应州志》，台北：成文出版社，1968 年，第 570－571 页。

《图经》有'土旷''人不患无田'之说也。"① 强烈的社会动荡导致"汀赣客民侨寓"者逐渐减少。晚清温仲和说：

> 要之皆在五代南汉之时。然则唐以前之土著盖然无有存者矣。……而唐元和郡县志载开元元和之户皆无主客之分。②

所谓"土著盖然无有存者"，只能说明主客之文化同化。华夏文明显然是总体认同趋势，共同生活认可的华夏文化与文明，加上大量可供开垦的土地，主客之分自然泯灭亦属正常。温仲和说：

> 今所谓土著，既多由汀赣而来，其言语声音又与相近，主客之名疑始于宋初户口册，故《环宇记》《九域志》所载户皆分主客……其后屡经丧乱，主愈弱，客愈强，至于元初大抵无虑皆客。《元史》所载亦不分主客，疑其时客家之名已成，无主之非客矣。③

两宋之时也是主客整合之顶峰时期，整合于"元初"完成，故"大抵无虑皆客"。所谓"其后屡经丧乱"，则其整合手段乃社会动荡，乃战争或者天灾。诚然，人口会被暴力消灭，其文化却总依其主流渊源而不断传承，所谓"客愈强"，其本质便是文明之传播与文化之传承而形成的民族融合。

3. 梅州文化教育的大发展

经过梅州的北方文化名人，记录了其对梅州的印象："孤城""瘴毒"等，两宋时，梅州人文其实已经不同以往。"客"文化的兴盛和"主"文化的被同化，其文教之功不可灭。

---

① 温仲和纂：（光绪）《嘉应州志》，台北：成文出版社，1968 年，第 122 页。
② 温仲和纂：（光绪）《嘉应州志》，台北：成文出版社，1968 年，第 122 页。
③ 温仲和纂：（光绪）《嘉应州志》，台北：成文出版社，1968 年，第 122 页。

一是乡贤。程旼之外，有蓝奎、古革、蔡蒙吉、侯安国、叶文保等，以其读书科举及其所形成之士大夫气节而称誉历史，地以人名。蓝奎登元祐三年（1088）进士科，其读书授徒处因其得名为蓝坊，其代表诗作："飞瀑悬帘动清响，依岩结屋称幽居。懒思身外无穷事，愿读人间未见书。"民国梁伯聪咏马石下古革故宅："当年下马此通衢，地以名留古大夫。民教馆前移置去，后形奇古字模糊。"[1] 南宋侯安国，祖籍福建宁化人，移居梅州后大力倡导文风：

由宋乡贡进士，教授梅州。见风俗醇美，遂录籍于城东攀桂坊，居焉。初梅州僻处岭南，经学草昧，自安国倡教，文风日盛。以《春秋》授门徒。蔡蒙吉应童子科，登进士，为宋忠臣，其最著也。当时以教泽渊源，比之文翁赵德。复其家傜。[2]

二是名宦。乡贤有喜读书之风气和榜样，南汉曾芳和两宋之陈希侣、柯宋英、刘安雅、方渐、陈谟、颜庸、蒲寿晟、郑至果、刘允等官宦则有提倡之功，其数量不少，影响亦大。知州刘涣有大作为，创办了梅州贡院和小学等，梅州科举和文化教育呈现出前所未有的新气象。[3] 知州滕元发创立州学。刘安世谪居梅州，创建了第一所书院（元城书院），招徒讲学，开启了梅州书院之先河。

三是文献记载之开始。南宋王象之《舆地纪胜》云："方渐知梅州，尝谓：梅人无植产，特以为生者，读书一事耳。"[4] 读书受到推崇，成为时尚，氛围浓郁。晚清温仲和评论说："王象之所引图经当在南宋以前，为志州事之最古者。"

① 梁伯聪：《梅县风土二百咏》，梅州市地方志办公室编：《梅州客家风俗》，广州：暨南大学出版社，1992年，第112页。

② 程志远等整理：（乾隆）《嘉应州志》，内部发行，1991年，第264－265页。

③ 张应斌：《刘涣的四大创举与〈百花洲谶〉》，《嘉应学院学报》2019第1期，第9－10页。

④ 温仲和纂：（光绪）《嘉应州志》，台北：成文出版社，1968年，第125页。

第二节　元明梅州客乡的形成及其繁荣

元朝（1271—1368）是蒙古草原游牧民族建立的大一统王朝，蒙元政权管辖地域范围广泛，有高丽、缅甸、安南、占城及四大汗国等藩属国，故亚欧大陆空前统一。元朝梅州则似乎并非那么繁荣，而是有点衰落和萧条感。

蒙元政权入主中原后，还充满着征服世界的欲望及征服者的残暴。1279 年，忽必烈灭南宋流亡政权后，出兵远征日本、越南、缅甸、爪哇等，这一系列战争被认定是导致梅州人口剧减的重要因素。

进入明朝，梅州依旧是人口迁入目的地，长期动荡导致人口更少，周边客家人便大量入迁填补。政府设县等政区，将其纳入国家版籍，又加强诗书文教，归化人心。明末梅州人口增长，生产发展，文教开始兴盛。

清嘉庆乙亥年（1815），因土客斗案，和平县徐旭曾作《丰湖杂记》，回答学生"何谓土与客"与"世居数百年，何以仍称为客"之询问，揭开客家研究序幕。① 晚清学者如黄遵宪、温仲和、饶芙裳等，经询访确认，元明梅州人口迁入，形成客乡，其文明逐渐兴盛。近世和当代学者深研文献，梅州客家人口和文明研究不断丰富和深入。

一、元代客乡之人口与文明

元代首创行省制，地方政区分省、道、路（州、军）、县四级。将宋时的广南东路改设广东道，共领 7 路 8 州，道治广州，南岭山脉之岭南和岭北统隶于江西行省。元朝统治不足百年，其间梅州却处于客家化的重要

① 徐旭曾：《丰湖杂记》，谭元亨主编：《客家经典读本》，广州：华南理工大学出版社，2010 年，第 49 – 50 页。

发展时期，可以说是明朝梅州走向繁荣的积蓄时期。

1. 宋元更代及其人口损耗

据《元史·地理志》："梅州户仅二千四百七十八，口一万四千八百六十五，主客之数已无可稽"，可知梅州人口密度是 2.46，居全省各州、府第 19 位。相较于《元丰九域志》所载人口，"所载主客户共一万二千余者，所存已不及十之二矣。"①

简单比较此二书所载数字，元代梅州人口绝对值之小，及其损耗与减速之大，都让人瞠目结舌。分析其原因，《元史·地理志》所载之人口及其减少似乎确有其必然性。

宋元梅州旷野之多和人口之损耗，温仲和归之于虔汀盐贩所造成的社会动乱。温仲和说：

江西之虔州，地连广东，而福建之汀州，亦与虔接。虔盐弗善，汀故不产盐，二州民多盗贩广南盐以射利。每岁秋冬，田事才毕，恒数十百为群，持甲兵旗鼓，往来虔汀潮循梅惠广八州之地，所至劫人谷帛，掠人妇女，与巡捕吏卒格斗，或至杀伤则起为盗，依险阻要，捕不能得，或赦其罪招之。夫虔汀二州之往来广南劫掠者，每岁如此。其时之民，乌能安其生哉。重之以南宋虔贼陈三枪、周十隆等之乱民，愈不聊生。……以此观之，户口之日凋耗自可想见，宜乎其时《图经》有土旷人不患无田之说也。②

温仲和此说，沿袭了黄香铁《石窟一征》之"寇变"论。③ 该书论元代寇变时说："邑志纪寇变，有元之世仅一见，而不详其颠末。"元朝达到了空前的大统一，面对更加庞大的行政区，其历史文献记录似乎也更难于

① 温仲和纂：（光绪）《嘉应州志》，台北：成文出版社，1968 年，第 122 页。
② 温仲和纂：（光绪）《嘉应州志》，台北：成文出版社，1968 年，第 122 页。
③ 黄香铁：《石窟一征》（点注本），内部发行，2007 年，第 7 - 10 页。

深入基层社会，荒僻的梅州自然显得更不起眼。

文天祥在粤赣边抗元，至今已成悲壮的史诗。他由虔州（今赣州）收复梅州，还在梅招募士兵，兵势大振。温仲和《光绪嘉应州志》：

> 元世祖至元十四年（1277），文信国引兵出江西，沿途招集义兵，所至响应。相传梅民之从者极众。……地为之墟……①

梅州人口追随文天祥抗元，或战死，或外迁。动乱导致的人口绝对损耗值，或许还有其内在的历史可探讨。《元丰九域志》所载12 372户乃主客户之合计，其中主5 824户，客6 548户，虽客已多于主，毕竟客随主，显然不能将他们简单纳入户籍中，长期动乱首先驱离的正是这些客户。12 372户之十分之二是2 474.4户，与《元史》所载剩余2 478户大致相同，相较于主5 824户则减少了约57.5%。

宋元更代及其长期的社会动乱，意味着其人口之损耗是必然的，但绝非一般所谓的12 372户损失了其中的80%而仅剩其中零头的2 478户。《元史》所载户数不能简单地认作是主客户总数之剩余，而应当仅仅是主户之剩余。此亦可证于黄香铁之记述：

> 邑无北宋以前土著。或疑当日草莱未辟。[宋开宝五年（972）四月，上按岭南图籍，州县多而户口少，命知广州潘美转运使王明，度其地里节省以便民。又宋时广东路府三：肇庆、德庆、英德，州十一：广、潮、韶、连、惠、南雄、新封、梅、循、南、恩。]然宋元祐三年（1088）有蓝奎登进士科，今蓝坊保庆寺，即奎当日读书授徒处。蓝坊由九曲磴入崇山叠嶂间，尚有文人取科第者，则百里之内，自非山虚水深，古无人踪之境矣！然蓝氏后人无传。今邑中旧族，南宋来者亦复寥寥，且自蓝奎后亦

---

① 温仲和纂：（光绪）《嘉应州志》，台北：成文出版社，1968年，第594–595页。

并无人物。当是北宋前甫启狂蓁，而南宋后叠遭兵灾，土著逃亡，仅存一二，而遗黎凋敝，转徙他乡。①

"无北宋以前土著""南宋来者亦复寥寥"，说明其人口本来就非常少，"兵灾"导致的不仅是"土著逃亡"，更是客户离弃。据统计，蕉岭全县共87姓。最早者乃文天祥的参军丘文兴，宋末元初迁来文福乡开基。王、邓、古、许、徐、钟、赖、黄、张等九姓在元代逐渐迁来，其余约90%的姓氏皆由明初陆续迁来。②

2. 元代梅州人口乃由闽、赣转入

某种意义上看，两宋间之所以外来客户那么多，主要是因为当地人口太少，而决不能将其原因理解和想象为梅州的"繁荣"。温仲和据史籍认为，"其时尚是人与禽兽争力之世"：

《汉书》武帝纪，元狩二年三月，南越献驯象。《岭表录异》云：广之属郡潮循多象……南汉造镇象塔……《宋史·五行志》：乾道十年，潮州野象数百食稼……

温仲和强调："若如今日之开辟，何处复容此二物也。"③ 其间大象与鳄鱼出没，恰恰是两宋北方南下士大夫们的梅州印象：瘴疠之乡。此地充溢着热带自然与人文，经济与社会却未发展。

两宋间，此地有外来人口增补之势，宋末抗元等战乱和动荡则打断了这种趋势，且使其严重损失了人口，元代梅州则依然是土旷人稀而不是"地为之墟"，福建、江西之人口则乘机填补：

①　黄香铁：《石窟一征》（点注本），内部发行，2007年，第7-8页。
②　蕉岭县地方志编纂委员会编：《蕉岭县志》，广州：广东人民出版社，1992年，第626-627页。
③　温仲和纂：（光绪）《嘉应州志》，台北：成文出版社，1968年，第594页。

闽之邻粤者相率迁移来梅，大约以宁化为最多，所有戚友，询其先世，皆宁化石壁乡人。①

元朝的大一统，又逐渐汇聚离去之客人。此地在元朝不足百年时间里，乃至明初，仍是客人汇聚之目标地。故温仲和感叹：

故今之土著多来自元末明初。以余耳目所接之人，询其所自来，大抵多由汀州之宁化，其间亦有由赣州来者，其言语声音皆与汀赣为近，其传次亦相上下，约在二十余世之间。②

据其语言口音之不同，客民来源大致有两个方向："考长乐、兴宁县志云：方言有二：一客家音，一水源音。相传建邑时人自福建来此者为客家，自江右来者为水源。"③ 所谓江右主要就是指今江西省，而今梅江区和梅县区一带的客家人则多来自汀州之宁化。光绪二十七年（1901），黄遵宪在《梅水诗传序》中进一步指出：

嘉应一州，占籍者十之九为客人。此客人者，来自河洛，由闽入粤，传世三十，历年七百，而守其语言不少变。④

客民来自福建宁化石壁，其源则来自中原，与原南汉之前的"原住民"似乎有所不同——"嘉应一州，占籍者十之九为客人"其本原当是五代十国时的"闽"国人，而其本土者则当是"南汉"国人。黄遵宪又有诗曰：

---

① 温仲和纂：（光绪）《嘉应州志》，台北：成文出版社，1968 年，第 594－595 页。
② 温仲和纂：（光绪）《嘉应州志》，台北：成文出版社，1968 年，第 122 页。
③ 温仲和纂：（光绪）《嘉应州志》，台北：成文出版社，1968 年，第 125 页。
④ 黄遵宪：《梅水诗传序》，《梅水诗传》（卷一），内部发行，2005 年，第 3 页。

筚路桃弧展转迁，南来远过一千年。

方言足证中原韵，礼俗犹留三代前。

自注：客人来州，多在元时，本河南人。五代时，有九族随王审知入闽，后散居八闽。今之州人，皆由宁化县之石壁乡迁来，颇有唐魏俭啬之风，礼俗多存古意，世守乡音不改，故土人别之曰客人。方言多古语，尤多古音。陈兰圃先生云：证之周德清中原音韵，多相符合。大埔林海岩太守则谓客人者，中原之旧族，三代之遗民，殆不诬也。①

在黄遵宪看来，梅州客家迁来时间"多在元时"，其祖籍则"本河南人"，其曾"散居八闽"，又经"宁化县之石壁乡"转迁而来。元朝时，迁入者来自汀赣、闽汀，其源在河洛，则此时之迁入者已不同于此前已经生活于梅州的民众。所谓"中原之旧族，三代之遗民""颇有唐魏俭啬之风，礼俗多存古意，世守乡音不改"等，无不显示出其文化与文明根源之自我标榜。

3."未有梅州，先有杨古卜"之存疑

抗元战争给梅州后世留下了战后仅存"杨古卜三姓"的传说。温仲和便特别强调："至兵败后所余遗子只杨古卜三姓……"②"杨古卜三姓"似乎成了梅州土著，且这已成为梅州民间共识：

父老相传皆云：未有梅州，先有杨古卜。二姓未知如何，询之古姓，则在三十余世四十世之间。③

温仲和考宋代"古成之"究竟是梅州人还是河源人时则特别强调"州

---

① 钱仲联：《人境庐诗草笺注》，上海：上海古籍出版社，1981 年，第 810 页。
② 温仲和纂：（光绪）《嘉应州志》，台北：成文出版社，1968 年，第 594－595 页。
③ 温仲和纂：（光绪）《嘉应州志》，台北：成文出版社，1968 年，第 122 页。

中古姓是北宋之土著……是当时郡中古姓特著也"①，据此，他提出"不应未有梅州先有古姓"②。

"杨古卜三姓"之所以被认定是宋代遗民，重在其世系之多寡差别。温仲和以其"多来自元末明初"，故"其传次亦相上下，约在二十余世之间"③。黄遵宪以其"多在元时"，则"传世三十，历年七百"。他又有诗曰：

> 野外团焦岭上田，世传三十子孙千。
>
> 元时古墓明朝屋，上覆榕阴六百年。

自注：土著有传世四五十者，从宁化来者，皆传二十余世。溯其始基，知为元时矣。孙枝蕃衍，多者数千人，少亦千人。入明以后，坟墓世守无失。元时墓存一二而已，明时筑室，亦有存者。④

可见，黄遵宪与温仲和其实观点相类。黄遵宪在《李母钟太安人百龄寿序》中开篇即说：

五岭以南，介乎惠、潮之间者为吾州。环州属而居者，数十万户，而十之九为客民。其迁移约五六百年，其传世约廿六七代，其来自闽汀，而上溯其源，乃在河洛。其性温文，其俗俭朴。⑤

到民国初年，"未有梅州，先有杨古卜"似乎已成为共识，普遍认为

---

① 温仲和纂：（光绪）《嘉应州志》，台北：成文出版社，1968年，第594页。
② 温仲和纂：（光绪）《嘉应州志》，台北：成文出版社，1968年，第122页。
③ 温仲和纂：（光绪）《嘉应州志》，台北：成文出版社，1968年，第122页。
④ 钱仲联：《人境庐诗草笺注》，上海：上海古籍出版社，1981年，第813页。
⑤ 郑海麟、张伟雄：《黄遵宪文集》，京都：中文出版社，1991年，第138页。

梅县"杨古卜三姓"传世多而早，已有四十代，在宋朝即已居住于本地；其他各姓大多则传"二十余世"，当在明朝时由福建宁化迁来，故民国梁伯聪有诗曰：

> 旧姓今存古卜杨，太多族谱祖闽方。
> 女鞋豆腐仍原样，宁化人来说故乡。[①]

综上，"杨古卜三姓"乃南汉国"土著"，占籍嘉应者十之九皆"来自闽汀"，乃王审知所建之闽国人后裔。罗香林认为：

> 其客人，除赤溪一县外，大率皆是五代至明初的移民，元明以前，那些地方，虽尚有其他本地土著相与杂居，然而"新种入，旧种衰"，到而今，已全为纯客住地了。[②]

两宋以前，今梅州境曾设立义招县和万川县（大埔县）、程乡县、兴宁县等纯客县，宋朝分设长乐县（五华县），元明之前设立的纯客县可被称为粤东老县。论者说：

> 粤东不存在一个千年不变的民系，罗香林的五次大迁徙说不能成立。[③]

所谓"新种入，旧种衰"与"粤东不存在一个千年不变的民系"之论点，其前提在于先验地认定两宋梅州人口已经很多，而这些人口在元初则

---

①　梁伯聪：《梅县风土二百咏》，梅州市地方志编委办公室编：《梅州客家风俗》，广州：暨南大学出版社，1992 年，第 112 页。

②　罗香林：《客家源流考》，《兴宁文史——罗香林教授专辑》，1989 年 11 月，第 63 页。

③　张应斌：《粤东老县客家的形成——以梅州为中心》，《嘉应学院学报》2017 年第 3 期，第 5 页。

几乎不剩。故论者说："殊不知元初正是历史大断裂之后，粤东一片废墟。"①

所谓"历史大断裂"，显然是指梅州在元朝之前已经有很多人口，之后因战乱而被消灭，此后来了另一批人填补此地空旷田野。故论者强调说：

> 宋代九倍于原住民的移民进入梅州，古越人消失，客家概念出现；但他们又在元初消失殆尽。②

主户因战乱而有所减少是必然的，客家概念之客户"在元初消失殆尽"亦当是事实，因此，可以说客家民系此时仍未形成。元代之梅州人口仍然稀少是确论，持移民入而"古越人消失"之论并视之为梅州历史发生"大断裂"的观点却待商榷。"历史大分裂"的根源亦多在于其原本就不发达，人口原本就不多。

或许，所谓"种"不能仅仅被解作人口，其"衰"自然也不能简单地认为是人口被消灭或者被取代，"种衰"实际上应该是指元明之后新迁入者将此前之所谓"土著"完全同化的现象。

二、明朝客乡之"泽国"和"乐土"

兵灾和暴乱已经成为客家经济与社会不发展的重要根源，改朝换代常被视作历史的轮回，战火常常不仅会毁灭旧政府，而且会使生灵涂炭。元明更替，同样经过了暴烈的起义。

就像地处四战之地的古代西亚，其政权与文化更替更加频繁，你方唱

---

① 张应斌：《粤东老县客家的形成——以梅州为中心》，《嘉应学院学报》2017 年第 3 期，第 9 页。
② 张应斌：《粤东老县客家的形成——以梅州为中心》，《嘉应学院学报》2017 年第 3 期，第 5 页。

罢他登场。与其不同，岭南和梅州迎来一波又一波南迁的北方汉人，其地则一波又一波、一浪又一浪地汉化，梅州则客家化。

1. 动乱与移民及其人口的客家化

洪武二年（1369），广东道改为广东行中书省；洪武九年（1376）改为广东承宣布政使司（简称广东布政使司，通称省）。明代实行省、府（州）、县三级建制，广东共领 10 府、1 直隶州，今梅州之五华和兴宁两县属惠州府，其余则属潮州府。论者谓：

> 明初再一次发生历史大断裂，《程乡县志》卷三载明洪武二十四年（1391）程乡 1 686 户，虽元代灭亡的战火已熄灭 20 多年，但人口的 32% 仍然消失。因人口太少，故梅州在明代被废。①

朝代更替的战乱导致人口锐减，这已经成了历代史家之共识。相较于《元史》载 2 478 户，明初仅剩 1 686 户，减少了 32%。同年（1391），长乐"造户口册，全县 868 户，3 202 口"。②

这些人口当然是指在册在籍者。但是，梅州是否是"因人口太少"而废州？无论如何，元明之间人口迁入不多，明初梅州客家仍然人口稀少。故黄香铁《石窟一征》说："历元而明，中原衣冠世族始稍迁至。"③

所谓"稍迁至"，其义当指人口迁入不多。事实上，"人口太少"与"盗贼""聚众为乱"两者互为因果，都源于当时基层政权的失序和社会户籍制度、基层社会秩序的混乱。论者指出：

> 在广东地区，无论是洪武年间的征剿还是永乐年间的招抚，目的都是

---

① 张应斌：《粤东老县客家的形成——以梅州为中心》，《嘉应学院学报》2017 年第 3 期，第 9 页。

② 五华县地方志编纂委员会编：《五华县志》，广州：广东人民出版社，1991 年，第 11 页。

③ 黄香铁：《石窟一征》（点注本），内部发行，2007 年，第 7－8 页。

要将"无籍"的"化外之民"编入户籍，置于国家权力的控制之下。这一做法初时也确实取得了一定的效果，但是，后来实际发生的过程却出现了戏剧性的转变，在入籍意味着当差，当差往往难免破产的压力下，明初编集起来的编户齐民大量地逃脱里甲户籍的约束，走上了"亡命逋逃"的道路。这种情形加剧了明代广东"盗贼日炽"的局面，进而引致当时的社会陷入一种看似"失控"和"无序"的状态。明代中期开始的赋役改革以及随之引起的户籍制度的根本改变，就是在这种社会变迁的现实下，政府重建社会控制机制和重组社会秩序的一种反应。①

"盗贼日炽"除了"亡命逋逃"外，"盗矿作乱"加剧了明代闽粤赣边客家地区的长期动乱，影响深远：

（五华县）岐岭、金坑口、下塔、横流渡产金（下塔、金坑口，龙川界）。（万历三十年，太监李）敬移文长乐，遣商陈贵等募夫，各处开采。凡一月，得金五分。贵等遂欲延掘居民田宅坟墓。知县张大光上书李敬，其略曰："民田民园，均属王土。采金采银，简命当遵。然一月仅得金五分，便欲挖掘于田宅坟墓之间……如嘉靖间因开矿而酿伍瑞之乱，隆庆四年苏琏等以盗矿作乱，万历二十八年，陈九峰、黄继荣以开采为名聚众为乱……"②

明朝政府的征剿让当地畲族、傜族土著消失，人口大量损耗，大量客家人填补了其空缺：

粤东客家主体形成的时间在明中叶以后。元末改朝换代中粤东客家地

---

① 刘志伟：《在国家与社会之间——明清广东地区里甲赋役制度与乡村社会》，北京：中国人民大学出版社，2010年，第7-8页。

② 程志远等整理：（乾隆）《嘉应州志》，内部发行，1991年，第613页。

区人口消失五六成……明代中叶再经历这样的大动乱、大屠杀，人口面貌和种族结构再次根本改变。土著消失，客家人大量进入，其时间在明代正德王守仁任客家地区巡抚以后，王守仁对于推动粤东客家社会的形成起了重要的作用。①

因动乱和屠杀，闽粤赣三省边境之客家地区的县级行政区发生重大调整。嘉靖五年（1526）设置大埔县，嘉靖四十一年（1561）设立平远县，隆庆三年（1569）析长乐县置永安县（今河源紫金县），崇祯六年（1633）设立镇平县，这些是广东和梅州历史上较大的政区调整。

新置县多从原来之一县或相邻数县析出部分区域而设立，其"析出"表明其"边缘"之特征。新置县主要分布在粤东客家和珠三角一带，其布局甚至被视为"趋于平衡合理"。

粤东客家之新置县主要在原梅州和循州（今河源）境内。洪武初年（1368），梅、循皆被并省，前者被并入潮州，后者则被并入惠州，故新置县主要在潮、惠地区。粤东客家之所以大量建县，论者强调指出：

新县客家形成于明代中后期。粤东明新建十多个县其初衷虽非为安置客家，而是防范盗贼。但客观上伴随新县建立，邻近赣、闽客家大量涌入，形成新县的主体是客家人的事实，惠潮11新县大都如此。②

强取曰盗，私偷曰贼。所谓"盗贼"是指抢劫偷窃者，或者是反叛者之贬称。

明朝政府征剿的"盗贼"，一般被认定是起义的畲、傜土著，他们以大规模暴力对抗政府，超出一般的社会治安事件范畴，从而引起政府大规

047

---

① 张应斌：《粤东新县客家的形成》，《嘉应学院学报》2016年第4期，第10页。
② 张应斌：《粤东新县客家的形成》，《嘉应学院学报》2016年第4期，第10页。

模的军事征剿。

所谓"防范盗贼"而设县，则新设之县当具有某种程度的军事基地性质。论者甚至认为，由于当地人口确实稀少，经过起义和征剿，人口更是少得可怜，政府之置县实有招徕人口的目的，似乎是在"筑巢引凤"。

从行政逻辑上看，设置县级行政区必然有其民事上和军事上的必要性。如果当地仅仅是土匪窝，剿除土匪便完事了。设县不仅有其特别的现实需要，还有对当地人口与经济的预期，即使设县时人口确实不多，但所设立县对外来人口却具有强烈的吸引力。论者强调：

明代大动乱导致移民大量进入，在形成粤东新县客家的同时，也使几成废墟的老县客家得以形成。①

大动乱和移民或许是相互的，是在同步进行的。诚然，动乱之后的征剿及其人口损耗，推动大量客民迅速填补，从而完成其县域人口的客家化。

2. 明代中后期之文教兴盛

明朝梅州乃客家发展史之重要阶段，但其时客家文化中心并不在梅州，而是在福建汀州府、赣南地区、惠州府。② 温仲和之"案语"强调：

有明一代仍困于盗贼，故二百余年登进士者仅得六人。本朝乾隆壬申恩科，查题名碑录，全省中进士十一名，而本州中五人，几与有明一代相匹，岂非确然一证。③

---

① 张应斌：《粤东老县客家的形成——以梅州为中心》，《嘉应学院学报》2017 年第 3 期，第 5 页。
② 吴永章：《客家文化中心的历史变迁与启示》，《嘉应学院学报》2006 年第 4 期，第 5 页。
③ 温仲和纂：（光绪）《嘉应州志》，台北：成文出版社，1968 年，第 594 页。

"困于盗贼",即"盗贼"之动乱依然是有明一代梅州不发展的重要根源。诚然,著名文士之少和科举之落后,还根源于当地人口不足和社会长期处于落后状态。

直到明朝中期,梅州仍然是外来人口迁入地区,这直接影响到当地社会秩序的稳定,故《明史·洪钟传》载:

成化中,刑部郎中洪钟言:广东程乡流移错杂,习斗争,易乱,宜及平时令有司立乡社学,教之诗书礼让。①

随"流移错杂"而来的"习斗争,易乱","乡社学"之教育"诗书礼让",其主要的出发点和针对的现象显然不是本地土著人口,目的在于人心是非导向,就是要确立农业社会的基本规范。

以教育推进社会文明,进而让人受教化和静心向学,其根本目的在于稳定社会秩序,使民众安居乐业。明朝中期,粤东客家新置县吹响了当地人口客家化、社会经济发展的号角。正是在人口不断增多、经济开发的基础上,客家文化和文明亦开始逐渐兴起。

人口增长和土地开发迅速,人文亦随物质之富裕而发达。经过长期发展,明末清初,梅县与梅州文化和文明发展,影响力扩大,已呈现高度繁荣景象。清末民初,饶芙裳曾明确指出:

吾梅为古文者始于明。崇祯间,李二何太史有《三柏轩集》行世;继则清康雍间,李恬斋太史著有《赐书堂集》……读已毕,书数言于后,并使后之学者知吾梅文化之昌明,实渊源于二李先生而无疑也。②

① 温仲和纂:(光绪)《嘉应州志》,台北:成文出版社,1968年,第125页。
② 饶芙裳著,刘奕宏、郭锐校辑:《饶芙裳诗文集》,广州:羊城晚报出版社,2018年,第216-217页。

049

虽曰"始于明"，其成效却不是一蹴而就。明末清初，李二何著《三柏轩集》和李惕斋著《赐书堂集》，成为嘉应州文化昌明之始的根本标志。李象元（1661—1746），字伯猷，号惕斋，梅城金山人。康熙三十年（1691）辛未科进士，清朝梅州科举登第及入翰林院者"自象元始"；其学问品行则"为粤东最"，"三代皆进士，一门四翰林"，家乡文风日起由此开启。

3. "梅溪"与"泽国""乐土"

明朝之前，粤东北素称瘴疠之乡、贬谪之乡、避乱和化外之地。梅江旧称梅溪，唐宋时，梅溪之名已真实存在，且因其而有"梅口镇"和北宋之"改敬为梅"。"改敬为梅"本应是梅州发展的历史大事，却因其仅仅源于避讳而缺乏本地发展之意义。

梅溪曾经长期被称为"恶溪"，其恶有三：瘴雾毒恶、滩石险恶、鳄鱼狞恶。① 三大险恶之存在，加上迁谪者沿途之艰辛，因其"远"而更加可"恶"。加上外来者的观感与宣扬，"恶溪"给人的印象自然更加深刻。

随着梅州人口的增长和经济社会的发展，到明朝以后，梅溪又恢复其正名，而不再称"恶"。温仲和特别强调说："明以后诸恶既除，故梅之名独显。"② "梅之名独显"，梅溪不再称恶而开始正名，此乃历史发展之重要标志。此时，"三恶"渐去：

其后鳄鱼之狞恶者他徙，瘴雾之毒恶者开朗，即滩石之险恶者亦渐平，向之视为畏途者，今且以为乐土，人因第知为梅溪而不知为恶溪矣。③

"畏途"者，不仅贬官畏惧，民众更不向往。"乐土"者，安居乐业而人所向往。此地原来人烟稀少而外人所不愿经历，如今则为人所向往，本

---

① 温仲和纂：（光绪）《嘉应州志》，台北：成文出版社，1968 年，第 54 – 55 页。
② 温仲和纂：（光绪）《嘉应州志》，台北：成文出版社，1968 年，第 55 页。
③ 温仲和纂：（光绪）《嘉应州志》，台北：成文出版社，1968 年，第 54 – 55 页。

地人安居乐业。这已然是天壤之别，亦可知其间开发之艰辛。明嘉靖三十六年（1557），《大埔县志》概括称：

> 岭表，五服之荒服也。在汉为南越地，入中州版章最后，故其风气绝不类中州。古之忠良忤权贵者，迁谪必岭表焉。盖以岭表为瘴乡也。如唐昌黎公之贬潮阳，如宋东坡公之谪惠阳，班班可考。迨我国家宦游者，独不以瘴乡为嫌，反乐居之。岂其风气渐开，非昔日之岭表耶？夫岭表一也，在昔为瘴乡，在今为泽国。然我皇明声教暨越南者，殆有以迈唐虞三代者矣。呜呼休哉。①

"在昔为瘴乡，在今为泽国"，从"瘴乡"走向"泽国"。所谓"泽国"，就是指水草丰美之地，显然是经济繁荣，生机盎然。岭表之地经济和社会逐渐开发，又接受文化，所谓"风气渐开""声教暨越南"。

与唐宋形成鲜明对比的是，无论官商，从梅江、汀江到韩江下游各地，皆经由三河，大埔官员一度受困于"本省、别省官员"途经三河时的"迎送之役"，甚至要立碑明令禁止。② "三河"此时已经成为闽粤赣边人来人往的交通枢纽：

> 三河市，在新寨巡司之前，舟楫辐辏，鳞次两岸，贸易者为浮店，星布洲渚，凡鱼、盐、谷、粟、布、帛、器用百货悉备，人谓之小潮州。但春水泛滥，洲渚湮没，乃撤浮店罢市；水落洲出，贸易如前。至冬月，百货尤聚焉。③

人口增长，内部经济发展，对外关联紧密，明朝梅州已经显得相当繁

---

① 大埔县地方志办公室整理：（嘉靖）《大埔县志》，内部发行，2000年，第4页。
② 大埔县地方志办公室整理：（嘉靖）《大埔县志》，内部发行，2000年，第92页。
③ 大埔县地方志办公室整理：（嘉靖）《大埔县志》，内部发行，2000年，第29页。

盛。事实上，因人多地少导致的生活艰辛亦已渐现，《乾隆嘉应州志》卷三载程乡县税赋，又批判该地征收商税：

> 嘉应弹丸一区，岁所产不足供岁之所食与用，又无其他货物，足以招集商股资助生业，倘复加以额外杂征，斯民尚能奠厥居乎！①

上引编撰者之感言，显见得明末人口、粮食与土地之矛盾已成难以解决的社会问题。农耕文明时代，如水满则溢，人满则外迁，梅州民众外迁逐渐增多，此乃本地经济与社会发展的产物，体现出经济与人口增长背后的民情和社会骚动。

第三节　唐宋梅州海外移民史的开端及其研究

从唐宋一直到明朝，梅州主要是人口迁入地，其人口并非稳定增长，土地与人口之压力也不大，其海外移民不过是特殊的历史现象，其记录也不多。许多研究其实也说不出丰富、详细的历史事实来，大多只是片言只语。2001 年 12 月，《梅州市华侨志》② 出版，其中关于清前期之前的梅州海外移民史完全语焉不详。

移民海外与当地社会经济的发展有关，也与当时中国、世界的形势有关。梅州海外关系史可以上溯到唐朝，公认的海外移民史则开始于宋末元初，一般追溯到文天祥抗元失败，有些南宋遗民移居南洋。但人少地多的宋元时代，其海外移民只发生于国内政治动乱时期。

---

① 程志远等整理：(乾隆)《嘉应州志》，内部发行，1991 年，第 146 页。
② 梅州市华侨历史学会编：《梅州市华侨志》，内部发行，2001 年。

一、唐代水车瓷与"唐人"称呼的海外关联

古代梅州与周边地区的交流一直很活跃，韩江水系成为其翻越大山屏障，与外界进行交流的重要交通网络。应当注意的是，在西方殖民主义者东来之前，古代中国人向往的是农耕文明高度发达的中原地区，这里是中国政治文明的中心，长江、黄河流域才是人们目光所向，走向海外不是主流，海外关系及移民海外都不是主流活动，总体说来，整个社会缺乏海外移民的内在驱动力，也缺乏移民的社会现实基础。

1. 水车瓷：揭开梅州海外关系史

梅州与海外的关系史可以从考古发现中追溯到梅县水车发现的唐代青瓷。20 世纪 70 年代前后，梅县畲坑镇村民挖地基盖房子时发现了一座唐墓，从中出土了一批青瓷陪葬品。随后梅县又屡屡在各类型基建及广梅汕铁路修建过程中发掘出唐墓，引起了文博专家的关注。1980 年，在梅县水车发现了两处唐代古窑址和一批唐代的罐、大小四花瓣口碗和盘、杯等古瓷，其中花瓣口碗在泰国曼谷等地也有发现。[1]

1982 年 11 月，著名的古陶瓷专家冯先铭率队，挖掘畲坑镇唐代古墓及水车镇瓦坑口、罗屋坑、南口崇芳山等古窑址后，得出了权威性的结论：梅县畲坑唐墓出土的青瓷系水车窑产品，并证实 1979 年上海召开的国际性古外销陶瓷学术讨论会上，泰国专家带来的九块瓷片，其中两块是梅县水车窑的产品。该古窑址遂正式被命名为梅县水车窑。[2] 冯先铭论证说：

梅县窑在已发现的广东地区唐代瓷窑中以质量精、造型丰富而名列首位。唐代曾远销海外，泰国南部出土有唐代青瓷碎片，除越窑、长沙窑外，还有广东梅县窑和高明窑碗片，这是目前所知广东最早销往海外贸易

---

[1]　张广哲：《埔梅客家文化源流初探》，《大埔文史》（第 4 辑），1986 年，第 21 页。

[2]　谢明映：《广东唐代青瓷名窑——水车窑》，《岭南文史》2004 年第 1 期，第 74 页。

瓷的实物例证。①

水车窑之所以能成为外销瓷，与其梅江水路有关，或者说，唐代梅州的海外关系通过水路发生。梅县水车窑与潮州北郊上埠窑地处韩江之上、下游，同处潮州行政区内。论者认为：

两窑之所以能成为广东陶瓷生产出口的重要基地，正是依托得水路交通之利、比邻潮州港而发展起来。水车窑、潮州窑匠人共同推动了唐代粤东制瓷业的蓬勃发展。在开拓海上"陶瓷之路"，促进广东经济发展方面做出了重要贡献。唐代海上陶瓷贸易的繁荣，反过来促进了潮州港的发展。②

唐朝梅州既已开启海外商贸关系史，也就有其人口移民海外的可能性。然而，此时梅州人口很少，经济不发达，海外移民是否产生是存疑的。

2. 中国海外移民史的唐朝关联

中国人移民海外的历史很早，有的甚至追溯到商代或秦汉，但华侨史的上限一般被认定在唐代。此前虽然不免有海外移民，但其数量少，属于偶发事件，且未能成为独立的民族或民系。

鸦片战争前，华侨之称呼用词大都是："唐人""北人""海外异端""逃犯""海贼""贱民""莠民""弃民""化外颓民"等③。海外华侨华人则长期称故乡为"唐山"，称中国服装为"唐装"，称华侨聚居地为

---

① 谢明映：《唐代梅县水车窑青瓷鉴识》，《收藏界》2007 年第 1 期，第 91 页。

② 陈志民：《唐代梅县水车窑与潮州窑的发展成因初探（上）》，《中国陶瓷》2006 年第 12 期，第 91 页。

③ 蔡苏龙：《"华侨"的概念与定义：话语的变异》，《深圳职业技术学院学报》2003 年第 1 期，第 71 页。

"唐人街"。海外华人以"唐"而称，与唐朝强大的世界影响是有关系的。[①] 民国李长傅则解释说：

中国人之在南洋者，初无专门名词。自唐以来，始有唐人之称，始于宋，而最盛行于明、清二代。[②]

明清时代，东南沿海中国人被称为"唐人"，后来外国人沿用此称，并以之称呼中国人或者海外华侨。晚清黄遵宪列举了不同时期和地点对古代中国的称呼：

西北各藩称曰汉，东南诸岛称曰唐，日本亦曰唐，或曰南京，南京谓明。此沿袭一代之称，不足以概历代也。[③]

《明史》则记载了明朝时日本关于"唐人"的具体用法：明末日本丰臣秀吉欲入侵中国，"召故时汪直遗党，知唐人畏倭如虎……入中国北京者用朝鲜人为导，入浙、闽沿海郡县者用唐人为导"[④]。

3. 梅州海外移民史的唐朝关联

客家山歌中有大量的"唐""唐山"等字眼："苦劝涯哥莫过番，番邦唔得转唐山""郎在番邦妹在唐，两人共天各一方；妹在唐山无双对，郎在番邦打流郎""双手牵紧郎衣角，问哥几时转唐山"。事实上，"唐"与"番"一直是相对应而存在的。清前期梅县著名华侨罗芳伯就被称为"大唐总长"。

与唐朝关联的这些词语，被认为是梅州华侨史最早可以上溯到唐朝的

---

① 肖北婴：《"海上丝路"与中国古代的海外移民》，《八桂侨刊》2005年第1期，第12–14页。
② 李长傅：《南洋华侨史》，上海：暨南大学南洋文化事业部，1935年，第35页。
③ 黄遵宪：《日本国志》，上海：上海古籍出版社，2001年，第51页。
④ 张廷玉等撰：《明史》第27册卷322，北京：中华书局，1974年，第8357页。

证据。论者由此推断说："远在唐朝以前，就有华人在南洋各地居留。"①
客家学论者甚至认为："假如客家民系在唐朝已形成就包括了客家。"② 梅
州客家华侨史往往上溯到唐朝，这些当然只是一种猜测而已。

唐末黄巢之乱被认定是影响客家人南迁的重大历史事件，客家人因此
形成了某些特定的相关联的风俗习惯。罗香林说：

> 客人有一种葛藤坑与黄巢，及中秋月饼与元鞑子的传说，顾可逆证客
> 家先民与黄巢变乱及元人南下的关系。③

黄巢之乱极大地影响了国内外移民史。唐乾符六年（879），黄巢起义
军攻占广州，一批广东人避乱移居今印度尼西亚巨港一带。④ 南汉中宗刘
晟乾和元年（943），阿拉伯人马素提经过苏门答腊的三佛齐时，看见"有
多数中国人耕植于此岛，而尤以巴邻旁（室利佛逝）为多，盖避中国黄巢
之乱而至者"。⑤

唐代开辟"通海夷道"，已有商人在阿拉伯定居，闽粤人流寓苏门答
腊。这只是个体行为，并未形成海外移民聚落。⑥ 论者强调：福建直至唐、
五代，大片土地尚未开发，人口不多，极少有人出国定居。⑦ 此时，比邻
福建的梅州更是"瘴乡"和"迁谪"之地，其对外交往、商业贸易都不可
能是持续的，更不可能是大规模的，其海外移民同样如此。

---

① 张志瑶：《华侨与客家山歌》，《嘉应侨史》1987 年第 1 期，第 50 页。
② 丘菊贤：《客家迁徙南洋论略》，《河南大学学报》（社会科学版）1994 年第 3 期，第 62 页。
③ 罗香林：《客家源流考》，《兴宁文史——罗香林教授专辑》，1989 年，第 47 - 48 页。
④ 广东省地方史志编纂委员会编：《广东省志·华侨志》，广州：广东人民出版社，1996
年，第 10 页。
⑤ 李长傅：《中国殖民史》，上海：商务印书馆，1984 年，第 61 页。
⑥ 史伟：《海内移民与海外移民》，《海洋世界》2008 年第 7 期，第 14 页。
⑦ 方宝璋：《漫话福建海外移民》，《文史知识》1995 年第 4 期，第 39 - 43 页。

二、宋朝：梅州海外移民史的"公认"开端

古代农耕时代，恋家当属人之常情。远足他乡甚至会被认定是失去居所的流浪。"慈母手中线，游子身上衣。临行密密缝，意恐迟迟归。"诗中的母子深情感动了很多人。民众离开家乡而成为移民实属极其无奈，更何况是海外移民，其间必有家国大义在。

1. 宋元闽粤之南洋移民及其研究

宋朝是中国历史上比较重视南洋贸易的政权，是中国向海外和海上拓展的重要历史时期。由于中国政治与经济重心的南移，地处东南沿海的福建与广东，海外交往逐渐增多，商务活动逐渐兴盛，到海外谋生而移民海外的现象也逐渐增多。到元末，东南亚出现了中国海外移民聚落。[1]

黄启臣《明清时期广东商人的海外移民》认为，广东海外移民始于北宋，到明清时期空前发展。[2] 他认为，12世纪初就有广东海商到外国贸易，但因此成为海外移民的现象"并未具有普遍意义"，明中叶以降才日益增多。[3]

南宋景炎元年（1276），东莞县白马乡儒士李用不甘事元，浮海至日本镰仓，以教授诗书为业。李氏是见之史籍记载的第一位旅日广东籍华侨。南宋祥兴二年、元朝至元十六年（1279），元兵故破崖门（今新会县境内），部分抗元失败的广东义民和逃避战乱的广东人逃往海外。[4] 民国陈宗山谓：

南宋以还，华夏两沦于异族，胡人牧马，蹂躏及于珠江流域，亡国遗

---

[1] 史伟：《海内移民与海外移民》，《海洋世界》2008年第7期，第14页。

[2] 耿昇：《"中国海外贸易与海外移民史"研讨会综述》，《深圳大学学报》（人文社会科学版）2003年第3期，第126页。

[3] 黄启臣：《广东商帮》，合肥：黄山书社，2007年，第142–143页。

[4] 广东省地方史志编纂委员会编：《广东省志·华侨志》，广州：广东人民出版社，1996年，第10页。

黎，备受凌虐屠戮之惨，蹙蹙骁骁。闽粤濒海，瞻望前路，乃生倖心，则相率而大去其乡，乘桴浮于南国，吾侨之孳乳于炎徼，此其主因也。①

论者将揭阳海外移民史大体分为四个阶段：宋元、明代、清代和近代。② 其时，梅州周边的潮汕海外移民有了较大的发展。论者认为：

唐宋以来，潮汕地区经济日趋繁荣，是重要的沿海经济发展区域，并以此为基础逐步形成了独特的区域社会经济及文化内容，与海外的联系十分密切，是著名侨乡和对外贸易口岸，在中外经济、文化交往中长期发挥重要作用。③

新编《大埔县志》载：宋末元初，元兵南侵。南宋末代皇帝赵昺逃到梅州，文天祥抗元军队也来到大埔，湖寮双坑人何崇儒等大臣追随文天祥起兵勤王，在闽粤赣三省集结部队再战。当时宋帝赵昺军队中有不少大埔人，战败后，大部分不敢回乡而远涉重洋避难，侨居海外。④

元朝梅州人口数量确有较大减少，海外经商和海外务工等现象自然也只能是猜测。丘菊贤说："蒙古人建的元朝实行高压的统治，和其他南方各族人民一样，客家人也纷纷逃往南洋各地……"⑤ 但他并没有做进一步的论述。朝代更替的暴力冲突成为梅州移民海外的基本背景。

2. 晚清学者追溯的"卓满"故事

公认的见诸史籍的梅州海外移民史始于宋朝末年。抗元战争失败给梅州华侨史留下了卓满传说——梅县松口的卓满，追随文天祥抗元，失败

---

① 胡炳熊：《南洋华侨殖民伟人传》，上海：暨南大学南洋文化事业部，1928 年，"陈序"第 2 页。
② 刘青山：《揭阳海外移民简述》，《岭南文史》1999 年第 4 期，第 47 页。
③ 冷东：《潮汕海外移民研究管窥》，《广州大学学报》2001 年第 1 期，第 14 页。
④ 大埔县地方志编纂委员会：《大埔县志》，广州：广东人民出版社，1992 年，第 580 页。
⑤ 丘菊贤：《客家人向南洋迁徙问题论略》，《梅州侨史》1994 年总第 9 期，第 27 页。

后移民南洋，他被公认为见诸史籍的客家海外移民第一人。

晚清中国开启国门，一批梅州客家名臣、学者走向世界，也推动了他们追溯梅州海外移民史之源头。黄遵宪《己亥杂诗》：

男执干戈女甲裳，八千子弟走勤王。
崖山舟覆沙虫尽，重带天来再破荒。①

自注："梅州之土人，今惟存杨、古、卜三族。当南宋时，户口极盛，其后昺、昺播迁，文、陆号召，土人争从军勤王。崖山之覆，州人士死者十盖八九，井邑皆空，故客人从他邑来。今丰顺、大埔，妇人皆戴银髻，称孺人，相传为帝昺口敕，此亦足补史传之缺也。"②

黄遵宪《己亥杂诗》重在探讨历史的进化与发展，其中包含了客家人的由来和播迁历史，上引诗反思梅州客家历史发展的大事，亦是客家海外移民史的开端事件，但本诗已经成为重要的华侨历史资料，当世学者据此论说客家人之可贵的爱国爱乡精神。③

方志多能直接而真实地记录和反映重要历史，《光绪嘉应州志》乃其时代之史鉴，不仅记录梅州侨乡社会，更有关于侨乡史事的探讨，其转引《谈梅》云：

元世祖至元十四年，文信国引兵出江西，沿途招集义兵，所至响应。相传梅民之从者极众（父老流传，松口卓姓有八百人勤王，兵败后，只存卓满一人。）至兵败后所余遗孑民只杨、古、卜三姓，地为之墟，闽之邻

① 钱仲联：《人境庐诗草笺注》，上海：上海古籍出版社，1981 年，第 811 页。
② 钱仲联：《人境庐诗草笺注》，上海：上海古籍出版社，1981 年，第 813 页。
③ 王濯巾：《论黄遵宪的客家情结》，《嘉应学院学报》2005 年第 4 期，第 66 页。

粤者相率迁移来梅，大约以宁化为最多。所有咸友询其先世，皆宁化石壁乡人。①

温仲和按语认为，文天祥抗元确实来梅，且导致梅州人口显著减少。但有关卓满的故事，他只是解释说"从者极众"，附注于其后。显然，这只是"父老流传"的故事而已，黄遵宪亦说："足补史传之缺。"

晚清以黄遵宪、温仲和等为代表的客籍学人，在他们走向世界的进程中，在浓厚的侨乡氛围中，开始追溯并记述了"父老相传"的松口卓姓勤王失败而南渡的故事，深刻反映了他们对海外移民的关注以及客家人移民海外的盛况。

3. 史学研究的时代性及其"缺憾美"

随着历史的发展，西欧的殖民扩张在东方世界的影响愈来愈强烈，中国也愈来愈被卷入世界历史的发展进程中，梅州与海外世界，特别是与东南亚的经贸等各种联系也不断加强，东南亚的开发则吸引了更多中国劳动力南来，客家人便是其中的主力之一，此前已经南来的人们便自然地成为前辈，必然会受到更多的关注。

历史学研究常常由于历史资料的缺乏而难以展开，历史学因此需要运用推理的方式，利用不完全的资料，串连成一个合理的故事，获得一种合理的结论。这就形成历史研究的一种"缺憾美"。造成这种缺憾美的因素有很多。

首先，新生事物是不可战胜的。在历史的开端期，许多代表时代发展方向的人物和事件，由于其处于萌芽状态而特别容易被忽略，以致后来形成了强大的历史潮流时，却由于其开始未被记载，或者未被发现而不知其源流。勇立潮头的人最容易被大浪吞食，无论潮大还是潮小。所谓大浪淘沙，剩下的也不是一般的沙子了。

---

① 温仲和纂：（光绪）《嘉应州志》，台北：成文出版社，1968年，第594—595页。

其次，历史是由胜利者书写的。胜者王侯败者贼，失败者常被历史所淹没。历史记载的通常都是那些成功的王侯将相，那些牺牲的失败者，其历史和相关情况总是要在成功者的影像中去寻找和发现，而这或者被刻意隐瞒，或者被"光线挡住"，寻找和发现其历史和相关状况实在不是件容易的事。

最后，新的历史时代到来时，人们才会回望历史，追溯相关的史事，进而去解读、演绎和重构。历史是人民群众创造的，时势造英雄，非英雄造时势。许多人共同的活动才形成共振，并形成潮流。史学是生活的镜子，镜像却主要是代表百姓的英雄人物。

近代世界的特点就是要以自由平等的民主社会取代专制的封建社会。晚清以来新史学革命将历史学家的眼光从贵族社会拉向了平民世界，历史学的研究出现了眼光向下的趋势：一是学者的眼里不再只有王侯将相，而是更多地关注人民大众，思考平民百姓的日常生活；二是学者们不再以古为尚，而是更多地关注和贴近现实生活，他们思考当今世界，厚古而不薄今。历史学的研究因而发现了更多曾经被遗忘的人和事。

就如断臂的维纳斯总会引起人们对于美的无限想象一样，历史学的缺憾美也能够让身临其境的学者们如痴如醉。就如警察破案一样，历史学研究经常需要通过某些蛛丝马迹，而寻找到事实的真相。历史家们总会在顺藤摸瓜的线索中，牵出一大批本不认识的人物。在此过程中，许多貌似强大者可能因为事实的显现而淡出人们的视野，一大批本不突出的人物则因此成为重要的历史人物。

三、卓满故事的后世演绎与扩展

晚清学者们构建的卓满故事，有其强烈的时代性，也是在当时背景下的历史追溯，他们只是将之作为说明客家历史的一些"补充"。然而，这些"口述历史"却在后世被不断引申和扩展。

1. 罗香林等史家引用的卓满历史

清末民初，梅州学者继承并演绎卓满之故事。1921 年，饶芙裳在广州客系大同会上演说：

> 元初，兵由赣州趋潮，梅县及大埔，应文信国之募，起而勤王，与元兵鏖战，不利，奉驾南行，梅口镇（今松口）卓姓全族八百余人，竟随至崖门，至帝昺沉海，仍无一降元者。①

罗香林特别指出：潘光旦译《自然淘汰与中华民族性》译卓为祝，未安（妥），应更正。可见，他继承了梅州首位华侨的相关资料和观点。罗香林乃客家学之公认创始者，不仅深入研究客家人之形成史，还非常重视研究客家人之海外播衍。他认为，客家人五次南迁，迁移而侨居于南洋各地与南北美洲的客家人，以第三、第四、第五时期为显著。他说：

> 先是，自南宋的首都临安被元人攻陷后，君臣南下，奔走岭海。客家人士，多起而出师勤王，而文天祥展转抵抗元兵的地域，更为客家居住的所在，正气所感，使抗元的意识，更为浓厚。后来宋帝昺等崖山兵败，所遗臣民，多相继逃亡海外，而交陟、占城、爪哇等地，寖为彼辈侨居的良所，就中自不少属于客家的人士。这正与客家第三时期的迁移相合。②

崖山兵败作为逃亡海外的历史肇始事件，显然已不再是个别人的特定事件，而有其时代的普遍性意义。卓满故事的民族气节、客家外迁的时代特征皆不断被演绎和肯定。

民国二十九年（1940）出版的《华侨名人故事录》《梅州市志华侨

---

① 罗香林：《客家源流考》，《兴宁文史——罗香林教授专辑》1989 年总第 13 辑，第 55 页。
② 罗香林：《客家源流考》，《兴宁文史——罗香林教授专辑》1989 年总第 13 辑，第 47 页。

志》①，以及其他学者著作，如《梅县华侨出国原因及其渠道》② 等都认定，卓满与他的伙伴乘坐木筏，漂流南渡到婆罗洲定居，是梅州过番侨居南洋的第一人，正式揭开了梅州海外移民史序幕。

2. 后世学人演绎的卓满故事

邝国祥《槟城散记》进一步演绎宋末梅州客家人跟随文天祥勤王的事件：

> 最早的有名华侨：在典籍上有姓名事迹可查者，其第一人当为卓满……清末文学革命诗人黄公度先生己亥杂诗……就是指这事而言。据原诗的编者注释："尝闻饶芙裳前辈云：宋末松口镇，有卓姓八百余人，勤王之后，无一存者。"（当指松口已无卓姓人而言，饶为本屿时中学校首任校长）。

《槟城散记》所述，所谓"典籍""可查"者，依然来源于晚清梅州学者、学人黄遵宪、饶芙裳等人所述。邝国祥更进一步描绘卓满在"称霸"婆罗洲：

> 当时卓谋幸不死，因召集流亡，慷慨陈述不愿降虏，宁流亡海外，徐图报复之志。众赞服其说，即举卓为领袖，结队乘舟浮海南下，直达婆罗洲北岸的地方，擒蛮王，王其地，于是披荆斩棘，开辟市场，不上二十年，遂成为势力雄厚的王国了。到如今婆罗洲北岸地方，常发现中国式的堡垒的废址，据说即是卓谋称霸时代所留的遗迹云。

邝国祥分析了卓满称霸时代与元初忽必烈遣水师侵入婆罗洲之关联：

---

① 梅州市华侨历史学会编：《梅州市华侨志》，内部发行，2001 年，第 21 页。
② 罗英祥：《梅县华侨出国原因及其渠道》，《嘉应侨史》1988 年第 1 期，第 21 页。

按宋帝走潮州系在公元一二七六年，崖山舟覆，则在一二七九年，这年宋亡。这么说来卓谋到婆罗洲当在一二七九年，或在其次年，据刘强博士所著婆罗洲史地：公元一二九二年，元世祖忽必烈，大起兵向南讨伐，设有行省于北婆罗洲，是说中国史乘阙略不载，而西欧人则言之凿凿。按其时，约在卓谋到婆罗洲后十三年，欧人所见或即卓谋所建之国，或许欧人只知中国有元朝，而以卓谋之国为元朝所建的行省吧。[①]

元朝水师南侵婆罗洲与爪哇，但元军最后败退回中国，其二万多人的水师其实主要还是南宋政权所遗留，若说其目的主要是征伐称霸婆罗洲的卓谋，这未免太过低估蒙元政权了。

3. 当代学人考证的卓满史迹

当代学者考察、访问了澳门观音岩山下的卓家村后，虽然查阅其族谱，知道其"祖先由南雄珠玑古巷迁居香山后，才到氹仔定居"，但他们进一步推论，得出松口卓姓后来迁徙到澳门的结论：

据我们调查考证，其族谱疑为避免元朝政府迫害而改称南雄客家。因为，元末明初嘉应州梅县人卓谋曾带领800多族人跟随文天祥抗元，失败后，卓姓远走他乡，避免元朝当局赶尽杀绝，部分族人逃到香山一带。据我们曾到梅州市梅县松口卓姓原籍调查，当地已没有卓姓人家，全族已搬走。询问当地老人、学者均难确称其去向。有说去了五华，有说去了海外，不一而足。五华的卓姓族谱，对这一历史，也含糊其辞。

该作者进而认为澳门卓家村民俗是"典型的粤东梅州客家民俗"而"几乎可以断定，氹仔卓家村就是当年抗元失败后，梅县卓姓族人逃避残害，在澳门的开基之处。他们到氹仔开居乐业，将此地称为卓家村，同时

---

① 邝国祥：《槟城散记》，新加坡：星洲世界书局有限公司，1957年，第82－83页。

改写族谱"①。依据了某些族谱，走访了当地民众，其所谓的调查考证，其结论之推论性非常明确。

4. 开端故事的特征和思考

历史总有其开端、发展和转型以至衰落的不同发展阶段。开端不同于开始，比如一个故事情节的结构包括开端（序幕）—发展—高潮—结局（尾声），开始大概等同于揭开序幕，开端则要交代背景，铺垫下文。因此，开端是一个过程，开始则指某一个点。

开端指历史现象从其萌芽到正式产生的过程，其基本特征是：在一个较长的历史时期内，这些历史现象只是个别的、零星的，而非大规模的、有组织的，更非持续的。就如原始人类史总是有那么多神话和传说一样，历史的开端往往都是模糊而遥远的，遥远得如同宇宙中的一颗若隐若现的恒星。

海外移民史是中华民族走向海外、走向世界的故事，它叙述着移民们的艰辛和悲壮。杨国桢在分析 Hambuan 之后，深有体会地说：

Hambuan 是一个成功的海商，又是一个失败的海商。他的命运也是 17 世纪大多数中国海商的命运。十人九败，像 Hambuan 这样留下历史印痕的少之又少。当我们面对海洋，重新思考拓展中华民族海洋发展空间之时，不能忘掉这些先驱者。②

移民海外的客家人又何尝不是如此？俗话说：失败乃成功之母。失败乃为后来的成功付出的代价。作为后来者，历史是不应被遗忘的，我们需要总结历史经验，需要更好地挖掘并记住这些经验教训。暴风雨来临之前，往往显得平静，危险常常不易被发现，风雨之后的总结就显得更加重

① 何联杰、肖伟光：《客家人与澳门》，澳门：澳门客属社团联合总会，2008 年，第 98 – 99 页。
② 杨国桢：《十七世纪海峡两岸贸易的大商人——商人 Hambuan 文书试探》，《中国史研究》2003 年第 2 期，第 172 页。

要，风雨之前的事实会受到更多的重视。论者强调：

历史人物的活动，既有如所预期产生预期出现的事情，也经常会未如
预期而没有竟成事实的。就一种活动来说，这些只不过是一物的正反两
面。探索历史，如果单注意于既成的事实，忽视、漠视没有竟成实际的活
动，难免流于片面，对客观的历史来说，则是留下了不应留下的空白。[①]

历史研究当然不能以成败论英雄，那些为人类历史发展做出过积极努
力的人们，其成败的经验与教训都是今天宝贵的财富。

第四节　明朝梅州周边交往及其海外移民

明朝时梅州已经是人口较为稠密和社会文化较为发达的地区，生产有
了较大的发展，人口也大量增加，已成为人人向往的"乐土"。梅州行政
区划更加细密化，增设了大埔、镇平（今蕉岭）、平远等县。与此同时，
梅州各县开始编纂县志，如《正德兴宁县志》《嘉靖大埔县志》等。

明朝初年郑和七次下西洋，中期之后则有惨烈的倭寇之乱，加上西欧
殖民者的东来，西南太平洋海域已经相当热闹。大量梅州客家人也加入其
中，有的变身为山寇、海盗，张琏等"三饶寇"更深刻影响了这个时代。

大量梅州客家人驰骋于西南太平洋，清初平定台湾的施琅将军甚至特
别强调，惠潮客家人多海盗而拒绝其移民台湾。诚然，移民南洋的梅州客
家人依然不多，且具有零星、分散等特征，方志等"正史"也较少关注海
外移民。论者认为：

---

① 宓汝成：《中国近代铁路发展史上民间创业活动》，《中国经济史研究》1994 年第 1 期，第 66 页。

到明亡之际，南洋各地中国人已达 10 万人以上。当时华工中究竟有多少是客家人？因正史未曾依族系区别收录，所以难于考实，无法具体回答。①

促成海外移民的因素是多方面的，包括参与海军、海外贸易、海禁政策以及政府腐败等。从零碎的史料中隐约可以看到，梅州在明朝比从前有了更多的海外移民。

一、明初重北方陆防及其历史影响

1368 年，朱元璋建立明朝，徐达北伐攻克元大都，并将其改称北平。元廷退居漠北，一直持续到建文四年（1402），史称北元。在北方草原势力的长期威胁中，明太祖建国伊始便确立其对外政策：

朕以诸蛮夷小国，阻山越海，僻在一隅，彼不为中国患者，朕决不伐之。惟西北胡戎，在为中国患，不可不谨务之耳。②

明廷曾保持了对南洋的强大控制力。永乐五年（1407），明成祖在越南北部设立交趾承宣布政使司。郑和七下西洋，远洋水师耀武异域，既宣示了其权力正统性，又展示并维持了明朝在南洋的强大震慑力。

1. 迁都北京及其海洋时代的影响

永乐十九年（1421），明成祖迁都北京，成为贯彻太祖遗愿和加强防御北方蒙元势力政策的关键措施，成祖曾五次亲征北元。布罗代尔曾论明朝之迁都：

明朝于 1421 年决定迁都，放弃了因有长江之利而对航海开放的南京，

---

① 丘菊贤：《客家人向南洋迁徙问题论略》，《梅州侨史》1994 年总第 9 期，第 27 页。
② 《洪武实录》，转引自王赓武：《天下华人》，广州：广东人民出版社，2016 年，第 66 页。

为应付满族和蒙古族入侵边界的危险而定鼎北京：作为一个经济世界，庞大的中国无可挽回地实现了中心的转移；在某种意义上，它背离了利用大海之便发展经济和扩大影响的方针。北京扎根在陆地的中心，是个沉闷、闭塞和十分内向的城市。不论这一选择出于有意或者无意，它肯定具有决定性作用。正是在这时候，中国在争夺世界权杖的比赛中输了一局；中国于十五世纪初从南京出发进行海上远航时便投入角逐，虽然它对此并不十分清楚。①

布罗代尔将明朝迁都北京类比于西班牙退出里斯本而返回马德里，认为其"放弃了控制海外经济的一个哨所""这是犯了多么荒唐的错误"②。定都南京使明朝能够面向海洋，而从靠近海洋的都市迁入内陆，则决定了其后来发展的内陆特性。历史发展固然有其大趋势，历史长河却并非总是直线走向，往往会因遇到强有力的阻隔而发生转向。布罗代尔的感叹未免一厢情愿。

迁都北京的实质是重陆防而轻海防，让全国政治中心再度回到北方，北京成为汉族政权的核心统治地域，也成为对付北方游牧民族骚扰的边防前哨，消除了后晋石敬瑭向契丹割让燕云十六州的军事软肋，从而有效加强了对华北的控制，这无疑极有利于南方农耕民族政权的稳定和全国的统一。正如论者所强调：

整个中国历史成了大陆性的，因为人类历史的推手——中亚——总是迫使中国人向内陆看。中国的防御总是针对这个核心，总是在抵抗不时从大漠中杀出来挑起战事的凶猛骑兵。所以整个中华文明是建立在将中国人

---

① ［法］费尔南·布罗代尔著，施康强、顾良译：《15 至 18 世纪的物质文明、经济和资本主义》（第三卷），北京：生活·读书·新知三联书店，1993 年，第 14 - 15 页。

② ［法］费尔南·布罗代尔著，施康强、顾良译：《15 至 18 世纪的物质文明、经济和资本主义》（第三卷），北京：生活·读书·新知三联书店，1993 年，第 15 页。

区别于那些人的基础上的。①

中国的陆防有其历史传统，即使在西欧进入大航海时代之后，加强陆防仍是首要任务。正如清朝政权强力经营满蒙及新疆等西北部边疆，开辟和维持了中国的多民族统一国家，其功莫大焉。

2. 轻海防政策及其海洋时代的不良影响

宣宗即位，于宣德三年（1428）废除交趾承宣布政使司，宣德五年（1430）郑和最后一次下西洋。宣宗放弃越南，自然也有专注北方草原争斗之意，乃继承洪武祖训。成祖迁都北京和宣宗放弃下西洋，都是转移其战略目标的重要措施。

明朝政府坚持其陆防政策，偏重北方使明廷有点难以兼顾南方，导致南洋各番多不再朝贡，西南土司及安南等地常与明朝对立，或降或乱。明朝中后期仍然与安南发生各种纠葛和牵连。从后世往前追溯，近代学者则为郑和惋惜，梁启超曾比较郑和与哥伦布而感慨万千：

及观郑君，则全世界历史上所号称航海伟人，能与并肩者，何其寡也。郑君之初航海，当哥伦布发现亚美利加以前60余年，当维哥达嘉马发现印度新航路以前70余年。顾何以哥氏、维氏之绩，能使全世界划然开一新纪元，而郑君之烈，随郑君之没以俱逝。我国民虽稍食其赐，亦几希焉。则哥伦布以后，有无量数之哥伦布，维哥达嘉马以后，有无量数之维哥达嘉马。而我则郑和之后，竟无第二之郑和，噫嘻，是岂郑君之罪也？②

从更长的历史时期看，重陆防而罢海防，甚至"停止了航海探索"，

①　［新加坡］黄基明著，刘怀昭译：《王赓武谈世界史：欧亚大陆与三大文明》，北京：当代世界出版社，2020年，第17页。

②　梁启超：《祖国大航海家郑和传》，中国航海史研究会编：《郑和研究资料选编》，北京：人民交通出版社，1985年，第28页。

其历史影响则似乎更加深远。论者指出：

在这个区域，海军的缺席将对中国造成深远的影响。到 16 世纪早期，外国海军已出没于中国的海岸线上。……从此以后，在接下来的两百年里，海防仍被当作次要的问题，而晚清皇帝将为此付出沉重的代价。①

地理大发现以及欧洲殖民主义者的对外扩张，使海洋逐渐成为人类社会重要的历史舞台。与此同时，中国也不可避免地被卷入全球化时代，而"全球性即海洋性"。明代中国只是被动地走进海洋时代，西欧的大航海则是在全球海洋航行，郑和下西洋"是大陆力量的投影"②，其所航之海域与路线都在熟悉的海岸边。

3. "郑和部属"蕉岭孙某等移民马来西亚

郑和下西洋促进了中外交往，使中华文明远播海外。王赓武认为，庞大的舰队七下西洋，其目的就是考察是否存在足以威胁中国的政权，为迁都北京以放心对付北元做决策。然而，迁都北京十多年后下西洋活动才停止。

郑和下西洋只是沿着前人的足迹，航行在靠近大陆的沿海，"耀威异域"的目的非常明确，具有非常强烈的建构南海区域秩序的政治和军事意义，擒杀陈祖义而树立施进卿便是稳定南海的典型案例。

郑和下西洋对东南亚、对广东甚至整个岭南历史都产生了深远影响③，虽然并未促成东南亚一带华侨的迅速增加，却开创了东南亚华侨发展的新局面：

---

① 王赓武：《文明、皇朝与民族国家：中国的转型》，《华人与中国——王赓武自选集》，上海：上海人民出版社，2013 年，第 84 页。
② ［新加坡］黄基明著，刘怀昭译：《王赓武谈世界史：欧亚大陆与三大文明》，北京：当代世界出版社，2020 年，第 17 页。
③ 冷东：《郑和下西洋与岭南关系述论》，《广州大学学报》（社会科学版），2006 年第 1 期，第 16 - 19 页。

东南亚至少有 15 个郑和寺庙和近 30 个有关郑和的传说。它们反映了早期南洋中国移民的生活状况、他们与当地妇女的通婚、华侨宗教信仰的特点以及华侨华人在中外文化交流中所发挥的重要的桥梁作用。①

郑和下西洋也直接影响了梅州华侨史。据说，在郑和下西洋的队伍中，有一支是由梅州客家人组成的。这支队伍在马来西亚上岸后迷路，后来定居于吉兰丹牙拉顶的深山之中。1956 年，在海南白沙农场工作的马来西亚归侨孙增超认为自己就是这支队伍中一位蕉岭县峰口乡孙姓人的后裔。②

二、明朝中后期梅州客家的南洋移民及其思考

郑和下西洋展示了明初中国的航海能力，可谓中国历代航海文化的总集成，却来得快去得也快，远未形成世界性的历史影响。西欧地理大发现则真正开启了全球化发展模式，使海洋交通成为联结世界各主要文明的纽带。西南太平洋形成了局部性的世界市场，成为西欧各国逐鹿的"地中海"。

1. 西欧大航海开辟南洋世界性市场

16 世纪初，葡萄牙和西班牙等国便已经来到东亚和东南亚，进行殖民扩张。1510 年，葡萄牙征服印度果阿，1511 年占领马六甲。1514 年以后，葡萄牙的航海家到了中国。1517 年，葡萄牙商人及官员费尔南·佩雷兹·德·安德拉德来到广州，与明朝政府交涉。1521 年葡萄牙与明朝爆发屯门之战，次年又爆发了西草湾海战。1553 年，开始有葡萄牙人在澳门居住。1557 年，葡萄牙人租借澳门，开始与中国贸易。1623 年，葡萄牙委派首任澳门总督。

① 孔远志、杨康善：《郑和下西洋与东南亚华侨华人》，《华侨华人历史研究》2005 年第 3 期，第 15－24 页。

② 蕉岭县地方志编编纂委员会编：《蕉岭县志》，广州：广东人民出版社，1992 年，第 487 页。

1521年3月16日，首次环球航行的麦哲伦船队来到菲律宾群岛，并在苏禄群岛登陆。4月，麦哲伦在挑战麦克坦岛土著部落时被岛民砍死，但菲律宾从此正式进入西班牙统治的时代。1565年，西班牙重新侵入菲律宾，且开辟了菲律宾与墨西哥之间的商业航线，形成了"马尼拉大帆船贸易"。

万历年间，以利玛窦为代表的西方传教士来华传教并带来西方科技、文化，这被称为第一次西学东渐，直到雍正禁教和罗马教廷对华传教政策的改变而中断。1633年和1637年，荷兰和英国军队相继挑战中国，皆被打败。荷兰早在万历初年便已开始崛起，即使深陷欧洲三十年战争，其间却一直未忽略其世界贸易和殖民。

17世纪，葡萄牙、西班牙和荷兰已经在西南太平洋地区形成了稳定的商业和殖民统治，他们相互间竞相争利，又与中国东南沿海的民间商人产生了商业关联以及竞争，同时为了开发其东南亚的殖民地而招华人垦殖。明末荷兰人一度在台湾筑城，并在江户时代的日本形成了兰学。

17世纪荷兰已经成为游弋世界的"海上马车夫"。英国资产阶级革命爆发后，克伦威尔护国公政府便发布了《航海条例》，开始与荷兰争夺世界贸易。英荷、英法之间进行了多次大规模的商业战争，英、荷、法又尽力与葡萄牙、西班牙争夺美洲，在美洲大陆展开商业和殖民活动。

15—18世纪是世界历史上的大航海时代，五大洲从此被连为一体，西方近代文明则随着西欧各国的殖民扩张侵入世界各地，资本主义世界市场开始出现，欧洲逐渐成为世界历史舞台的主角。这是大西洋的时代，这是全球化加速的时代，也是东西方历史碰撞加剧的时代。欧美资产阶级"按照自己的面貌为自己创造出一个世界"：

不断扩大产品销路的需要，驱使资产阶级奔走于全球各地……使一切国家的生产和消费都成为世界性的了。……过去那种地方的和民族的自给自足和闭关自守状态，被各民族的各方面的互相往来和各方面的互相依赖

072

所代替了。……资产阶级使农村屈服于城市的统治。……正象它使农村从属于城市一样，它使未开化和半开化的国家从属于文明的国家，使农民的民族从属于资产阶级的民族，使东方从属于西方。①

大航海推动世界历史格局发生大变革，菲律宾和东南亚连接了西班牙和葡萄牙开辟的新航路与中国传统的海上丝绸之路，在此形成了局部性的世界市场。中国从此被动地卷入世界一体化进程，进入海洋和海权时代，大量参与西欧殖民者开拓的西南太平洋市场，并且不断与其进行商贸与军事等各种角逐和斗争。美洲农作物如番茄、烟草、可可等经此传入中国，美洲白银也经此流入中国，中国的丝绸、瓷器、茶叶、漆器等传统商品则在此远销欧美。

2. "山寇与海寇"张琏等移民三佛齐

随着葡萄牙和西班牙航海探险的成功，西欧开始真正走向世界，西太平洋的纯中国属性开始发生转型，东南沿海地区不再平静，南洋海域也不再平静。倭寇、葡萄牙、西班牙、荷兰殖民者先后自海上进犯中国，明朝海疆一时乌云密布，风声鹤唳。

明嘉靖、隆庆年间，东南海疆颇不平静，倭患严重。嘉靖三十六年（1557），倭寇领袖王直被胡宗宪捉杀，其党徒三千人，逃到岑港、舟山，不断骚扰浙东、江北，甚至蔓延到闽粤。闽粤两省交界的南澳岛成为倭寇、海盗的重要根据地，海寇的活动区域北至日本诸岛，南到交趾、占城、暹罗。

倭寇与山寇、海盗长期连结为患，明朝政府投入其最精锐部队，仍然难于平息。明朝政府的海禁政策受到了挑战，大量中国民众冒险参与西太平洋的贸易活动，政府的征剿则形成了更大规模的海盗，加剧了官民商的对立。

073

---

① 马克思、恩格斯：《共产党宣言》，《马克思恩格斯选集》（第一卷），北京：人民出版社，1972年，第254－255页。

中国民间海外贸易商往往只能以武装海盗面目出现，海寇如王直、吴平、林凤、林道乾、曾一本以及"岭东三饶寇"：饶平人张琏、大埔人萧晚（雪峰）和程乡县（今梅县）的林朝曦，等等，他们与海商其实是合一的，"市通则寇转而为商，市禁则商转而为寇"①。

闽粤交界的饶平、大埔、平和三县边境的"岭东三饶寇"，经明朝政府军的剿杀，山寇与海盗一起入海，由福建省云霄河等地整编船队引航出海，逃往南洋的三佛齐等地。据《明史》载：

嘉靖末，广东大盗张琏作乱，官军已报克获。万历五年，商人诣旧港者，见琏列肆为蕃舶长，漳、泉人多附之，犹中国市舶官云。②

学界关于张琏、林朝曦等战败而逃往南洋的故事有两种决然不同的结论。饶宗颐考证认为，张、林都已被官军捉杀无疑。他说："《明史稿》所本之资料，乃当时民间之一种传闻。"③ 戴裔煊则认为，张、林到了三佛齐"不是无稽之谈"④。梁启超甚至称张琏是"中国殖民八大伟人之一"。无论张琏本人是否在旧港成为侨领，又或许是其部下逃到旧港，打着张琏旗号，可以推知的是，大量客家人在此生活，并且引起了明朝政府的注意。

明朝中后期，梅江上游的长乐县（今五华），时属惠州府，也有较多海外关联案例。五华河贯通长乐县城，历来是闽、潮通往惠、广的重要孔道。长乐县城成为广东最高军事指挥施儒的重要驻扎点，成为军事和政治重镇，彰显其发展与影响力。

---

① 许孚远：《疏通海禁疏》，转引自杨国桢：《十七世纪海峡两岸贸易的大商人——商人 Hambuan 文书试探》，《中国史研究》2003 年第 2 期，第 169 页。

② 张廷玉等撰：《明史》第 27 册卷 324，北京：中华书局，1974 年，第 8408 页。

③ 饶宗颐：《论〈明史·外国传〉记张琏逃往三佛齐之讹》，黄挺编：《饶宗颐潮汕地方史论集》，汕头：汕头大学出版社，1996 年，第 538 页。

④ 戴裔煊：《明代嘉隆间的倭寇海盗与中国资本主义的萌芽》，北京：中国社会科学出版社，1982 年，第 51–52 页。

乡贤在外建功立业，形成对外交往。颜容端，嘉靖二年（1523）癸未进士，"……升云南佥事，时交阯作乱，端提兵往请，斩俘平之，连破云梦、水井诸寨寇十余巢，皆能出入生死，十三道会疏荐军功为天下第一，惜竟卒于官"①。万历末年，三科武举李尚荣统壮士从征"琼黎"。安南官员郑惟僚则被安置在长乐：

嘉靖二十四年（1545）夏五月，安置安南夷酋郑惟僚于长乐（先是莫登庸叛，安南黎宁遣惟僚以闻，及登庸纳款，参赞尚书毛伯温等请安插惟僚等于广东，量给田宅，勿令失所。至是长乐县为买田给惟僚五十亩，其从三十亩，仍各为立宅于县城，设望楼置伴卒以防之，已而挈去，止禁军民交通，二十七年增给衣帛，三十三年增给田）。②

尽管这只是个特例，但能表明此地绝非闭塞而与海外无涉的地区，而是一个对外交流频繁且相当开放的地区。简单追溯，五华海外关系史至早可到明朝嘉靖年间，颜容端带兵助平交阯乱及安置安南人郑惟寮"流寓"五华华城便是证明。③

3. 明末南洋移民的增长

16世纪，西欧国家绕开奥斯曼帝国的阻隔，开辟了亚欧大陆之间的海道，标志着海洋时代正式到来，原先中断的东西方交通重新恢复，明代中后期开始了西学东渐的第一次高潮。

其间，在西南太平洋形成了一个局部性的世界市场，许多中国人在此市场参与交易，也导致这个地区产生了大量的海上社会治安问题，倭寇是

①　刘溎年修、邓抡斌等纂：（光绪）《惠州府志》（光绪五年刊本）台北：成文出版社，第691页。

②　刘溎年修、邓抡斌等纂：（光绪）《惠州府志》（光绪五年刊本）台北：成文出版社，第245页。

③　侯坤元修，温训纂，丁思深校点：（道光）《长乐县志》，梅州：五华县地方志编纂委员会办公室，2016年，第244、365页。

其中的突出问题。这是世界历史上的大交流。可以肯定的是，在中国的南大门外的交易与纷乱中，客家海外移民也开始增多。

明朝海禁政策使中国力量在南洋一直处于收缩和防御的状态，中国未能真正融入世界的历史发展，还扭曲了海外贸易的形态，导致非正常的海外移民。与此同时，东南亚和南亚地区的西欧殖民活动热火朝天，明朝中国与世界的互动已经趋于频繁而剧烈，东南亚就是其中重要的互动点。徐继畬《瀛寰志略》载：

迨（明）中叶以后，欧罗巴诸国东来，据各岛口岸建立埠头，流通百货。于是诸岛之物产，充溢中华，而闽、广之民，造舟涉海，趋之如鹜，或竟有买田娶妇，留而不归者。如吕宋、噶罗巴诸岛，闽、广流寓殆不下数十万人。①

隆庆元年，明朝政府有限开放海禁。隆庆开放是明末华侨史上的大事，此前，中国海外移民的数量一直很少，其主体是商人和为避乱而暂时移居国外的难民。② 此后民众得以出海，"出洋经商者骤然增多，到明末，在海外求衣食者数以十余万计"③。诚然，海外交往大量增长，究竟有多少客家人出洋过番已不可考。

明末清初，中国政局混乱。顺治元年（1644），清兵入关，定鼎中原。东南沿海长期抗清，梅州地处韩江上游，也是重要的抗清战场。1674 年，郑锦攻陷漳泉汀邵武及兴化等福建州县，又攻陷惠州、潮州等广东府县。郑成功领导的反清政权，地处以厦门为中心的闽南地区。论者认为：

① 徐继畬：《瀛寰志略》，上海：上海书店出版社，2001 年，第 28 页。
② 晁中辰：《明后期隆庆开放与华侨出国》，《华侨华人历史研究》1994 年第 2 期，第 49 页。
③ 庄国土：《华侨华人与中国的关系》，广州：广东高等教育出版社，2001 年，第 63 页；庄国土：《明季华侨数量及职业和籍贯构成》，《南洋问题研究》1990 年第 2 期。

明崇祯五年（1632年）至清顺治五年（1648年）的16年中，因兵祸天灾，全县人口减少2.6万多人，占当时全县人口的六成。这些人半数以上到台湾，其余的不少逃往南洋。①

许多人先迁台湾，再浮海去南洋。崇祯十三年（1640），大埔县长治乡民江龙、大东乡民罗宏一等，率军随郑成功抗清，后随郑到台湾。郑氏政权失败后，他们由台湾转至东南亚谋生。② 大埔人王兴率军在"新宁（今广东台山县）之文村"抗清，最终经与清军谈判，"愿降者以次赴军前听用，然大半皆浮去"③。

三、明代梅州客家参与构建闽台经济圈

明代闽南人口稠密，经济繁荣，又因其与台湾隔海峡相望，而台湾又是外贸商埠之初辟，其海外关联紧密。梅州毗邻闽南，明代大量闽西客家人南下填补粤东山区。明代闽南乃梅州客家移民海外的出海通道。

1. 明代闽南海外贸易的地位与影响

闽南在中国海外贸易史上占有非常突出的地位。福建地处东南沿海，其沿海是海洋文明，内地客家则是农业文明。诚然，农业文明与海洋文明并非完全隔阂，两者之间有相应的关联，比如其商品、资源（包括人力资源）等。

唐朝泉州与广州、扬州、交州并称中国四大对外贸易商港。唐朝中期，中原衣冠南渡，南迁入泉。宋元泉州商贾云集，成为举世瞩目的"东方第一大港"，马可·波罗誉之为"光明之城"，元代曾在此设置行宣慰司、市舶提举司，使泉州成为最重要的沿海对外关系区域和城市。明初泉州是郑和下西洋的重要起点，后明朝因严海禁和防倭寇而罢泉州市舶司，

---

① 大埔县地方志编纂委员会编：《大埔县志》，广州：广东人民出版社，1992年，第580页。
② 大埔县侨办编：《大埔华侨志》（未刊稿），第17页。
③ 温廷敬总纂：《民国新修大埔县志》"人物志""王兴传"卷十九，1943年，第18页。

泉州从而失去了对外交流的官方地位。

隆庆元年（1567），漳州月港宣布开海，成为"海商出国赴东西洋贸易的唯一合法的口岸"①，这有利于东南沿海地区经济和社会发展，使晚明中国与世界市场顺利衔接，也释放了中国商民的活力。② 出洋贸易海船集中于月港发舶，每年"多则二百多艘，少则七八十艘"③。17 世纪初年，月港因其贸易收益而被誉为"天子之南库也"④。

隆庆年间有限地放松海禁，只是开放了福建月港与广东澳门两个口岸。前者允许中国商人在此出洋，后者则允许中外商人到此经商；前者成为中国商人唯一可以自由出境的口岸，后者则演变为"葡萄牙人垄断贸易的口岸"，月港商人于是成为马尼拉的西班牙人、巴达维亚的荷兰人和澳门的葡萄牙人争取的对象。⑤

泛滥的走私使得月港突破了明朝原有的贸易体制。月港本是嘉靖时期（1522—1566）漳泉商民走私中心，月港的开放"只是明朝对于月港地区走私贸易的被迫承认而已"，且仅允许漳、泉两府商人出海贸易。故论者指出：

月港开放体制，由于从法律上排除了漳泉以外地区商民对合法海外贸易的参与，以漳泉较小局部地区的开放来成就全国绝大部分沿海地区的"海禁"，它只能导致走私贸易的兴起。明末海上走私贸易的大规模泛滥，就是明证。而走私贸易一旦规模化，又从反面摧垮了月港合法贸易。至天

---

① 杨国桢：《十七世纪海峡两岸贸易的大商人——商人 Hambuan 文书试探》，《中国史研究》2003 年第 2 期，第 145 页。

② 陈尚胜：《隆庆开海：明朝海外贸易政策的重大变革》，《人民论坛》2018 年 30 期，第 142－144 页。

③ 庄国土：《华侨华人与中国的关系》，广州：广东高等教育出版社，2001 年，第 95 页。

④ 张燮著，谢方点校：《东西洋考》，北京：中华书局，1981 年，第 17 页。

⑤ 徐晓望：《16—17 世纪环台湾海峡区域市场研究》，厦门大学博士学位论文，2003 年，第 50－51 页。

启年间，月港就已衰落。①

　　厦门位于漳泉地区中心，港阔水深，嘉万年间便"已成为月港的外港"，17世纪初逐渐取代泉州安平港和漳州月港，在郑成功时代成为沿海外贸中心。②

　　漳州月港开海贸易近百年，闽南海商成为中华海外华商网络主角，广东海商居次。闽南合法海商成为海洋经济活动主流，他们掌握着东西洋贸易网络和货源，西方海洋势力不敢轻视，17世纪中叶明清鼎革，民间海洋商业力量还与反清军事力量相结合，诞生出郑成功海上政权。③

　　明朝中后期，葡萄牙人、西班牙人和荷兰人都想占据中国台湾以便于与中国进行贸易。荷兰人建立了热兰遮城，西班牙人建立了淡水与鸡笼港，开拓了台湾贸易的新时代。他们在中国台湾的经营，吸引了大量中国大陆商人的到来。台湾又开始发展水稻与甘蔗为主的种植业，移植泉漳潮经济结构，"事实上形成了环台海经济圈"，成为16—17世纪东亚乃至世界贸易史上的重要角色。④

　　2. 梅州客家与明代"环台海经济圈"

　　由于地理相连接及环境具有一致性，历史上闽南与粤东两地人们的生产和生活联系相当紧密。明代中晚期，闽南至潮州沿海是中国人口最密集、国内外市场最活跃的区域之一，其人流与物流同时向内陆辐射，带动了梅州、赣州等周边区域的发展，形成了相对紧密的关联。

　　其一，水路交通与经济上的紧密关联。

　　东晋义熙九年（413），分东官郡东部置义安郡，辖绥安、海宁、海

---

　　① 陈尚胜：《论明朝月港开放的局限性》，《海交史研究》1996年第1期，第39页。

　　② 庄国土：《华侨华人与中国的关系》，广州：广东高等教育出版社，2001年，第95–103页。

　　③ 杨国桢：《十七世纪海峡两岸贸易的大商人——商人Hambuan文书试探》，《中国史研究》2003年第2期，第171页。

　　④ 徐晓望：《16—17世纪环台湾海峡区域市场研究》，厦门大学博士学位论文，2003年，第10页。

阳、潮阳、义招 5 县。南齐义安郡下辖海阳、潮阳、海宁、义招、程乡 5 县。隋开皇十一年（591）全国废郡设州，原义安郡改置潮州，领义安、潮阳、海宁、绥安、义招、程乡 6 县。义招（昭）便在今大埔县。《太平寰宇记》云：

> 义安郡有义（昭）县，昔流人营也。义熙元年（405），立为县。①

大埔（义昭县）曾被称为"流人营"，体现了其闽粤间水路枢纽和北人南徙中转站的地位。梅江、汀江和梅潭河在大埔三河交汇而形成韩江，汀江和梅潭河都与漳州和闽南区域相毗邻。漳州九龙江与韩江之间关系紧密，有着密切的水路交通。

明代闽粤边形成相对统一的经济体。论者认为，自明中叶之后，闽粤边客家山区经济发展出现市场化趋势，商品流通日趋活跃，城乡市场日渐繁荣，专业市场相继出现，新兴市镇逐渐崛起。②

大埔神泉河（即汀江）可谓闽粤黄金水道，"凡潮惠宦商，入闽及江浙者，恒必由之"③。汀江与韩江水运自宋代开创以来便长期繁盛不衰。④依托汀江，虎头砂市（今大埔青溪石下坝）成为繁华集市和货物中转站："客商物货，来往潮、惠、汀、漳者皆于此转输。"⑤ 石上埠则成为闽粤间交通枢纽：

> 石上埠在县北，上杭硿头界，凡潮、惠仕宦，商贾赴京入闽及江浙，

① 骆伟：《〈南越志〉辑录》，《广东史志》2000 年第 3 期，第 37 页。
② 周雪香：《明清闽粤边客家地区的商品流通与城乡市场》，《中国经济史研究》2007 年第 2 期，第 93 页。
③ 大埔县地方志办公室整理：（嘉靖）《大埔县志》，内部发行，2000 年，第 17 页。
④ 钟世蕃、周显贵：《浅谈汀江与海上丝绸之路的关系》，中国客家堂，http://blog. sina. com. cn/cnhakka。
⑤ 大埔县地方志办公室整理：（嘉靖）《大埔县志》，内部发行，2000 年，第 30 页。

舟止此处转输，络驿不绝。①

汀江交通甚至影响到了民俗官风。大埔由饶平县析出之清远和滦洲两都组合建县，"滦洲之民皆力田，清远之民多逐末"②。大埔三河是韩江之起点，乃连接潮汕、闽南、赣南及梅州之中转站，人流、物流皆极繁盛，嘉靖年间大埔官员甚至"困于三河迎送之役"③。

其二，区域一体化的关联。

明中期之后，闽、赣和粤三省边界山区的山民，在边界间长期流动抢劫。弘治、正德年间甚至被认为出现了大量的"武装割据政权"，其间山寇和海盗甚至与倭寇形成相呼应之态势，造成整个区域的长期动荡。

正德年间，明朝廷升王守仁（1472—1529）为正四品南京都察院左金都御史、南赣汀漳等处巡抚，以统一指挥平寇盗事宜，在闽粤赣边形成了一个"地理相连"而政治、军事、经济和社会都完全统一的"客家特区"。④

闽粤赣边是客家人的大本营。明中叶之后，从福州历泉州到漳州，其区域人口稠密，大量民众便转而向外拓展，以求缓和生计。潮州和漳泉大量民众登陆台湾与澎湖，开辟了台湾大员与北港（烟港），或者开辟菲律宾等东南亚海外商贸，以向外和向海为生；梅州客家则经福建宁化石壁和江西石城迁来。

嘉靖、万历年间，海盗、山寇和倭寇紧密关联，后来郑成功则据之抗清，闽南和粤东长期时局动荡，成为军事战争的热点地区。所谓的"三饶寇"与郑成功等，都是其中的焦点人物。当时，"所谓岭南，实际上是指

---

① 大埔县地方志办公室整理：（嘉靖）《大埔县志》，内部发行，2000 年，第 30 页。
② 大埔县地方志办公室整理：（嘉靖）《大埔县志》，内部发行，2000 年，第 117 页。
③ 大埔县地方志办公室整理：（嘉靖）《大埔县志》，内部发行，2000 年，第 92 页。
④ 张应斌：《粤东新县客家的形成》，《嘉应学院学报》2016 年第 4 期，第 5－11 页。

漳、潮、惠三州"①，集中体现了其间民众生活的一体性。

明朝中后期，倭寇、海盗、山寇最后大多都移居东南亚，以东南亚为商业网络根据地。张琏、林朝曦等"山寇"则从漳州出海，论者认为："广东饶平人张琏以漳州、粤东和苏门答腊为主要活动区域。"② 这并不是偶然，而是由其生产和生活方式上的习惯性决定的。

3. 闽南港口与梅州客家的关联

明末清初，"往漳州经厦门出海"是梅州人过番的主要通道：从三河坝溯梅潭河而上，到双溪圩之后，或者走陆路往饶平到樟林出口，或者乘船继续上行，到大东赤石岩市上岸，步行至福建平和，往漳州经厦门出海。③

双溪圩和赤石岩市成为往漳州和厦门的两个重点，当时各有店铺、行栈三十余间，屯船三十多条。《乾隆大埔县志》载：

赤石岩市在平和交界。客货船至此，起陆挑运漳、泉；客货来者，亦在此雇船，有船长、夫长识认。④

过番改经汕头出口之后，赤石岩市和双溪圩便开始衰落、荒废，至今只剩残墙遗迹可认。⑤ 然而，闽南港口仍然是后来梅州客家人过番的重要出口。新加坡资政李光耀之女李玮玲说，其高曾祖父从大埔到厦门，再乘搭舯舡（tongkang）到新加坡。⑥

乾隆七年（1742），樟林港"红头船"开始兴起。乾隆三十四年

① 戴裔煊：《明代嘉隆间的倭寇海盗与中国资本主义的萌芽》，北京：中国社会科学出版社，1982年，第33页。
② 林仁川：《明末清初私人海上贸易》，上海：华东师范大学出版社，1987年；庄国土：《华侨华人与中国的关系》，广州：广东高等教育出版社，2001年，第62页。
③ 大埔县侨办编：《大埔华侨志》（未刊稿），第19—20页。
④ 蔺墙纂修，潮州市地方志办公室编印：（乾隆）《大埔县志》，内部发行，第47页。
⑤ 甲二：《大埔先民的"过番"古道》，《大埔文史》（第13辑），1995年，第128页。
⑥ 佚名：《新加坡资政李光耀之女：东南亚华人不比中国人差》，中国新闻网，2010年6月1日。

（1769），樟林港船只出入频繁，运输繁忙，国内外贸易出现繁荣景象。清初厦门等闽南港口成为梅州客家人渡台谋生的中转站，过番则从漳林港和广州虎门乘船出海，或者走陆路到东南亚。

康熙五十六年（1717），汕头港还被称为"沙汕头"，而未形成港口。乾隆时，港口码头仍在庵埠，直到嘉庆十四年（1809）才被称为"汕头港"。[①] 近代汕头港崛起后，梅州客家人便主要在此坐"红头船"和"大眼鸡船"出海。

2004 年，福建省政府提出了海峡西岸经济区的战略构想；2011 年，国务院正式批准和发布《海峡西岸经济区发展规划》。海峡西岸经济区是以福州、厦门、泉州、温州、汕头五大沿海城市为中心所形成的经济圈，以福建省为主体，包涵了江西、广东和浙江共 20 多个地级市。该经济区将梅州纳入海峡西岸经济区的外围卷，成为当代"环台海经济圈"的组成部分，符合时代要求，亦有其特定的历史和地理依据。

---

① 吴金夫：《潮客文化探索》，香港：天马图书有限公司，1999 年，第 90 页。

第二章　明末清初的梅州佛门及其海外关联

俗话说：人以群分。所谓群，近代以来被"社会"一词所取代。不同的人生活与工作在不同的人群圈子里，不同的人群共同构成了那个特定的时代。佛门是一个特定的人群，是以其特定的人生信念而形成的所谓的"出家人"（僧），以其特定的生产和生活方式而区别于所谓的世俗社会（俗）。

僧俗其实生活在相同的时空环境中，两者之间不可能完全断绝关系，甚至在特定时空里密切关联。佛教徒是整体社会的重要组成部分，其生活与思维方式虽有异于普通民众，却常常有其特定的社会与时代影响。历史上，僧侣甚至有更多的人际交流和时空移动，有较多的迁徙文化内容。

宗教研究自有其内在理路。佛教似乎常不太重视历史，佛门之事似乎文献材料更少，自然也较少从历史视角去思考，故论者指出：

一切学问，均有学理的研究与历史的研究二种，于佛教何独不然。……由佛教徒缺乏历史观念，在印度已然，我国人亦承受其影响也。虽然，研求教理，若有历史为依据，则所得结果，必益精确。是则历史之研究，实足为教理之辅助，岂可忽哉?①

本书不以"教理"为研究目标，而是考察 17 世纪的梅州佛门，探寻

---

① 蒋维乔：《中国佛教史》，北京：中华书局，2015 年，"序"。

梅州佛教徒之海外迁移情况及其时代特征，理解东南沿海与中国、世界的关联。事实上，17 世纪的梅州佛门很能反映时代之基本主题。陈寅恪论宗教史与政治史之关联：

　　世人或谓宗教与政治不同物，是以两者不可参照合论，然自来史实所昭示，宗教与政治，终不能无所关涉。明末永历之世，滇黔……以边徼一隅之地，犹略能毕集禹域文化之精英者，盖由于此。……其地之学人端士，相率遁逃于禅，以全其志节，今日追求当时政治之变迁，以考其人之出处本末，虽曰宗教史未尝不可作政治史读也。[①]

　　明清更代之际，明朝遗民逃禅成风，逃禅成为宗教与政治紧密相关的典型。佛门社会因之能够较好反映历史时代的重要变迁。饶宗颐强调：

　　宗教与政治往往互相利用，治宗教史者，不能不着眼于当时相关之政治现状。唐代密宗及晚明禅客无不专政治结缘，彼此之间屡相诤讦，其事久为史家聚讼之论点。明之亡，志士逃禅者众，就中不少魁奇特立之士，陈援庵先生述滇黔佛教，其尤精辟轶群者也。若乎粤东，天然之于丹霞，大汕之于五羊、澳门，均昭昭在人耳目。[②]

　　饶宗颐提到的粤东乃指广东，其中人物包含梅州佛门人士。梅州地处岭南，亦是重要的抗清地区，清初已经不再人烟稀少，给人印象已经完全异于从前。著名学者潘耒（1646—1708），吴江（今属江苏苏州）人，晚年崇信佛学，平生嗜爱山水，历游东南名山，写过不少纪游诗文，曾两度

---

　　① 陈垣：《明季滇黔佛教考》，北京：中华书局，1962 年。转引自杨鹤书：《明清之际广州佛教管窥》，《岭南文史》1998 年第 3 期，第 53 页。
　　② 姜伯勤：《石濂大汕与澳门禅史：清初岭南禅学史研究初编》，上海：学林出版社，1999 年，饶宗颐"序"第 1 页。

漫游岭南，其《程乡》诗曰：

> 迢递层城枕碧流，披图知是古梅州。
>
> 三春胜概南田洞，万古英风铁汉楼。
>
> 饶有江山供客览，虚传瘴疠使人愁。
>
> 儒风见说如邹鲁，文献还思细访求。

潘耒诗称梅州"虚传瘴疠使人愁"，又称赞其"地多胜景，文教兴盛，大有流连忘返之意"[①]，可见梅州经济和文化的发展。

伴随人口增长和社会经济与文化的兴盛，梅州佛门同样鼎盛。广东佛教曾在唐至五代盛极一时，宋元衰落，明末清初有所复兴，岭表各地县名山几乎都有寺院，僧徒甚众。[②]

明末清初，梅州佛门可谓兴盛，其名山、名刹、名僧皆可称誉：弘觉禅师木陈和元韶禅师可谓国内外之"国师"级人物；何南凤乃佛教大众化的代表；李士淳则是佛门居士的代表，他与蕺山和尚还被认定为遗民逃禅的代表。

东南亚与中国一衣带水，自古交往频繁。越南与岭南之广东、广西和海南地界相连，长期同属于中华文化圈。宋朝之前，越南属于交趾，两地间人员往来与迁徙属于内部流动，其后则可谓对外交往，属于"华侨史"范畴。

清初，蕺山和尚游交趾，元韶禅师移居越南中南部地区，既体现梅州佛门海外扩展之盛事，也是梅州人事之海外播衍，深蕴着历史文化内涵——既有其特定的时代背景，又影响深远。

---

① 黄雨选注：《历代入粤诗选（第2版）》，广州：广东人民出版社，1987年，第368－372页。

② 杨鹤书：《明清之际广州佛教管窥》，《岭南文史》1998年第3期，第50页。

第一节　木陈道忞与佛儒合流

晚明中国佛教界禅、净、密、律诸宗融合，近代中国佛教宗派之见不再明显。① 明末清初，梅州社会动荡，佛教文化兴盛，其名气地位最大者非木陈道忞莫属。梅州佛门传承和弘扬佛儒道三教合流而走向世俗的趋势，其发展顺应了统治需要和社会发展的形势。

一、明末清初梅州佛教之世俗化

宋元以来，佛儒道三教渐趋融合，佛教被努力引入并服务于世俗政治。明末清初，佛教既努力接受儒道之精神，又紧密结合民众生活。

1. 佛儒道融合与世俗化的历史态势

明清两代 500 多年，佛教教派和义理缓慢发展，三教合一和世俗化特征明显。儒释道三教及佛教各教派之间融合趋势明显，完全融入中国文化的佛教逐步世俗化，从帝王到民间的普及程度大大强化，善书、宝卷广为流行，还出现了居士佛教。②

曾为和尚的明太祖朱元璋，做皇帝后，主张佛教徒积极入世，服务政治，鼓励有真才实学的和尚还俗做官。③ 他还写了《释道论》《三教论》等佛学著作，甚崇敬佛教，又倡三教之合流。他在《三教论》中说：

夫三教之说，自汉历宋至今，人皆称之。……于斯三教，除仲尼之道祖尧舜，率三王，删诗制典，万世永赖；其佛仙之幽灵，暗助王纲，益世无穷，惟常是吉。尝闻天下无二道，圣人无两心，三教之立，虽持身荣俭

---

① 熊江宁：《持盈完成：明清时期佛教》，郑州：中州古籍出版社，2014 年，第 53 - 54 页。
② 熊江宁：《持盈守成：明清时期佛教》，郑州：中州古籍出版社，2014 年，第 5 - 6 页。
③ 石峻等编：《中国佛教思想资料选编》（八），北京：中华书局，2014 年，第 223 - 224 页。

之不同，其所济给之理一。然于斯世之愚人，于斯三教，有不可缺者。①

明万历时期，先后产生四位佛教名僧：憨山德清（1546—1623）、紫柏真可（1543—1603）、莲池（云栖）袾宏（1535—1615）、蕅益智旭（1599—1655），他们普遍接受和实践临济宗杨岐派高僧大慧宗杲（1089—1163）所开创的看话禅，② 被誉为明代佛教四大家，或谓"明末四大老"。

"四大老"之成就被誉为明末佛教的复兴。他们都是学习儒学，后宣扬佛教，佛儒同参，相互依傍。他们对内融会禅、教、律等宗学说，对外融通儒、释、道三家风气，使佛教更具中国特色，深受士大夫欢迎和一般平民信仰。③

明代三百年间，禅宗为佛教唯一权威，却难与理学相抗衡，且故步自封。入明之后，宋元之交的禅宗五家仅临济、曹洞两家尚能维持一定规模。明末，佛教随帝室兴衰而日趋没落。严格说来，明末清初，佛学在中国学术思想史上已经盛极而衰。④

清初始重密宗，雍正则大重临济宗。相传雍正为防明志士遗老混迹佛门反清而在出家人头上烧疤。清代临济宗以汉月法藏、破山海明、费隐通容、木陈道忞四个支派为"繁盛"。⑤ 清代汉地较有影响的佛教宗派，主要是禅宗和净土宗。清初禅宗继续保持其明朝以来的发展，论者指出：

明代临济宗有密云圆悟、天隐圆修、雪峤圆信三大高僧的传承，而其中的圆悟一脉的汉月法藏、费隐通容、木陈道忞三支，在清初最有影响。⑥

---

① 石峻等编：《中国佛教思想资料选编》（八），北京：中华书局，2014年，第230-231页。
② 熊江宁：《持盈完成：明清时期佛教》，郑州：中州古籍出版社，2014年，第24页。
③ 郭朋：《中国佛教思想史》（下卷），福州：福建人民出版社，1995年，第357页。
④ 南怀瑾：《中国佛教发展史略》，上海：复旦大学出版社，2013年，第94-95页。
⑤ 郭朋：《中国佛教思想史》（下卷），福州：福建人民出版社，1995年，第252页。
⑥ 熊江宁：《持盈完成：明清时期佛教》，郑州：中州古籍出版社，2014年，第34页。

17世纪中国东南沿海地区，禅宗五大门派中的临济宗和曹洞宗得到了弘扬和发展，其在清代梅州亦有重要影响。临济宗不仅在梅州得以弘扬，后来还传播到越南。

激烈的社会变革必然引起思想波动和信仰分化。清初佛门还发生分化改组，大体形成三个派别：一是遗民派，其代表为岭南遗民僧天然和尚和江南弘储和尚、云南担当和尚；二是异端派，以大汕为代表，被时人目为"妖邪"①；三是新朝派，其代表有江南临济宗禅师憨璞怀聪、玉林通琇、木陈道忞，他们"以帝王外护为荣""藉新势力以欺压同侪"。

遗民派也被称为"政治和尚"，异端派则明显区别于佛教传统，新朝派似乎同样不入世俗眼光。这些佛教派别各有其关注方向和内容，却都体现出世俗化和儒、道、佛三教合一的倾向，有更多的尘缘牵挂、留恋和强烈的人情关怀。

2. 清初梅州之佛儒理念

清前期，粤东客家佛教如"香花佛事"体现了其与现实生活紧密关联的倾向，佛与道、儒之分界却依然较为明确，佛儒之间总是相互矛盾却又平衡统一。梅州基层社会崇尚香花，似偏向佛，实则糅合了儒道。民风民俗的主体在民间大众，信众之坚持和引导而最难变更，其内心一旦认定，便常不容变更。

兴科举总是与崇儒相统一的，从而确立了儒家的基础和正统地位。官员、乡绅和知识界必然倡导儒学，然崇儒而不抑佛。许多有学问的士人难免心态失衡而转入佛门，何南凤便自称"半僧先生"。客家香花却常受批判，方志多记载香花佛事，却多受批判，认为其奢侈浪费且不合儒。

清初程乡知县们皆祀儒而倡士风。设五忠祠、七贤祠便是崇儒的典范，先是在嘉靖年间为褒扬刘元城、文天祥而建双忠书院，崇祯年间增祀张九龄、狄青、蔡蒙吉而更名为五忠祠，顺治二年乙酉（1645）增祀韩

089

---

① 蔡鸿生：《清初岭南佛门事略》，广州：广东高等教育出版社，1997年，第89－90页。

愈、程旼而改名为七贤书院。

顺治、康熙年间的程乡知县王仕云、王吉人、刘广聪等，皆重视七贤祠与七贤书院之祀。王仕云《七贤书院碑记》云：

> 夫儒教之尊，视梵苑花宫，何啻十倍？奈岭表蚩氓，狃于故习，喜淫祠，崇异端，举形骸土木，家辨香而户户祝，是何为者耶？①

王仕云批判佛之于社会风俗、习惯之坏影响，"自流俗之坏也，往往重佛而轻儒"，似乎不正常的社会才会"重佛"，"轻儒"乃"流俗之坏"的结果和表现。他明确强调，建七贤书院的目标乃是纠正民间"重佛而轻儒"，以儒启民智。

清初佛门常受儒者批判，这并非梅州之个案。岭南三大家之一的屈大均便惊叹"今天下异端盛行，释老多而儒者少"，因此大力"辟佛"，视"禅者"大汕为"邪"的化身而以之为"活靶子"。② 士大夫们皆持儒批佛，这与官方科举之以儒为准则不无关系。且此时期佛教多以法事为专业，不无敛钱之嫌。清初方志亦多批判香花等客家佛事，批判其奢靡且不合礼。

尽管官方大力倡儒而轻佛，佛教却已经根深蒂固，深入中国传统文化之骨髓。事实上，无论佛儒皆已根基于"流俗"，只是话语之所出不同而已。如王仕云知县所撰之《七贤书院碑记》似在批儒，但他上任即大修城中之大觉寺。③ 民间百姓需要佛教之内心安抚，朝廷高层则需要佛教的统治功能，因此无论民间还是朝廷，都会出现佛僧代表，在明末清初的梅州，前者的代表是何南凤，后者的代表则是木陈道忞。

---

① 王仕云：《七贤书院碑记》，中共梅州市梅江区委宣传部、梅州市梅江区文学艺术界联合会主编：《铁汉流徽：开辟梅州文教名贤刘元城》，北京：线装书局，2020年，第262页。
② 蔡鸿生：《清初岭南佛门事略》，广州：广东高等教育出版社，1997年，第89—90页。
③ 程志远等整理：（乾隆）《嘉应州志》，内部发行，1991年，第393页。

二、“宏觉禅师”的生平事迹及其家国牵挂

明末清初，梅州佛门影响最大的是清代禅宗高僧木陈道忞。临济宗的玉林通琇、木陈道忞[①]堪称清初佛教史上的重要代表。通琇和道忞分别被顺治封为“大觉普济禅师”和“宏觉禅师”而“名重朝野”。

道忞（1596—1674），字木陈，号山翁、梦隐，俗姓林，亦称木陈和尚、木澄禅师。道忞于明神宗万历二十四年（1596）出生，于清圣祖康熙十三年（1674）去世，他常被认为是潮阳（今广东潮阳）人。[②] 著名国学大师饶宗颐研究和考证：“释道忞为广东大埔林氏子，亦称木陈忞。”[③]

1. 出家趣事

潮阳和大埔当时都属于潮州府辖县，但两县地域相距较远，且潮阳讲潮汕语，大埔则属于客家语地区，两者之族群系列完全不同。道忞为客家人是确定无疑的，也就是说，他不应当是潮阳人。据清代文献《释举男》记载：

木澄禅师者，大埔胡料人也。木，林氏子，无昆弟，已娶未产。然性慕佛，旋出家。时母尚在堂，妻代木澄养。一日，澄来家事母。母忽怒曰：“尔为人子，不能养亲而委其责于妻，已非宜矣。且人生尔，尔不生人以嗣人世，岂有无种类乾坤哉！无后为不孝之大，佛有广长舌，亦不能为尔解免矣。”澄不敢辨，因留一宿于家，妻得举男。后寺中方丈长老知其事，不许入寺门。澄长跪受罚。长老乃指门前巨石曰：“今后尔出入寺门，必与此俱。”澄因是不出山。即有故出，亦必抱石往。晚得道，尝有异徵，闻于都门云。康熙年间事。野史氏曰：人生生人，语至质而理至

---

①　郭朋：《中国佛教思想史》（下卷），福州：福建人民出版社1995年，第474 – 475页。

②　石峻等编：《中国佛教思想资料选编》（八），北京：中华书局，2014年，第1页。

③　饶宗颐：《清初僧道忞及其〈布水台集〉》，黄挺编：《饶宗颐潮汕地方史论集》，汕头：汕头大学出版社，1996年，第559页。

大。无后之责，佛氏不能解免，宜其一宿生子之无妨于道果也。①

《释举男》一文所讲乃青少年林木陈出家的故事，即儒释两家思想激烈斗争的典型。"释"指和尚，"举男"意为生儿子。"胡料"，即今之大埔县城"湖寮"镇；"陈"即"澄"，客家话"陈"与"澄"读音相同。道忞出生于大埔湖寮新村上围屋，俗姓林，字木陈。他自幼聪敏，6岁入私塾，20岁时考取生员。论者说：

他少年时习儒学，后因读《金刚经》《法华经》《大慧语录》等而信仰佛教，投庐山开先寺智明出家。后因父母命，一度还俗，娶妻生子，二十七岁时再度出家，从憨山德清受具足戒，最后得法于临济宗师天童圆悟，并继席天童。②

林木陈因读《金刚经》《大慧语录》等佛教经典而往庐山开先寺出家为僧，但他是单丁，家有童养媳且是和尚生子，他因此既受家人责难，又受世俗非议和佛门不解，这显示出儒、释之学的内在矛盾，其行动则看似无奈实则无谓，在有意无意间体现出平衡和融合两者冲突的社会思想氛围。

2. 儒佛之间

道忞作为和尚却"举男"，显然不符合佛门传统，明末客家佛门却并非独例。"半僧先生"亦因其出家而遭妻之驳斥："已娶妻，胡不归？好人你不做，情愿做沙弥。"事实上，道忞之师圆悟③也是在其30岁时抛弃妻

① 郑昌时著，吴二持校注：《韩江闻见录》，上海：上海古籍出版社，1995年，第134页。
② 石峻等编：《中国佛教思想资料选编》（八），北京：中华书局，2014年，第1页。
③ 天童密云圆悟禅师（1566—1642），江苏宜兴人，俗姓蒋，字觉初，自号密云，谥号"慧定禅师"。

子，从正传出家。① 和尚生孩子总不太符合世俗眼光，体现了佛俗之融合。道忞和何南凤皆是先儒后佛者，其内心之儒、佛、俗三者观念显然很难平衡，所谓"半僧先生"显然寓涵着"自嘲"之意味。

道忞与何南凤出家做和尚及其思想与人生经历都有一定的相似之处。何南凤有自己的妻和子，并受到妻子的讽谏；道忞则是由母亲出面进行劝谏而娶妻生子。何南凤与道忞两人都是临济正宗，两人之间亦有所交往，甚至赠诗相戏。何南凤曾作诗《戏赠木陈禅者》，又有书信往来《答木陈》等。

木陈禅者来宝成寺方丈适道人居士相作偈戏赠②

（明）何南凤

岭南久既无消息，曹溪路亦生荆棘。

跛师独自出头来，笼不住兮唤不回。

后园吃草事周遮，破家特地走天涯。

鼻孔穿来没半边，囫囵吞却金刚圈。

三脚驴子类蹄行，一踏群萌尽皆惺。

意马逐队走如风，象驾当之愈峥嵘。

年来不耐披袈裟，戴发还归居士家。

维摩对我寂无言，不二门从复口宣。

我亦人中七佛师，今日为君亲证据。

香积饭兮灯王座，分明举似无话堕。

大地撮来如粟粒，打鼓普请人不识。

要会渠侬头与面，顶门裂破开正见。

急荐盲龟跛鳖禅，莫认儒冠落正偏。

---

①　郭朋：《中国佛教思想史》（下卷），福州：福建人民出版社，1995 年，第 264 页。

②　李国泰编著：《何南凤与客家"香花佛事"》，北京：文史出版社，2010 年，第 82－83 页。

何南凤自改其号为"牧原和尚"，上诗亦似在解读"牧原"，论者特别强调此诗之关于何南凤佛教世俗化改革的思想：

> 何南凤此时从自身感受出发，觉得佛教非进行大众化改革不可，你想，一个"人中七佛师"，尚且"年来不耐披袈裟，戴发还归居士家"，何况修行的众生。①

牧原和尚虽"戏赠"木陈，同道之间的"相知"之情却溢于言表，其中不无人生感悟和佛门苦闷之倾吐，有佛理世俗化、大众化的倾向，还有与"儒冠"的关联。

3. 入京说法

道忞受戒于德清和尚，② 乃密云圆悟（1566—1642）之"嗣法门人"。③ 圆悟曾标榜自己："不爱圣学不援儒，不求佛道不入社。"④（道忞《天童密云禅师年谱》）崇祯十五年（1642），圆悟去世，道忞继席天童。顺治十六年（1659）九月，道忞六十四岁，奉诏"至京面帝"。⑤ 饶宗颐说：

> 顺治十六年九月廿二日晋北京面帝，翌年五月十五日出京，时顺治年廿三岁。顺治自十四年至十七年四年之间，颇躭禅说，木陈忞之势力，喧赫一时……⑥

———————————

① 李国泰编著：《何南凤与客家"香花佛事"》，北京：文史出版社，2010年，第7页。
② 蔡鸿生：《清初岭南佛门事略》，广州：广东高等教育出版社，1997年，第213页。
③ 石峻等编：《中国佛教思想资料选编》（八），北京：中华书局，2014年，第1页。
④ 郭朋：《中国佛教思想史》（下卷），福州：福建人民出版社1995年，第275页。
⑤ 郭朋：《中国佛教思想史》（下卷），福州：福建人民出版社1995年，第501页。
⑥ 饶宗颐：《清初僧道忞及其〈布水台集〉》，黄挺编：《饶宗颐潮汕地方史论集》，汕头：汕头大学出版社，1996年，第559页。

　　道忞奉诏入京为清世祖说法，解答了顺治帝关于道佛、儒佛之同异。他与顺治帝的问答：

　　上复问：老、庄悟处，与佛祖为同为别？

　　师云：此中大有淆伪。佛祖明心见性，老、庄所说，未免心外有法，所以古人判他为无因，滥同外道。

　　上云：孔、孟之学又且如何？

　　师云：《中庸》说心性，而归之天命，与老、庄所见大段皆同。然佛祖随机示现，或为外道，或为天人。远公有言，诸王君子，不知为谁。如陛下身为帝王，乾乾留心此道，即不可以帝王定陛下品位也。非但帝王，即如来示现成佛，亦是脱珍御佛，著敝垢衣，佛亦不住佛位也。①

　　据《清朝野史大观》记载，顺治十六年（1659）九月二十三日午刻，道忞进万善殿，驾随到，召师进见，传谕免礼、赐座：

　　道忞一则说："山林野逸，特蒙宠召，凤生何幸，得睹天颜。"再则说："唯皇上果位中人，且现身为生民主，而念念不忘此事，诚过古人远矣。"三则说："譬如皇上尊居黄阁，忞与群臣何由得望恩光，皇上唯屈尊就卑，故忞等乃得共天语，闻法要！"四则说："皇上以佛心天子，征书四出，诏求四海知识，此风遍闻天下……"②

　　无论道忞对佛道儒之区别是否有其独特的理解，还是道忞刻意迎合帝意，其答案确实打动了顺治，顺治颇为赏识道忞，赐号弘觉禅师，③ 并赞誉说：

095

---

①　石峻等编：《中国佛教思想资料选编》（八），北京：中华书局，2014 年，第 3 页。

②　郭朋：《中国佛教思想史》（下卷），福州：福建人民出版社，1995 年，第 502 页。

③　蔡鸿生：《清初岭南佛门事略》，广州：广东高等教育出版社，1997 年，第 213 页。

禅僧道忞，嗣法天童，传宗临济，克证无生之旨；机自玄明，允通向上之关。

固已登堂入室，堪主法门之席，允称禅众之尊。①

道忞自此踌躇满志，骄横一时，他所代表的这一派，也就取得了钦封临济正宗的地位。② 康熙十三年（1674）道忞去世，年七十九岁。

三、木陈道忞的著述及其褒贬

道忞著作甚丰，其主要著作有《北游集》《憨璞语录》《布水台集》《奏对机缘》《弘觉忞禅师语录》等。③ 其著述多录于饶宗颐著《潮州志·艺文录》和温廷敬辑纂民国《大埔县志·艺文志》：《山翁忞禅师随年自谱》④、《弘觉禅师北游录》六卷⑤、《布水台云峤诸集》三十二卷⑥、《弘觉禅师诗文钞》二卷⑦。

无论在清代政治，还是后世佛教史上，道忞之地位自然是基于这些著述，而这确实让他能够在佛门史上青史留名——不过，潮州、梅州或者大埔方志虽列其著述名目，却无其人物传记。他却撰有《北游录》等自传性记游文章，表明他重视历史记录，这与和尚一般不重记录生活的理念确实

---

① 石峻等编：《中国佛教思想资料选编》（八），北京：中华书局，2014 年，第 1 页。
② 石峻等编：《中国佛教思想资料选编》（八），北京：中华书局，2014 年，第 1 页。
③ 石峻等编：《中国佛教思想资料选编》（八），北京：中华书局，2014 年，第 1 页。
④ 温廷敬总纂：《民国新修大埔县志》，1943 年，卷第三十五艺文志"传记"第 6 页。原注：明释道忞撰，存钞本，未刊，自神宗二十四年丙申（万历二十四年岁次丙申，1596 年）起至毅宗崇祯十三年庚辰（1640）止年四十五岁，盖未完之书。道忞入清为清人，而此书则尚作于明，故系之明代焉。
⑤ 温廷敬总纂：《民国新修大埔县志》卷第三十五艺文志"传记"，1943 年，第 14 页。原注：清释道忞撰，存支那撰述本。是编为道忞应清世祖召，留大内时问答之语及撰著杂文，其门人真璞随侍记录本，黄复为删定，法孙元德于康熙丙寅付梓，首敕书、御札、奏疏，卷一住大内万善殿语录，卷二奏对机语，卷三卷四奏对别记，卷五卷六杂着终焉。
⑥ 温廷敬总纂：《民国新修大埔县志》卷第三十五艺文志"传记"，1943 年，第 28 页。原注：清释道忞撰《布水台集》，存阮《通志》著录。
⑦ 温廷敬总纂：《民国新修大埔县志》卷第三十五艺文志"传记"，1943 年，第 28 页。原注：温廷敬选录，未梓。

不同，而这还是自我提升社会和历史地位的重要手段。

1. 由褒转贬

康熙年间，著名学者潘耒（1646—1708）曾游历岭南，高度评价道忞，将其列为岭南之"杰出丛林"，谓"岭南素称法窟：六祖唱道于曹溪，匡真开宗于云门，大颠盛化于潮阳。近则大埔出木陈，珠江有天然，博罗产剩人，皆杰出丛林者"。① 此时离道忞去世不远，潘耒的观点可谓代表了清廷之思想主张，而"杰出丛林者"则可谓佛教史上之"中的"（或说非常合理的）评价。事实上，道忞诗词文章所受评价颇高，清初黄宗羲等所诟病者乃其"政治气节"，即所谓其一心事清者。

雍正五年（1727）十二月朱批李卫奏折，谓："木陈系宗门罪人，伊之法派，何足为贵。"② 道忞之于清廷之际遇，饶宗颐认为："……恩遇既隆，遂为后代所忌。雍正十三年（1735）九月初四谕，斥其所著《北游集》，语多悖谬，宜查出销毁。"③ 此谕当出自乾隆，而不是雍正，雍正已于当年（1735）八月二十三日在圆明园突然病故。道忞著作《北游集》《布水台集》《宏觉禅师语录》都收入清初御制的《大藏经》，经查删后仍保留《宏觉禅师语录》。

道忞受清帝赏识，并"一心为新朝服务"④，清廷却批判其为"宗门罪人"，道忞为清帝所斥，这与雍正帝佛教政策的转型不无关系。"故木陈忞事迹颇为史家所注目"⑤，其对清廷之"忠心"亦多受诟病，他被视为钱谦益式的人物，⑥ 遭到了批判和不齿：

---

① 潘耒：《与梁药亭庶常书》，见《救狂砭语》前编。转引自蔡鸿生：《清初岭南佛门事略》，广州：广东高等教育出版社，1997年，第1页。

② 郭朋：《中国佛教思想史》（下卷），福州：福建人民出版社，1995年，第505页。

③ 饶宗颐：《清初僧道忞及其〈布水台集〉》，黄挺编：《饶宗颐潮汕地方史论集》，汕头：汕头大学出版社，1996年，第559页。

④ 石峻等编：《中国佛教思想资料选编》（八），北京：中华书局，2014年，第1页。

⑤ 饶宗颐：《清初僧道忞及其〈布水台集〉》，黄挺编：《饶宗颐潮汕地方史论集》，汕头：汕头大学出版社，1996年，第559页。

⑥ 郭朋：《中国佛教思想史》（下卷），福州：福建人民出版社，1995年，第502页。

　　呜呼！以木陈之从周，而终膺"宗门罪人"之谥，知古昔之枉作小人者多也。禅憎道忞，"枉作小人"，一言中的。①

　　道忞虽曾被视为"宗门罪人"和"枉作小人"，他在佛教史上的地位则是值得肯定的。

　　2. 当世史家之论述

　　明清之际的动荡也引起了儒、释两界的动荡和改组，形成遗民派、异端派和新朝派，道忞被视为新朝派的代表人物，且"此派的活动去岭南甚远，没有直接威胁，不可能成为屈大均'辟佛'的当务之急"②，似乎道忞对岭南佛门之影响不大，如果从道忞与何南凤之交往看，这种说法显然值得商榷。

　　民国大埔著名学者温廷敬特汇编《弘觉禅师诗文钞》，并给予其"方外"之同乡更多"历史同情"，曰：

　　弘觉禅师道忞，号木陈，清世祖时尝入大内，多传其异迹，或目为高僧，而同时如黄梨洲辈则深薄其人，至有为诗以讥之者。余惟忞公生当明季，濡染于士大夫之风气，故其诗文时有故君宗国之思，及一奉新朝宠召，优以殊礼，则顿易其素宜，诸遗老之有所不满也。至初崇敬牧斋，而后诽议之，此则牧斋为人有自取之道，未可以过责忞公也。虽然，当时明季遗臣之受先朝厚恩，负一时重望者，其末路尚多失节；至有朝采薇蕨而夕下首阳者，而欲持是义以责方外，过矣。要之，忞公固未为高僧，其诸不失为一时之才士哉，其文如林公行状，盘郁处直迫昌黎，固明季所不可多得也；其挽黄介子、清世祖诸作，亦有可以证当时遗事者。余故取其诗文，选录类次之为一编，以见其概；至其禅悦之作则从阙焉。呜呼，使忞

----

① 郭朋：《中国佛教思想史》（下卷），福州：福建人民出版社，1995 年，第 505 页。
② 蔡鸿生：《清初岭南佛门事略》，广州：广东高等教育出版社，1997 年，第 89 - 90 页。

公不得比于澹归、黄□者，遇为之也，名为之也，忞公固不可以诸遗臣之遁释者例也。忞公，俗姓林，吾邑湖寮人，所著有《布水台集》及《北游录》云。①

当代有论者甚至认为，道忞的佛教思想深刻影响了顺治帝，形成了清初的治国方略和"国策"，深刻影响了此后一百多年的历史进程：

形成崇儒敬佛的国策，以儒家学说解决封建社会的实际问题，以佛家思想缓解人们精神上的激烈情绪，使两者起着互补的作用。清初有 100 多年的昌盛时期，应该与此有关。②

清朝是公认的佛门没落期，清初时，皇帝极力利用宗教以专权，一个和尚能量竟然如此之巨大，以至于这实在是太大胆的"想象"。这个说法如果符合历史事实，道忞就不会被批为"宗门罪人"了。

新会陈援庵因撰《汤若望与木陈忞》一文，以说明清初天主教与禅宗对于政治之影响及其消长之故，复著《语录与顺治宫廷》等篇，饶宗颐进而著《清初僧道忞及其〈布水台集〉》③，真乃大学问家之撰文著述态度和方法。

第二节　何南凤、客家香花及其时代

唐、五代梅州佛教已经非常兴盛，南汉重佛，遗传梅州千佛塔。宋代

---

① 温廷敬总纂：《民国新修大埔县志》卷第三十五艺文志，1943 年，第 28 页。
② 张道济、陈镇昌：《顺治皇帝与潮籍高僧道忞》，摘自《逢看湖山便忆家》，汕头大学图书馆·潮汕特藏网。
③ 饶宗颐：《清初僧道忞及其〈布水台集〉》，黄挺编：《饶宗颐潮汕地方史论集》，汕头：汕头大学出版社，1996 年，第 559 页。

梅州佛教仍然有其地域特色。明末清初，梅州佛教相当兴盛，既为普罗大众长期坚持，又有士大夫、乡绅之参与，其知识与眼界视野大大促进了客家佛教，助长了佛教的乡土化和世俗化，长期流传的佛教传统发生了时代性变革。

一、客家"香花"与何南凤

在客家佛教史上，木陈道忞影响巨大，若论深入民众则非何南凤莫属。木陈与何南凤同属佛教临济正宗，交往密切，且经历和主张相类，何南凤显然更"贴地气"，更具"烟火气"，他所创建之横山堂"香花佛事"，与现实生活紧密关联，传播甚广，至今仍然流行于东南亚客家社群中。

1. 深入民间之佛教习俗

风俗习惯乃人事之重要内容，从而成为方志所记录的重点。客家方志风俗篇常引用宋苏轼佚诗"钟鼓不分哀乐事，衣冠难辨吉凶人"，以概括客家风俗。

生和死皆人生大事，客家谓之红白"好事"，凡"好事"皆用音乐，以乐相伴，成为客家民众最具特色之传统。其乐亦源于其民间信仰，曾经是古老的巫觋，后世则代以佛事。

重佛乃客家普遍习俗，故各地方志风俗篇几乎都有佛事记载。简单列举明末清初的几种方志之记载：

嘉靖《兴宁县志》"人事部·风俗"载："婚丧皆用音乐，衣菖苧。宋苏轼诗：钟鼓不分哀乐，事衣冠，难辨吉凶，人信鬼神，好淫祀。"

崇祯《兴宁县志》"地纪·风俗"载："然又有惑于佛家忏悔之说者，请素僧诵经拜忏，谓可以度亡人之厄，是与请乡花僧者，不过百步五十步之异也。""隆万间，亲丧七日，请乡（香）花僧祀佛设斋笼……"①

嘉靖《大埔县志》"礼乐志·民俗"载："丧礼皆从俗，用浮屠供佛饭僧，维一、二士夫家遵行朱子家礼，然犹具酒食，用鼓乐未尽如仪。"

康熙《平远县志》载："治病惟针矣。不识参岑为何物，愚者作乐鸣锣，寄命巫觋以寿，死丧信浮屠，卜葬信堪舆家说，葬而屡迁。"

康熙《程乡县志》"舆地志·风俗"载："死丧不重殓，喜尚浮屠……"

作乐鸣锣与巫觋、浮屠（法事）显然一脉相承，乃其社会之传统风尚，有其深远的历史渊源。客家人皆崇礼重佛，儒礼和佛事皆整合了本地传统之意识形态，形成其特定的风俗内涵。

巫觋大约相当于儒、佛、道三教之道，巫与儒、佛三者很好地统一于客家生活。社会习俗总与生活水平密切相关，儒礼和佛事信仰等皆经民间长期积淀而成。区域社会的民生民俗，必有其融合与被融合的内容，受强势文化之渗透亦必不可免。

意识形态和民间信仰总与其社会时代紧密相关。中国古代习惯以"朴""靡"或者"纯朴""质朴"和"浮靡"（或"华靡""侈靡"）加以区别。社会习俗的纯朴，往往源于社会动荡或天灾人祸所致之贫穷。程乡名士李士淳评曰：

程乡昔称富庶，民风自朴而渐趋于华。今值雕残，民风自华而转归于朴。十年生聚，十年教训，养其物力，变其气质，程之士习民风，当有翻然一变，焕乎可观者。②

---

① 刘熙祚修、李永茂纂：《兴宁县志》（崇祯十年刻本），嘉应学院客家研究所影印日本国会图书馆藏《稀见中国地方志汇刊》，第 405－406 页。转引自王馗：《粤东梅州"香花佛事"中的"目连救母"》，《戏曲研究》2005 年第 2 期，第 172 页。

② 程志远等整理：（康熙）《程乡县志》，广州：广东省中山图书馆藏，1993 年，第 18 页。

"昔称富庶"，表明其经济发达和社会繁荣，"今值雕残"则表明其社会动荡和经济衰败，"富庶""雕残"皆直接影响民风习俗。

宗教兴衰与国家政治紧密关联，蕴含着特定的时代内涵。宗教信仰亦为意识形态，必是有利于稳定统治秩序，方受统治者的肯定。明清皇帝皆重佛，视之为稳定统治的重要工具，不同时期对佛教各派别态度不同，或打击，或捧扬。

科举兴盛，崇儒是明清社会与政治的基调，佛事则常受到质疑。儒、佛、道三教合一，皆属稳定社会和统治之意识形态，普通民众的佛事崇拜体现出僧与俗、僧与道之统一。儒、佛、道三教合一显然经历了很长的历程，也有其浓厚的社会土壤。

唐宋以来，佛教形成了丛林制度，佛教各寺院场所皆有私产，余荫则形成了"子孙丛林"。在教内还有"小庙"，南方僧众区分为讲究清修的"禅门"与专作佛事的"应门"。清修重在理论和思想，佛事则在具体的生活实践：

> 他们念经拜忏，乃至荐亡送死，藉此赚些报酬，聊资糊口。至于招收皈依弟子，造成信众的派系等，已经不在话下。①

客家"香花"乃佛教法事和超度仪式，其和尚与斋嫲虽晨钟暮鼓，做早晚功课，多数却将做"香花"当成一种职业和工作。② 客家丧葬佛事自然应入"应门"之列。

诚然，丛林制度和客家"香花"都是佛教中国化长期进程中的产物，由此难免衍生出时代内涵和地域特色，或者被赞赏认可，或者被诟病否定，皆有其必然性和必要性。

---

① 南怀瑾：《中国佛教发展史略》，上海：复旦大学出版社，2014年，第100－101页。
② 关杰、杨韬：《文化支点——对广东梅州客家"香花"仪式音乐的文化解读》，《哈尔滨工业大学学报》（社会科学版）2009年第6期，第56页。

2. 何南凤生平与成就

明末何南凤是佛教临济宗传人，被认为是融客家和佛教文化的"第一人"，是客家佛教"香花"流派的"鼻祖"。[①] 民国梅县县长彭精一《梅县高西岩琐记》：

何南凤先生（牧原和尚）在寺中居留甚久，相传吾梅各属僧尼做佛事时所唱之小调词曲多出其手。措辞典雅，声调铿锵，既顺口，又悦耳。如劝亡魂、打关灯、打莲池、血盆经等，均脍炙人口，传诵远近。[②]

何南凤所创作之《劝亡魂》《打关灯》《打莲池》《血盆经》等香花佛事小调词曲，皆脍炙人口，不拘形式，随俗入乡而适应客家民众，经久传诵。

何南凤之成就在其所创之"横山堂"，其著述仅存其门徒辑录的《讱堂馀稿》，包括诗六十四首、歌吟赞偈十一首、尺牍八篇、文十二篇。《乾隆嘉应州志》"艺文"还录其两首诗《重游祥云岩》（即何南凤《讱堂馀稿》中《庚午仲夏重游祥云岩示印期印超印致诸子》）和《九日宿丞相峰》。[③]

何南凤（1588—1651），兴宁市石马人。出身于儒生家庭，其父亲何心吾乃万历年间岁贡生。何南凤十五入秀才，因偶阅佛教《坛经》而出家，被父亲从寺庙找回继续研读儒家经籍，考中万历四十三年（1615）乙卯科文举人。[④]

《乾隆嘉应州志》之"兴宁县志"所录何南凤文之佛门意蕴浓厚，视

103

---

① 李国泰编著：《何南凤与客家"香花佛事"》，北京：文史出版社，2010年，第1页。

② 罗滨：《人生贵识性 何必慕荣达——何南凤行藏讲话之二》，《兴宁购物讲话》（第二集），梅州：梅州市社会文化管理委员会，1990年，第47页。

③ 程志远等整理：（乾隆）《嘉应州志》，内部发行，1991年，第543页。

④ 程志远等整理：（乾隆）《嘉应州志》，内部发行，1991年，第482页。

其为"邑人"；《咸丰兴宁县志》无录文，却明确列其为唯一之"仙释"，其传文曰：

牧原和尚，俗姓何，名南凤，字道见，出家名觉从，号知非，又号雷山。初称半僧先生，或称诃堂老人，或称牧原道人。生而颖异，过目成诵。年十五食饩，即落发逃禅，其父苦留之。及还俗，领乡荐，会试燕京，过黄山普门禅师，谈论相契，遂决意出家。游吴越山水，遍参知识，多所印证。晚栖豫章普济山，将为终老计，门人迎归兴宁。辛卯正月，忽作偈，别大众，复还普济，六月初沐浴更衣端坐而逝，归葬神光山之麓。所著语录、诗文，散行于世。①

"食饩"即"逃禅"，无奈返儒，入京"会试"，却探访黄山普门禅师，何南凤之佛门慧根被重新唤醒，从而决意出家，周游大江南北佛教名寺，晚年定居并圆寂于江西南昌普济山。

3. 何南凤"三教"思想之统一与对立

名字都有其特定内涵，自命之名则多言其志，反映名字主人之性格、思想，进而反映其时代。何南凤特立独行，其自命之名亦寓涵着深刻的时代与地域特色。

何南凤名号牧原之意："牧原者，卑以自牧，牧一条水牯于广平之原，自治生平虚矫褊侧之习气云尔。"② 因其少年跛足，何南凤故又号"跛足道人"，"牧原道人"一词道教味更完整，"牧原和尚"一词则有点佛道合称。

何南凤曾自撰《半僧先生传》，此既为自传，又是自我人生阅历与思想之解读。其开篇即自谓"半僧"，说：

---

① 仲振履、张鹤龄：（咸丰）《兴宁县志》，台北：成文出版社，1966年，第165页。

② 何南凤：《半僧先生传》，李国泰编著：《何南凤与客家"香花佛事"》，北京：文史出版社，2010年，第99页。

半僧先生者何人？知非和尚是也。何以称半僧？以其时而僧，时而俗，又时而僧，则谓之半僧云尔！①

何南凤信佛参禅，却不拘礼节和禁戒，仍饮酒食肉，娶妻生子，"成婚后，妻亦和；得子后，子亦孝"。他虽有佛教慧根，却并不特别坚持、坚定。他是道，亦为释，还是儒，在僧俗之间不停转换。他自我解剖说：

会元及第之念，幼长怀之。参禅看破，只因会试欠债。思得一薄宦以偿，再以慰老母殷望。②

何南凤企望"薄宦"，想当官却终未能如愿，生活却是实实在在的，不仅艰辛更为"欠债"所迫，这是社会底层民生，尤其是底层儒生的缩影。他在科举读儒以谋"薄宦"和参禅读佛以传道中无法解脱，所读之书总在佛儒道之间打转，徘徊因循：

读周程及阳明白沙之书，便以道学自任，欲弃举子业，青山绿树，不以易紫绶金章。③

作为读书人，何南凤思想活跃，又富有个性。佛儒经典之经义，内在相通相抵，其间思想往往矛盾不可解，便局限在佛儒与僧俗之间轮回：

屡弃笔砚，绝交际，即显者名人文字相赠，一切焚却。然参禅得力之

---

① 李国泰编著：《何南凤与客家"香花佛事"》，北京：文史出版社，2010年，第98页。

② 何南凤：《半僧先生传》，李国泰编著：《何南凤与客家"香花佛事"》，北京：文史出版社，2010年，第99页。

③ 何南凤：《半僧先生传》，李国泰编著：《何南凤与客家"香花佛事"》，北京：文史出版社，2010年，第99页。

后，辄旁通儒典之奥，诗文之妙，恨见地及之，而机候不及，故常拈举业示门人，谓门人不能传其禅，奈何并举业亦不能传耶。[①]

其所思所想如此，其生活亦因之在家和佛之间不断地来回，既眷恋举子业，又放不下家中老母妻儿，更难舍青山绿水之自由浪漫。朝堂和佛堂两相向往，前者可望而不可即，后者则唾手可得。

个人意愿屈从于社会现实与家庭生活，能够徜徉于佛堂和自家厅堂，而成为"堂头和尚"（僧寺住持），这实在已经是相当不错的成就了。他在诗中深入解读其对僧与俗之间的看法：

别南康梦倩歌

古来高僧能不俗，俗人以敬僧为福。

近代僧每类俗人，僧俗二般俱碌碌。

是以我惟号半僧，得僧之半亦已足。

何期匡南有梦庵，其人非僧更非俗。

示我本言及清言，剖胆见肝空罪福。

梦庵境界总全真，向外求真自劳碌。

我亦当年号梦观，与君同梦无僧俗。

咄哉匡山古道场，于今何异垄断局。

不有道者梦其间，俗杀木石与麋鹿。

我来高卧未同年，梦里名山境既熟。

白云岭表系归情，剩下松间未了局。

请君细看老棋盘，胜算全收方是足。

是真是梦尽输筹，惺惺却恃黄粱熟。

① 何南凤：《半僧先生传》，李国泰编著：《何南凤与客家"香花佛事"》，北京：文史出版社，2010年，第99页。

何南凤自嘲其"非和尚"而只是"半僧"，既"随俗"又自认为是"僧"。"半僧"看似个性洒脱和不落俗套，但其内心充满了"名正"与"随俗"的挣扎、"佛法"与"世俗"之抉择。

"正统"即"名正言顺"，常代表着权威而存在于庙堂之上，局促于"象牙塔"之中。"随俗"即"入乡随俗"，因其接地气而为更多人所理解接受，因其"俗"而常常难于登堂入室，甚至遭各方嘲讽和排斥，以至当事者难以自信。

4. 明清之间佛教香花的时代局限

何南凤自谓"半僧"，看似弃儒参禅，实则儒佛共入礼，儒释合一、僧俗相通。他既参禅又习儒，弃儒不忘儒，出家而终想家，或儒或佛，亦佛亦儒、亦僧亦俗，而不在于从儒入释或以释证儒，所谓"自信即佛""无事外求"，内在精神即得以自由解脱。内在自由是横山堂佛学理论基础，是横山堂广泛流传之思想与精神基础。

何南凤眼界开阔、思想活跃，曾游历齐、鲁、吴、越等地名山寺庙；又曾住持平远文殊、龙川石岭、兴宁曹源和祥云等寺庙，晚年则住持江西豫章普济寺。丰富的人生阅历，让其充分理解客家社会，其文章语言通俗而贴切民众生活，此乃其思想能够生存发展的现实条件。

何南凤《讱堂馀稿》等著述，主要是通俗化以迎合社会需要，其内容所重点关注仍局限于个人生老病死之内在轮回，而缺乏国家社会、民族大事和世界发展的时代变迁。佛门本就缺乏历史观念，寄望其时代敏感，不亦难乎。

与当时中国社会各界其他人士一样，何南凤的意识中仍只存在佛家理念中的西方。大航海时代以来，基督世界之西方和新大陆，已随着西班牙、葡萄牙人的足迹而传入西南太平洋，新大陆之农作物亦已随华侨传入闽粤，这些时代性新事物，似乎并未引起何南凤的特别兴致。

佛教本源于南亚之印度，传入中国而兴盛。钱穆说，中国文化向来开放包容，唐朝之前学习印度，接纳其佛教文化，之后六百年接纳伊斯兰教

107

文化，再之后则接纳欧洲之基督教文化。① 其内在含义就是佛教已经完全融入中国文化。南怀瑾则说：

> 过去中国一般知识分子之所薪致，最高思想的归趋，和最后人生的境界，也自充满着禅教的余韵。②

明末儒佛发展显然都已经到了最高点，急需突破而更上一层楼，此乃时代变局之节点，跟上时代，找到突破之确切方向，确实不易。

基督教与伊斯兰教之争斗及其对立由来已久。在十字军东征和西欧收复失地运动几百年间，两教之间冲突不断。基于大航海时代之地理大发现，西欧开启了世界近代史，将原本分离的世界连成一体。世界人种和物种的世界性传播是其中的重要表现，如玉米、马铃薯、烟草等30多种美洲作物向亚欧大陆的传播。③

二、何南凤"十劝友"诗之"洋烟"考辨

春江水暖鸭先知。梅州地处东南沿海，首先感受到时代之变化，明中后期，梅州客家在台湾海峡两岸的经济活动，正是其中重要的体现。何南凤诗歌的某些内容，反映了时代之特色内涵，正如鸭子因水暖而先下水一样，随时而动，其行动却不一定是主动性意识的反映，从自在到自为总隔着一段距离。

1. "十劝友"诗及劝戒"洋烟"

何南凤曾作"十劝友"诗，劝人别嫖娼、别赌博，要戒奢浮、慎交友等。其中之第"三劝"则是别食"洋烟"——"三劝友，劝友洋烟莫入

---

① 钱穆：《中国历史研究法》，北京：生活·读书·新知三联书店，2001 年，第 164 – 166 页。
② 南怀瑾：《中国佛教发展史略》，上海：复旦大学出版社，2014 年，第 98 页。
③ 王思明：《美洲作物的传播及其对中国农业发展的影响》，《中国农史》2004 年第 1 期。

头，倘若一食上了瘾，日夜灯前对火钩，那能富贵出人头"①。阅何南凤之诗文，几乎不出其传统中国之地域，仅此将"洋烟"当作重点，似乎显示出客家地区已深受外洋世界之影响，或者说，与外洋已多有交往，因为劝别食"洋烟"作为重点告诫，表明社会上已有许多人食"洋烟""上了瘾"。

据笔者了解，"十劝友"诗乃何南凤后裔何耀辉所收集，他说是"从上辈手中转抄来的"，李国泰编著《何南凤与客家"香花佛事"》一书时附《讱堂馀稿》及何耀辉另外收集的"轶诗、联14首"，且特别"注明是未收入《讱堂馀稿》的流传版"。或说，这些皆"无法考证"是否属于何南凤之作，"十劝友"诗便可商榷。

何南凤之劝友别食"洋烟"？这似乎超越了时代，让人怀疑此劝友诗是否确为何南凤所作？康熙《程乡县志》完全没有关于"洋烟"和"番薯"的记录。何南凤于顺治八年（1651）去世，其有关"洋烟"的记载似乎也仅此一处，且自明末开始编撰直至其去世后40年，即康熙二十九年（1690）才编成的《程乡县志》里也没记载。然而，方志无记载却不能完全否定梅州吸烟之盛，明朝末年梅州之劝戒"洋烟"还是值得探研。

2. 美洲烟草的传播与种植

烟草是原产于美洲而传向世界的重要经济作物。1571年，烟草被西班牙人经太平洋传入菲律宾，又经南洋群岛传入中国。1611年成书的《露书》说："吕宋国出一草，曰淡巴菰。……有人携（至）漳州种之，今反多于吕宋，载入其国售之"，这是中国引种烟草的最有影响的早期记载，烟草且已成为"出口"特产了。张榕轩《记吕宋烟草之盛》较详细记述了其传入中国及其传播的情况：

小吕宋……烟草尤盛。按俞正燮《吃烟事述》云："烟草出于吕宋之

地，名曰淡巴菰，明时由闽海达中国，故今犹称建烟，谓其烟味最沉也。"方氏《物理小识》："万历末，有携至漳泉者。马氏造之，曰淡肉果。"肉字当是白字之误。淡白果即淡巴菰之转音也。又《蚓庵琐语》曰："烟叶出闽中。"不知实兆端于吕宋。北方多寒疾，关外至以马一匹易烟一斤。初惟南兵北戍者吃之，明末遍处栽种，三尺童子莫不食烟。①

烟草一经传入国内，便迅即受到中国人的喜爱，很快在全国范围内传播与种植，其传播之迅速着实令人惊异。论者认为：

烟草落地福建之后的仅仅半个世纪时间，就已经在村社小农经济的偌大中国普遍开来，风气开化的大小城镇更是烟霞雾绕，耽之尤甚。②

烟草在明朝中后期传入广东，其种植和吸食则非常迅速。民间有"嘉靖种山叶，万历多成嗜"的说法。③嘉靖二十八年（1549）从大西洋经交趾（今越南北部）传入广东，天启年间（1621—1627），吸烟的习惯已遍及中国南部，并传到北京。天启末年，广东烟草种植已相当普遍。《高要县志》载烟叶出自交趾，著名于世的潮烟则源自吕宋，故论者强调："至迟在明末，广东烟叶的种植已相当普遍。"④顺治年间，晒黄烟由闽南传入南雄。⑤

① 张榕轩辑，王晶晶整理：《海国公余辑录（附杂著）》（下），上海：上海古籍出版社，2020 年，第 371 – 372 页。
② 郑南：《美洲原产作物的传入及其对中国社会影响问题的研究》，浙江大学博士学位论文，2010 年，第 181 页。
③ 广东省地方史志编纂委员会编：《广东省志·烟叶志》，广州：广东人民出版社，2000 年，第 1 页。
④ 唐森、李龙潜：《明清广东经济作物的种植及其意义》，广东历史学会编：《明清广东社会经济形态研究》，广州：广东人民出版社，1985 年，第 8 页。
⑤ 广东省地方史志编纂委员会编：《广东省志·烟叶志》，广州：广东人民出版社，2000 年，第 8 页。

3. 中国早期的禁烟

吸烟曾经流行于欧亚许多地方，也曾经遭到严禁。17 世纪上半叶，英国、土耳其、俄国、日本和印度莫卧儿帝国都曾经禁烟，克里米亚战争则让香烟泛滥。

烟草最初传入福建，然后传入广东，闽粤烟草种植皆迅速发展。很多地方吸烟风气的传入要早于烟草种植时间，① 天启、崇祯初年便经粤军传入西南、九边，明末起义农民军也普遍吸烟。②

崇祯帝曾两次禁烟，这既表明了明朝政府与流寇势不两立，也可以将农民起义的爆发牵强附会地归咎于当时天下的普遍吸烟与种烟。③ 论者亦谓，崇祯因忌讳吃"烟"暗示着京师"燕"的陷落而禁烟，违者劓鼻，但"崇祯时严禁之不止"。皇太极在关外便已禁烟，论者谓：

甲申之变，清军大举入关，伴随兵锋所及并新贵登场，对社会吸食风气推助之力不可轻估。④

崇德六年（1641）又解除了禁烟令。顺治沿袭并严禁宫廷内吸烟，康熙以吸烟容易引起火灾和危害身体健康而禁烟，雍正认为种植烟草有碍农耕而禁烟，乾隆则只是劝诫吸烟，嘉庆则开始放任不管，道光以后已无暇顾及普通烟草的种植、贩卖和吸食了。⑤

---

① 宋军令：《明清时期美洲农作物在中国的传种及其影响研究——以玉米，番薯，烟草为视角》，河南大学博士学位论文，2007 年，第 60 页。

② 陶卫宁：《明清之际烟草在国内的传播和引种》，《农业考古》2006 年第 1 期，第 178 – 181 页。

③ 宋军令：《明清时期美洲农作物在中国的传种及其影响研究——以玉米，番薯，烟草为视角》，河南大学博士学位论文，2007 年，第 195 页。

④ 郑南：《美洲原产作物的传入及其对中国社会影响问题的研究》，浙江大学博士学位论文，2010 年，第 181 页。

⑤ 宋军令：《明清时期美洲农作物在中国的传种及其影响研究——以玉米，番薯，烟草为视角》，河南大学博士学位论文，2007 年，第 197 – 202 页。

4. 梅州烟草的早期种植

梅州地处闽粤交界区，多丘陵山地，大埔、镇平、平远等县与潮汕紧靠福建省，其种植后来也非常迅速而兴旺。[①]《乾隆嘉应州志》却很明确记载：

　　烟草，取其筋骨春末，杂石灰散布禾苗，杀虫兼滋润苗根，近则以生烟草杵烂，置田中，效捷而功更省，所以州人种烟草者益众。[②]

乾隆《大埔县志》"主产"记番薯甚详，却无烟草记录。但嘉庆《大埔县志》卷九《物产》却有"竞尚种烟"之记载。事实上，其时种烟之记录多为其生产之利用，比如嘉庆《平远县志》"卷二上物产""烟草"条抄录了上引之《乾隆嘉应州志》，结论则是"所以邑人种烟草者益众"。[③]

论者多从吸烟之视角提及"种烟草者益众"，这种考虑显然是不充足的。诚然，种烟之基础当重在"吸烟"人数之众，而后才是"除虫"之功效，后者是"益众"的助力。种植烟草而未提及其吸烟者，而是从有益于禾苗生长的角度而种烟，却不能排除吸烟者众的社会状态。

黄香铁（1787—1853）《石窟一征》，全书于咸丰三年（1853）完稿，该书在谈到当地耕作时，较详细解读烟草，旁征博引，所强调的同样是其"烟骨"的生产作用。《石窟一征》曰：

　　粪田，石灰之外，加以烟骨。烟，今世所谓烟也。……烟骨者，烟叶之茎晒干斩断，用以粪田，谓之"塞烟骨"。盖石灰可以杀蛙蛤，而烟骨

─────────────

① 宋军令：《明清时期美洲农作物在中国的传种及其影响研究——以玉米，番薯，烟草为视角》，河南大学博士学位论文，2007 年，第 53 页。
② 程志远等整理：(乾隆)《嘉应州志》，内部发行，1991 年，第 49 页。
③ 刘集贵主编：《平远县志》（旧志），内部发行，1997 年，第 121 页。

可以死螟螣也。俗以将有求于人，而先馈送者，谓之塞烟骨，亦以先费本钱，望后日收成之利，故戏以为名也。①

种烟必首重其烟叶，或者说，种烟首先是为了吸食，梅州之志乘却重点记录其茎骨利于禾苗生长，仅记载其利于生产之作用和种植盛状，甚至并未记录当地的吸烟与禁烟情况，可以想见当时烟草种植与利用之盛，亦必有其吸烟（甚而商贸）之盛，其盛状亦内含着烟草种植之迅速和影响之广泛而深入。

5. 何南凤劝戒"洋烟"的可能性

某些社会现象在其盛行或者被官方重点关注之前，往往不会被载入志书，一旦被载入志书则表明其已经流行和兴盛了好长一段时间。史乘之记录常有溢美之词，亦难免多选择性记录，故研究者常需细心探寻史乘之字里行间。明末梅州之吸烟风气，亦不能因史乘之不记载而否定之。

烟草在中国与世界之移植与吸食，其速度之快与盛，令人目瞪口呆。漳州是明末清初非常著名的销售烟草的地区，1622 年 10 月，荷兰人闯入漳州，当地人为表示友善，送吃送喝，"还给了一些烟草"，这似乎让荷兰人也有点没想到。②

万历末年和天启年间，何南凤曾在烟草流行的江南游历，天启七年（1627）在漳州永定县待了几个月。③ 他对于"洋烟"的吸食有如此之敏感和反感态度则超乎寻常。

何南凤的影响主要在今广东梅州和河源及闽赣客家地区，其劝友诗自然更应当反映这些地区的社会风气。除劝戒"洋烟"之外，"十劝友"之其他内容则与史书所记相契合。《乾隆嘉应州志》载：

---

① 黄香铁：《石窟一征》（点注本），内部发行，第 157 – 158 页。

② ［荷］威・伊・邦特库著，姚楠译：《东印度航海记》，北京：中华书局，1982 年，第 81 页。

③ 李国泰编著：《何南凤与客家"香花佛事"》，北京：文史出版社，2010 年，第 126 页。

间有秉性轻浮，使酒骂坐，流连赌博，游戏蛋船。论棍之教唆，堪舆之蛊惑，甚至斗殴伤生，毒草殒命。今虽严饬，有司申徼，至再至三，风亦渐息，然究不能尽杜根株，潜移固习，此则风俗之不善者，而兴宁嘉应亦略同，兹故不赘。[1]

"兴宁县志"所记之兴宁风俗，虽无戒烟内容，却有戒嫖、戒赌、戒酒等劝戒内容。此诚值得深入探讨。值得指出的是，其中"毒草殒命"之"毒草"并非"烟草"，而是当地土产断肠草。

何南凤劝戒之"洋烟"，是 17 世纪梅州与海外关联之重要历史信息，明确是指从海外传入者，却非后来的"鸦片烟"。何南凤去世于顺治八年（1651），康熙末年，"鸦片烟"才从印度尼西亚爪哇、苏门答腊传入闽台，流行于江南地区，雍正七年（1729）曾严禁鸦片，但屡禁不止。乾隆中后期，单纯吸食鸦片便取代了鸦片与烟草混吸的方法。[2]

第三节　李士淳、蕺山和尚与遗民逃禅

明亡清兴，朝代更替，朱明王朝土崩瓦解，汉族士大夫们难免有国破家灭之慨。"一心为新朝服务"[3]的钱谦益式人物[4]，常被视为丧失民族气节而遭批判和不齿。与此同时，大量明朝遗民义不臣清，起而抗清，南明政权及许多抗清力量的兴起让他们心怀复明期望。

康熙平定台湾意味着抗清复明的期望完全消失。遗民之内心难免留下强烈遗憾，"复国"不成之遗憾成为明清朝代更替的重要文化心态，也为

---

① 程志远等整理：（乾隆）《嘉应州志》，内部发行，1991 年，第 422 – 423 页。
② 张箭：《新大陆农作物的传播和意义》，北京：科学出版社，2014 年，第 67 – 71 页。
③ 石峻等编：《中国佛教思想资料选编》（八），北京：中华书局，2014 年，第 1 页。
④ 郭朋：《中国佛教思想史》（下卷），福州：福建人民出版社，1995 年，第 502 页。

后世孵出大量话题。遗民逃禅和"明末太子案"都是梅州历史上的热话题，至今仍然被喜闻乐道，其中还涉及和尚游历海外等反映海外移民史的内容。

一、遗民逃禅之岭南重镇

朝代更替自古就被称为革命，《周易·革卦·彖传》："天地革而四时成，汤武革命，顺乎天而应乎人。"商汤讨伐夏桀和武王讨伐商纣都被认为是应天命而顺民意的行动，是神权理念下"敬天保民"政治观的具体内涵。

17 世纪中叶，明清朝代更替前后的中国，很多股政治势力角力，社会长期处于战乱与动荡中，民众生产和生活灾难重重，人们思想观念不断演变。革命重新构建政治格局，稳定社会秩序，导致无与伦比的动荡与震动。由乱及治是其时代主题。

1. "天下"文化精神与明朝遗民

中国古代重华夷之辨，强调华夏文明之继承与否定。知识分子即便不热衷于改朝换代，却强调"天下兴亡匹夫有责"的文化担当。所谓天下，就是汉民族的文化精神。天下理念强调能灭人国而不能灭文化，此即香火传承。顾炎武曾经说：

有亡国，有亡天下，亡国与亡天下奚辨？曰：易姓改号，谓之亡国；仁义充塞，而至于率兽食人，人将相食，谓之亡天下。……是故知保天下，然后知保其国。保国者，其君其臣，肉食者谋之；保天下者，匹夫之贱，与有责焉耳矣。(《日知录》卷十三"正始")

改朝换代是家族更换，异族入主却是"天下"大事，关乎华夏文明之存亡。顾炎武说："天下兴亡，匹夫有责。"农民起义似乎是国家内部斗争，抗清却是出于强烈的民族情感。满清以少数民族入主中原，其意义非

同寻常："大清初入中国，不堪变服剃头之令，留发南投。"① 清朝入主引起的民族矛盾和阶级矛盾更是尖锐，社会愈加动荡。

明清易代之际，大量明朝遗民坚守其"民族气节"，坚持其文化传统，想尽办法不入清朝。如："明将龙门总后杨彦迪、副将黄进、高雷廉总后、副将陈安平，率领兵三千余，战船五十艘，……自陈以明逋臣，义不事清故来……"② 他们移民南洋和海外，被安置在越南南部，这是避难，也是明确的反清行动。明亡清兴成为"中国人到越南南部避难的根本动力"③之一。

明清朝代更替强烈冲击士大夫们以天下为己任的思想和世界观，形成了大量的明朝遗民，他们有的起兵抗清，有些则隐藏以等待时机，更有人选择了回避，躲入佛门便是其无可选择的结果，成为消极反清的重要表现。"明清易代之际，遗民逃禅成风"④，如同"南投"东南亚一样，"逃禅"成为明朝"遗民"保留汉文化精神的抗清斗争手段。

明清之际的社会变革，引起儒、释两界强烈的"动荡和改组"⑤。于是，岭南佛门出现了遗民潮，"像江南和滇南一样，17 世纪 40 年代岭南的僧舍和尼庵，也成为抗节自全者的政治避难所"⑥，遗民逃禅既是典型的政治斗争，也寓含着文化理念的强烈分歧。

2. 明末清初梅州佛门的大慧精神传承

梅州曾经长期成为朝廷官员的流放地，官场和世俗以及儒、释两界所受影响都同样深刻。南宋初年，临济宗传人大慧禅师（1089—1163，名宗杲，俗姓奚），虽为"学佛者"，"然爱君忧国之心，与忠义士大夫等"，秦桧当国，因议及朝政而招祸，曾"移居梅阳（梅州）。又五年，高宗皇

① 徐善福、林明华：《越南华侨史》，广州：广东高等教育出版社，2011 年，第 130 页。
② 徐善福、林明华：《越南华侨史》，广州：广东高等教育出版社，2011 年，第 114 页。
③ 徐善福、林明华：《越南华侨史》，广州：广东高等教育出版社，2011 年，第 118 页。
④ 蔡鸿生：《清初岭南佛门事略》，广州：广东高等教育出版社，1997 年，第 17－18 页。
⑤ 蔡鸿生：《清初岭南佛门事略》，广州：广东高等教育出版社，1997 年，第 89 页。
⑥ 蔡鸿生：《清初岭南佛门事略》，广州：广东高等教育出版社，1997 年，第 17－18 页。

帝特恩放还"①。因其岭南五年的流放生涯，大慧禅师激发了"以忠孝作佛事"的信念。《乾隆嘉应州志》卷八"杂记部""方外"载：

> 大慧，南宋杭州径山寺僧，时金使奉千手千眼观音来，高宗令安奉寺中，大慧出迎，口颂云："一手动时千手动，一眼观时千眼观。幸自太平无一事，何须拈弄许多般。"金使大惭。后以忤秦桧，贬梅州，安置寓西岩寺。著有《语录》，今不传。②

西岩寺亦因大慧禅师"谪居于此"③ 而大有名气。大慧禅师为后世岭南树立了坚毅的精神榜样，佛门僧徒皆深念之。比如，清初被流放到沈阳的岭南名僧剩人和尚和明末"以私创寺院，遣戍雷州"的憨山禅师（1546—1623）。憨山禅师修复六祖慧能开创的曹溪寺，"对士大夫鼓吹儒释合一，力求缩短僧俗之间的距离，不仅促进了居士佛教的兴起，而且为遗民逃禅提供了理论导向"④。

梅州是明末岭南佛门的重要组成部分，也是抗清斗争和遗民逃禅的重镇。与此相关，梅州涌现出一批相对较为知名的和尚，如何南凤就被认定是梅州客家之明遗民。⑤ 其实，何南凤是否为明朝"遗民"并不重要，他本就在佛门中，也根本说不上"逃禅"。诚然，明末清初的梅州佛门已产生了较为明显的分化。

木陈道忞是深受顺治、康熙朝追捧的高僧，何南凤则开创横山堂香花佛事而广受客家民间佛教信众的景仰。显然，木陈非常认可何南凤，两者

---

① 释觉范：《石门文字禅》。转引自蔡鸿生：《清初岭南佛门事略》，广州：广东高等教育出版社，1997年，第15页。

② 程志远等整理：（乾隆）《嘉应州志》，内部发行，1991年，第397页。

③ 程志远等整理：（乾隆）《嘉应州志》，内部发行，1991年，第393页。

④ 蔡鸿生：《清初岭南佛门事略》，广州：广东高等教育出版社，1997年，第15–16页。

⑤ 罗滨：《人生贵识性　何必慕荣达——何南凤行藏讲话之二》，《兴宁购物讲话》（第二集），梅州：梅州市社会文化管理委员会，1990年，第52–53页。

常相往来，试读何南凤《答木陈》：

> 久晌足下，大似临济一只箭子。今日得亲觌面，真是个赤尾鲤鱼。坐断舌头，令无舌人解语。足下本分事毫不难办也，承大篇过誉，对之汗颜，然亦见足下接引之婆心，敢不铭刻。谨此复谢，容图面尽。①

何南凤与木陈关系过从甚密，木陈则颇高评何南凤之文才。他俩的好友、明末梅州名士李士淳，则躲入阴那山灵光寺，成为典型的儒士和民朝遗民。

明清佛教素称"庶民佛教"，明中叶后兴起的居士佛教，提供了明遗民逃禅的"理论导向"。② 李士淳不是和尚，但据其与梅州佛门之关系，可视其为居士，他与祥云寺的蕅山和尚的故事已成为明末清初梅州佛门鼎盛与遗民抗清"逃禅"的典范。

二、李士淳与"明末太子案"

朱明王朝似乎总在制造历史谜案，其初有建文帝朱允炆于靖难之役后下落不明，其末则有崇祯帝后代下落的各种传说，形成一些所谓的历史谜案，"崇祯太子案"便是其中之一。

《明史》载："贼获太子，伪封宋王。及贼败西走，太子不知所终。"正史记录明确，但太多的民间传闻却让太子的故事充满了传奇色彩，扑朔迷离。案件的形成自然有其政治斗争和社会动荡的特定历史背景，许多政治力量企图借助太子以擎起抗清大旗。

"北都太子案"和"南都太子案"是清初影响很大的两个历史事件，清史大师孟森曾深入研究了北、南两太子案，并形成了相对被认可的结

---

① 李国泰编著：《何南凤与客家"香花佛事"》，北京：文史出版社，2010年，第93页。
② 何韶颖：《清代广州佛教寺院与城市生活》，华南理工大学博士学位论文，2012年，第13页。

论。此后，一般认为北太子为真，南太子为伪。① 诚然，崇祯太子的流落仍然在其他许多地方流传。②

1. "明末太子案"及其遗民文化内涵

南明朝廷与农民起义军余部在南中国坚持抗清斗争，东南沿海是抗清情绪最强烈的地区之一，也成为明朝遗民文化最丰富的地区。"崇祯太子隐梅州"是构成岭南明末遗民文化的重要故事，故事的主角是明末清初程乡名士李士淳。

李士淳（1585—1665），号二何，明末清初广东程乡县（今梅州市梅县区）人，万历三十七年己酉（1609）广东乡试解元（即第一名举人），崇祯元年（1628）进士，历任山西翼城和曲沃知县，捐俸银分别创建翔山书院和乔山书院，培育了大量科举人才，且创造了明代山西科举史上的奇迹。③ 后他被授通议大夫、吏部右侍郎兼翰林院编修，充东宫侍读。

崇祯十七年（1644）三月十八日，李自成率军攻入北京城，崇祯皇帝次日自缢于煤山，史称"甲申之变"，东宫侍读仅六年，已届花甲之年的李士淳，与太子一起成为大顺军俘虏。次月，清军和吴三桂入山海关，击溃大顺军，据说，李士淳乘乱携太子潜逃，回到家乡广东程乡县（今梅县）松口镇。④

偶然的机遇，偶然的冒险，崇祯太子来到了老师的老家，从此躲藏起来，伺机东山再起，这便是故事开始的梗概，充满了惊险，也充满了传奇色彩，此后故事更是充斥着神秘和推测，虽然许多研究都认为这是历史事实，但不减故事主角和故事本身的传奇性。

据说，回到故乡的李士淳一直秘密策划，以扶持太子在家乡松口起

119

---

① 何龄修：《太子慈烺和北南两太子案——纪念孟森先生诞生140周年、逝世70周年》，《中国史研究》2008年第1期，第121页。

② 今凡：《崇祯皇帝后代流落遵义考》，《贵州文史天地》2000年第6期，第8–9页。

③ 董剑云：《李士淳与翔山书院》，《文史月刊》2016年第6期，第29页。

④ 董剑云：《李士淳与翔山书院》，《文史月刊》2016年第6期，第29页。

兵，反清复明。研究者为此找到了许多证据：他的侄子李直简为崇祯太子修建行宫世德堂，其内部完全依照皇宫规制而设计，且有独特的安全脱险通道，目的则是东山再起时将其作为太子登基之宫殿。①

顺治十年（1653），清军攻克潮州，潮梅社会转入满清版图，反清复明势力自然更趋消寂。李士淳与太子壮志难酬，从此在家乡创建先贤、耆英、松江等书院，课士育才之余又勤于著述，主要有《古今文苑》《三柏轩文集》《燕台近言素言逸言》《质疑十则》《诗艺》《阴那山志》《程乡县志》等。

李士淳诗多有遗民心态之表述，如"国事于今成缺陷，家人从此愧团圆"，又如"老臣别有伤心事，付与云山紫殿中"（《咏三柏轩》）。其诗多被认定是扶持太子登基匡复明朝之心声，典型的如：

《元魁楼书愤》

东山何处最崔巍？狮象滩前浪滚雷。

石破天惊畚客至，披肝沥胆紫宸开。

赵云阿斗肩孤命，仁贵征袍护主来。

收拾金瓯掀铁臂，龙飞九五又重回。

《题阴那山五指峰》七绝二首

谁人伸臂划虚空？裂碎迷云千万重。

掌握明珠山吐月，周天星斗五轮中。

天画棋盘星作字，指弹日月照将军。

不知何处神仙着，花落棋声迅耳闻。

---

① 周云水：《阴那山灵光寺与明朝崇祯太子关系浅析》，《嘉应学院学报》2012 年第 9 期，第 11－18 页。

"从辅佐太子反清复明到开创清代家乡书院先河"，这是李士淳的"官场传奇"。① 入清朝之后，李士淳并未接受清政府之征召，但是作为程乡县著名乡绅，程乡县署以"明进士、翰林院编修"将他列入入祀乡贤祠的十八位历史名乡贤之一。② 可见其当时之人格魅力。

2. 李士淳的佛门关联

李士淳当然是出身传统的儒门学士，但他与梅州佛门亦渊源甚深。首先就是与所谓崇祯太子的佛门故事关联。据说，桂王覆灭，南明政权基本静寂，清朝统治基本稳定之后，李士淳便力劝太子出家为僧，从此隐姓埋名，成为阴那山灵光寺的蔽山和尚。李士淳也在灵光寺内设置了自己的读书室三柏轩，其生活很有"遗民逃禅"之滋味。

其次，天启元年（1621），李士淳曾编成《阴那山志》，梅州阳东岩、祥云庵等寺庙皆留有不少与李士淳相关的文字记录和传说故事，却鲜有人关注他在梅州佛教史上的作用。论者认为：

> 由于香花是遍及梅州各地传统寺庙的文化现象，阴那山的寺庙沿革历史就成为了解香花历史的重要线索，《阴那山志》不但提供了明清之际当地文人与佛教信仰的关系实证，而且也详细展示了当时丛林佛教、佛教香花交融互进的历史细节。当然，现存于阴那山上的佛教遗迹也可以弥补这部山志的资料不足。③

李士淳《阴那山志》记载了灵光寺的历史，也记录了重修灵光寺的相关资料和情况，其中种种传说故事，展示了阴那山灵光寺的历史地位和影响。

---

① 董剑云：《李士淳与翔山书院》，《文史月刊》2016 年第 6 期，第 29 页。

② 董剑云：《李士淳与翔山书院》，《文史月刊》2016 年第 6 期，第 33 页。

③ 李春沐：《"教僧系"佛教音乐研究的方法视角——以梅州"佛教香花音乐"研究为例》，《文化遗产》2015 年第 6 期，第 141 - 142 页。

121

其三，作为明末梅州名士，李士淳与兴宁何南凤关系甚密。何南凤《复李二何太史》：

渴晤之怀，非为寒暄。只要堪验，你我二十年前期许，今日何似耳。读乎教，并喜言，见台丈生平，步趋古人。此时尚患难中，自信不谬。良由古人，只在自性中，于自性符合，便宜与古人符合，与天下万众符合。弟复何憾于台丈哉。然百尺竿头，更进一步。尚有私祝，弟养疴谢客，未能出门，来僧亲见之。暂此复谢，容图面悉不既。①

当此国家民族大难和社会动荡中，李士淳似乎总是难于释怀，何南凤似乎在宽慰李士淳，以为李已经并无人生憾事，应当感到满足了。他俩关系显然非常紧密，而且能够一同高谈国家和人生大事，有着共同的志趣和社会事业。何南凤《又复李二何》：

弟生平以寒山拾得自期，不意世竟有同丘颖物色之也。近接曾公旅庵手书并诗稿，读之，字字胸襟流出也。本欲后谢，奈素性枯槁，不肯与长者大人通个消息。虽获炙甘之耳，倘长兄有便，乞为弟旁致之。若弟与长兄畴昔密迹，去岁累蒙顾问，而弟未曾罄中藏以相切励，心常自愧。兹又承下询，可不芹献。大祗长兄福过于慧，悲胜于智，虽带来般若灵根，未免受烦恼焦烁。非时以觉王法水滋润之，难冀其畅茂也。幸常阅佛法语，自有受用处。余综不悉。②

李士淳显然也是颇为认可何南凤的，何南凤则总在宽解之。李士淳曾撰写《牧原和尚塔志铭》，其开篇即说："牧原和尚，余同社同志，笔砚好

---

① 李国泰编著：《何南凤与客家"香花佛事"》，北京：文史出版社，2010 年 6 月，第 94 - 95 页。

② 李国泰编著：《何南凤与客家"香花佛事"》，北京：文史出版社，2010 年，第 96 页。

友也。"① 所谓"同社同志",指李士淳与潮州名士所组建之反清复明的"陶社",② 则两人当同为明朝遗民无疑。《牧原和尚塔志铭》既记录了何南凤之生平,更解读了其儒释思想,重在解读其佛门思想。

三、蕺山和尚"游交趾"

隐藏秘密和反清复明,成为李士淳携太子归家故事的两条主线。后世人读李士淳著述,蕺山和尚及其"太子身份"都成为其不断探寻的话题,形成了梅州的明末遗民文化。

1. 蕺山和尚及其太子身份

当清朝统治稳定后,太子又被劝告在灵光寺后面的圣寿寺出家,法号蕺山(蕺,音豁),又改寺名为紫殿——这被认为是暗寓太子所在,因为紫微星是帝星。灵光寺独特的藻井设计及元魁塔留存的诗文碑刻,都证明了崇祯太子曾隐居灵光寺,以图东山再起。

李士淳想尽办法,既要隐藏太子的帝室身份,又要千方百计地表达其目的,包括其诗歌、对联中的许多词句,都被认定是欲盖弥彰的存心之作。比如,《题阴那山五指峰》中的蕺字便与蕺山和尚关联,紫殿中楹联"黄鹤楼上,物换星移,但留水碧山青,再至吕仙逢旧主;白鹤洞中,春回秋去,又见花开子结,重来学士认前身"亦被认定这是李士淳自比"吕仙""学士","旧主"则暗指太子。李士淳"小歇石"题诗"铁桥过去便桃源,石上桃花不记年。寄语中原车马客,风尘暂此一停鞭。"被认为是告诫太子而不是自我告诫。

梁伯聪诗:"十九日辰三月中,太阳诞祝万家同。遥遥三百年前事,犹记明亡念不穷。"其注则曰:"旧历三月十九日,明崇祯帝殉国之日,民间欲纪念而不敢显著,易其名曰'太阳生日'。梅民至今遵行,能知其义

---

① 李国泰编著:《何南凤与客家"香花佛事"》,北京:文史出版社,2010 年,第 112 页。
② 董剑云:《李士淳与翔山书院》,《文史月刊》2016 年第 6 期,第 32 页。

者鲜矣。"① 梁诗并未提及虩山和尚。民间传说则强调是虩山开始在崇祯忌日祭祀，梅县等许多客家地区便因此形成了"太阳生日"习俗。《题阴那山五指峰》七绝二首则被认定是太子感怀身世，虩山和尚进而被认定为企图反清复明的崇祯太子。

无论李士淳还是虩山和尚的言行举止及其生活环境，似乎都在暗示："虩山和尚有着非同寻常、不可告人的身份。"② 其实，作为明末官员，与明朝帝室有着紧密关联的遗民，其诗句或者日常言论在不自觉中表达出对于旧朝廷的情感，且大量涵寓着那个特定历史的背景，这实在是很正常的事情。诚然，后人的穿凿附会和丰富联想也是可以理解的。

虩山和尚后来转到梅江区祥云庵主持寺务。祥云庵保留了几个古旧文物：古钟一口、古碑七块及虩山和尚墓塔。这石碑被认定隐含着虩山和尚就是崇祯太子朱慈烺，虩山和尚墓塔就是太子墓的信息，其根据就是《真愧比丘记略》碑——虩山和尚的徒孙继承人慧日法师晚年时请人撰写并雕刻，"时雍正十二年岁次甲寅秋月谷旦立"，其目的主要为保障祖宗坟墓尝田，且为免祖师虩山和尚事迹湮灭无闻，但碑中文字被认定涉及明太子朱慈烺③：

祥云庵僧慧日，别号真愧者，与予交游久，深爱甚。三戒受持，六根清净，谈经法，秩秩有条，说紫因，凿凿可据。一日过访盘桓，殷勤留宿，灯光下，前席向予曰：僧今七十有五，肌日瘦，病日加，莫知旦夕，生平事未对人言，人亦无有知之者。敬悉陈于居士之前：僧马姓，祖居平远义田都之长田乡碌上，世族亦颇蕃衍，惜予幼失怙恃，甫九龄，投拜虩

① 李国泰、陈瑞玲编著：《百年兴废论梅州——梁伯聪〈梅县风土二百咏〉述评》，广州：广东人民出版社，2014 年，第 115 页。

② 侯晓威：《崇祯太子命飘何方　祥云庵碑记泄天踪》，《东方收藏》2010 年第 1 期，第 37－38 页。

③ 何日胜：《明代古刹祥云庵》，《胜游梅州·梅江篇》，广州：广东旅游出版社，2013 年，第 202－204 页。

山大和尚座下为孙,追随踯躅,几历风波。阅年二十有六,谬为师所吹嘘,命住持祥云庵,未几,师游交趾矣。彼时荒凉寂寞,饘粥不继,殿堂栋折榱崩,每嗟风雨飘摇,即思重建,恨力有不逮,且于食急而于居缓。山下田数亩,荒者垦而辟之,狭者锄而广之。居数年,暂无枵腹之虞。欲卜日建庵,重整梵宇,无何福薄缘浅。师自海旋,寓羊城报资寺,遽尔圆寂,讣至随往,运其骸归葬庵之左侧焉。延至四十二岁,始鸠工庀材而更新之,总计费用百有余金,所募而得者仅十之一二,余皆己所铢积。①

据上述,论者多认定,此碑隐言蕺山和尚即明末太子朱慈烺,李二何携其回家隐居,后在灵光寺出家,继而为祥云庵住持,再后游交趾、归返寓广州报资寺,未几圆寂。② 论者以为所有这些都是太子行踪。蕺山和尚被愈描愈模糊,但总是被认定是太子,他游交趾则带着反清复明的政治目的。

2. 蕺山和尚"游交趾"的历史考辨

梅州祥云庵碑记被认定能破解崇祯太子下落悬案:若解太子迷踪,可补《明史》"太子不知所终"之缺。③ 本书无意"破解历史谜团",以下几件事则可以确定,故而进行探讨:

其一,李士淳是"明朝遗民",开始之时可能有反清复明之志,晚年住在灵光寺三柏堂,读书写作,并且不时怀念明朝旧主,内心既有儒士之思维,亦有佛门之思考,身未入浮屠,心却有佛之念,实为在家居士。

其二,真愧和尚和其祖师蕺山和尚也是确有其人,且蕺山和尚晚年将祥云庵交真愧主持后便"游交趾矣",归国后则寄寓于"羊城报资寺"直

---

① 谭棣华、曹腾騑、冼剑民编:《广东碑刻集》,广州:广东高等教育出版社,2001年,第875-876页。

② 何日胜:《祥云庵:明末太子最后归寂地》,《梅州日报》,2019年5月11日第7版。

③ 何日胜:《明代古刹祥云庵》,《胜游梅州·梅江篇》,广州:广东旅游出版社,2013年,第202-204页。

到圆寂，后为真愧迎归葬于祥云庵侧。

其三，无论其身份如何，亦无论其是否有确定的政治目的，蓥山和尚之"游交趾"目的明确——虽然没能更加具体和详细，但时间是特定的，则终归是有目的的行动。由此而言，交趾当有其客属乡亲。蓥山和尚"游交趾"事看似如此普通，却是远赴海外交流，由此可推测其时梅州之海外关联应当较为紧密，其时海外梅州人亦当不少。

交趾位于今河内为中心的越南北部红河流域。但在清初并非仅指北部，而是指整个越南地区，明末清初，移居越南的华人主要以中部和南部为目的地，1660 年，据守海康的明军将领邓耀抗击尚可喜部失利时便"遁走交趾"。[①] 蓥山和尚之"游交趾"，具体地区难于明确，或许是泛指，更有可能是指越南中南部地区。

越南南北纷争期间，郑、阮两族划灵江而治。自 1692 年开始，南部顺化的阮氏第六代开始称"国主"（民间习称其为"阮主"），至第八代则自称"国王"，阮朝虽然已建立了"独立王国"，却一直奉后黎朝为正朔，当时中国人称其"广南国"，日本人称之为"安南国"，西欧人称其为"交趾支那"，越南民间称其南北两政权分别为"里路"和"外路"。[②]

其四，根据《真愧比丘记略》立碑时间，"时雍正十二年岁次甲寅秋月谷旦立"，即 1734 年，同年慧日和尚已经 75 岁，则其出生于 1659 年，9 岁时即 1668 年投拜蓥山和尚，26 岁时即 1685 年开始主持祥云庵，不久后蓥山和尚"游交趾"。蓥山和尚之"游交趾"正是在康熙二十四年（1685）解除海禁之初。论者认为：

清康熙四年（1665）李士淳病逝，未几，为避清廷暗查，蓥山和尚带徒慧日从灵光寺转至祥云庵安身。康熙二十四年（1685）年近花甲之时，

---

① 徐善福、林明华：《越南华侨史》，广州：广东高等教育出版社，2011 年，第 89 页。
② 徐善福、林明华：《越南华侨史》，广州：广东高等教育出版社，2011 年，第 105 页。

命慧日和尚（别号真愧）为住持，二十八年（1689）鬈山和尚经广州报资寺远游交趾（今越南），传教临济宗。数年后回国，寓于报资寺，遽尔圆寂，其骸由祥云庵真愧和尚前往迎归祥云庵，葬于庵之左侧。[①]

上文关于慧日和尚和鬈山和尚的时间、地点、人物等，言之凿凿。据作者原文，此乃转引自《梅县灵光寺志》第 149 页。查梅县阴那山灵光寺编《梅县灵光寺志》（1996 年版）并无 149 页，亦无此内容，不知何据，但相关内容则大致符合事实。

1592 年，后黎朝复辟后，越南北部长期处于郑氏家族的控制，17 世纪 60 年代开始与清朝互派使节，但越南北部仍然长期处于战乱和分裂中。宋末元初、元末明初、明末清初，这些朝代更替都导致不少中国人逃居越南，但鬈山和尚"游交趾"目的是反清复明的说法则实在有点牵强附会。甚至有研究认为，比鬈山和尚更加有名的侨僧元韶禅师、拙公和尚和明行禅师，都"以个体身份杂居于移入国社会之中，他们生活的环境没有形成一个华侨华人社会"[②]。

康熙平定台湾之后，此时海内承平，东南沿海已无战事。此时的越南虽然南北纷争，华侨人口却是增长的，特别是其南部地区。明朝隆庆元年（1567）开放海禁，越南的华侨人口便已逐渐增长。广南之顺化、会安等地便成为华侨重镇。承天明香社清河庯位于香江河畔，距顺化约 3 公里，最初称"大明客庯"或"大明客属清河庯"，是顺化著名的港口和商业区。[③]

其五，广州报资寺与梅州佛门之关联亦当较紧密。下文所述之元韶禅师亦是源自该寺。论者指出：

127

---

① 何日胜：《祥云庵：明末太子最后归寂地》，《梅州日报》，2019 年 5 月 11 日第 7 版。

② 谭志词：《清初广东籍侨僧元韶禅师之移居越南及相关问题研究》，《华侨华人历史研究》2007 年第 2 期，第 53 页。

③ 徐善福、林明华：《越南华侨史》，广州：广东高等教育出版社，2011 年，第 105 页。

报资寺位于广州西园，东侧为芦荻巷，清初是一处荒僻之地。尚可喜父子埋骨于此，寂寞身后事，几乎被人忘却了。诚如上诗所言，寒食野僧祭孤坟，是既惨淡又悲凉的。岭南佛门对平藩佞佛的反应，经过三十年的沧桑变幻，其终极情景竟然如此凄厉，真是出人意外而又发人深思了。①

值得指出的是，报资寺并非光孝寺，其具体情况是：

广州历史上曾有过好几个西园，……另一个西园，指今广州西华路与中山七路之间的地域，兴隆社以东一带，此地古有报资寺。清代康熙年间三藩造反，后被镇压，康熙十九年（1680）八月十七日，平南王尚可喜之子尚之信被赐死于府学名宦祠（遗址在今文明路市第一工人文化宫），并遭焚尸扬灰，后有姓钟的人家收其骸骼余烬，葬于西园报资寺。此寺后毁，今已痕迹全无。②

其时，报资寺似乎既显赫又冷清。明末清初，报资寺是与海外关联较多的地方，与梅州佛门似乎也有着各种关联。广州历来是岭南重要的对外交流门户和枢纽，亦是广东的政治文化中心，聚集了广东各地的人才，来自不同地域的人在此常常也会有其相对的聚集点，则报资寺很可能是当时梅州佛门和梅州民众在广州的重要聚集点。

第四节　元韶禅师与越南佛门

龥山和尚"游交趾"看似只是偶然，如果结合元韶禅师在越南传播佛

---

① 蔡鸿生：《清初岭南佛门事略》，广州：广东高等教育出版社，1997年，第44－45页。
② 冯沛祖：《广州历代私园史话（二）》，《广东园林》2004年第2期，第17页。

教事迹、清初梅州与越南之佛门和社会的关联，此事与之联系便应当非常紧密且意义重大。元韶禅师是赴越的梅州高僧，比夔山和尚更具盛名，但两人皆与报资寺有所关联，在夔山"游交趾"时，他在越南就已颇具影响了。

元韶禅师与石濂大汕和尚、拙公和尚及其弟子明行禅师等，都是明清鼎革之际赴越弘法而名垂青史的中国高僧。① 石濂在越南停留 1 年半，拙公和尚侨居越南 20 多年，元韶禅师（1648—1728）② 则在越南长达 51 年，其事迹却隐没不彰。③

一、记录元韶禅师的越南文献及其当代研究

史学研究所依据之史料，其一是当事人的记录，可惜元韶禅师并无多少文字留世；其二是 19 世纪编撰的《大南列传》等越南史书的记载；其三是当时的碑铭记录，1729 年阮主阮福澍御撰之碑铭是其中最重要的材料。

古代越南通行汉语，多有汉文文献，如《大南实录》《大南列传》《大南一统志》等，都是著名的汉文著作，甚至相当于越南正史记录，其内容当然是越南的重要历史文化。元韶禅师受到了这些历史文献的重点关注。《大南一统志》卷三《僧释》提到了在越南的客籍僧人谢元韶：

谢元韶，字焕碧，广东潮州人，年十九，出家投报资寺。太宗皇帝乙巳十七年（1665）南来，卓锡于归宁府，建十塔弥陀寺，广开象教。寻往顺化富春山，造国恩寺普同塔。又奉英宗皇帝命，求高僧，得石濂和尚大

---

① 谭志词：《清初广东籍侨僧元韶禅师之移居越南及相关问题研究》，《华侨华人历史研究》2007 年第 2 期，第 54 页。

② 陈德江：《在越南的中国高僧》，《华侨史论文集》（第四集），广州：暨南大学华侨研究所，1984 年。"谢元韶"又作"谢原韶"，客家话"元""原"同音。

③ 谭志词：《清初广东籍侨僧元韶禅师之移居越南及相关问题研究》，《华侨华人历史研究》2007 年第 2 期，第 54 页。

汕，及还，住持河中寺。①

其时，嘉应州还未成立，程乡县属于潮州府辖，程乡、镇平、平远等县的许多事迹自然都属于潮州，历史记录因此可能仅有潮州而不再有更具体的县名。《大南实录》则明确元韶禅师乃"广东潮州程乡人"。《大南实录·大南列传前编卷六·谢元韶传》记载则更加详细：

谢元韶，字焕碧，广东潮州程乡人。年十九出家，投报资寺，乃旷圆和尚之门徒也。太宗皇帝乙巳十七年（1665），元韶从商舶南来，卓锡于归宁府，建十塔弥陀寺，广开象教。寻往顺化（今承天府）富春山，造国恩寺，筑普同塔。寻奉英宗皇帝命如广东，延请石濂和尚及法像、法器。还，奉敕赐住持河中寺。临病，集僧众嘱秘语，援笔作偈曰："寂寂镜无影，明明珠不容。堂堂物非物，寥寥空勿空"。书罢，端然而寂，法腊八十一岁。受戒宰官门徒众等造塔化门，藏舍利，奏请记铭。奉显宗皇帝赐谥曰"行端禅师"。因为之记而铭焉。其铭曰："优优般若，堂堂梵室。水月优游，戒持战栗。湛寂孤坚，卓立可必。视身本空，弘教利物。遍覆慈云，普照慧日。瞻之严之，泰山屹屹。"②

能入其国史实录，其历史地位自然不低，就一本书的篇幅，其记录内容亦可谓不少。深受阮主欣赏的高僧，其历史遗迹自然不会完全淹没。1729 年，阮福澍御撰《大越国王敕赐河中寺焕碧禅师塔记铭》曰：

焕碧禅师于丁巳年（1677）从中华来，初锡归宁府，创建十塔弥陀

---

① 中国社会科学院历史研究所编：《古代中越关系史资料选编》，北京：中国社会科学出版社，1982 年，第 643 页。

② 中国社会科学院历史研究所编：《古代中越关系史资料选编》，北京：中国社会科学出版社，1982 年，第 643 页。

寺，广开像教，再回顺化富春山，崇造国恩寺，并普同塔。至圣考前朝又命禅师回广东，延请长寿石老和尚，并请佛像及法器，回来往完，成颇多功绩。自此奉旨住持河中寺……历自航来余境，计五十一年矣。至戊申年（1728）得病，于十月十九日召集四众人等，谈及玄机，嘱留秘语，临期授笔说偈，偈曰：寂寂境无影，明明珠不容；堂堂物非物，廖廖空勿空。书罢端然正寂，法腊八十一岁。……保泰十年（1729）四月初八日颁奉立。国恩寺。[①]

依据阮福澍御撰碑铭，"元韶禅师的生卒年代是 1648—1728 年"[②]。根据正史文献和御撰塔铭，论者考证了元韶禅师的生卒年和赴越时间，进而重作其简介曰：

元韶禅师（1648—1728），广东潮州程乡县人，俗姓谢，字焕碧，法名元韶，亦名超白，系临济宗第 33 代传承人。19 岁出家，师事报资寺旷圆和尚。1677 年搭乘商船到越南中部归宁府（今平定省归仁），1683 年在那里创建十塔弥陀寺。不久，赴顺化创建国恩寺及普同塔。1687—1691 年间曾奉阮主阮福溙之命回广东延请石濂大汕和尚及佛像、法器，但未见大汕和尚与其同时赴越。元韶此次回中国可能请来了一些法器及其他中国高僧，如明海法宝禅师、兴莲国师等。这些高僧到越南后，阮主请他们参加了在顺化天姥寺举行的戒坛受戒仪式。此后，在 1696 年左右，元韶应阮主之命去住持河中寺，直至 1728 年圆寂，其门徒在国恩寺为其造塔。1729 年，阮主阮福澍为其赐谥"行端禅师"并御撰塔铭以资纪念。元韶主要在

---

① （越）介香：《顺化寺院碑铭》，越南佛教协会内部印行，1994 年，第 112－122 页。转引自谭志词：《清初广东籍侨僧元韶禅师之移居越南及相关问题研究》，《华侨华人历史研究》2007 年第 2 期，第 55－56 页。

② 谭志词：《清初广东籍侨僧元韶禅师之移居越南及相关问题研究》，《华侨华人历史研究》2007 年第 2 期，第 53 页。

越南中部传播中国临济禅宗，形成元韶禅派，从 17、18 世纪起，已传承 12 代，至今仍在传承，对越南禅宗产生了深远的影响。①

二、元韶禅师的佛门渊源及其人生大事

基于佛门轻视历史的特点，又基于正史记录难免失误的现实，经当代学者的研究还原，元韶禅师的生平更加醒目而条理清晰，表述更加准确。诚然，其生平仍过于简略，甚至难以作其简谱，笔者姑且作其人生线索之整理。

1648 年，谢元韶出生，祖籍程乡（今梅县，却无更加具体的地名），俗名谢焕碧。此时已经进入清朝，其人生正处于由乱世进入盛世之始。

1666 年（19 岁），谢元韶于报资寺出家。其祖籍程乡，却远到广州报资寺出家，其中自然有特殊因缘。其师事旷圆和尚则大有故事可讲。

番禺成鹫法师（1637—1722），被认为是清初岭南佛门最典型的遗民僧，曾著《纪梦编年》，自我概括两段人生路："回首八十年间，半为俗人，半居僧次。俗固梦境，僧亦梦缘。"② 康熙十六年（1677）五月五日，41 岁的成鹫出家做和尚，从此告别世俗生活。《纪梦编年》乃其回忆录、反思录，亦可谓其自传。其中提到其师父，即"报资寺旷老和尚"：

先母碧江苏氏，礼报资旷老和尚，禀受三皈，法名悟乾……③

大众公推，承主法席。追忆前嘱，坚辞而退。众知不可强，敦请报资旷老人为处分。合山眷属公议，通省当路绅衿参稽典故，皆主兄终弟及之

① 谭志词：《清初广东籍侨僧元韶禅师之移居越南及相关问题研究》，《华侨华人历史研究》2007 年第 2 期，第 56 页。

② 蔡鸿生：《清初岭南佛门事略》，广州：广东高等教育出版社，1997 年，第 103 页。

③ 蔡鸿生：《清初岭南佛门事略》，广州：广东高等教育出版社，1997 年，第 104 页。

例，先师后，序及云门铁公。①

"报资寺旷老和尚"当即"旷圆和尚"。由此，"旷圆和尚之门徒"谢元韶当与成鹫法师同门。谢元韶 1648 年出生，1666 年（时年 19 岁）出家；成鹫法师虽年长，1677 年出家，时年已 41 岁，出家时间比元韶禅师整整晚了 10 年。

1677 年（30 岁），谢元韶赴越南，卓锡（居留）于中部归宁府（今平定省归仁）。

其一，《大南一统志》《大南列传》皆载其南来时间为"太宗皇帝乙巳十七年"，即 1665 年。阮主阮福澍御撰塔铭"丁巳年（1677）从中华来"，谢元韶师事 10 年时间后出游，这显然更加准确和合理。元韶禅师赴越时间应为 1677 年而不是 1665 年。②

其二，南来原因：或曰"应阮主之请"，或曰："香莲禅师已于 1687—1691 年间前往中国，邀请元韶禅师来越传教，拜之为师傅，为第 30 代祖，居顺化三台寺。"③ 有论者亦强调："元韶赴越并非应阮主之邀，而是出于他自身生活的需要。"④《大南列传》明确强调"从商舶南来"，这或许正是其自主行动而非邀请的另一表述。

其三，大约在 1677 年，元韶禅师作为佛教徒代表，在驸马家中与天主教传教士贝尼涅·瓦切特（Benigne Vachet）进行宗教辩论。

1683 年（36 岁），元韶禅师在归宁府创建十塔弥陀寺。不久，重回顺化富春山，崇造国恩寺，并普同塔。这说明，元韶禅师不仅立足已稳，且其弘佛事业已大收成效，其佛学传播广泛而深入。越南是汉式大乘佛教流

①　蔡鸿生：《清初岭南佛门事略》，广州：广东高等教育出版社，1997 年，第 125 页。
②　谭志词：《清初广东籍侨僧元韶禅师之移居越南及相关问题研究》，《华侨华人历史研究》2007 年第 2 期，第 55 - 56 页。
③　徐善福、林明华：《越南华侨史》，广州：广东高等教育出版社，2011 年，第 159 页。
④　谭志词：《清初广东籍侨僧元韶禅师之移居越南及相关问题研究》，《华侨华人历史研究》2007 年第 2 期，第 55 - 56 页。

行的地区，归宁府十塔弥陀寺和富春山国恩寺都属汉式佛寺。

1687—1691 年间（40 ~ 44 岁），元韶禅师曾奉阮主阮福溙之命回广东，延请长寿寺石濂大汕和尚及佛像、法器。《大南一统志》（卷三《承天府》）说，元韶禅师奉阮主之命，返中国"求高僧，得石廉和尚"。论者却认为，元韶禅师并未与大汕和尚同时赴越，却请来了一些法器和明海法宝禅师、兴莲国师等高僧，后来他们都参加了在顺化天姥寺的戒坛受戒仪式。无论如何，元韶禅师被认定："回来往完，成颇多功绩，自此奉旨住持河中寺。"

1696 年（49 岁）左右，元韶禅师应阮主之命住持河中寺。

1728 年（81 岁）十月十九日，元韶禅师召集四众人等，谈及玄机，嘱留秘语，临期授笔说偈，偈曰：寂寂境无影，明明珠不容；堂堂物非物，廖廖空勿空。书罢，元韶禅师端然正寂。其墓位于顺化阳春上村，其门徒在国恩寺为其所造之塔，被称为"化门塔"。[1]

1729 年，阮主阮福澍为元韶禅师赐谥"行端禅师"，御撰《大越国王敕赐河中寺焕碧禅师塔记铭》，保泰十年（1729）四月初八日颁奉立。其铭曰："优优般若，堂堂梵室。水月优游，戒持战栗。湛寂孤坚，卓立可必。视身本空，弘教利物。遍覆慈云，普照慧日。瞻之严之，泰山屹屹。"

三、越南佛教复兴的重要推动者

南海是佛教传入中国的重要途径之一，越南曾经是佛教传入中国的重要节点。著名南洋研究学者冯承钧说：

南海一道亦为佛教输入之要途，南海之交趾犹之西域之于阗也……是欲寻究佛教最初输入之故实，应在南海一道中求之。[2]

---

[1] 高伟浓 等：《粤籍华侨华人与粤地对外关系史》，北京：中国华侨出版社，2005 年，第 213 - 214 页

[2] 冯承钧：《中国南洋交通史》，北京：商务印书馆，2011 年，第 9 页。

后世越南佛教则由中国返传而来。公元 2、3 世纪的东汉末年，中国佛教便已经传入越南。13 纪末 14 世纪初，越南陈朝曾限佛，佛教遭到沉重打击，逐渐陷入衰微。明朝嘉靖五年（1527），越南后黎朝（1428—1789）发生莫登庸之乱，莫朝建立。1531 年，在郑、阮两大家族的支持下，后黎朝占据南方复辟，与莫朝对峙，越南开始进入 200 多年的南北分裂时期。1592 年，后黎朝灭莫朝，此后，后黎朝皇帝成为傀儡，郑氏家族控制北部，阮氏家族控制南部，史称"郑阮纷争"。1698 年，阮氏家族出兵吞并下高棉（今湄公河三角洲），奠定了当代越南的版图。南北纷争，越南社会长期动荡不安，统治者开始积极扶植佛教。①

越南佛教再度复兴，中国僧人旅越弘扬佛法，华人禅师在越南中部始创与传播佛教，均功不可没。② 17 世纪，广南华侨与阮氏集团关系紧密，影响较大者有以朱舜水为代表的学者，以魏九使为代表的商人，还有谢元韶、释大汕等前往该地传播佛教的僧人。③ 明清鼎革，大量中国禅师赴越南南部弘法。

拙公和尚被认为是旅越中国禅师之始祖级人物。福建高僧拙公和尚及其弟子明行禅师（江西籍）从福建至越南，创立越南禅宗竹林新派——"拙公派"。④ 大约于 1623 年，拙公和尚到越南中部广南、顺化一带传播临济宗禅学，1644 年在北宁笔塔寺圆寂，被后黎神宗皇帝追封为"明越普觉广济大德禅师"。"拙公派"的创建及其在越南的弘法开始推动越南北方佛教的复兴。

越南佛门之复兴不能不提广东潮州程乡（今梅县）的元韶禅师，他是清初进入越南的最为著名的中国禅师。元韶禅师师事报资寺旷圆和尚，

① 曾强：《越南宗教概况及其特征》，《山西青年》2013 年第 20 期，第 229 页。
② 徐善福、林明华：《越南华侨史》，广州：广东高等教育出版社，2011 年，第 161 页。
③ 徐善福、林明华：《越南华侨史》，广州：广东高等教育出版社，2011 年，第 112 页。
④ 谭志词：《越南闽籍侨僧拙公和尚出国的原因》，《东南亚纵横》2007 年第 5 期，第 60 – 63 页；谭志词：《明清之际福建籍高僧拙公和尚的越南之行——以笔者田野调查和新发现的珍贵史料为依据》，《海交史研究》2005 年第 2 期，第 13 – 29 页。

"系临济宗第 33 代传承人"。他 30 岁赴越南中部，81 岁圆寂，在越南侨居而传布佛学 51 年，是典型的"侨僧"，"是一位移民和尚，也是上层僧人，在越南地位崇高"。①

元韶禅师并非在越南中部传播临济宗的第一人，② 拙公和尚及明行禅师在元韶之前已经在顺化、广南一带传播临济宗长达七八年，③ 尽管如此，元韶禅师对越南中部临济宗的影响更为显著，④ 甚至被誉为越南中部"临济宗的开创者"。

元韶禅师及其招揽而来的石濂大汕和尚等中国禅师遍及越南中部广治、顺化、广南、广义、富安、平定等省，中国佛教典籍随之大量输入和刊印，所有这些都推动了 17、18 世纪越南佛教复兴，成为两国关系史的重要内容，受到了深入研究。石濂大汕和尚因留下《海外纪事》，且在广州等地影响巨大，对其研究更多。典型的如陈荆和《十七世纪广南之新史料》，余思黎点校的《海外纪事》，姜伯勤《石濂大汕与澳门禅史——清初岭南禅学史研究初编》，戴可来、于向东《略论释大汕及其越南之行》。⑤

元韶禅师回国招揽了包括石濂大汕和尚在内的许多佛门人士前往越南，形成了越南佛教的兴盛局面，在越南佛门影响广泛而深远，他也成为越南佛门不可绕开的历史人物。其文献资料虽然留存很少，但却总是经常被提及。谭志词《清初广东籍侨僧元韶禅师之移居越南及相关问题研究》探讨了元韶禅师为代表的清初广东籍侨僧的生平及其生存状况。⑥

当代越南佛教兴盛，佛教甚至被认定是越南国教，七千二百万人口中

① 陈雪峰：《潮僧谢元韶在越南》，《汕头日报》，2013 年 7 月 28 日第 5 版。
② 谭志词：《清初广东籍侨僧元韶禅师之移居越南及相关问题研究》，《华侨华人历史研究》2007 年第 2 期，第 55 页。
③ 谭志词：《十七、十八世纪岭南与越南的佛教交流》，《世界宗教研究》2007 年第 3 期，第 42 – 52 页。
④ 徐善福、林明华：《越南华侨史》，广州：广东高等教育出版社，2011 年，第 159 页
⑤ 谭志词：《十七、十八世纪岭南与越南的佛教交流》，《世界宗教研究》2007 年第 3 期，第 42 – 52 页。
⑥ 谭志词：《清初广东籍侨僧元韶禅师之移居越南及相关问题研究》，《华侨华人历史研究》2007 年第 2 期，第 53 – 58 页。

信教人数起码两千万，佛教徒约一千万。① 亦有研究说，越南佛教徒大约一千二百万，其中大乘佛教信徒有一千万左右，小乘佛教信徒约为二百万。② 诚然，全国遵守教规并在寺院祈祷的真正佛教徒，最乐观估计也不超过五十万。③

四、元韶禅师复兴越南佛教的主要贡献

佛门常轻视历史，清初影响很大的石濂大汕和尚，虽有著作行世，但"有关大汕的事迹，史籍所载极少"④。事实上，传世之佛门人物多因其主持寺庙等，丛林佛教最重要的就是创建寺庙，形成其宗教派别的流传基础。

元韶禅师并未留下任何著述，但他在越南中部传播临济宗，又创建和主持寺庙，形成较为久远的越南临济宗，且形成元韶禅派，"从17、18世纪起，已传承12代，至今仍在传承，对越南禅宗产生了深远的影响"⑤。

元韶禅师向越南引入了大量的中国高僧和佛门人士。论者认为，元韶禅师、拙公和尚和明行禅师等"以个体身份杂居于移入国社会之中，他们生活的环境没有形成一个华侨华人社会"⑥，其实，大量佛门人士的到来既以华侨社会为基础，又扩大了佛门阵容，扩展了佛门领域和范围。

越南中部传播的佛教禅派主要是临济宗和曹洞宗，⑦ 清初中国东南沿海临济宗兴盛发达，但元韶禅师等人并未囿于宗门，他所延请的石濂大汕便属于曹洞宗。元韶禅师在越南平定（归宁府，今属平定省）传播临济

137

---

① 孙波：《越南宗教点滴谈》，《世界宗教文化》1995年第1期，第44页。

② 曾强：《越南宗教概况及其特征》，《山西青年》2013年第20期，第229页。

③ 冯永孚：《从河内看当代越南人的宗教信仰》，《东南亚纵横》2003年第9期，第42－43页。

④ 大汕著、余思黎点校：《海外纪事》，北京：中华书局，2000年，"前言"第1页。

⑤ 谭志词：《清初广东籍侨僧元韶禅师之移居越南及相关问题研究》，《华侨华人历史研究》2007年第2期，第56页。

⑥ 谭志词：《清初广东籍侨僧元韶禅师之移居越南及相关问题研究》，《华侨华人历史研究》2007年第2期，第56页。

⑦ 徐善福、林明华：《越南华侨史》，广州：广东高等教育出版社，2011年，第158页。

宗，石廉和尚在会安、顺化寓居一年多，[1] 被视为越南中部"曹洞宗的开创者"，其弟子兴莲禅师还在广南延福县建三台寺。[2]

往越南的中国禅师其实已无论籍贯、生平甚至宗教派别。慈林禅师大约和元韶禅师及临济宗第 34 代传人广东明弘子融禅师一起到越南中部。福建明海法宝禅师应元韶禅师之邀，于英宗阮福溙在位期间（1687—1691）到顺化参加天姥寺戒坛受戒仪式，之后前往广南，建祝圣寺。法化禅师（1670—1754）与元韶禅师同期赴越，1694 年到广义天印山建天印寺，主持该寺达 60 年之久。[3]

元韶禅师引入越南的佛门人士，一般强调以大汕和尚影响最大。《大南实录·大南列传前编》卷六在谢元韶传之后便是石濂大汕传，传文中说：

> 英宗皇帝尝令谢元韶如东求高僧。闻濂饱禅学，乃往请。濂喜，遂与元韶航海南来。既至，居之天姥寺。显宗皇帝朝，尝召见与谈禅教。上爱其精博，甚宠异之。……久之，濂辞归广东，赆赠甚渥。又赐名木归建长寿寺。自是不复往。[4]

石濂和尚原为广州长寿寺住寺僧，迟至 1695 年才应邀前往广南。饶宗颐说："大汕因潮州程乡人谢氏之请，有广南之行……"[5] 他又说：

> 清初，越南英宗尝令国恩寺僧谢元韶（潮州程乡人）如广东，延请石

---

① 谭志词：《越南闽籍侨僧拙公和尚与十七、十八世纪中越佛教交流》，暨南大学博士学位论文，2005 年，第 77 – 79 页。

② 徐善福、林明华：《越南华侨史》，广州：广东高等教育出版社，2011 年，第 160 页。

③ 徐善福、林明华：《越南华侨史》，广州：广东高等教育出版社，2011 年，第 160 页。

④ 大汕著、余思黎点校：《海外纪事》，北京：中华书局，2000 年，第 140 页。

⑤ 姜伯勤：《石濂大汕与澳门禅史：清初岭南禅学史研究初编》，上海：学林出版社，1999 年，饶宗颐"序"第 1 页。

濂和尚南来……石濂即广州长寿庵住持……时康熙三十四年（1695）也。①

英宗皇帝于 1687—1691 年间在位，故其中记录当有错。大汕和尚著有《离六堂诗集》《海外记事集》行世，其所著《海外纪事》毫无提及"受元韶所请"及"与元韶同往越南"之事。

大汕是岭南禅史中颇具争议的人物，有人说他"饮酒食肉"，生活放荡，赴越目的是做生意，"是一个混迹法门、追逐名利的投机家"②，有人又说："他在越南贩卖的是儒、佛、道三教合一的理论。"

五、佛教传入越南的华侨社会基础

中越两国山水相连，相邻相依。两地人员往来频密。两地之间的人员往来和民众交往，在不同的历史时期有不同之性质。越南人文历史深受中国影响，在历史上属于中华文化圈，曾经与海南、广西、广东共属于岭南行政区，史称北属时期（或称郡县时期、内属时期）。

968 年，丁朝建立，越南（交趾）脱离中国中原王朝，政权分立，正式独立建国。一般认为，丁朝建立前，中越之间属于国内民众交往，此后越南成为中国藩属，越南历史进入藩属时期（亦称封建国家独立时期），越南由此转入海外范畴，越南古代华侨史由此开始。

19 世纪中叶，法国入侵越南。1885 年，清政府与法国签订《中法新约》，放弃对越南的宗主权，越南沦为法国殖民地，越南历史进入法属时期，越南华侨史进入近代，直至 1945 年八月革命，越南民主共和国建立，越南华侨史进入现代时期。③

人员交流无疑是文化传播最为重要的媒介。"北属时期"越南北方就

---

① 饶宗颐：《清词与东南亚诸国》，姜伯勤：《石濂大汕与澳门禅史：清初岭南禅学史研究初编》，上海：学林出版社，1999 年，第 18 页。
② 大汕著、余思黎点校：《海外纪事》，北京：中华书局，2000 年，"前言"第 2 页。
③ 徐善福、林明华：《越南华侨史》，广州：广东高等教育出版社，2011 年，第 2 页。

139

已沐浴"华风"，原本"蛮荒之地"的南部亦因华侨移居、开发而逐渐"习尚华风"。① 旅越华侨成为中越两国文化传播不可替代的桥梁、纽带。佛门人士的双向交流，其影响同样极为巨大。

宗教是依附于特定人群的精神信仰，佛教南传自然也以其特定人群的存在为前提。越南南北对立，其统治者企图借助佛教，形成特定的精神信仰，以稳固其统治，稳定社会秩序。

元韶禅师在越南佛门的崇高历史地位，有其岭南和梅州渊源，需要从两地间的往来与关联思考。禅师的到来必然有着华侨佛教信仰的渊源。越南的闽南与潮汕华侨社会的形成，是促使佛教传入越南的重要前提与基础。

拙公和尚和元韶禅师同处台海经济与社会圈。明代中后期，西班牙占领并开始经营菲律宾为其太平洋重要基地，隆庆开放则让大量华人渡海南来，16 世纪最后 30 年间，在越华侨便增加了 30 万。19 世纪，中国社会和政局动荡，更多人南迁至此落地生根。

华侨遍布越南北部、中部及南部各地。17 世纪中叶，会安埠华侨约有四五千人，18 世纪中叶增至一万人，越南中部总共有华侨三万人左右。18 世纪末，越南北方约有五六万华人，南部也有数万，越南北部的河内、中部的会安、南部的西堤都诞生了华侨社团组织，都是"沿着华侨聚居点—华侨社区—华侨帮会的路径形成和发展的"②。

明末清初，阮氏集团已经主宰越南中部地区，与北方郑主相对峙，又不断南下扩张，并接纳、安顿中国的逃亡避难者和经贸商人，顺化、会安等地都是重要的华人聚居点，郑玖、杨彦迪、陈上川等明朝遗民亦先后率众南投，定居于越南南部。③

---

① 徐善福、林明华：《越南华侨史》，广州：广东高等教育出版社，2011 年，第 161 页。

② 徐善福、林明华：《越南华侨史》，广州：广东高等教育出版社，2011 年，第 127 页。

③ 徐善福、林明华：《越南华侨史》，广州：广东高等教育出版社，2011 年，第 104 - 105、80 页。

　　美国学者斯图尔特曾说过："祖先崇拜是中国人民真正的宗教。"① 东南亚华人社会都重视做斋等佛教丧葬礼俗，重视纪念和追思祖宗。佛教法事便有其广阔的市场和生命力，这也是梅州与越南两地佛门形成关联之根本缘由。

---

　　① ［美］斯图尔特著，闵甲、黄克克、韩铁岭等译：《中国的文化与宗教》，长春：吉林文史出版社，1991 年，第 77 页。

第三章 康乾时代的梅州及其海外移民

历史时间应当以时代主题来划分阶段。"明末清初"的使用非常频繁，明末主要指崇祯朝，清初则指顺治朝，一般也包括康熙平定台湾之前的时期，此后则开始进入清朝的鼎盛时期。

所谓康乾时代，亦称"康乾盛世"，经历了康熙、雍正、乾隆三朝。若从"长时段"的时代视角，1680—1820 年大约可被纳入盛世，[①] 又可以乾隆十五年（1750）分为前后两大阶段：前段上溯到康熙二十二年（1683）平定台湾，由乱入治，可谓"空前太平盛世"和"政府节樽开支"的时代；[②] 后段盛极而衰，可往后包括嘉庆朝。

"康乾盛世"，中国东南沿海海波平靖，统一台湾后进入了较长时间稳定发展的和平年代；西、北内陆则对抗沙俄，确定东北、蒙古等边界，又开疆拓土，稳定西藏、新疆，奠定了当代中国版图，实现了中华民族的大一统。

嵌入世界历史去审视，"康乾盛世"的中国已经面临着时代剧变：如何应对西方资产阶级的世界性扩张？葡萄牙、西班牙、荷兰、英国、俄罗斯等国已经从海陆两路与中国发生了或和平或暴力的交锋，这是时代主题。论者指出：

---

① ［美］韩书瑞、罗友枝著，陈仲丹译：《十八世纪中国社会》，南京：江苏人民出版社，2009 年，"序言"第 3 页。

② ［美］何炳棣著，葛剑雄译：《明初以降人口及其相关问题：1368—1953》，北京：生活·读书·新知三联书店，2000 年，第 41 页。

18 世纪的中国和世界都是十分重要的时代，甚至可以说是人类历史的分水岭。人类社会从农业文明开始走向工业文明，从此世界发生翻天覆地的变化。①

18 世纪的世界酝酿着空前变革，欧美掀起轰轰烈烈的现代革命，北大西洋两岸开启了现代政治与工业经济的"双重革命"，商业、航海业和工业发展空前高涨，各种社会思潮激荡，逐渐树立起国家富强、民主与社会自由、平等等现代理念。

在全球化、现代化浩荡浪潮中，"康乾盛世"成为"落日的辉煌"，②成为"饥饿的盛世"和"得不偿失的盛世"，③ 是"矛盾重重的盛世"和"由盛转衰的拐点"，④ 是"停滞的帝国"，⑤ 华丽却名不副实。⑥

乾隆五十八年（1793），英国马戛尔尼使团到访中国，"天下唯一的文明国家"面对"世界最强大的国家"，东方与西方首次直接撞击。⑦ 英国人未能完成打开中国国门的任务，却让曾经视中国"极为神奇"的欧洲人"不再迷恋中国"。1822 年，黑格尔说：

> 中国的历史本质上看是没有历史的，它只是君主覆灭的一再重复而已。任何进步都不可能从中产生。⑧

---

① 戴逸：《18 世纪的中国与世界》，《当代学者自选文库：戴逸卷》，合肥：安徽教育出版社，1999 年，第 716 页。

② 《学习时报》编辑部：《落日的辉煌——17、18 世纪全球变局中的"康乾盛世"》，北京：中共中央党校出版社，2001 年，第 177 页。

③ 张宏杰：《饥饿的盛世：乾隆时代的得与失》，重庆：重庆出版社，2016 年。

④ 文武：《乾隆时代》，哈尔滨：哈尔滨出版社，2008 年。

⑤ ［法］佩雷菲特著，王国卿、毛凤支、谷炘译：《停滞的帝国：两个世界的撞击》，北京：生活·读书·新知三联书店，2013 年。

⑥ 文武、韩春艳：《乾隆帝国：华丽而又停滞的王朝》，哈尔滨：哈尔滨出版社，2010 年。

⑦ ［法］佩雷菲特著，王国卿、毛凤支、谷炘译：《停滞的帝国：两个世界的撞击》，北京：生活·读书·新知三联书店，2013 年。

⑧ ［法］佩雷菲特著，王国卿、毛凤支、谷炘译：《停滞的帝国：两个世界的撞击》，北京：生活·读书·新知三联书店，2013 年，"扉页"。

马戛尔尼使团归国，预示着清廷发展机遇的丧失和战争的到来。据说，马戛尔尼回国时特意路经圣赫勒拿岛，拜访拿破仑，这位被流放的战俘发出忠告："中国并不软弱，它是一只沉睡的狮子，一旦它苏醒过来，必将震撼世界。"无论此语是否出自拿破仑，亦无论其故事是否真实，以"沉睡"来譬喻18世纪中后期的清朝，因其合理性和适用性而传播广远。

中国古代似乎只有朝代更替和循环的造反，却没有历史发展的革新和革命。其实，康熙、雍正都曾经注意到并采取措施应对西方殖民主义者。乾隆之治则逐渐颟顸而衰落，显示出耄耋之嗜睡老态，缺失对世界的好奇、进取。

古老的中国仍然处于农耕文明时代，传统农业及其相对应的社会已经遇到了发展的天花板，难以找到新的出路，人口剧烈增长，人地矛盾进一步激化，所谓的"乾隆盛世"成为传统政治、经济与社会的回光返照。

18世纪前期，梅州的稳定与发展卓有成效，伴随人口的剧烈增长，形成了佣工涌台湾和湖广填四川等大规模国内移民运动。18世纪中期，清政府放开采矿等政策，梅州历史发展进入了新的重要节点，大量梅州客家往海外采矿、淘金。

乾隆中后期，梅州客家海外移民的历史记录逐渐增多，产生了侨领的"民间传说"。[①]越南的黄恒有、谢元韶与婆罗洲（加里曼丹）的罗芳伯和吴元盛等侨领横空出世，标志着海外梅州客家移民社群的形成，也标志着梅州侨乡的初步诞生。

第一节　康雍年间的国策与梅州向外移民

17世纪中叶，明清更替，东南沿海是最强烈且长期坚持抗清的地区，

---

① 《南洋华侨殖民伟人传》，上海：暨南大学南洋文化事业部，1928年，序第1页。

抗清战争以及三藩之乱将混乱和动荡推进到最高潮。康熙二十二年（1683）夏六月，清政府平定台湾，标志着东南沿海的社会动乱正式结束，戚继光"但愿海波平"的愿望终于实现。

一、经略内陆边疆的大后方

平定台湾，消灭台湾郑氏政权，东南沿海最后的反清割据集团势力被铲除，清朝的统治目的便从消灭分裂割据转变为巩固和稳定政权。一百多年的动荡与战争之后，东南沿海迎来了较长时期的真正的和平与发展。

1. 海防和陆战的抉择

平定台湾只是实现了东南沿海的和平与稳定，天下并未太平，从全国与世界范围的视角，清廷仍然面临海防和陆防的方向抉择问题。当时的心腹之患显然在内陆。康熙在平定台湾后便急忙北上，对付俄罗斯的陆地扩张计划，其内外政策主动而积极。

康熙二十八年（1689），两国签订了"世界公认的符合西方近代国际法概念的平等的"《尼布楚条约》，"建立了国交关系"。雍正五年（1727）两国又签订了《恰克图条约》。沙俄成为"鸦片战争以前，与清朝唯一正式缔结了条约的国家"[1]。俄罗斯的东扩受到了强硬而有效的抵制。

康雍乾三朝在西南和西北长期用兵，平定了准噶尔等部的叛乱，建立了东北、蒙古、西藏及新疆地区的稳定统治。东南沿海的维稳发展与西部和北部内陆边疆的战争同样重要，前者为后者奠定了积极而坚实的保障。

康熙、雍正及乾隆励精图治，努力保障国内农耕发展和政治稳定，东南沿海地区和平稳定地持续发展，可谓由大乱进入至治，史称康乾盛世。诚然，鼓励农耕和抑止工商矿和外贸的政策乃传统重本抑末经济理念之继承，有其强烈的时代局限性，却是有效维稳的重要措施。

---

① 廖敏淑：《清代通商与外政制度》，王建朗、黄克武主编：《两岸新编中国近代史：晚清卷》，北京：社会科学文献出版社，2016 年，第 13－25 页。

持久的大规模战争需要足够的人口与社会经济基础。国家政策必以维稳和发展为主线，维持东南沿海之社会稳定和经济发展，其和平与稳定才能确保陆地边疆之军事行动的有效和高效。

2. 清廷认可台湾的国际影响力

消灭明郑政权后，康熙及其重要大臣如李光地（1642—1718）等，大多主张弃台而迁民入内地；福建总督姚启圣（1624—1683）和福建水师提督施琅（1621—1696）等少数人，则力主屯兵镇守、设府管理。

施琅上疏吁请："台湾一地，虽属外岛，实关四省之要害"，"乃江、浙、闽、粤四省之左护"，"弃之必酿成大祸，留之诚永固边围"。他强调荷兰殖民者"无时不在涎贪，亦必乘隙以图"①。康熙"可其奏，命籍之"：

初置府一，曰台湾；县三，曰台湾、曰诸罗（乾隆时改嘉义，分设彰化）、曰凤山，以知县理之；又设兵备道一、总兵官一，以统辖之，饬戎备焉。②

台湾设治，保台而治台，这被后世认定是符合世界局势发展的极其明智之举。随着海洋时代的到来，台湾虽一岛之地，却"实腹内数省之屏蔽，弃之恐转资荷兰"。

3. 明末清初梅州客家迁台及其人口增长

施琅治理台湾之政策多遭诟病。他以广东惠州和潮州一带"素为海盗渊薮"，且惠潮之民多通郑氏政权，因而平定台湾之后，严禁惠州、潮州人移民渡台。③ 他所认定之惠潮，主要是今粤东客家人。

客家多出"海盗"的认识，无论是出于施琅内心认定，还是施琅去世

① 施琅撰，王铎全校注：《恭陈台湾弃留疏》，《靖海纪事》，福州：福建人民出版社，1983年，第120–124页。

② 王之春撰，赵春晨点校：《清朝柔远记》，北京：中华书局，1989年，第36页。

③ 吴壮达：《台湾的开发》，北京：科学出版社，1958年，第57–58页。

后的历史印象和追记,① 总有其源于经验的时代根据,多少反映了客家人的时代状况:已经溢出原乡,又与大海紧密关联。包括梅州客家在内的闽粤百姓,不断迁居台湾。

潮惠客家人虽被明确禁止渡台,却仍私渡台湾谋生。论者研究认为:

明郑时期已有大批客家人迁台,康熙四十几年以后又掀起客家人迁台的高潮,所以,截至康熙末年,全台客家人与福佬人的数量,大致各占一半……②

客家已成台湾第二大族群,占人口比例的15%至18%,第一大族群福佬人则占人口比例70%以上。③ 客家人的迁台显然有其宏观的国家政策以及世界历史背景,又有其历史传统,体现出台海经济圈的牵引,以及其内在的经济与社会问题,客家人迁台是内外共振的结果。

二、稳定统治的对外政策及其限制海外移民的政治理念

平定台湾后,清政府不仅要安置东南沿海本地民众的生活,还要应对荷兰等西方殖民主义者,形成适应其统治的对外经济与文化政策。

1. 朝贡与互市的对外商贸

清初因战争而长达二十余年的"海禁"和"迁海"政策,导致沿海居民流离失所,生活困苦,外贸基本停顿。台湾平定后,受迁海影响的沿海民众返回家园,开禁"商舶出洋互市"已受到中外各方的强烈关注。

荷兰、葡萄牙和西班牙等国此时已在南洋站稳脚跟,台海平靖即申请

---

① 杨彦杰:《客家移民台湾的历史记忆》,《福建论坛(人文社会科学版)》2005 年第 12 期,第 63 页。

② 谢重光:《明末清初客家、福佬移民台湾的几个问题》,《嘉应学院学报》2012 年第 6 期,第 8 页。

③ 谢重光:《关于客家移民与文化认同的若干思考》,《族群迁徙与文化认同——人类学高级论坛 2011 卷》,2011 年,第 62 页。

与中国通商，中外贸易迅速重启。曾助剿郑氏的荷兰"首请通市"，得到同意后，"大西洋诸国"则乘机前来：

> 凡明以前未通中国、勤贸易而操海舶为生涯者，皆争趋。疆臣因请开海禁。设粤海、闽海、浙海、江海榷关四，于广州之澳门、福建之漳州、浙江之宁波府、江南之云台山，署吏以莅之。①

康熙根据形势发展，西部、北部内陆应许叶尔羌汗和俄罗斯等的"请贡"，其余外贸主要从东南沿海而来，适时开放四口贸易，形成了与西欧国家"互市"的外贸政策。

东南亚各国根据历史传统，迅速恢复过去的朝贡商贸关系，向清朝政府"请贡"，两者间的交往便渐次稳定和频繁。暹罗"向惟知尊重中国。闽广人在其地者甚众，官属亦多以中国人为之"②。康熙九年（1670）冬十二月，暹罗遣使请贡。

2. 禁止海内外移民流动政策

民生是必须解决的国家大事，清廷的海禁时开时闭，沿海民众也因此深受影响。雍正五年（1727）三月，应闽浙总督高其倬疏言，允许开洋以广开闽省民众谋生之路；六月，却禁内地民久留外洋：

> 圣祖仁皇帝绥靖海疆，且不忍内地之民转徙异地，实仁育义教之盛心。但数年来附洋船回者甚少，朕思此等贸易外洋，多系不安本分之人，若听其来去任意，不论年月久远，伊等益无顾忌，轻去其乡，而飘流外国者益众矣。嗣后应定限期，若逾限不回，是其人甘心流移外方，无可悯惜，朕意不许令其复回内地，如此则贸易之人不敢稽迟在外矣！③

---

① 王之春撰，赵春晨点校：《清朝柔远记》，北京：中华书局，1989 年，第 36 页。
② 王之春撰，赵春晨点校：《清朝柔远记》，北京：中华书局，1989 年，第 28 页。
③ 王之春撰，赵春晨点校：《清朝柔远记》，北京：中华书局，1989 年，第 66 页。

　　清廷总是担心内地民众与"喝罗巴及吕宋"等红毛勾结，担心其"藏匿盗贼甚多"，威胁其统治，所以既不允许往外移民，亦不许久留海外之民众与其故乡保留关系。海外移民便被抛弃而成为"流浪者"。

　　3. 禁基督教政策

　　内部政治稳定对清政府而言毫无疑问是第一位的，康熙受南怀仁等西方传教士的深刻影响，"晚年已经掌握了大量的地理知识，并且经常探讨中国和欧洲的海上交往"，具有很好的世界视野，他已经非常明确：威胁清廷者不仅是中国民众中的"不安本分之人"，还有东来的西方各国。康熙甚至预言：

　　海外如西洋等国，千百年后，中国恐受其累，此朕逆料之言。[①]

　　康雍乾三朝都重视可能来自西方的威胁。他们禁止天主教传播，雍正更是明确而严厉禁教，于雍正二年（1724）颁发谕令：除"精通天文及有技能者"等办事人员外，不允许其他西洋人留京和散处内陆，"余俱遣至澳门安插"，天主教堂改为"公所"，对内地信众的活动亦严格禁止。[②]

　　清前期严格禁止基督教，不仅因为与罗马教皇之间的"礼仪之争"，还因为禁教是雍正打击宫廷内部政治对手和稳定统治的重要工具。雍正召见传教士时说，民众假如都成了基督徒，就不是大清臣民了，其"祸患大矣"，他明确强调：

　　中国北有俄罗斯是不可轻视的，南有欧西各国，更是要担心的，西有回人，联朕阻其内入，毋使捣乱我中国。……现朕既登皇位，朕唯一之本

---

　　① 王先谦：《东华录》（第 19 卷），转引自赖某深、蒋浩：《晚清国人看世界的几个标本（上）》，《世界文化》2020 年第 11 期，第 39 页。

　　② 梁章钜：《浪迹丛谈·天主教》，北京：中华书局，1981 年，第 81 页。

分，是为国家而治事。①

一禁了之，简单而武断，且仅仅是基于内部的解决，而完全没有顾及其外部，其所谓的解决显然只具有短期效应，而不是从长期而言解决的根本对策，实质上便是闭目塞听。全球化的时代已经到来，面对西方来华人员，他们却拿不出对策，从而演变为故步自封。故论者指出：

> 康熙皇帝不幸而言中！但是无论是皇位继承者，还是中国知识界，都普遍缺乏忧患意识和危机感，都把他的警告当作耳边风！②

清廷确实曾经注意到西欧各国的东来及西太平洋的动荡，且采取了相应的国家安全防御措施，但都误以为其威胁目前还不大，因而未曾给予足够重视而未雨绸缪。随着西部、北部疆域的稳定，清廷不再以陆地的军事进攻为主，便需要重新审视和衡量世界局势和趋势。清廷却闭关锁国，既无心亦无法沟通世界，其教训是深刻的。

三、东南沿海的内政、民生与移民

清政府高度重视劝农抑商政策，坚持农耕才是"计及久远"之根本，"野无旷土，家有赢粮"却仍然"俭朴"生活便成其理想社会。此诚农耕社会传统之极致思维，内蕴着强烈的稳定国家之戒备心态。

1. 采矿之禁止与开放及其对梅州的影响

康雍时期，长时间坚持禁止采矿，即使许多大臣都请求准许民间采矿，且长期进行或开或采的讨论，最后采矿还是被禁止了。主禁者有许多理由：开矿"有伤风水龙脉""弃本逐末""扰民"及"易聚难散"，还有

---

① 顾长声：《传教士与近代中国》，上海：上海人民出版社，1981 年，16 页。
② 赖某深、蒋浩：《晚清国人看世界的几个标本（上）》，《世界文化》2020 年第 11 期，第 39 页。

"商力不足"、影响民族关系、不利于海防等。①

总的来看，康熙以禁为主，禁中有开；雍正基本禁采；乾隆则以开为主，开中有禁。主政云贵和两广的总督们多力主开采。康熙二十一年（1682），云贵总督蔡毓荣首先提出迅速开发矿藏的主张；雍正二年（1724）六月，两广总督孔毓珣奏请准广东开矿以济穷民，九月戊申便遭谕令，被严厉批判。②

雍正强调，"养民之道，惟在劝农务本"，民众必依附于耕地，否则便是"游手无赖之徒"；农耕之外的采矿、商业等皆是"舍本逐末"；采矿只可"为一二实在无产之民，许于深山穷谷，觅微利以糊口资生耳"。否则，采矿必然"聚众生事"和"盗贼渐起"。

在贵州和两广任职的鄂弥达为雍乾之际转变禁矿政策起到了重要作用。雍正二年（1724）鄂弥达被任为贵州布政使，雍正八年（1730）任广东巡抚，雍正十年（1732）任广东总督，其后转为两广总督，直到乾隆四年（1739）。他先后在广东任官七年（1732—1739）。

鄂弥达曾认真执行禁矿政策，封闭了惠州、潮州二府矿山，擒获过聚众挖矿的曾乾浪，饬属断绝矿区柴米供应，严禁乡民应募充当矿夫，曾递解长乐、兴宁等县在外充矿夫的二百余人回原籍监管，等等。

在奏请成立嘉应州之第二年，即雍正十二年（1734），鄂弥达奏请开放矿禁，从根本上否定了禁矿政策，雍正与广东提督张溥则以"有碍治安"而坚决反对。乾隆三年（1738）二月和七月，鄂弥达又连上二折，请求开放矿禁，得到了中央到各省的更多官员响应。

乾隆八年（1743），经"廷议"，清廷正式确定了开放矿禁政策。乾隆批两广总督那苏图奏折时甚至强调："两粤开采一事，颇为目下急务。"乾

---

① 韦庆远、鲁素：《清代前期矿业政策的演变（上）》，《中国社会经济史研究》1983 年第 3 期，第 1 - 17 页。

② 《清实录》（第七册），《世宗实录（一）》，北京：中华书局影印，1985 年，第 380 - 381 页。

隆十五年（1750）之后，主禁言论即很少见。[1]

采矿显然不仅仅是经济问题，其人员集聚及利益分配还会直接影响社会治安和国家安全。民生与国安间需要做好平衡。政府官员更多考虑民生，治安官员则更多选择安全，雍正选择了安全而禁采，乾隆则开始选择民生而允许开采。

多任两广总督皆因主张为民生而采矿，雍正则强调治安而禁矿，重民生还是重治安，两种主张长期对峙，导致民生更加艰难，两朝天子之矿政亦因此寓涵着时代主题之变化。

多任两广总督奏请采矿之民生主张，确实有其现实依据。梅州等地开矿要求如此强烈，开放矿禁乃解决人口增长与耕地不足矛盾的必要对策，禁矿之影响也必然非常深远。

明朝中后期开始，五华、兴宁、平远、梅县等地，都有许多从事采矿业者，康雍年间逐渐增多。粤东北地处崇山峻岭间，采矿有其历史传统，亦有助农业人口的转移。比如：

（平远县）居民重本轻末，农则耕耘绩纺，士则诗书弦诵。间有资者附江闽人煽炉冶铁，分山泽之利以起家，贫者樵苏輓矿以自食。急公乐输，俗称谨愿。[2]

"重本轻末"是基调，"务本"虽属政府与民众的主流思想，工商矿业却实属民生，采矿业虽多依附"江闽人"，却可以帮有钱人赚钱，穷苦人则靠此度日。"有资者"成为兼营工商业的地主。采矿业因"聚众"而让统治者惊心而干涉，其利润却有着巨大的吸引力。

---

[1] 韦庆远、鲁素：《清代前期矿业政策的演变（下）》，《中国社会经济史研究》1983 年第 4 期，第 5–28 页。

[2] 程志远等整理：（乾隆）《嘉应州志》，内部发行，1991 年，第 627 页。

2. 移民：谋生"新出路"

人口快速膨胀与土地大量开发是康乾盛世的重要特征。晚清梅州人地矛盾尖锐，著名学者温仲和说："在国初之时已有人多田少之患……"① 话虽只是担心，其实情则是严峻的。

康熙年间便已经积极鼓励从暹罗等地进口大米，又尽千方百计严禁运米出洋。康熙六十一年（1722），"时暹罗贡使言其地米甚饶裕，银二、三钱可买稻米一石，诏令分运米三十万石，售于闽、广、浙江，免收其税"②。

清政府努力寻找解决人口增长的手段，寻找社会经济的新增长点，在重本抑末经济理念的坚持中，移民外迁便成为许多地方民众谋生的新常态，大量移民和平外迁成为其走出困境、维持生活的基本途径。

移民国内外去讨生活已经成为风尚，桂、赣、湘、鄂、川、台以及东南亚都是外迁的重要目的地。劳动力大量外迁成为清代粤东客家重要的社会经济现象，也奠定了近代客家侨乡的基础。

20 世纪 30 年代，罗香林在广州沙河等地调查发现，广州客家"多自嘉应州及惠、韶二州所迁入……各姓迁移年代，大概皆在雍、乾二朝"（《花县志》卷七）。广东高州、雷州及广西廉州和钦州客家主要源自粤东、闽西。如钦州，"雍正初，地尚荒而不治，自乾隆以后，外府州县迁钦者，五倍土著"③（《钦州志》卷一）。

清初"湖广填四川"的移民政策到 1750 年左右可划分为五个阶段，④其间政府鼓励外省移民入川以及入陕南汉中、安康、商洛等地垦荒，客家人成为仅次于湖广人的第二大移民团体，分别占当时四川总人口的 33% 和 40%。据当代学者研究：

---

① 温仲和纂：（光绪）《嘉应州志》，台北：成文出版社，1968 年，第 125 页。
② 王之春撰，赵春晨点校：《清朝柔远记》，北京：中华书局，1989 年，第 56、70 – 71 页。
③ 转引自范玉春：《移民与中国文化》，桂林：广西师范大学出版社，2005 年，第 68 页。
④ 陈典：《论清代"湖广填四川"的政策导向》，《理论月刊》2005 年第 10 期，第 67 页。

　　清代广东移民四川的迁出地主要分布在惠州府、潮州府、韶州府、嘉应州、南雄州以及广州府和罗定州。……清代入居四川的广东移民是以客家人为主流的。①

　　兴宁、五华又是入川广东人群中的重点，雍正、乾隆年间惠、潮、嘉入川移民多次被点名，如：

　　雍正十一年（1733）五月，广东总督鄂弥达和巡抚杨永斌奏查往川者"皆系惠州之兴宁、长乐、龙川、和平、永安及潮州之程乡，罗定州之西宁七县民人"。（《宫中档雍正朝奏折》第 21 辑，鄂弥达、杨永斌折）

　　雍正十一年（1733）十月，鄂弥达奏"……更于入川要路，如惠州之和平、连平、龙川，韶州之乐昌、仁化各县多张告示"劝阻粤民入川。（《宫中档雍正朝奏折》第 22 辑，鄂弥达折）

　　雍正末年，广东肇罗道杨锡绂称："查去年清查入川人民，只有长乐、兴宁、镇平、平远、龙川、河源、连平、永安、和平等县。今则添出大埔、揭阳矣。……又有海丰、归善、普宁三县矣。前又据陆丰将入川人民造册具报，则陆丰亦有之矣。"（杨锡绂《奉委查办入川人民事宜条禀》，《四知堂文集》卷一七）

　　乾隆二年（1737），两广总督鄂弥达疏："惠、潮、嘉应三府州民多请州县给票，移家入川。臣饬州县不得滥给，并遣吏於界上察验。"

　　乾隆六年（1741），两广总督马尔泰奏"广东惠、潮、嘉二府一州，所属无业贫民，携眷入川"。（《高宗实录》卷138，乾隆六年三月戊寅）

　　清初向外移民已成为梅州客家民众走出生活困境的"新出路"，也是政府应对人口剧增问题的政治与经济措施。穷则变，变则通，嘉应州的历史也因此掀开新的篇章。

---

　　① 刘正刚：《清代广东移民在四川分布考——兼补罗香林四川客家人分布说》，《暨南学报》（人文科学与社会科学版）1996 年第 1 期，第 58 页。

人口的增长和粮食的缺乏，必然促使人口外迁。"湖广填四川"和移民至台湾是其典范。随着雍乾之间向川省移民的限制，也随着国内各地人口的继续增长，国内动荡而"无生路"的局面更加严峻。

随着西欧殖民主义的东来和东南亚海岛的开发，东南亚局部性世界市场的形成和成长，在客家人中，过番往南洋成为最重要的生存之道，成为愈来愈重要的经济发展模式，成为愈来愈有影响的生活路径。

第二节　乾隆中后期梅州海外移民的历史记录

历史研究总是要从历史记录着手，无论其记录是传说、传奇，或者图片、文字，或者文物等其他材料。没有历史记录虽不能肯定没有移民，却可以肯定未引起地缘政治与社会的影响，便无所谓历史研究，最多只能说是史前时期。

17、18 世纪的梅州，或许长期以来就没有停止过移民海外，毕竟其与南洋有着紧密的地缘关联。乱世之海外移民常常是不对称而非正常的移民。直到乾隆初年，当四川、台湾等地开始人满，移民政策因此开始转向限制之时，梅州海外移民似乎才真正开始书写其历史记录，揭开新的历史篇章。

一、梅州各县历史文献中的"过番"记录

梅州客家人通称移民海外为"过番"。番是"旧时对西方边境各族的称呼，亦为外族的通称。如西番，番邦。又以指来自外族或外国的事物。如番茄，番饼"①。"过番"就是离开中国，走向世界，这是客家成为世界性民系的基础和前提，也是梅州华侨史的重要内容。

---

① 王剑引：《实用汉字字典》，上海：上海辞书出版社，1985 年，第 1294 页。

155

不论是官方文献，还是梅州的地方文献都表明，从清初开始客家地区就一直源源不断地有人出国"过番"，并且形成了移民南洋的风气，到乾隆时期进入了第一次移民海外的高潮时期。这些海外移民前辈奠定了后来长期移民的坚实基础，没有这一批华侨的牵引，就难有此后梅州客家人更大规模的海外移民高潮，更不会有 20 世纪初华侨社会的大发展。

梅州市现辖范围包括梅县（包括今梅县区和梅江区等）、兴宁、五华（旧称长乐县）、大埔、丰顺、平远和蕉岭（旧称镇平）。除平远县外，梅州各县都已经出现或者有了更多的关于海外移民的确切记载。梅州各县方志关于当地最早的海外移民的记载，值得重新考察。

1. 兴宁县（今兴宁市）

新编《兴宁县志》载："鸦片战争后，兴宁县始有人远涉重洋，外出谋生；第一次世界大战后至抗日战争前出国者最多。"① 这种说法不完全符合历史事实。兴宁工商业历史悠久，兴宁人外出做生意的相当多，其中有许多人到了南洋。据官方文献，兴宁县的海外移民史起码可以追溯到乾隆时期，甚至更早，黄恒有便是一个典型的例子。

2. 五华县

据新编《五华县志》，五华县最早出国者可追溯到 1853 年去美国的横陂人魏鼎高。② 这种说法显然不符合历史事实。据道光《长乐县志》载：

钟金昌，塘湖人，世业农，兄弟五人，幼年父母俱亡，家徒四壁。稍长即往海外营生。一二年归，见家贫如故，愤然复往。十余年，挟资而回。③

---

① 兴宁县地方志编修委员会编：《兴宁县志》，广州：广东人民出版社，1991 年，第 802 页。
② 五华县地方志编修委员会编：《五华县志》，广州：广东人民出版社，1991 年，第 591 页。
③ 侯坤元修，温训纂、丁思深校点：（道光）《长乐县志》，梅州：五华县地方志编纂委员会办公室，2016 年，第 365 页。

钟金昌乃清乾隆年间人，尽管史载无具体明确其去往的目的地，却明确说"往海外"，由此可以肯定其已走出国门；"营生"，则明确是去讨生活的。据此有理由推断，本县之侨史很可能还要更早。

"家徒四壁"且"生平未曾读书"的少年能够往"海外营生"，必不可能凭空而没有牵引，且去了一二年即可回来又"愤然复往"，来去似已是如此轻松而自由，十多年还能"挟资而回"，这当然不是一个孤立的现象。

3. 梅县（包括今梅县区和梅江区等）

今梅江区、梅县区以及平远和镇平（今蕉岭县）等县原属程乡县，自南宋末年以后就不断有华侨"过番"。在宋末与明末的战乱中，这些地区似乎都表现出相当高涨的"民族"和"革命"思想，许多人起而抗元、抗清，并最终因失败而避难海外，成为华侨。

雍正以后移民突然增多，是此前的好几倍，南洋移民人数也随之逐渐增多，范围也越来越广，且并不限于国内。[①] 清前期已经掀起了一次"过番"高潮。

据《梅县杨氏族谱》统计，雍正年间有 25 人移民湖南省、台湾省；乾隆年间的十二世有 53 人、十三世有 37 人移民，移入地有赣、浙、闽、台、桂、川和南洋的印度尼西亚；嘉庆年间的十四世、十五世则各有 31、41 人移居金山、安南、台湾省和湖北省；咸丰年间的十六世有 34 人移居四川省、浙江省、安南、泰国和坤甸。

罗芳伯到西加里曼丹被认为是"开辟了一代客家人移民海外谋生的社会风气"[②]。乾隆三十七年（1772），梅县石扇人罗芳伯邀集了同乡青年陈兰、江戊、阙四及潮州属青年宋插等九人，来到了西婆罗洲坤甸。乾隆年间程乡海外移民名气最大者非罗芳伯莫属。

157

---

① 陈干华：《从客家族谱研究梅州人口的历史和变迁》，《客家研究辑刊》1993 年第 1 期。

② 温广益：《认识特点，加强现状研究，进一步搞好任务工作》，《嘉应侨史》1989 年第 1 期，第 9 页。

嘉庆初年，梅县松口溪西乡人古石泉在槟城椰脚街（唐人街）创办了第一家中药店"仁爱堂"。论者称："古石泉（广东梅县人）开发槟榔屿（今马来西亚槟城）"，以之为槟城"最早领导开埠的著名侨领"则不知何据。①

4. 平远县

平远华侨史一般也追溯到鸦片战争前后，且平远人开始"过番"的历史确实还未有更早而明确的资料。

据新编《平远县志》："清代本县有少数乡民先后迁居海外，定居于印尼……"书中又说："平远籍人迁徙到海外定居，始于何时，现无确切的资料可查考。据有关史料记载，以1840年鸦片战争前后和清末民初为最盛，迄今已有140多年的历史。"②

据平远县侨办编撰之《平远华侨志》（未刊稿）："平远出国华侨，溯自鸦片战争前后，距今已有140多年历史。"书中又说："平远人民出国的历史是从十九世纪四十年代（即鸦片战争前后）开始，大多数是在十九世纪末（清末民初）以后……"③

5. 蕉岭县

蕉岭县于崇祯年间设县，其向外移民及与外界的联系亦较频繁，其向台湾等地的移民较多，因原属原程乡县地，石窟河将蕉岭与梅县的石扇、白渡、丙村及雁洋、松口等乡镇贯穿起来，这种地缘关联，自然不可能被移民史研究者忽略。

罗芳伯的兰芳公司内既有梅县、大埔人，还有其他县的人。兰芳公司历史还有关于镇平（即蕉岭）人黄安八私吞公司资财而惹怒罗芳伯的"不良"记录，镇平人从此便不再属于公司自己人，而处于与其他"各处人"一样的地位。

---

① 丘菊贤：《客家向南洋迁徙问题论略》，《嘉应侨史》1994年第1期，第27页。

② 平远县地方志编纂委员会编：《平远县志》，广州：广东人民出版社，1993年，第111、484页。

③ 平远县侨办编：《平远华侨志》（未刊稿），第8、22页。

6. 潮州府属的丰顺县

根据目前所掌握的文字资料，丰顺县移民海外史可追溯到乾隆时期。据新编《丰顺县志》载："出洋始于何时，相传不一，据汤坑区陈氏族谱记载推算，最早出洋大致在乾隆时期，距今250年左右。"[①] 书中又说：

明朝中期以后，闽粤沿海地区常有商人往来海外贸易，潮汕有不少劳动人民结伴出洋谋生。但丰顺地处山区，交通不便，出洋时间较晚。根据目前掌握的文字材料，记载丰顺人出洋最早的是汤坑陈氏族谱。该族谱记载："石湖乡肇吉公房下二世宏谋，在暹罗万磅开设寿元堂药行。"考宏谋兄宏昭生于清雍正丁未年（1727），据此推算陈宏谋出洋当在1750年前后。该族谱又载："嘉庆年间，和寨乡道用房十五世陈庆詹，乘红头船往暹。石湖乡象临房十六世陈兴次及十五世陈昶荦都往暹。"

据民国三十二年（1943）重修《曾温氏族谱》查考，汤西镇和安管理区曹寨村天水楼曾氏弘栋（镇）派下之第十五世曾三亮，在乾隆年间出洋。族谱又载第十五世双田、双业"过番"，考其伯父相碗生于乾隆戊寅年（1758），推算曾双田兄弟出洋时间当在1810年前后。[②]

乾隆二十七年（1762），汤西和安乡曹寨村"天水楼"的曾三亮出洋谋生。[③] 乾隆年间，已有大量潮汕人出洋，丰顺县与潮汕地区接壤，不少人跟着经汕头漂洋过海到异国谋生，其中多前往泰国。论者认为"我县最早南渡者是汤坑曾某，在雍正年间，曾任潮州府刘镇邦总兵部下军师，因反清复明失败后逃往罗国（泰国）"。[④] 那么，丰顺人"过番"最早起码可追溯到雍正年间。

---

① 丰顺县志编纂委员会编：《丰顺县志》，广州：广东人民出版社，1995年，第986页。
② 丰顺县志编纂委员会编：《丰顺县志》，广州：广东人民出版社，1995年，第987页。
③ 陈朝宗：《梅州侨史大事记略》，《梅州侨史》1992年总第8期，第23页。
④ 文衍源：《丰顺旅泰华侨溯源》，《嘉应侨史》1989年总第3期，第24页。

7. 潮州府属的大埔县

南宋末年，文天祥率军在梅州作战时，亦有些大埔人参与其军中。抗元失败后，亦有如松口卓谋一样避难南洋者，"不敢回乡而远涉重洋，侨居海外"；明末清初大埔人参与抗清战争失败后亦有不少"逃往南洋"。[①] 此外，大埔很早便与南洋进行商品贸易联系，商人移居南洋亦在所难免。[②] 大埔县在清朝一直属于潮州府管辖，康乾时代已出现了在华侨史上赫赫有名的华侨名人，呈现出一定程度上的"过番"高潮。

槟榔屿在英国经略东南亚中地位独特，大约在乾隆五十年（1785）前后开辟，张煜南《海国公余辑录》特加按语：

> 英人有事亚洲自槟榔屿始，由是而满剌加、新嘉坡，举亚来由部之地，大而柔佛、吉德、彭亨归其保护，小而芙蓉、硕兰莪、大小白腊归其管辖。屡霜坚冰，由来渐也，所以辑《南洋岛志》，托始于槟榔屿。[③]

1786年8月10日，莱特登临此岛时，发现这里已有58个渔民居住，其中包括张理等华人。据传，乾隆十年（1745），大埔人张理偕同本县邱兆进和福建永定人马福春冒险出洋。船被风吹到了马来西亚槟榔屿的海珠屿，他们披荆斩棘，艰苦创业，成为开发海珠屿的先驱。

张理被认定是大埔最早有确切记载的海外移民，且成为马来亚第一位"大伯公"："为纪念3位先驱者的创业功绩，当地侨裔特在海珠屿建立'大伯公'庙，为后人敬仰与膜拜。"[④] 槟城大伯公庙如今成为马来西亚华人重要的宗教场所，其地位崇高而影响深远。[⑤]

---

① 大埔县地方志编纂委员会编：《大埔县志》，广州：广东人民出版社，1992年，第580页。
② 黄勉：《大埔县四大传统出口商品》，《梅州文史》1997年第十一辑，第246–247页。
③ 张煜南辑、王晶晶整理：《海国公余辑录》（上），上海：上海古籍出版社，2020年，第23页。
④ 大埔县地方志编纂委员会编：《大埔县志》，广州：广东人民出版社，1992年，第580页。
⑤ 李佩珊：《马来西亚槟城海珠屿华人大伯公庙的历史与现状》，华东师范大学硕士学位论文，2008年。

乾隆四十二年（1777），原已在西婆罗洲的山心金湖采矿的大埔人张阿才，与罗芳伯共同创建兰芳公司。兰芳公司显然有大量的大埔人，并且在兰芳公司具有较高的地位与影响。

张理耕作，张心才探矿，他们都有志同道合的海外谋生伙伴。他们仍然是传统意义上的"过番"，谋求其大海之外的那片"绿洲"，为的只是日求三餐，夜求一宿，仅此而已。他们与伙伴们在南洋海岛上筚路蓝缕，共同开创了南洋一片天。但是，如果不是英、荷快速开辟殖民地，他们很可能不会有后世的那种历史影响，或者说，他们的传统耕作就难于取得如英荷之殖民地开发一样的成就，也就难以青史留名。

二、梅州南洋移民受到普遍关注的重要因素

乾隆年间，今天梅州市所属各县几乎都已产生了海外移民，其南洋移民已经受到清政府的重点关注，其所受关注似乎突然增多，表明梅州已经成为移民海外的重要地区。其影响因素不仅有其世界与中国的宏观历史背景，也有其本地域的微观层面的因素。

1. 海外移民的大量增加

历史文献之记载难免会因作者的历史观和个人喜好而有所侧重，却无不反映了社会现实及其发展变化，其选择记载的各种社会关系总是有其社会突出性，也一定是其记载的社会中的重点事件。

历史是生活的镜子，梅州史志文献关于海外移民的明确记载，显示出海外移民的普遍性。诚然，其数量没有具体的统计，但人数肯定不少。罗香林认为：

后来到了明末清初，客家人士，赴海外经营工商业，因而在南洋各置田园，长子孙的，为数更多，或更进而开辟埠头。当乾隆中叶，嘉应人罗芳伯等，在婆罗洲的坤甸一带，建立兰芳大总制（共和国性质），其时在那里的客家侨民，已有三数万人，他们多是在罗芳伯以前去的。这正与客

家第四时期的迁移相合。在这时期，南洋各地，如安南、暹罗、缅甸，以至马来半岛，并今日南洋英属各地，印尼各地，皆已分布了很多的客家侨民。①

罗香林所述说之明末清初赴海外的客家人的具体情况显然只是猜测，但乾隆中叶罗芳伯开辟坤甸时的客家人数量则是具体的，其时已有"三数万"客家侨民，论者以为移民总是缓慢而持续长时间的，因而明确强调"他们多是罗芳伯以前迁去的"则同样是猜测，而非实证。很多猜测看起来很具逻辑，却不一定符合具体事实。

康雍年间的移民主要在国内，乾隆初年开始实施限制移民入川和放开采矿等政策，其时客家人逐渐大量转向南洋，这可能更合乎历史逻辑。坤甸采矿工人的到来有其特定的国内外历史背景，乾隆中叶坤甸已经形成了相当的采矿规模之后，罗芳伯才移民坤甸。

当代史家研究认为"广东的大规模海外移民活动似在清代中期以后才开始进行的"，"清代中期以后广东的大规模海外移民活动主要是客家人前往加里曼丹开采金矿和潮州人移民暹罗"。② 莱佛士《爪哇史》也记载了前往爪哇谋生的中国人，③ 当代史家则进一步强调：

据估计，从十八世纪六十年代起，直到十九世纪二十年代荷兰殖民者在西加里曼丹取得侵略据点以前，中国人（主要为客家人）移入西加里曼丹每年常在三千人以上。④

据这种估计，1760 年到 1820 年的 60 年间，西加里曼丹每年移入 0.3

---

① 罗香林：《客家研究导论（外一种）》，广州：广东人民出版社，2018 年，第 268 页。
② 庄国土：《华侨华人与中国的关系》，广州：广东高等教育出版社，2001 年，第 105 页。
③ 温广益等编著：《印度尼西亚华侨史》，北京：海洋出版社，1985 年，第 92 页。
④ 温广益等编著：《印度尼西亚华侨史》，北京：海洋出版社，1985 年，第 110 页。

万人，则共有 18 万人以上。亦有史家指出：

（清初客家地区）去南洋的人数，日益增加也见之官方的反应和史载，如康熙时代，皇帝也清楚"闽粤流民相继逃往南洋"；《澳门纪略》一书也多次言及康熙朝华工出洋的事。雍正以后由于海禁日见松弛，出洋华工日众。雍正五年（1727）闽浙总督高其倬在奏章中就直言道：放洋的船只，大都名为贸易输物，实则运输华工出洋；一次有五六百人者。去南洋者主要是闽粤两省破产的农民和手工业者，……因史书未曾区别族系记载，无法知道客家人究竟多少，但……当时华工中，客家人不是少数而是占多数。①

作者看到了清初移民南洋的普遍性和广泛性，其人数显然不少，因而相当积极而大胆地推论，南洋移民中"客家人不是少数而是占多数"。

历史研究往往是由后往前追溯。历史发生之开始阶段，其史料总是稀少的。其历史研究也往往会有更多的推论，却需要更多的实证，否则难免流于空泛。然而，梅州海外移民最早多追溯至乾隆中后期，这是移民众多而涌现出来的结果。

2. 典型历史人物与侨居地社会伦理构建

典型历史人物总是处于某个历史时代的中心，代表了某一群体，或者就是某一群体的代表，具有较大的历史影响，正如在某一舞台上，其主角总是被重点聚焦一样，其历史记载亦总是有其选择的角色重点。

水涨才能船高，人多然后才能涌现出名人和领袖，无论是在正史、野史，甚或"民间传说"上的留名，其实都是因为其代表了不小的一群人。领袖总是被其群众所热烈爱戴的，因而能够青史留名。

乾隆时代，梅州海外移民已有许多史志留名者，其典型的代表人物在

---

① 丘菊贤：《客家向南洋迁徙问题论略》，《嘉应侨史》，1994 年第 1 期，第 27 页。

当地被称为"客长""大唐客长"等，后世则称之为侨领，其中，兴宁黄恒有领导民众在越南采矿，却被认定违反了当地法律而被遣送回国；梅县罗芳伯开埠于印尼坤甸；大埔张理和福建永定人马福春开发马来西亚海珠屿。

这些人在当地之所以能够成为"客长"，能够被历史记住，有其因缘巧合。但领导了一帮人，在当地讨生活，从事共同的事业，则是他们共同的特征。他们甚至创建了当地侨民稳定的居住地，不仅领导侨民从事物质生产，而且形成了稳定的生产和社会秩序，形成了一定的伦理规范。

张理到海珠屿后，教民众伐木造屋，开垦耕地，向土人换取食物和种子，种植粮食。张理领导开发荒岛，形成荒岛新生活，也开始了当地的华侨史，当地华侨和土人尊其为"大伯公"，甚至南洋许多地方亦尊其为当地的"土地神"。海珠屿修建了纪念张理的"大伯公庙"，其所立碑刻说："五属之侨，凡有所获，不自以为功，而归功于大伯公。"① 大伯公已经成为南洋客家人的精神归属。

乾隆年间，南洋各侨新辟属地显然还未形成其社会伦理与秩序，或者说整个社会仍然是较为混乱的。其最大的特征是，不同方言和行政区划的人员之间相对集中居住，方言和祖籍所在的行政区划在海外华侨社会形成了较大的隔阂。各方言和行政区划成为最大的群体而形成其内在的组织，也建立起各自的社会秩序与基本伦理。

客家人开埠，广府人旺埠，潮汕人占埠，这已经被认定为南洋粤侨三大族群的基本特征。所谓开埠、旺埠和占埠，大概是其职业和业务使然。从海外移民史及其居地初辟的历史背景看，这实在是当地社会秩序开始构建的体现，已经形成了构建当地社会伦理的基本标准。正是因为社会伦理与秩序的构建，然后才能形成相对稳定的海外梅州客家社会，梅州侨乡亦初步形成。若梅州没有稳定的海外社群，虽有大量海外移民，亦难以被视

---

① 田辛垦、田诒忠：《开发南洋海珠屿的第一代华人》，《嘉应侨史》1991 年第 1 期，第 37 页。

作侨乡。

客家人基于其采矿等实业，注定了其落地做工的角色，他们完全可以从无到有，将一片荒野地变成采矿小镇，但做生意和发展金融等却需要建立在一定人口和经济发展的基础上，然后才能形成繁华都市。筚路蓝缕，披荆斩棘，便成为客家人开埠的基本特征。

中国移民为南洋地区的开发提供了充足的劳动力，也为此后更大量的海外移民奠定了坚实的基础。在他们的牵引下，印度尼西亚的西加里曼丹，马来西亚的槟榔屿，新加坡，泰国等地成为后来客家华侨的主要迁入地和主要侨居地。西加里曼丹、槟榔屿等地成为客家人开埠的典型案例，当地客家人都早于西方殖民主义者到达，并且是当地的主要开拓者。①

3. 嘉应直隶州的设置与"嘉应五属"地域意识的形成

历史记录总是需要明确的时间和空间，历史事件总是发生在确定的自然与社会环境之中。梅州客家人海外移民记录的增多与其行政区划的提升与突出不无关系。官方自然会以行政区划为其记录单位，民间亦会因此而划分其人群单位。

雍正十一年（1733），两广总督鄂弥达上奏设立嘉应直隶州，下辖程乡（今梅江区和梅县区）、兴宁、长乐（今五华县）、平远和镇平（今蕉岭县），通称"嘉应五属"。大埔县则仍属于潮州府，丰顺直到乾隆三年（1738）才组建，归潮州府辖。兴宁和长乐两县此前一直属于惠州府，程乡县在南齐时从原义招县分立，程乡县、平远县和镇平县都属于潮州府。②由于其行政区划的归属不同，其事迹之记录或在惠州府，或在潮州府。

由于行政区划及其历史传统的影响，兴宁、长乐两县的生活习俗更偏向惠州府，其他各县则潮汕味更浓。嘉应州成立后，③梅州各县行政区开

---

　① 廖荣春：《嘉应会馆在马华历史上所处的地位》，《嘉应侨史》1989年第2期，第40 – 42页。

　② 萧学法：《梅县沿革小考》，《梅州文史》（第3辑）1990年，第84 – 86页。

　③ 丘逸：《梅州市城市沿革》，《梅州文史》（第14辑），2000年，第153 – 161页。

始其观念和习俗的重组过程，地方意识逐渐觉醒，"嘉应五属"的概念很快便为世人所熟知，嘉应海外移民逐渐从惠州和潮州分离出来，从此不再是潮州人或惠州人，而是被统称为嘉应州人。乾隆十五年镌刻之《乾隆嘉应州志》以卷一至卷八记州事，卷九记兴宁县，卷十记长乐县（五华县），卷十一记平远县，卷十二记镇平县（蕉岭县），原来多惠、潮并称，此后则"嘉应五属"意识凸显。

嘉应州的人和事开始烙上"嘉应州"的印记并被记载下来，嘉应州人也不再将自己当成惠州人或者潮州人，而是"嘉应五属"或者是"茶阳人"（茶阳是大埔的老县城，常被拿来指代大埔人）、丰顺人。"嘉应五属"意识开始反映在时人的社会生活中，也自然成为历史记录的重要概念。

事实上，如果不是事件属性的明显差别，府州一级会被更多提及，县域及其下属地域很多时候不会被特别提及。比如，大埔和丰顺长期归属于潮州府，历史文献因此往往只称潮州，也只有深入理解，或者明确提及大埔或丰顺，然后能够了解其地域属性。

罗芳伯建立兰芳公司之前的坤甸，其移民社会的嘉应客家意识便比较浓厚，基本分类情况是：

老埔头系潮揭二阳、海陆二丰人多，尊黄桂伯为总大哥。新埔头系嘉应州人多，以江戊伯为功爷，统率其众……①

罗芳伯以梅州客家人为基本力量，建立了兰芳公司，这本身就意味着梅州客家人强烈的地域及行政区划意识。这是经过很长时期的以方言社群的冲突与动荡的结果：

---

① 周云水、林峰编著：《西婆罗洲华人公司史料辑录》，广州：暨南大学出版社，2018年，第46页。

是时坤甸埠头，潮州属人多不守礼法，好以强欺弱，嘉应州人往往被他凌辱。罗大哥目击时艰，深为扼腕，思欲邀集同乡，进据一方者久之。①

罗芳伯在其遗嘱中特别重视"嘉应州"，似乎明确强调公司就是属于"嘉应州"。"兰芳公司的大哥"及其内部各层级负责人的人选都有非常具体而明确的"地域"规定：

（大哥）系嘉应州人氏接任；本厅副头人，系大埔县人氏接任，此两处永为定规；至于各处头人，尾哥老大，不拘本州各县人氏，俱可择贤而授任，故历代相传，俱遵规例焉。②

罗芳伯明确将公司归属于"嘉应州"和大埔县及"本州各县"，强调其"历代相传，俱遵规例"，其方言族群和行政区划之分立意识是如此明确，突出反映了"嘉应五属"和客家族群意识的崛起。《兰芳公司历代年册》载：

167

罗大哥夫人……令镇平人黄安八，下坤甸采办粮食，用以济紧急之需。不料黄安八下至坤甸，竟将金银首饰，一概枭吞，带回唐山……故罗大哥怒气冲天，即宣誓曰："此大厅，镇平人，及各处人，俱不能嗣位；惟嘉应州唐山而来，择有德者嗣之，以后永为定规。"③

罗芳伯的遗嘱往往被研究者视为代表封建传统的思想观念，以证明兰

---

① 周云水、林峰编著：《西婆罗洲华人公司史料辑录》，广州：暨南大学出版社，2018年，第45-46页。
② 周云水、林峰编著：《西婆罗洲华人公司史料辑录》，广州：暨南大学出版社，2018年，第50页。
③ 罗英祥：《漂洋过海的客家人》，开封：河南大学出版社，1994年，第75页。

芳公司的落后性，但这何尝不是侨居地社会秩序和伦理的时代表现？以罗香林为代表的罗芳伯研究者皆以其组建了世界最早的近代共和国，并为之骄傲，反对者则强调其组建的是近代的公司制，无论是国家还是公司，其实都是早期南洋华侨所构建之新伦理社会秩序。

4. 海外移民史的史料及其视角

典型历史人物的"开埠"成为嘉应华侨史的重要内容，也是梅州侨乡形成的关键节点。海外移民的活动扩大了嘉应州的历史影响，也成为中国和世界历史所记录的重要内容。然而，历史记录（或者说史料）必随着研究的深入才逐渐明确。

过去人们将罗芳伯等人当作传奇和传说，如今的认识则已相当清晰。初期海外移民既非国家行动，甚至不为国家所鼓励，则海外移民必非重点人群，而主要是卑微的边缘人群，其历史记录自然很难进入国家文献中。

历史研究必然追求实事求是，史料是其中关键。真史似乎与官书、档案紧密关联。论者强调说：

> 本书主要依据官书、档案、回忆录等资料及实地考察的材料写成，力求全面、公正地论述洪门历史上的功过是非，使之成为一部真正反映洪门历史的专著，故取名为《洪门真史》。[1]

下层民众的个体活动很难被纳入国家高层文献资料，也很难成为国家正史。传统中国的二十四史，也被认为是二十四部家谱。因此，当代历史研究显然不能仅仅从国家史的视角去阐述，而应当以全球视野探讨民众的生产和生活：

> 由于历史学长期以来都是以国家历史为主体，虽然今天人们以很大的

---

[1]　秦宝琦：《洪门真史（第2版）》，福州：福建人民出版社，2000年，"前言"第4页。

热情拥抱全球史，但国家历史的范式和认知惯性，使得很多声称为"全球史"的做法还是用"国际"的话语和思维方式去叙事和解释全球史。其实，全球史是对国家历史的一种超越，这种超越不是要放弃国家话语，更不是把"国家"置于历史视野之外，而是要从人的行为和人的交往去建立超越国家本位的历史叙事框架，在这样一种视角和逻辑上理解国家的历史。对于这样一种追求，海洋是一个比较容易突破国家历史范式的领域，海洋史研究天然地需要采取全球视野，所以是历史学追求全球史转向的最直接的路径。因此我们需要把海洋历史的视线落到海上人群的活动，走出国家与国家之间"外交"的视角，把海洋史的主角还给活跃在海洋的人群。①

海外移民漂洋"过番"，自然是属于"活跃在海洋的人群"，必然会吸引史家的眼光，以全球史的视野去探讨。当代社会重视文明多样性和文化的多元性，也重视民众个体生活，当代史家自然也会聚焦民众生活。

第三节　乾隆中后期越南的嘉应州采矿工

18 世纪的梅州频繁向外移民，迁台和"填四川"等移民活动规模宏大，历史影响空前；后半期则海外移民迅速增长，漂洋过海去南洋采矿和谋生的华侨逐渐增多。安南（今越南北部）、婆罗洲（今加里曼丹岛）西部和缅甸东北部矿产业兴盛，梅州客家华侨多赴此采矿谋生。中越山海相连，安南原本属中华文化圈，其内部政治纷扰，其矿业经济则极大地吸引了华侨，并且在华侨的开发下有了较大发展。

---

① 刘志伟：《海上人群是中国海洋历史的主角》，《历史教学》（下半月刊）2021 年第 9 期，第 17－20 页。

一、乾嘉年间的越南华人采矿业

17、18 世纪，大量嘉应州矿工等生产人员前往越南谋生。华侨矿工虽为"天朝弃民"，却推动了越南南部开发、北部矿业开采及各地商业繁荣，推动了越南社会的全面进步。

1. 越南的华侨矿场

自 13 世纪起，越南就有了采矿业。关于近代越南华侨矿工已经多有研究，① 据此可以发现，越南北部临近广西边界的送星厂等采矿场矿工很多来自嘉应州。

18 世纪，动荡中的越南后黎朝（1428—1788）政府，因本地人"不谙开采"，故"多募清人掘采"，矿工多来自中国潮州、韶州。海禁解除后，因生活无着无望，中国民众经常、持续不断地前往越南谋生。

18 世纪中叶（1740—1755），寓居广南全境之华侨总数"当不下三万之数"，其中会安约有一万人。② 单一华侨矿场的雇工人数甚至以万计，矿丁嘈户结聚成群。越南的太原、宣光、清化等省，招集华侨矿工采矿，每处矿场聚居七八百华人不等。③ 华侨矿工促进了越南采矿业的发展。④

中越两国政府皆严防矿场暴乱。越南"各镇金、银、铜、锡诸矿，多募清人掘采"，安南黎朝因其"群聚日众，恐生他变，乃定例每矿多者三百人，次者二百人，少者一百人"，不得超过限制。雍正九年七月戊子上谕：

---

① 金应熙：《十九世纪中叶前的越南华侨矿工》，暨南大学历史系东南亚史研究室《东南亚历史论文集》（第 1 集），广州：暨南大学科研处，1980 年。喻常森：《清代越南华侨矿业与矿工问题》，《华侨华人历史研究》2000 年第 2 期，第 49－52 页。平兆龙：《从越南宋星银厂事件看清代中越边境矿工问题》，《五邑大学学报》（社会科学版）2017 年第 1 期，第 62－66、94－95 页。

② 徐善福、林明华：《越南华侨史》，广州：广东高等教育出版社，2011 年，第 111－112 页。

③ 徐善福、林明华：《越南华侨史》，广州：广东高等教育出版社，2011 年，第 100 页。

④ 徐芳亚：《17—19 世纪中国东南沿海居民移居越南问题研究》，《东南亚纵横》2015 年第 1 期，第 57 页。

广西道通交趾，闻该地方有无知愚民，抛弃家业，潜往交趾地方开矿，更有奸匪之徒潜逃异域，以致追缉无踪者，似此违禁妄行渐不可长，著广西巡抚提镇，悉心商酌，于往来隘口，及山僻可通之处，拨兵汛饬令该管官弁加谨巡查，倘有私行出口之人，务押解原籍，照例治罪，庶愚民不致流离异地，而奸徒亦不致远飏漏网矣。①

18 世纪中期后，移居越南北部开矿、垦荒以谋生的贫民逐渐增多，如杨连胜等二十三家，"原系内地民人"，越境前往安南江坪、芒街，垦荒耕种历数十年，至 1801 年因越南战乱回国。② 以开矿为业的华侨往往人口众多，还有一些为小商贩、行医人。

乾隆四十年（1775），安南送星厂一地就有华侨矿工以及为其服务的华侨商贩等一万二千到一万五千人。除送星厂外，越南北部还有许多铜、银矿场，总计各矿厂的矿工及垦荒谋生华侨当有三万到三万五千人。同年，黎朝政府以械斗为借口派兵驱逐，送星厂华侨矿工及少量商贩共约两千人脱逃回国，仍有上万人滞留越南。

越南阮朝政权允许华侨采矿、种植，且辟置开矿税、田土税及港口税等。③ 但大量矿工的集聚确实极大地困扰着清越两国政府。乾隆中期，宋星银厂（亦作"送星厂"）是越南最大的华侨矿厂，前后爆发了两次大规模的华侨矿工斗殴事件，阮越政府出动军队弹压，清越两国亦联手整治矿场生产秩序，大批华侨矿工逃回中国，越南将华侨矿厂收归国有，矿业转向衰落。④

---

① 《清实录》（第八册），《世宗实录（二）》，北京：中华书局影印，1985 年，第 441－442 页。

② 中国社会科学院历史研究所：《古代中越关系史资料选编》，北京：中国社会科学出版社，1982 年，第 661 页。

③ ［越］朱海著，李娜译：《十九世纪越南阮朝的华人政策》，《东南亚纵横》2003 年第 3 期，第 54－57 页。

④ 平兆龙：《从越南宋星银厂事件看清代中越边境矿工问题》，《五邑大学学报》（社会科学版）2017 年第 1 期，第 62 页。

清越两国政府处理宋星厂华侨矿工斗殴事件，实质上只是维护政府利益，而完全无视华侨矿工的合法利益。然而，清越两国政府间处置华工的往来文献，记录了当时在越南的嘉应州矿工的情况。

2. 赴越南采矿的华侨矿工

康雍年间长期禁止采矿，乾隆十四、十五年（1749—1750）间，清政府开始放松采矿禁令，全国开放采矿[1]，这是基于百姓生产与生活而作出的必要决策，采矿者逐渐增多，赴南洋采矿者同样增多。赵翼认为：

银本出内地，如五代时五台山僧继颙以采银佐北汉之类，宋以前不取于边地也。今内地诸山有银矿处俱取尽，故采至滇徼。然滇中惟乐马厂岁出银数万而已，他皆恃外番来。粤、闽二省用银钱，悉海南诸番载来贸易者。[2]

其所谓国内银矿枯竭论是误解或无知，银钱之现状一是内地银荒，二是闽粤在南洋之外贸交易维系着国内银钱使用，同时说明了开放矿禁的重要性与紧迫性。谢清高《海录》"大吕宋国"（西班牙）条则载："凡中国所用番银，俱吕宋所铸，各国皆用之。"[3]

内地民众前往边徼之地显然不仅仅因内地银矿和耕地枯竭，他们来到矿场显然也不仅仅是为了采矿，而是为了形成以采矿为支柱而包括耕作等行业在内的经济业态，这极大地传播和扩展了内地文明。

开放矿禁并不等同于鼓励，也不等同于地方官员与民众都解决了思想问题。直到道光年间，镇平黄钊便仍然坚持禁矿。清越两国政府皆漠视民

---

① 韦庆远、鲁素：《清代前期矿业政策的演变（上）》，《中国社会经济史研究》1983 年第 3 期，第 1 – 17 页。

② 赵翼著，曹光甫点校：《檐曝杂记》（卷 4），南京：凤凰出版社，2009 年，第 63 – 64 页。

③ 谢清高口述，杨炳南笔录，安京校释：《海录校释》，北京：商务印书馆，2002 年，第 214 页。

命，虽非常清楚赴越采矿对民众的吸引力，却并不同情赴越采矿的民众，而视之为"狡黠"：

　　盖缘边外太原、牧马等处一带山场，五金并产，矿甚多，不止送星一厂。夷民虽得地利，未知苗引之浅深、砂气之厚薄。内地狡黠民人，能于辨识，从而开采，获利取赢，竟成世业。①

　　越南矿产丰富，当地人不懂采炼法，而华人采矿有法，安南采矿业虽艰难却能吸引华侨矿工参与。"获利取赢，竟成世业"，给人发大财的印象。所谓世业，就是父子相袭。两广与安南山水相连，赴越采矿者自然以贫民为主，虽说能获厚利，更重要的是能给贫民一丝谋生的希望。华侨矿工在当地居住久后，"无异于安南土著"。

　　当时越南政府内部北郑南阮纷争，北郑政府"听清人采取，仅征其税"，为收取赋税而积极招徕，吸引了大量客家矿工。② 每个矿厂均"多集清人采之，于是一厂佣夫至以万计"。安南采矿业显然以"清人"为其基本劳动力，且人数不少，嘉应州华工则为其中之重点人群。"安南高平、牧马、谅山沿边一带场厂，多有广东潮、嘉等处民人在彼开采。"③ 所谓"潮嘉"民人自然是以嘉应客家人为其重点。

二、镇安知府赵翼之越南华侨采矿记录

　　赵翼（1727—1814），常州府阳湖县（今江苏省常州市）人，史学家、诗人、文学家。乾隆三十一年（1766）十一月，赵翼升任广西镇安府（今

---

　　① 萧德浩、黄铮：《中越边界历史资料选编》，北京：社会科学文献出版社，1993 年，第386 页。
　　② 金应熙：《十九世纪中叶前的越南华侨矿工》，暨南大学历史系东南亚史研究室编：《东南亚史论文集》（第 1 集），1980 年，第 77－78 页。
　　③ 中央研究院历史语言研究所：《明清史料：庚编（2）》，北京：中华书局，1987 年，第190 页。

广西德保县）知府，第二年（1767）七月初到任，其时两广总督为李侍尧。第三年（1768）五月，赵翼离开镇安，去云南参赞军务。第四年（1769），赵翼重返广西镇安府原任，直到乾隆三十五年（1770）出任广州知府。广西镇安乃广西与越南边境，赵翼在《簷曝杂记》中记录了许多奇闻趣事，其中便有关于越南华侨矿工的记载。

1. 赵翼之越南华侨采矿记录

赵翼在镇安知府任内（1766—1770）与缅甸、安南边疆事务有较多的交集，缅甸和越南境内的华侨采矿业给其印象深刻。缅甸和安南之采矿记录显示，清政府似乎并不重视银矿开采，只强调清缅和清越之国家关系和社会治安。其所记之《缅甸安南出银》条目记载了缅甸的大山厂和越南的宋星厂及与采矿相关的事情。其中与越南及嘉应州相关的内容如下：

滇边外则有缅属之大山厂，粤西边外则有安南之宋星厂，银矿皆极旺。而彼地人不习烹鍊法，故听中国人往采，彼特设官收税而已。大山厂多江西、湖广人，宋星厂多广东人。……宋星厂距余所守镇安郡，仅六日程。镇安土民最懦钝无用矣，然一肩挑针线鞋布诸物往，辄倍获而归。其所得银，皆制镯贯于手，以便携带，故镇郡多镯银，而其大伙多由太平府之龙州出口。时有相杀事，恃人众则择最旺之山踞之，别有纠伙更众者则又来夺占，以是攻剽无宁岁。安南第主收税，不问相杀事也。①

赵翼以轻视民众的语言与心态，讲述了安南矿场的一些情况。

其一，边境矿业经济发达。宋星厂和大山厂分别是安南和缅甸的代表性矿场。中越和中缅边境之矿业经济发达，两国边境民众皆因采矿而获利颇丰。宋星厂距镇安郡"仅六日程"，镇安民众只要赴越贸贩，皆能获厚利。

---

① 赵翼、姚元之：《簷曝杂记》（卷4），北京：中华书局，1982年，第73–74页。

其二，采矿场无序竞争。采矿有厚利可图，却无必要的采矿规则，华侨矿工之间的争夺和冲突因而不可避免，缅甸和越南的边境矿场之社会治安都非常严峻，纷争不断，"攻剽无宁岁"。

其三，无政府管理。越南、缅甸政府招徕华工的目的只是收税，而不管其内部争执，清政府则强调不能跨界管理，即使大山厂工人极力争取和请求，云贵总督仍以可能开启两国战争而拒绝。政府显然缺乏发展经济及其职能之理念。

2. 兴宁黄恒有在越南采矿的不幸遭遇

赵翼之记录兴趣只在于不菲的矿利，却顺带提到了嘉应州"黄姓者"，其回答让赵翼印象深刻：

> 有一黄姓者，广东嘉应州人，在厂滋事，由安南国王牒解广督。余讯以所得几何，而在外国滋事如此。渠对云："利实不赀。矿旺处，画山仅六尺，只许直进，不许旁及。先索傔值（——即租金），始听采，即有人立以六百金傔之。则其利可知也。"[1]

赵翼作为中越边境地方政府的主官，其工作重点在于维持社会治安，也是华侨矿工纠纷和争执的审理者。他在审讯中了解到，赴越采矿获利"实不赀"——大得无法计算。其记载"宋星厂多广东人"，亦可推理很多嘉应州人在安南从事采矿业。当然，黄恒有也不是在宋星厂，他只是安南一个矿场的小头目，即所谓的"滋事者"。

嘉应州"黄姓者"，其案件不仅达至地方官员，而且上达天听。乾隆四十一年（1776），两广总督李侍尧、广东巡抚李质颖收到安南国王咨文，汇报了嘉应州兴宁人黄恒有往安南采挖金矿并"聚众竖栅"之事：

---

[1]　赵翼、姚元之：《簷曝杂记》（卷4），北京：中华书局，1982年，第73－74页。

臣等提犯覆加研鞫：缘黄恒有籍隶兴宁，向在电白县地方贸易营生。乾隆三十八年（1773）正月内，黄恒有因亏折资本，闻安南有金银矿厂，开挖可以获利，即于正月初五日启行，四月十六日至广西上下冻土州，由陇委隘偷越出口，前往安南沙坡地方，访知兴化镇目所辖之蝎蚣厂出产金砂，于乾隆三十九年（1774）二月初二日赴前镇目领照往开，岁纳金一十四两。黄恒有充当客长。时有赵国顺等先后出交合伙开采，赵国顺、黄永简、邱日松……各充房长……旋因各处客民纷纷赴厂，多至三百余人，黄恒有等遂于寨外竖立木栅，以资防护，而现在镇目闻知厂内聚集多人，恐至滋事，乾隆四十年（1775）十一月内派委夷官赴厂查察，令将木栅拆毁，黄恒有等以领照挖矿，竖栅防护，延捱不拆，该镇目即拨兵将黄恒有等拿获……解送，安南国王咨解来粤。①

黄恒有因经商亏本而赴越，到兴化"镇目"处领取蝎蚣厂采矿牌照。所谓"镇目"，显然就是当地管理治安的官员。所谓"客长"，其实就是蝎蚣厂内带领一帮人采金矿的小头目，其下还有"房长"。

黄恒有等矿工竖立防护栅栏，"镇目"担心因此"滋事"而强令其拆除，工人们则拖延不拆，因而遭到逮捕，并驱逐回国。黄恒有乃一生活于社会底层的矿工，因其自我防护的行动而名动清越两国，成为一名不服从采矿管理的跨国案犯。

三、宋星厂嘉应矿工的械斗事件

宋星厂华侨矿工之械斗已受到较多的研究，甚至被视为"堪称中越两国交涉史上的经典案例"②，因为两国政府多次照会和相互协助而将其视为"经典案例"可能失之偏颇，但越南华侨矿业却由此从繁盛走向衰败。

① 中国社会科学院历史研究所：《古代中越关系史资料选编》，北京：中国社会科学出版社，1982年，第657页。

② 平兆龙：《从越南宋星银厂事件看清代中越边境矿工问题》，《五邑大学学报》（社会科学版）2017年第1期，第65页。

1. 械斗事件及其相关人物

宋星厂亦名送星厂，其经营已经很久远，其内部矿工"口较多，人数亦倍"，最兴盛时，其矿工有五千到三万人，年产银锭高达二百万两。① 其社区亦相当繁盛。乾隆四十年（1775）十月，安南国王咨覆文中称：

乾隆四十年（1775）八月十八日接奉照会。内开……仍询诸耆目会议，以为取山海之藏，以助经费，而宽田赋，乃为国之常道。本国太原镇产有银矿，召商开采，税课颇轻。粤省邻壤密接，间有人户来住。出力营生，彼往此还，以其所得美利，辗转贩易，亦是从来民生之常，立法原所不禁。……敝邦沿隘一带，谅山、太原、高平子镇，民俗朴陋。毫无华靡……即如送星厂内随聚成市，饭店酒楼，茶坊药铺，极为繁凑，亦是内地客人，于力作之处，自相贩易。太原各州民户密迩，间将盐菜食物转卖口口非全靠他生理。②

安南国王咨文辩解其招徕华侨矿工采矿政策，同时也表明宋星厂华侨矿工经济的繁荣。宋星厂乃华侨矿工在越南的重要集聚点，其矿工非自一时招集而来，而是经过了较长时间的集聚："自有厂以来，前明至今，多内地遗置未回之人，落籍世居，子孙繁息。"论者甚至谓嘉应州矿工乃宋星厂之开创者：

宋星厂地处越南北部太原省通化府白通州，是当时越南境内规模最大的矿厂。……康熙年间开始开采，广东长乐籍华商张德裕、李乔恩等合伙投资。③

---

① 故宫博物院：《安南脱回厂徒案》，北京：国家图书馆出版社，2008 年，第 129－141 页。

② 萧德浩、黄铮：《中越边界历史资料选编》，北京：社会科学文献出版社，1993 年，第 366 页。

③ 平兆龙：《从越南宋星银厂事件看清代中越边境矿工问题》，《五邑大学学报》（社会科学版）2017 年第 1 期，第 63 页。

　　张德裕、李乔恩皆为广东长乐籍的观点，不知何据？两人系"合伙投资"宋星厂之说则显然非是。乾隆四十年（1775）七月二十二日，广西巡抚熊学鹏在其奏折中明确其两者的身份：

　　该国送星厂乃系银厂，久为广东人张德裕、李乔恩占据，分垅开采，安南纳其银税，已非一日。张德裕拥资甚厚，伙伴数千人；李乔恩资本力量不能及张德裕，而同伙人数亦较少于张德裕。乾隆三十九年，张德裕越占李乔恩垅段，李乔恩不服，自上年九月起械斗数次。[①]

　　张德裕、李乔恩虽同为广东人，但显然是最直接的"竞争对手"而不是"合伙投资"，张德裕的经济实力要远强于李乔恩。乾隆三十九年（1774）九月，张德裕乃以力欺人而与李乔恩发生了多次械斗。关于宋星厂的械斗事件，乾隆四十年（1775）三月十七日安南国王给清政府的咨文中称：

　　兹有本国送星厂出产银矿，召商开采。曾有内地客商前来领牌同作，日常往返，食力相安，恪遵约束。迤来厂客日就丛杂，人数倍多，驯至滋事构隙。[②]

　　咨文对械斗事件作了简单回顾，同时表明，当年安南政府曾经咨请清政府，告诫民众别出境滋事：

　　乾隆三十一年，张任富争夺嘈口，聚众仇杀。本国已于是年七月日具

---

　　① 何新华编：《中文古籍中广东华侨史料汇编》，广州：广东人民出版社，2016年，第26页。
　　② 何新华编：《中文古籍中广东华侨史料汇编》，广州：广东人民出版社，2016年，第25－26页。

文咨请，檄行所属之韶州府转饬地方员弁，申严内地人民出境滋事之禁。①

乾隆三十一年（1766），张任富"争夺嘈口"而引起了"仇杀"事件。同年四月，两广总督李侍尧、广东巡抚钟音奏折引安南国王咨文：

本辖之送星厂，有银锡嘈矿。土人起炉开采，内地客人前来并力同作，食力相安。近有客目张任富并张南特等，各分伙伴，相争嘈口，兵刃相加，杀死古老二、古质禺等九命，查系广东韶州人氏，咨请办理等。②

2. 清政府对于安南矿场矿工之态度及其处理措施

据安南国王咨文，张任富等械斗者乃韶州人，本书亦无心深究张任富是否即张德裕，可以确定的是这些矿工多属客家人。乾隆三十三年（1768）三月，时任两广总督李侍尧照会安南政府：

据布、按二司详称：送星厂聚五千余众，自应押令回籍。惟是人数既多，利之所在，各不愿弃置归家，若以本国镇目一概驱逐，则内地人民不服外藩约束，诚有如尔国咨称，须假兵力逼胁，方能清楚，未免致生事端。自应详加慎重，分别办理。至册开在厂之人籍，隶广西、江西、湖南、福建各省，而粤东嘉应、惠州及广、肇、南、韶之人十居其九，现在已行令各府州转饬原籍州县查明。③

据其照会，嘉应州及客家民众乃越南采矿业最重要的参与者，其人口

179

①　何新华编：《中文古籍中广东华侨史料汇编》，广州：广东人民出版社，2016 年，第 25 – 26 页。
②　《宫中乾隆朝奏折（29）》，台北：台湾故宫博物院藏，1984 年，第 161 页。
③　何新华编：《中文古籍中广东华侨史料汇编》，广州：广东人民出版社，2016 年，第 25 – 26 页

规模自然应当"以万计"。乾隆五十六年（1791）六月初四日，两广总督福康安上奏关于中越边境往来商人的管理问题，得到的答复中明确提到嘉应州：

查内地赴安南贸易，多系广西之南宁、太平、镇安等府及广东之韶州、惠州、口（潮？）州、嘉应州民人。伊等或系单身，或系合伙，置货出口，非同内地口营，谊盘诘于边关，犹宜有厘于原籍。①

安南矿场之矿工确实以嘉应州等客家人为主。安南宋星厂的械斗，处理结果首先是乾隆四十年（1775）关闭中越边境所有口岸，"向来给照验放之例，永行停止"②，阮朝政府最终将矿厂国有化，华侨采矿业衰落。清政府称此械斗事件为"安南脱回厂徒案"，乾隆四十年（1775）十月上谕③，从此民众严禁赴越采矿、经商，两千多名返国华侨矿工被发配江、皖等四省，其中发往伊犁和乌鲁木齐等处 903 名。④

发配乌鲁木齐的九百多名无辜难民是否都是"嘉应州人"值得怀疑，同时也可以确定其亦非从"越南、老挝、柬埔寨等地谋生"而遭遇"战争"爆发而返回——零星人员陆续回来而遭统一发配亦是难于想象。无论如何，这是"客家共同体在海外的播迁"的重要历史事件与现象，九百多名矿工被安置在城西北的草滩里拓荒，其聚居村落则被称为"广东庄子"。⑤

赴外番谋生，采矿谋利，本属于清政府严禁的传统国策范畴："编氓牟利异域，久假不归，亦觉非体。"嘉应州民众迫于国内生存压力，安南

---

① 中国社会科学院历史研究所：《古代中越关系史资料选编》，北京：中国社会科学出版社，1982 年，第 600 页。

② 萧德浩、黄铮：《中越边界历史资料选编》，北京：社会科学文献出版社，1993 年，第 39 页。

③ 平兆龙：《从越南宋星银厂事件看清代中越边境矿工问题》，《五邑大学学报》（社会科学版）2017 年第 1 期，第 63－65 页。

④ 《清实录》（第二十一册），《高宗实录（十三）》，北京：中华书局，1986 年，第 248 页。

⑤ 房学嘉：《客家源流探奥》，广州：广东高等教育出版社，1994 年，第 145－146 页。

亦听任华人矿工入越开采,他们穿越"外夷边界","越境潜往",且"每每滋生事端",被清政府视为"奸徒""奸民"。①

此时,西欧各国正大力支持其国民从事世界贸易,甚至不惜动用国家暴力,相较于走在时代潮流中的清国,两地国民的遭遇着实让人不胜感慨。

第四节 罗芳伯与西加里曼丹客侨社会

安南因其与两广相邻,华侨矿工仍然处于传统中华文化圈内,受中越两国政府之严格管理与控制,且时刻处于政府的高压管控中。采矿规则并未真正建立,其生产和生活也是各自分散的,更未建立其更高级别的生产和生活组织。

加里曼丹岛因其离岛之相对独立属性,属于马来民族及其文化领域。包括嘉应、大埔等地在内的客家采矿人,在与当地土著、荷兰人和英国人以及闽粤其他方言帮群的博弈中,逐渐涌现出罗芳伯等历史留名的梅州客属侨领,初步形成其内部社会自治组织,形成海外客家人共同体,或曰早期客家华侨社会。

一、罗芳伯及其创立的兰芳公司

乾隆中后期,以坤甸罗芳伯及其所创立的兰芳公司为中心,形成了梅州客家海外社群,这是重要的历史转型,其成就巨大,其历史却凝结了千千万万梅州华侨的事迹,是梅州早期南洋移民的历史缩影,影响深远。

1. 过番

罗芳伯,乾隆三年二月初九(1738 年 3 月 28 日)出生于嘉应州的石

① 《清实录》(第二十一册),《高宗实录(十三)》,北京:中华书局,1986 年,第 116 – 117 页。

扇堡（今梅县石扇镇），原名芳柏，"罗大哥"及"罗芳伯"是对其的尊称（大哥和伯分别是客家人对同辈和上辈长者的尊称）。罗芳伯少年时是同辈中的佼佼者。一篇"怡情"的《金山赋》表现出他很高的才智和学力。他自认为"才本鸠拙，志切莺迁"，且"惭非宿学高贤"，但他"耕辛凭舌，砚苦为田"①。

南洋的淘金梦吸引了罗芳伯，"闻金山之盛也，时怀仰止之私衷"，"远适他乡，原效陶朱之致富"。他"长不满五尺"，更似习文吟诗者，却不似习武弄棒之人，很难想象其作为天地会首领且拥有高强的武功。然而，他"少负奇气，业儒不成，去而浮海。乾隆中叶，客南洋婆罗洲之坤甸"②。乾隆三十七年（1772），罗芳伯乡试失败，随后便约集百来名同乡亲友，漂洋过番到婆罗洲（今加里曼丹岛）开采"金山"。罗芳伯后来在《金山赋》中说：

> 盖闻金山之胜地，时怀仰止之私衷。地虽属蛮夷之域，界仍居南海之中。……予自忖曰：既从虎门而出，定直达乎龙宫。无何远望长天，觉宇宙之无尽；下临无地，想云路之可通。直如一叶轻飘，飞来万里；好借孤舟径达，乘此长风，时则从小港而入，舟人曰："金山至矣"。

"金山"是罗芳伯耳熟而向往之地，虽远离中国大陆，却仍属于"南海"的范围。过番的海程茫茫，他却对"金山"憧憬不已。他从虎门出海，在不知不觉间便到达目的地。过番显然已成"仰止"而非冒险或不得已之事，但因其内心深处的士子情怀与文化情结，"士"与"商"的冲突难免。缺乏经商资本而过番，却因此成就其人生事功。

---

① 罗方伯：《金山赋》，许德生、杨汾：《罗芳伯事略》，《嘉应侨史》1987 年第 1 期，第 47 – 48 页。

② 温仲和纂：（光绪）《嘉应州志》，台北：成文出版社，1968 年，第 425 – 426 页。

2. 创业

18 世纪中叶，成批华侨大规模移民到加里曼丹淘金。1740 年至 1745 年间，曼帕瓦苏丹巴能帕汗从文莱招 20 余名华工淘金，三发苏丹将炉末和拉腊租给华工。华侨的分布范围逐渐由拉腊扩展到蒙特拉度和坤甸的曼多（东万律）。正是在这种背景下，罗芳伯、张亚才等兰芳公司成员南来加里曼丹岛，以挖金矿为生。[①]

在加里曼丹岛的坤甸，罗芳伯最初以教书为业，但这显然不是其南来此地的初衷。因此，他很快便转到山心金湖采矿。

加里曼丹岛盛产金矿和钻石，当时，坤甸地区有三四个华侨采矿公司，相互之间经常为争矿而斗殴。显然，岛内还未建立起正常的生产秩序，持不同方言的华侨族群急需实现内部的整合。华侨社会的整合此时仍处于方言族群内部，直到晚清华侨民族主义形成之后，才开始进入中华民族的不同地域方言群体之间的华人整合。

183

乾隆四十二年（1777），罗芳伯在曼多（东万律）创建了兰芳公司。公司首领被称为"大哥"，后世亦称其为"大唐总长"或"大唐客长"，且规定只能由德行能够服众的嘉应州华侨继位，这成为兰芳公司的基本继承制度。公司实行寓兵于农的军事制度，平时各自为工，遇战事则为兵。公司又设立税卡，征收各行业税收，还征收边境税。

对外方面，罗芳伯逐步兼并了东万律周边的一些采矿公司，统一了华侨内部；又助坤甸苏丹平息其内部的疆域纷争，与坤甸苏丹保持良好的协作；还与广州、潮州等国内外贸船只维持贸易关系。

3. 发展

此时，坤甸、东万律、沙拉满、山口羊等地大多尚未开发。罗芳伯率领华侨不仅采金，还以之为家园而苦心经营，将野岭荒山辟为良田，又发展了当地的交通，创办了学校，侨居地逐渐发展为富庶的"金矿之乡"和

---

① 秦宝畸：《洪门真史（第 2 版）》，福州：福建人民出版社，2000 年，第 348 页。

"鱼米之乡"。

公司内部按章办事，公平处事，整个社会生产与生活秩序井然，华侨各安其业。《兰芳公司历代年册》指出："罗大哥时，未有'公班衙'来理此册府，故一切法度，经其手定。"罗芳伯之治理兰芳公司与当地社会显然非常成功，其伟业早已成传奇，张煜南诗曰：

> 巨鳄捊人肆意吞，结坛致祭事重翻。
>
> 琅琅宣读韩文罢，已挟风涛出海门。

原注：鳄鱼为害，芳伯取韩昌黎祭文宣读而焚之，鳄鱼遁去。[①]

罗芳伯模仿唐朝韩愈刺潮时祭鳄除害的故事，体现了其政治胆识和才能，更是当地社会表达对其开拓性贡献的高度赞赏和尊敬之情。

4. 结局

据《兰芳公司历代年册》记载，罗芳伯时兰芳公司"人丁约有两万余人之众，开金湖者居多，亦有耕种、生意、业艺等项经纪"[②]。在罗芳伯等的领导下，公司业务蒸蒸日上。乾隆六十年（1795），罗芳伯病逝，终年58岁。此后，兰芳公司总厅大哥由江戊伯、宋插伯、刘台二、古六伯、谢桂芳、叶腾辉、刘亮官、刘鼎等相继接任。

据说"荷兰人于1786年（据亨特的说法）以两艘双桅船运士兵50名来此，建立商馆"。荷兰人的势力显然已经渗入坤甸，但此时还未对公司产生实质性的影响，罗芳伯的文章中也未提及荷兰人的影响，兰芳公司主要与当地苏丹发生关系，享有较大的自治权力。

逐渐地，兰芳公司不仅要面对来自华侨内部的争夺，还要应付荷兰东印度公司的武装入侵。当时，荷兰东印度公司以爪哇为根据地，不断向外

---

① 张煜南辑：《海国公余辑录》（卷六）"海国咏事诗·婆罗洲"，内部发行，2005年，第13页。

② 罗英祥：《漂洋过海的客家人》，开封：河南大学出版社，1994年，第76页。

岛拓展，坤甸首当其冲，东万律、山口洋等地都深受其扰。

1824 年，刘台二（1821—1837 年任兰芳公司领导人）被任为"兰芳公司大总制甲太"（即甲必丹），兰芳公司正式成为荷兰殖民地。1884 年，末代"甲太"刘阿生去世，荷兰殖民者突然出兵占据曼多，拆毁总厅前桅杆。兰芳公司英勇反击，直到 1888 年被镇压。① 至此，兰芳公司共传 12 任领导人，延续了 108 年。

二、罗芳伯及其"兰芳大总制"之历史评价

罗芳伯及其时的华人社群，其研究已经非常深入，其成果亦可谓汗牛充栋。20 世纪初年，罗芳伯的形象还很模糊和朦胧，如今则是相当清晰，可谓家喻户晓。

1. 谢清高《海录》所记载之昆甸国和戴燕国

事实上，大约罗芳伯稍后，其后辈同乡谢清高等便已经给予了其充分关注和明确记载：

昆甸国，在吧萨东南，沿海顺风约日余可到。海口有荷兰番镇守，洋船俱湾泊于此。由此买小舟入内港，行五里许，分为南北二河，国王都其中。由北河东北行，约一日至万喇港口，万喇水自东南来会之。又行一日至东万力，其东北数十里为沙喇蛮，皆华人淘金之所。乾隆中，有粤人罗方伯者，贸易于此。其人豪侠，善技击，颇得众心。是时尝有土番窃发，商贾不安其生，方伯屡率众平之。又鳄鱼暴虐，为害居民，王不能制。方伯为坛于海旁，陈列牺牲，取韩昌黎祭文宣读而焚之，鳄鱼遁去。华夷敬畏，尊为客长。死而祀之，至今血食不衰矣。②

---

① 李欣祥：《末代甲太刘阿生》，香港：中国联合出版社，2019 年。

② 谢清高口述，杨炳南笔录，安京校释：《海录校释》，北京：商务印书馆，2002 年，第155 页。

乾隆末年，吴元盛所建之戴燕国政权，多被认定乃罗芳伯派遣其杀死原戴燕国王而自立，是罗芳伯的属域。谢清高《海录》同时还记载了在坤甸河北部的吴元盛与戴燕国（Tayau）：

戴燕国在昆甸东南。由昆甸南河向东南，溯洄而上，约七八日至双文肚，即戴燕所辖地。又行数日至国都。乾隆末，国王暴乱，粤人吴元盛因民之不悦，刺而杀之，国人奉以为主，华夷皆取决焉。元盛死，子幼，妻袭其位，至今犹存。①

其"奉以为主"的世袭形态让人产生更多遐想。和昆甸国一样，戴燕国也成为嘉应州海外侨民社会的重要据点，其建立成为嘉应州海外侨民社会形成的重要标志。论者猜测说：

谢清高并未到过西婆罗洲，他的记录或许还是来自海客水手们的口耳相传。②

无论谢清高是否曾经亲至其地，《海录》总是当代人所记之当代事，其记录显然大多可信：其一，荷兰人镇守海中，强调西方殖民势力已及于此。其二，罗芳伯"贸易于此"而与一般所说其率众淘金不同，强调其商人身份。其三，罗芳伯同样受夷人"敬畏"，而"尊为客长"。

2. 兰芳公司消亡之后的中外研究

1885 年，荷兰政府派驻西婆罗洲的翻译高延（J. J. M. De Groot），看似以中国的乡村传统去解读西婆罗洲华人社会，其实却是以西方视角和语

---

① 谢清高口述，杨炳南笔录，安京校释：《海录校释》，北京：商务印书馆，2002 年，第 158 页。

② 周云水、林峰编著：《西婆罗洲华人公司史料辑录》，广州：暨南大学出版社，2018 年，第 9 页。

言习惯，撰写了《婆罗洲华人公司制度》，视华人公司为共和国。其基本资料则是兰芳公司最后一任首领刘阿生的女婿叶湘云编撰的《兰芳公司历代年册》。论者以为叶湘云刻印此年册，是想为刘阿生"这些汉奸"辩护。①

高延的研究和记录受到了当代学者的高度重视，相对来说，谢清高《海录》以明确的东方语境，深切地理解罗芳伯及其所建之组织的历史文化内涵。晚清梅州著名侨领张煜南的诗概括了罗芳伯建立兰芳公司的伟业及其作为侨领的伟大形象：

> 地辟罗江百里长，公司昔日立兰芳。
> 廿年客长人争敬，碑记今犹竖墓旁。

原注：昆甸有兰芳公司，粤人罗芳伯善技击，颇得众心，华人敬畏，尊为客长。②

张煜南所资助撰写与刻印的《光绪嘉应州志》卷二十三亦有罗芳伯传，同样贯穿了谢清高和张煜南的观点，且更加具体而清晰。显然，罗芳伯是在海外地域建章立制的开拓英雄。

20世纪初，梁启超"据口碑"而撰写了《中国殖民八大伟人传》，罗芳伯和吴元盛皆被誉为中国海外殖民八大传人之一。字虽少，却成为此后中国华侨研究的重要基础。

人们对罗芳伯故事的热情不断增长，其研究史料却长时间停留于传说和传奇。刘继宣、束世澂《中华民族拓殖南洋史》，胡炳熊《南洋华侨殖民伟人传》等都以简单的传说史料，阐发其内含的民族主义理念。

---

① 田汝康：《十八世纪末期至十九世纪末期西加里曼丹的华侨公司组织》，《厦门大学学报》（哲学社会科学版）1958年第1期，第132页。

② 张煜南辑：《海国公余辑录》（卷六）"海国咏事诗·婆罗洲"，内部发行，2005年，第13页。

3. 兰芳公司之政权属性的思考

罗香林撰《罗芳伯所建婆罗洲坤甸兰芳大总制考》《西婆罗洲罗芳伯等所建共和国考》，其基本主张便是罗芳伯在坤甸建立了"完全主权之共和国"，且可媲美华盛顿所创建之美利坚合众国，同为民主国体。罗香林之"罗芳伯创建兰芳共和国"论后来总是被津津乐道，也引起没完没了的辩论，该论或受极力追捧，或受极力贬斥，甚至有人认为他窜改了兰芳公司史料。[①]

罗芳伯所成立之组织内部的人口、属土和权力，与"国家三要素"之国民、领土、主权看似相类，其实两者相差太远，将之视为"国家"显然太勉强，视为近现代以来的共和国就更不着边际了。然而，这种说法满足了中国民族主义者的心态，因而传播久远，且始终有其特定的影响力。

罗芳伯所建立之兰芳公司，虽隶属于当地土人管辖，且为荷兰殖民政府所灭，其影响却是实实在在的，不能简单以现代之商业公司组织视之。因流寓当地采矿的华人众多，初来乍到时自然无法形成良好秩序。罗芳伯以其智慧和强力，团结并率领客家华人，初步整顿和建立了华人社会秩序，使海外华人社会形成。

从无序的初级社会形态到有序的华人社会形态的建立，从此，华人在此安居乐业，坤甸成为海外客属华侨社会最早的定居点之一，罗芳伯功莫大焉。罗芳伯开启了梅州客家海外移民的新时代，虽不为立国，却立基肇始，成就其鼻祖之业。民国初年，论者的评价值得回味：

殖民之业，前进后继必有成功之一日。我华人之居喃巴哇者莫不崇拜罗芳伯，比之开辟美洲之哥伦布，呜呼，亦人杰哉。罗芳伯，广东嘉应人，性刚毅，抱大志，飘泊至此，以权术结交土酋，卒据其地而有之，凡

---

① 田汝康：《十八世纪末期至十九世纪末期西加里曼丹的华侨公司组织》，《厦门大学学报》（哲学社会科学版）1958 年第 1 期，第 132 页。

政治学术，一袭前清制，保其业百数十年，亦一世之雄也。①

　　罗芳伯既不类于建国之华盛顿，亦不类于殖民探险之哥伦布，而是因其出外淘金谋生而开其肇始之业，实与中国传统之南迁移民相类。然而，他恰遇西方殖民主义者而进入了新的历史阶段，也就得到了新的历史解读。

---

　　① 黎洪亮：《纪喃巴哇》，《南洋杂志》1912 年第 1 期，第 11 页。

第四章　乾嘉道年间梅州海外移民数量的增长及其动力

　　乾隆中后期，过番已经成为梅州民众重要的谋生方式，是其重要的生存手段与途径。过番民众数量大量增长，华侨与故乡之间逐步形成关联状态。梅州经济生活与风俗变迁逐渐增加外番内涵，侨乡内涵逐渐具备而初步萌芽。

　　18 世纪末 19 世纪初，更多闽粤贫民因生活困苦而无奈外拓，梅州客民移民南洋的脚步也进一步加快了。与此同时，欧美爆发的政治与工业"双重革命"，直接改变了世界历史发展走向，转换了时代主题，也改变了中国的发展轨道和民众的生活方式。

　　1775 年，美国独立战争爆发，开启了美国独立建国之路。1783 年 9 月 3 日，英国被迫签订《巴黎和约》，承认美国独立。美国的独立为拉美民族独立运动树立了榜样，其联邦制、总统制和共和制等新政治制度的肇始助推法国大革命，法国大革命成为现代法国之起源。

　　美国独立打开了大英帝国殖民体系的巨大缺口，极大地改变了英国作为世界工厂的地位及其殖民体系。英国"急功尚利，以海舶商贾为生涯。海中有利之区，咸欲争之"①。英国开启其"亚太战略"，将殖民侵略重点转向印度和中国等亚洲地区，从而打破并重塑西南太平洋的地缘政治格局。

---

　　① 谢清高口述，杨炳南笔受，冯承钧注释：《海录注》，北京：中华书局，1955 年，第 73 页。

英国与荷兰等国加强在东南亚的殖民侵略和争霸活动，南洋已经成为西方殖民者逐鹿之地，"旧港国（印尼巨港）不知尊中国，而畏荷兰、英吉利如虎"。英国成立了海峡殖民地，建立了砂拉越的布鲁克王朝，又鼓励向澳大利亚的移民。论者指出：

乾隆年间，清朝廷封闭了江苏、浙江、福建的三个通商口岸，只保留广州对外通商。总的看，到 19 世纪初，也就是谢清高航海的时代，每年到广州贸易的商船不过 70 余艘，甚至更少。①

乾嘉道年间，外国进口商船数量逐渐增长，但直到乾隆中后期增长才较明显，直到嘉庆二十一年（1816）才首次突破 100 到 104 艘，道光年间又有所增长，但总量并不大且增长缓慢。② 嘉庆二十年（1815）十二月，广东督学使者彭邦畴在其撰写的《重修梅州试院记》中说："岭南……盖以地濒大海，巨舶连樯涉穷洋而来者，岁以百数计。"③

英国当然不会认可这种局面，因而它急于用鸦片打开中国市场和中国国门。继马戛尔尼使团之后，1816 年阿美士德使团又接连赴华，却依然无功而返。英国访华使团未受到清廷重视，却深刻影响着中国的发展走向。虎门销烟后，曾经的使团成员、资深议员托马斯·斯当东积极煽动英国发动鸦片战争。中国由此正式进入救亡图存的近代百年历程。

英荷等国的亚太殖民扩张也改变了华侨命运。国内移民渐趋饱和与超饱和，"下南洋"逐渐成为梅州贫民的重要出路。本来怀抱独立耕作的谋生期望移往南洋耕种与采矿的华侨，却被迫由荒岛和荒地开拓者转变成为列强殖民地建设者，逐渐成为殖民地开发的主力军。

———————————

① 安京：《〈海录〉作者、版本、内容新论》，《中国边疆史地研究》2003 年第 1 期，第 52 页。
② 邓瑞本编著：《广州港史》（古代部分），北京：海洋出版社，1986 年，第 186－188 页。
③ 谭棣华、曹腾騑、冼剑民编：《广东碑刻集》，广州：广东高等教育出版社，2001 年，第 878 页。

191

清朝前期，世界人口快速增长。英国往美洲、澳大利亚等地殖民，又通过工业革命实现人口向第二、三产业的转移。中国则基本上是农业移民，几乎没有行业转移。传统农耕手段显然已经难以完全解决增长人口的就业和生活问题。

"湖广填四川"乃大规模的人口迁移，在短期内解决了大量剩余人口的生计问题，经过几十年休养生息，四川等地之可耕作的耕地不断减少，人口增长则仍然未能停止，生活水平的降低不可避免，人们寻找新的生存之路实乃必然的无奈之举。

乾隆初年放开矿禁，许多梅州客家人转为从事采矿，形成人口的行业转移。与东南亚的地缘关联、南洋的开发及其对人口的吸引、客家人文环境和社会心理等因素，都有力地推动了梅州客家人"下南洋"，形成了国际移民。

乾隆晚期，梅州开始形成生产性的海外移民群体，其生产的目的性已经比较明确，而不仅仅是此前少量的非生产性移民。嘉道年间，梅州南洋移民数量快速增长，这些移民开辟了属于自己的新天地，形成了自己的生产生活风格，建立了同乡会馆等地域性自治和互助社团，当中涌现了更多侨领，更多华侨贤达史上留名。

第一节　乾隆初年梅州的"乐土"困境及移民选择

历史研究都以历史记录为基本依据，去反映和揭示相应的时代内涵。雍正十一年（1733），嘉应直隶州成立，"嘉应五属"意识亦随之形成。乾隆庚午年（1850），《乾隆嘉应州志》刊刻发行，集中反映了当时强烈的乡土意识。

《乾隆嘉应州志》记载了18世纪前期梅州的历史状况。其时，梅州被誉为山水和人文秀区，但历史已经酝酿着时代巨变，膨胀的人口已经远超耕地承载力，民众生活已远不是史书记载的那样升平、惬意和岁月静好，农村人口大量剩余并向外移民。

梅州同样走出了由乱入治到盛极而衰的 18 世纪中国历史基调。其时，梅州不再是"盗贼薮"和"瘴雾乡"，而是人所向往的"乐土"。然而，梅州看似和平稳定，却囿于传统，仍处于农耕时代的典型形态。

"乐土"是区域社会的理想生活，其传统内涵是经济生产平稳、有序而活跃，人文鼎盛，民众生活富足进而耕读传家，知书达理。嘉应州民风淳朴，民俗简单，不同阶层和界别各有爱好与向往，士农工商各安其业，井井有条。

传统社会的"乐土"，还常常伴随人口的剧烈增长和土地开发程度的不断加强。发展到一定程度后，人均耕地迅速减少，贫困化已在路上，且不可避免地形成恶性循环。乾隆初年的梅州，已经在酝酿新的发展模式。

一、文风极盛与文明发展

诚然，科举不仅关于文化教育，更是候补官员的选拔赛，乃政治范畴，其教学内容亦属行政伦理范畴。所谓"文教"决不能以现代之学校教育作简单之类比。它需要一定的时代大气候与当地官员的提倡，以形成一定的共振。

1. 文风极盛乃嘉应设州之前提与基础

雍正十年（1732）七月初八，两广总督鄂弥达请升程乡县为直隶州，名曰嘉应，其于奏疏中盛赞当地人文的发展盛况：

> 程乡一县，蒙圣朝德教覃敷，文风极盛，每科乡会中式，通省各庠罕出其右，而岁科取进生员仅一十五名，殊未相称。今拟改县为州，应请照大学例广额取进二十名，以光文治。[①]

① 文晟纂：《嘉应州志增补考略·卷一》，咸丰三年（1853）刻本，第 6 页。

193

文风之盛与岁科生员名额"殊未相称"，这成为鄂弥达奏请设州的重要理由之一。文风之盛成就了梅州"人文秀区"之盛誉，也成为乾嘉盛世的重要背景。然梅州人文积淀，学风深厚，当远溯唐宋，盛于明清：

嘉应州之学风，大多推及唐朝韩愈之刺潮劝学，宋苏轼谓："自是潮之士皆笃于文行，延及其齐民至今，号称易治。嘉应，本潮属也，古为程乡，义化之风濡染，尤切先儒。"陈白沙《学记》："程乡风俗，善多而恶少，其由来久矣。我国家文教罩敷，百余年来，仁义之所渐磨，礼乐之所陶淑，沦肌洽髓，无间幽遐，嘉虽僻壤，犹是声教之区，乌在不足微道，一同风之盛哉。"①

一地文风与其科教行政紧密相关，与官方之倡导定向关联极大，与当地官宦之提倡息息相关。朝代更替之际更是确定一代文风、学风方向之关键节点。清初高擎文治旗帜。清代梅州文风之兴盛，亦受清初各朝宦梅官员之大力推动，比如：

惠士奇，字仲儒，苏州吴邑人。康熙己丑（1709）进士，官编修，两任粤东学政。劝学兴行，选拔真才，一反前督学陋习。先时寒士，皓首读书，不获博一衿，而程乡能文者，淹抑尤多。辛丑（1721）癸卯（1723）间，冒籍之禁未严，潮属邑通考，士奇莅岁科试，程之进泮者百余人，士气始扬，随捷去逾半，皆拔取。时所擘赏者也。嘉人知穷经读古，实倡自士奇。②

1721 年 1723 年间，程乡之进泮者百余人，"士气始扬"，可见文风极

---

① 程志远等整理：（乾隆）《嘉应州志》，内部发行，1991 年，第 44 页。
② 程志远等整理：（乾隆）《嘉应州志》，内部发行，1991 年，第 196 – 197 页。

盛决不仅是历史之积淀，更是清初官员提倡之结果。事实上，任何时代之学风、文风都需要官员的扶持和激励。

乾隆庚寅年（1740）夏，惠士奇退休离职回老家生活，后带儿子来梅旅游。其间当地百姓给予其最高礼遇，且将其入祀培风书院。造福一方的官宦，老百姓一定会铭记和感恩，历史更不会遗忘。

"文风极盛"受到了极大限制，这成为嘉应设州之基础，或者说，官员提倡设州既解除了其限制，又推动了地方文风之进一步发展。设州之后，其文风更为鼎盛，其影响则立竿见影：

> 由是文庠广额，兵备廓增，一时顿为改观。十余年来，时和年丰，官清民乐，人文蔚起，甲第联绵，尤称鼎盛，即方之广潮诸大郡，殆无多让。（乾隆）《嘉应州志》苏昌"叙"）

"叙"言难免多嘉言，却不可能过于离谱。苏昌之叙言反映出嘉应设州后之人文发达，设州确实进一步推动了当地文风之发展。乾隆初年，知州王之正因之题赞"人文秀区"。

吴鸿（1725—1763），浙江仁和（今杭州）人，乾隆二十二年（1757）以翰林侍读出任广东学政，曾赞誉"嘉应之为州也，人文为岭南冠"，此虽过誉之词，却常被研究梅州的学者所经常提及。

2. 设州与"士"的"新期望"

嘉应设州而扩科举名额，从而吸引了更多的人参加科举："近年，应童子试者至万有余人。"所谓"应童子试者"，就是未取得秀才资格，还没有功名的读书人。"万有余人"，则表明当时普通知识分子人数之多。

"士"已经成为嘉应州重要的群体力量，成为文风鼎盛的基本载体，其数量也成为文风鼎盛的重要指标。"文风极盛"和"人文秀区"是社会发展状态，亦是文人之生活环境，是文人之成就。这是清初政府与官员引导之功，亦是社会选择和历史发展的必然结果。

之所以这么快就有这么多士人参与其中，显然是有其历史积淀的，也表明其设州确实有合理性，故时人称："前制府请改设州治疏称'文风极盛'，盖其验也。"① 乾隆初年嘉应之文教发达，文风称盛，确非一时形成的。

文人喜读书成"性"，已成为"士风""士习"，则无历史之沉淀不足以成此。晚清著名客家学者温仲和评价说："（方渐）尝谓梅人无植产，特以为生者，读书一事耳。可见州士之喜读书自宋已然。"② 清初嘉应之士继承了自宋代以来士人"喜读书"的优良传统。

国家政策必然引导民众作出其现实的人生选择。嘉应设州而扩科举名额，给文人读书"画了更多的饼"，其结果便是"士喜读书，多舌耕，虽困穷至老，不肯辍业"③，这是时人之观察与思考的结果，其内涵还要从历史之发展去挖掘和解读。

"喜读书"：科举不仅吸引了更多的读书人，还形成了读书人的人生选择，亦成为客家社会的选择，甚而成为其传统。读书人一心只读圣贤书，其实只是专心致志于读书事业，实现其科举人生的最高价值。

"多舌耕"：即教书和考试，读书人以参加科举考试为其人生最大的愿望，因生活无奈只得以"舌耕"为业，其日常最重要的工作就是教书，以此维持自己读书与参加科举的那一份希望。

读书既已转型为读书人的"职业"，并以教书维持其希望。这种常态化的士风士习，表明"士"已经很多，且很平常。社会上读书的人多了，能够"舌耕"的人自然也会更多。社会能维持更多的人读书，自然是社会发展和选择之结果。

读书人选择读书是因为对做官的期望，选择教书则是为生活所迫。读书已不再是一种享受，而是完全转型为当地社会重要的经济生产和生活模

---

① 程志远等整理：（乾隆）《嘉应州志》，内部发行，1991 年，第 44 – 45 页。
② 温仲和纂：（光绪）《嘉应州志》，台北：成文出版社，1968 年，第 125 页。
③ 程志远等整理：（乾隆）《嘉应州志》，内部发行，1991 年，第 44 – 45 页。

式。当时的经济和社会已经不可能让本应儒雅之"士"轻松儒雅，其生活质量亦不可避免地陷入困境，显示出极度的困顿和无奈。

教书的收入不高，但读书人即使"困穷至老"亦"不肯辍业"——既不停止科举事业，也不停止教书职业，这与其说是对读书人的赞赏，不如说是对读书人的悲怜。士之能读书治学，能以仕进及知识为生，生活虽然"困穷"，但总还有一条生路，毫无疑问已经是极为幸运的，这种经济模式已经成为当时的"知识经济"了。

更多的读书人则已经离开科举仕途，或是无奈待业，或是弃儒从商，如罗芳伯漂洋过海，甚至在华侨中以教书为生。由此看来，所谓的"文风极盛"至此已经不再那么美好，其在生产和生活中显然有着很多的迷茫和无奈。

3. 开始职业分化的"士"

士指一般知识分子，或者指文人，他们具有一定的知识能力，士与"士大夫"不同，前者一般还没有功名，后者一般都是有功名而有所成就者，但士都崇尚且积极参与科举考试，考取功名，是成为官员的潜在对象。他们因读书识字和应试而被认定是乡村社会中的精英群体，社会影响相当大。

乾隆十七年（1752），全国会试、殿考，广东取进士 11 名，其中嘉应州本属（程乡）占 5 名。从顺治元年（1644）到道光元年（1821）共 177 年，梅县科举考试共中进士 49 人，居全广东省之冠；大埔县共 15 名翰林，占当时潮州的 9/10。[①]

士的大量增加是文化水平提升的重要表现，这也意味着读书行业的竞争更加剧烈，士之人生路径便不可避免发生分化，耕读传家自然是中国的历史传统，因商务发达而培育出来的书香世家亦已产生。晚清何如璋家族

① 古直：《客人对》，谭元亨主编：《客家经典读本》，广州：华南理工大学出版社，2010年，第 113 页。

先辈有从商致富而逐渐兴起读书者，何如璋当属其中得益者。黄遵宪家族同样由商致富再从政。

　　黄遵宪故居和出生地——梅城攀桂坊（下市）禄善堂兴建于乾隆年间（1755—1765），其开基祖黄朴泉（1730—1829），年轻时做本地市场中介而致富，进而开当铺，典当业从此成为黄遵宪家族数代经营的世业，黄朴泉开创了此后二百五十余年的书香世家，其后人一直经商与读书并举，秉持书香与商业共存的儒商传统。

　　人才是第一资源，创新是第一动力。读书既增长知识，还能让劳动力更加有价值。梅州读书人职业生态的转型，从本质上看，是人口素质的提升，从而提升了人口红利，进而深刻地影响了梅州的社会发展生态，梅州社会被烙上了深深的读书印记。

二、社会阶层及其生存状态

　　经康雍两朝的平稳发展，乾隆初年，粤东的经济与社会、文化已经有了极大发展，此地经济相对兴盛、生活相对富裕，州志因此誉之为"乐土"：

　　又此前人物稀少，林莽丛杂，时多瘴雾。今皆开阔，瘴雾全消，岭以北人视为乐土。此其气候更有殊者，固不得执全粤以概一隅，尤不得据昔日以论今也。[①]

　　从横向的全省发展看，"固不得执全粤以概一隅，尤不得据昔日以论今也"，嘉应州已经不比其他地方差；从纵向的历史发展看，梅州的发展极为良好。苏东坡之时，梅州是"人物稀少"的处女地和"瘴雾"区，而今则因其较好的开发与发展深受"北人"向往，成为移民目的地。所谓

---

　　① 程志远等整理：（乾隆）《嘉应州志》，内部发行，1991 年，第 41 页。

"瘴雾全消"，是指其土地得到开发，可谓雾散见蓝天，新旧两重天。

事实上，文风之盛与其人口增长和经济发展是相伴相随的，（乾隆）《嘉应州志》苏昌"叙"中便明确强调，嘉应设州之关键乃其"境处冲要，人丁繁庶"。（乾隆）《嘉应州志》所记录的多是康雍时代之事，其记录则以乾隆初年的"盛世"为表达基调，其关于民众生活的记录语言，已可以明显表现出整个社会的无奈，各阶层民众生活看似如此有序，却又如此无助，难有提高生活水平的手段与途径。社会于平静中蕴含着某种变动。

1. "谨约自好"的"士大夫"

士大夫本指现职官员、退休官员和将来有可能担任官员的士人，平常也指通过童试而取得"童生""生员"（俗称"秀才"）功名者，他们具有免除差徭、见知县不跪等特权。士大夫有时也指较有名望、地位的乡绅。他们是社会精英群体，是传统乡村政治的实际操控者，往往引导着乡村社会走向，在物质层面自然是衣食无忧。（乾隆）《嘉应州志》载：

士大夫谨约自好，以出入公庭为耻。[①]

谨指恭敬、慎重，约指限制、约束，谨约指严于律己；自好指自爱、自重，朱熹集注："自好，自爱其身之人也。"谨约自好指高度自律以爱护自我声名。公庭指公堂、法庭。士大夫的"谨约自好"，实即嘉应州的政风与学风。

传统儒家伦理社会提倡"无讼"，主张以伦理道德来调节社会关系。孔子说："听讼，吾犹人也，必也使无讼乎。"（《论语·颜渊》）诉讼常被认为是矛盾和冲突的升级，影响社会与人际和谐，因而为人们所鄙视。道德管束既节约诉讼成本，又可避免乡亲和邻里之间因诉讼而针锋相对。

"以出入公庭为耻"，体现儒家的"无讼"情怀，以"无讼"为尚。

① 程志远等整理：（乾隆）《嘉应州志》，内部发行，1991年，第44–45页。

乡绅们有意识地保持与官府的距离，不以"公权"谋"私利"，具有天下民生平等的社会理想，具有传统社会理想的政治情怀，是对传统政治理念的自我推崇和勉励。

2. 温饱之家

传统社会重农抑商，尚义轻利，所崇尚者并非"钱"。以"钱"来衡量社会发展和人生之成功乃近代工业社会之后的理念。"钱"与"商"似乎天然地结合在一起，州志则显然并不关心有"钱"人，且有"钱"人确实不多，也进不了社会的中心。

"温饱"是农耕时代普通民众的生活目标，"温饱之家"则是指区域社会中物质生活相对富裕的社会阶层，这是负担赋税的主要群体，也是直接影响传统政府和社会有序运转的物质基础。（乾隆）《嘉应州志》载：

温饱之家，益敦俭素，输赋奉公，不事鞭扑。[1]

敦指厚道、笃实，俭素指俭省朴素。"益敦俭素"强调民众生活节俭。输赋指缴纳赋税，奉公指奉行公事，不徇私。"输赋奉公"则强调缴税的自律和自觉。鞭扑指用作刑具的鞭子和棍棒，亦指用鞭子或棍棒抽打。"不事鞭扑"则指民众不用监管而自觉履行义务。

自觉交税，州志刻意记载该地温顺缴税，给人印象是生产和生活富足，且民风民俗纯朴。然而，该地民众素朴而不尚奢侈，整个社会似乎并未给人富足和繁荣之感。

3. "务本"而生活艰辛的普通民众

"士"与士大夫及温饱之家，他们身处社会中心，其生活也未给人宽裕和轻松之感觉，我们实在不能从中感受到盛世气象。士人尚且如此，占社会最大多数的普通民众的生活自然更加不易。从事农耕之"民"，其田

---

[1]　程志远等整理：（乾隆）《嘉应州志》，内部发行，1991年，第44－45页。

园岁月绝非令人向往的静好，土地与人口的矛盾已经严重地影响民众生活。（乾隆）《嘉应州志》载：

> 土瘠民贫，农知务本，而合境所产谷不敷一岁之食，藉资上山之永安、长乐、兴宁，上山谷船不至则价腾跃，故民尝艰食而勤树艺。①

普通农民一日三餐难以保障，所谓"民贫"，具体则是"合境所产谷不敷一岁之食"。作者刻意强调"土瘠"，强调客观原因给民众带来的生活贫困。州志当然不会轻易批判或者贬斥民众，"土瘠"是客观存在的，在技术固定的情况下，其产量也是固定的。

州志又刻意褒扬民风。首先，民众具有"务本"的传统美德，"务"意为从事，"本"即指农业，所谓"务本"，即专注于农业生产。其次，民众主观上足够勤劳，所谓"勤树艺"。"艺"并非现代汉语中的"技能""技术"之义，"树艺"是指"种植"，"勤树艺"即专注于农业生产和耕作垦殖。

即使百姓更加努力从事农田耕作，希望有更高的产出，但勤劳显然已经不可能保障百姓的基本温饱了。粮食已经不能自给自足，缺粮已经成为常态，百姓需要外来粮食之接济，这就不是"土瘠"所能概括的了。

土地还是原来的土地，甚至已被完全开垦，同时人口不断往外迁移，但仍然缺粮，其实质就是人口增长快，导致人多地少，土地产出已经难以支撑迅速增长的人口对粮食的需求。"为什么勤劳而不富有？"土地耕作模式难于突破有其技术因素，商业等经济理念的束缚显然也是其重要原因。显然，这是时代的局限，也是整个社会系统性、结构性的问题。

4. 地处深山的"畲民"

梅州此时仍有大量的"畲民"，他们并非少数民族"畲族"的百姓，

① 程志远等整理：（乾隆）《嘉应州志》，内部发行，1991年，第44－45页。

而是生活在深山里的普通民众，（乾隆）《嘉应州志》载：

> 其畲民尤作律峚嵁岩，率妇子锄辟，种姜薯芋粟之类，以充稻食。然世居深山，不知礼节，故性独顽鄙。①

"律峚"意指山高耸险峻，"嵁岩"指悬崖峭壁。畲民居住在崇山峻岭之中，尽管全家人努力开辟耕地，却只能种些杂粮，而不能种水稻，其生活显然也充满艰辛。

畲民艰辛耕作，因其"世居深山"而缺少与外界的交往，故"不知礼节"。作者概括的"性独顽鄙"，则有些贬义了。"顽鄙"意为愚钝鄙陋，语出《老子》："众人皆有以，而我独顽似鄙。"王弼注："无所欲为，闷闷昏昏，若无所识，故曰顽且鄙也。""顽鄙"之性强调其无思无想，物质与精神皆粗野而不文明。

"畲"之意是刀耕火种，强调其耕作方式的落后和生活的艰辛。屈大均《广东新语·輋人》中记载了"輋"即畲人的耕作情况：

> 兴宁有大信輋……其人耕无犁锄，率以刀治土种五谷，曰刀耕。燔林木使灰入土，土煖而蛇虫死，以为肥，曰火耨。是为畲蛮之类。志所称伐山而营，菑草而播，依山谷采猎，不冠不屦者是也。②

5. 妇女

乾隆之时，客家妇女的家庭生活可以分为几个层次，其生活追求各不相同，其大致情况被描述为：

---

① 程志远等整理：（乾隆）《嘉应州志》，内部发行，1991年，第44－45页。
② 屈大均撰：《广东新语》（上），北京：中华书局，1985年，第243－244页。

中上人家，妇女纺织缝纫，粗衣薄妆，以贞淑相尚。至村乡妇妪，椎髻短裳，任田园诸务，采山负檐，蓬跣往来，未免鄙野。然而甘淡泊、服勤劳，其天性也。若匹夫匹妇，小忿微嫌，辄服毒轻生，无知恶俗，急宜禁戢矣。①

"中上人家""村乡妇妪"和"匹夫匹妇"概括了梅州妇女的生活层次和生活状态。她们都努力从事不同类别的生产，日子平淡而艰辛，实在难以感受到"盛世"应有的繁荣。生活封闭而静止，似水流年，时间一天一天地流逝。

客家妇女总以家庭为核心，全心全力，任劳任怨，不仅嘉应州如此，客家妇女整体上亦是如此。乾隆初年，兴宁妇女生活状况被描述为：

其妇女勤苦尤甚，采薪运水，道路不绝。有襁负而任肩担之者，无怨心也。此则兴宁风俗，同于嘉应之善者。②

出自当地官员和客家士人之手的州志，必然反映了当地之主流思想。其记载者，乃客家妇女之"勤"而"苦"。清初，屈大均《广东新语·女语·长乐兴宁妇女》谓：

长乐、兴宁，其民多骄犷喜斗，负羽从军者十人而五，盖其水土之性也，其男即力于农乎。然女作乃登于男。厥夫菑，其妇播而获之。农之隙，昼则薪烝，夜则纺绩。竭筋力以穷其岁年。盖有余粟，则其夫辄求之酤家矣。故论女功者以是为首。增城绥福都亦然。妇不耕锄即采葛，其夫在室中哺子而已。夫反为妇。妇之事夫尽任之，谓夫逸妇劳，乃为风俗之

---

① 程志远等整理：（乾隆）《嘉应州志》，内部发行，1991 年，第 44－45 页。
② 程志远等整理：（乾隆）《嘉应州志》，内部发行，1991 年，第 422－423 页。

善云。①

所谓"夫逸妇劳"，说得难听些就是男人都是没有良心的"酒鬼"——"盎有余粟""辄求之酤家"，意思是说，只要米缸里还有点米，都会被男人拿去换酒喝。屈大均非客家人，其所记之"长乐兴宁妇女"，显然只是以外人的眼光，看热闹的情绪，道听途说地记录五华、兴宁客家人的家庭生活而已。一方水土之社会关系之构成，必有其内在理由，这实在需要从生产劳动中去探寻。

三、乾隆初年梅州经济与生活新模式

乾隆盛世常常引起人们争论，被认为名不符实。论者特别强调其是"饥饿的盛世"②，乾隆时代可以说是盛极而衰的公认的转折点，其经济、政治及文化都已发生了趋势性转折。内部民众的生活显然非常贫困，比较世界历史趋势，其前景更加暗淡。

1. "乐土"的生存压力

乾隆初期，粤东客家山区文化兴盛，耕和读成为当地民众的基本生产和生活状态，当世史家则称此时的粤东客家山区为北人向往的"乐土"。乾隆盛世似乎是如此的真实。但事实上其生产和生活却在乾隆初年便已经陷入停滞和困顿。

"乐土"之誉在于恶劣的自然环境被改造为适合人们生产和生活之地，进而带来人口的大量增长。人口增加甚至已经人满为患，可耕之地已开发殆尽，生产处于停滞，此地看似非常热闹和繁华，但本质上已不再是人口迁入的好去处。

山多田少，可耕地本来就少，人口增长迅速，很快便显得拥挤，民众

① 屈大均撰：《广东新语》（上），北京：中华书局，1985 年，第 270 – 271 页。
② 张宏杰：《饥饿的盛世：乾隆时代的得与失》，重庆：重庆出版社，2016 年。

尽力耕山以开垦零星的可耕地，可耕地的出产却总是难以满足人口增长的需求，粮食生产开始"匮乏"，粮食供应严重不足而强烈需要外来粮食的接济。人口的快速增长和人均耕地的减少，必然导致内部民众生活水平的下降。

生活环境严重恶化，其传统的农耕经济和社会已经到了发展的极限，所谓"乐土"，实质就是农耕时代内在发展的极限，其生产和生活方式已经到了非改不可的地步。"盛世"社会之下已经隐藏着极深的危机，生产已经完全停滞，民众生活则已经陷入严重的困窘，如何突破农耕传统已经成为愈来愈强烈的社会性大问题，亟待解决。

2. 寻求谋生新方式

州志简单介绍与评述了当地各阶层的生产与生活，民众如此勤劳却又依然"艰食"，寻求新的谋生手段与途径便成为基本要求。"士"、"农（民，包括'畲民'）"以及"妇女"之特征显得特别突出。士专于读书和考试，农则"务本"，妇女同样从事粗重活。这是典型的农耕时代的农业生产和生活。

男人追求读书以出仕，这本是爱好读书的传统，读书人多也成为设州以增加科举名额之重要原因。名额却不可能不断增加，大量的读书人向往通过科举做官，犹如众人共挤一座独木桥，大多数读书人生活困窘便成为必然。能够教书对其来说已经是一条幸运的人生路，是值得珍惜的人生路径选择。

所谓的康乾盛世，其志书皆言其为"乐土"，方志的歌颂却隐含着民众生活的艰难。百姓活计已经有所不同：从前之所谓读书，如今依然是风尚，可读书应试之外，还以教书为其基本的生存道路。读书成了耕作之外另一条重要的经济门路。

女人负担了家庭的日常生产，成为新型男女分工的经济生产模式。客家女性似乎历来颇受赞誉，以为健妇把锄犁，这其实何尝不是当地生活的选择结果？生活困顿之时，无论男女老幼都是需要承担田园之务的。"男

主外、女主内"，无论耕作还是读书，显然都需要女性的工作。

3. 探索耕作新模式

民众普遍饥饿，士大夫生活甚至也并不富裕。18 世纪是世界历史上人口爆炸性增长的年代，英国人通过海外移民以及工业革命解决了人口难题。一般认为，马尔萨斯的人口论多以乾隆时代的中国为其背景。事实上，乾隆确实没能较好地解决人口难题。

大量种植番薯、马铃薯、玉米等美洲传入的经济作物，已经成为维持人口激剧增长和民众生活稳定的重要手段。《乾隆嘉应州志》在物产"薯"中记载："蕃薯，来自吕宋，有红白二色"①，这说明番薯已经较为常见，其在晚清民众生活中的粮食占比可能更大：

> 至蕃薯，屈大均谓来自吕宋，植最易生，叶可肥猪，根可酿酒，兼可充粮食。近闻粤多旱田，冬季恐旱，多栽此物，以其足资口食也。其销售之多，几与烟草相埒云。②

山地开发成为生产发展的首要模式。生活压力引导耕作模式与生活方式的创新，"畲民"甚至生活在"崒崒嵯岩"中，被迫改变日常饮食习惯。政府积极鼓励开垦山场荒地，毁林开荒，陡坡开垦，甚至用以灌溉、养鱼的水塘也被人们"垦而为田"，其害已受到重视：

> 塘不蓄水或仅存小沟，其流单弱，无以及远，是当严禁。垦塘不可图目前，升科小利致荒熟田也。他如作行工、打陂头、疏坑、濬井，农人皆能自谋。留心民瘼者，不时巡行阡陌，以警劝之，则水为灌溉者，有利无害矣。③

---

① 程志远等整理：(乾隆)《嘉应州志》，内部发行，1991 年，第 48 页。
② 张榕轩：《海国公余杂著》(卷一"推广《瀛环志略》")，内部发行，第 39 页。
③ 程志远等整理：(乾隆)《嘉应州志》，内部发行，1991 年，第 38 - 39 页。

盲目扩大耕地和掠夺式经营，山区环境恶化便不可避免，山无草木致使泉涸、圳淤、陂塘颓塞。明代潮州府、嘉应州、惠州府等开发较快的山区州县，特别是客家人在粤东、北部山区垦荒，导致"童山濯濯"。① 乾隆初年，大埔已因人口增长而造成生态失衡：

　　大埔山田碗确，不能千亩相连，以成遂沟洫浍之规。其灌田陂圳皆赖山溪之水，因地制宜，以施潴泄。乃生齿繁而樵采者众，地力辟而烧畲者多，山濯濯童矣。倏时大雨，百道流潦，泥沙崩塌，淤塞沟渠，涨溢为患。堤易荡决，田被淹浸。②

到嘉庆时，大埔水利和生态问题更加严峻：

　　埔多山少田，……生齿繁而樵采者众，地力辟而烧畲者多，童山濯濯，倏逢大雨，百道流潦，沟渠颓塞，夫山无茂木则过雨不留，故泉易涸也；水挟泥沙则停淤多滞，故圳难通也；又况陂之倾颓惮于兴复，塘之壅塞遂为田园，动辄病旱盖由于此。③

乾隆初年，即使是高耸险峻的悬崖峭壁，只要近水可以种植，都已被人们开垦，"耕山"以种植姜薯芋栗取代稻谷粮食，水旱灾祸则不可避免地愈加严重。《乾隆嘉应州志》卷二"水利"称：

　　嘉应无平原广陌，其田多在山谷间。高者恒苦旱，下者恒苦涝。……乃往者山中草木蓊翳，雨渍根荄，土脉滋润，泉源淳蓄，虽旱不竭。自樵

---

　　① 张芳：《明清时期南方山区的垦殖及其影响》，《古今农业》1995 年第 4 期，第 23－24 页。
　　② 蔺墙纂修，潮州市地方志办公室编印：(乾隆)《大埔县志》，内部发行，第 56 页。
　　③ 《嘉庆大埔县志》(卷二"水利")，转引自张芳：《清代南方山区的水土流失及其防治措施》，《中国农史》1998 年第 2 期，第 54 页。

采日繁，草木根荄俱被铲拔，山土松浮，骤雨倾注，众山浊流汹涌而出，顷刻溪流泛溢，冲溃堤工，雨止即涸，略旱而涓滴无存。故近山坑之田多被山水冲坏，为河为沙碛，至不可复垦，其害甚巨。此宜培植草木，以蓄养泉源，而后旱可不竭，雨亦不致山水陡发也。①

咸丰三年（1853）刻本《嘉应州志增补考略》抄录了上述引文②，表明情况并未好转。樵采、烧畲以垦田，过度开垦却不可避免地导致严重的水土流失、频繁的水旱灾害。时人将"民贫"归之于"土瘠"，百姓"知务本""勤树艺"却依然"艰食"，人口完全依赖于耕地，要解决饥饿和温饱便要进一步扩大耕地，但可耕地终有垦尽之时。

以农为本的经济传统显然已经不可能解决人口增长问题。随着乾隆初年放开矿产开采，工商矿产业开始转移部分劳动力，进而产生新的经济增长点。《乾隆嘉应州志》记载：

上井，程乡、上杭界，屡为盗贼逃遁藏聚之薮，路通闽汀，货贩不绝，行者有戒心。③

（松源溪）可通小舟，松源铁矿于此运出，故又名矿溪。盐船，可运至平围墟。④

机绸者，在州之河田乡兴宁交界，故多兴宁人，其蚕则各乡村处有之。⑤

嘉应州之蚕茧缫丝，机织绸布，其销售范围广泛："布则载至苏杭，铢则载至芜湖，以取利焉。"乾隆年间，苏州已成为嘉应商人的活动中心，至嘉庆年间，600多名嘉应商人集资建造了苏州嘉应会馆。[1]"程乡茧三十件"已经成为广东巡抚熊学鹏恭进乾隆帝的贡品，被列入清宫档案里。[2]程乡茧在清代不仅畅销国内，而且远销海外。[3]

"耕""读"之外的谋生手段，比如从事编织、打铁、打石等手工业，并非生产和生活的主流。重农抑商政策长期实行，工商经济只是耕读之外不太重要的补充形式，商人和企业也难于积聚足够多的财富，其影响力自然有限。

第二节　清前期梅州人口压力及其向外就业趋势

209

乾隆初年，梅州经济发展已经达到了历史高峰，百姓生活已经显露出艰辛状态。大多数文化人已不再可能维持读书科举之人生道路，而加入读书经济之外的移民等谋生大军之中。乾隆中后期以来，梅州内部民生经济进一步萎缩，人地矛盾愈益尖锐突出，显示出超饱和的困境。嘉道年间，民生困境成为更加强劲的移民动力。

一、人口增长

18世纪的人口剧烈增长是世界性现象，中国的人口增长同样非常剧烈，广东亦已人满为患，梅州人口增长更加突出。

1. 全国人口增长

在传统和平年代里，人口的生存状态往往与其所能耕种的土地直接相

---

① 丘祥昌：《钩沉梅州客家人在清乾嘉年间养蚕缫丝景况探究》，《梅州日报》，2015年12月16日第7版。

② 张宏杰：《饥饿的盛世：乾隆时代的得与失》，重庆：重庆出版社，2016年，第220页。

③ 郑桂元：《清代士绅的时尚岭南风物——罗浮蝶与程乡茧》，《方志兴宁》2021年11月23日。

关。研究乾嘉之时的人口和土地数量，大多时候并不需要严谨而精确的数量，耕地之目的在于提供粮食，让生活富裕。大多数历史学者同意何炳棣的观点：

到 18 世纪最后 25 年，各种迹象表明，中国经济在现有技术条件下如果不加罗掘就难以养活正在不断增加的人口。①

人口增长幅度大，更重要的是其增长速度快，而且持续时间较长。人口众多便不仅仅是繁荣的象征，更多时候还是生活的压力，故论者强调：

中国人口增至三倍可能是 18 世纪中国社会最引人注目的特点。清代的和平与繁荣并不只是恢复到明代的程度，而是在此之后还继续发展。②

经历过巨大灾难，明朝末年中国人口总体上有所下降，大约是 1.525 亿，到乾隆时期全国人口突破 3 亿大关。③ 乾隆时期甚至被认定是中国人口爆炸性增长的时期，尽管仍有不同观点，④ 人口增长非常迅速却是不争的事实。据何炳棣估算，乾隆六年（1741）全国人口有 143 411 559 人，以后逐年增长，到乾隆五十五年（1790）正式突破 3 亿人，不到 50 年便增长一倍多。⑤

清初人口增长的主要原因被认为是承平日久，社会较为稳定：

① ［美］韩书瑞、罗友枝著，陈仲丹译：《十八世纪中国社会》，南京：江苏人民出版社，2009 年，第 104 页。
② ［美］韩书瑞、罗友枝著，陈仲丹译：《十八世纪中国社会》，南京：江苏人民出版社，2009 年，第 103 页。
③ 葛剑雄主编：《中国人口史》（第四卷），上海：复旦大学出版社，2005 年。
④ 樊树志：《乾隆时期并非"人口爆炸"》，《光明日报》，2003 年 7 月 17 日。
⑤ ［美］何炳棣著，葛剑雄译：《明初以降人口及其相关问题：1368—1953》，北京：生活·读书·新知三联书店，2000 年，第 328－329 页。

自圣祖以来，休养生息百有余年，民生其间，自少至老，不知有兵革之患，而又年丰人乐，无有天札疵疠，转徙颠踣以至于凋耗者，其户口繁庶，究不可谓尽出子虚也。（《清史稿》食货一）

和平年代避免了战乱对人口的消减，形成其自然增量。但人口的迅速增长却不仅有和平而来的自然增长因素，还有政策等的刺激。有论者便认为，摊丁入亩等政策实施后，大量人口出生，成为乾隆年间的主要劳动力。①

2. 广东人满为患

具体人口数量可有不同理解，重要的是随人口增长而来的生活压力，人满为患的局面已经形成。清代广东人口增长更加明显：

从雍正二年到光绪十三年（1724—1887）的 163 年间，广东人口从 400 多万猛涨到 2 970 多万，超过了此时全国的平均增长率。广东人口占全国人口的比重明显提高，广东迅速从一个人口中等程度的省份跃居为人口上等程度的省份。广东的人口密度也相应从每平方公里 18 人增加到 127 人。②

要理解人口增长，不仅要理解其增长幅度，还要理解其增长速度和看其发展路径。比如，若以 20 年为一代人，163 年至少已经经过了八代人。长期进程常有其缓慢感，其生活压力亦可能被分散了。人口增长还要考虑不同的区域，如果仅从整体去平均，结果常常会"被平均"而不能感受其实际。因此，全国和广东的情况，只能作为梅州区域的必要参考。

---

① 韦庆远、叶显恩主编：《清代全史》（第 5 卷），沈阳：辽宁人民出版社，1991 年。
② 乔素玲：《清代广东的人口增长与流迁》，《暨南学报》1990 年第 2 期，第 45 页。

表 4 – 1 清代广东耕地面积和人口统计表①

年代项目	人口（人）	人口升降（%）	耕地面积（亩）	耕地升降（%）	人均耕地（亩）	人均耕地（%）	人口密度（人/平方公里）
顺治十八年	3 222 302	100.00	25 083 987	—	7.79	100.00	13.81
康熙二十四年	3 672 268	110.86	30 239 255	—	8.46	108.73	15.33
雍正二年	4 211 329	130.69	31 757 472	100.00	7.42	95.38	18.06
乾隆十八年	12 780 979	396.64	32 898 409	103.59	2.57	32.99	54.77
嘉庆十七年	19 174 030	532.97	32 034 835	100.87	1.67	21.44	82.19
咸丰元年	28 388 716	881.01	34 390 309	108.29	1.21	15.53	121.69
同治十二年	29 545 000	916.89	34 390 309	108.29	1.16	14.89	126.45
光绪十三年	29 763 000	923.66	34 730 825	109.34	1.13	14.51	127.58

根据表 4 – 1，雍正二年（1724）到乾隆十八年（1753），广东全省人口急剧增长了 3 倍多，人均耕地面积则减幅巨大，从 7.42 亩减至 2.57 亩，则人口与土地之矛盾及粮食供求矛盾必然非常严峻。乾隆十五年（1750）刊刻之《嘉应州志》所述之情况与此显然相类。

3. 清初期梅州人口与土地状况

明末大动乱，抗清斗争，这些天灾人祸都被认为是消减人口的必然原因。据说，因跟随郑成功抗清等原因，大埔全县人口减少六成，达 2.6 万多人，当然，这些人并非都是战死，而是"半数以上到台湾"或"逃往南洋"。②《梅州市志》载：

明末清初，由于战乱及饥荒，兴梅人口又锐减。据各县旧志记载：梅县从明嘉靖十一年（1532）38 366 人（含平远、蕉岭），至清顺治八年

---

① 乔素玲：《清代广东的人口增长与流迁》，《暨南学报》1990 年第 2 期，第 45 页。

② 大埔县地方志编纂委员会编：《大埔县志》，广州：广东人民出版社，1992 年，第 580 页。

（1651），减为 15 764 人（不含平远、蕉岭）。大埔县明崇祯五年（1632）
有 41 042 人，至清康熙元年（1662）减为 15 012 人，30 年减少 63.42%。
五华县明嘉靖元年有 9 203 丁口，至清康熙二十五年，减为 6 460 丁口，
164 年间减少 29.81%。①

　　明朝梅州人口增幅巨大是确定的，《梅州市志》"据各县旧志记载"而
概括强调，明末清初战争使人口剧烈消减，其情况是否真实或许需要
商榷。

　　明清人口统计方式比较复杂，"这一时期的丁统计数既不是人口数，
也不是户数或纳税的成年男子数，而只不过是赋税单位"②。唯其如此，很
多所谓的人口统计数字值得进一步探讨。

　　事实上，当时梅州人口已经频繁外迁，比如蕉岭迁往台湾，五华、兴
宁迁往内地等，以致康雍之时成为梅州历史上重要的人口外迁时期。温仲
和说：

　　又考州志，明以前人口，未尝逾十万。至清初突增至二十余万，岂非
以明末之乱，继之清兵入关，避乱而来者多也。

　　梅州与全国整体情况显然不同，战乱不仅未消减人口，反而使人口增
长了一倍多。所谓"避乱而来者"，所增长之人口被认定是逃避战争之
"难民"，因此是"突增"而非本地人口的自然增长。然而，若从平远、蕉
岭在明末设县的情况看，其自然增长的人口或许并不少。

　　明末梅州人口基数已经较大，台海一旦和平，其人口便开始大量外
迁，其风渐长，"雍正年后迁出者渐多，且迁徙愈广愈远，并有群迁性和

　　①　梅州市地方志编纂委员会编：《梅州市志》，广州：广东人民出版社，1999 年，第 332 页。
　　②　［美］何炳棣著，葛剑雄译：《明初以降人口及其相关问题：1368—1953》，北京：生活·
读书·新知三联书店，2000 年，第 41 页。

213

裙带性"。兄弟、叔侄等亲戚结伴外迁。"盛世滋生人丁永不加赋"政策则加速了人口增长。① 论者指出：

> 康熙以后，广东人口流动逐渐频繁。这与战争、土地集中、自然灾害以及封建国家的赋役繁苛等有着密切关系，但是，人口相对过剩确已成为其中不可忽视的因素。②

康乾盛世，东南沿海一片太平，摊丁入亩显然不再意味着"赋役繁苛"。但人口确实是"相对"过剩，重点表现是人口的"过快增长"，梅州则是其中最突出者，以致人口基数大，其增长亦更加迅速，人口一直往外迁，人满为患的状况总不能免。

4. 嘉庆年间的梅州人口增长

据《梅州市志》的研究与统计，嘉庆二十三年（1818），嘉应五属总人口 725 612 人，其中梅县 150 273 人，兴宁 262 316 人，五华 213 545 人，平远、蕉岭 99 478 人，丰顺 61 080 人，大埔 ［嘉庆七年（1802）］ 102 197 人。梅州在嘉庆七年至二十五年（1802—1820）间共 888 889 人，人口密度达 56.13 人每平方公里。市志认为"清代中期，社会较为稳定，梅州有外地客家人迁入，人口迅速增长"③。

论者据《嘉庆统一志》提出：嘉庆二十五年（1820）嘉应州（包括所属 4 县）原额丁口为 52 180，滋生男女大小丁口共 1 314 050，又屯民男妇19 170，总计 1 385 400 丁口。同年（1820），广东省各府及直隶丁口密度，嘉应州每平方公里为 135 人，仅次于广州、潮州和高州而位居第 4。同年，

---

① 陈干华：《从客家族谱研究梅州人口的历史和变迁》，《客家研究辑刊》1993 年第 1 期，第 98 页。

② 乔素玲：《清代广东的人口增长与流迁》，《暨南学报》1990 年第 2 期，第 46 页。

③ 梅州市地方志编纂委员会编：《梅州市志》，广州：广东人民出版社，1999 年，第 332－333 页。

嘉应全州田地山塘合计 1 203 724 亩，则丁口平均不到 1 亩（0.87 亩）。[①]

19 世纪前后，梅州人口更是急剧膨胀，且过度增长，给贫困山区的农业社会造成了难以承受的压力。嘉庆二十年（1815）十二月，广东督学使者彭邦畴在《重修梅州试院记》中载：

> 稽旧志户口，州属则一万五千七百有奇，兴宁则二千一百有奇，长乐则四千六百有奇，平远则二千九百有奇，镇平则二千八百有奇。我朝涂仁厚泽，百余年间，休养生息，繁衍未艾…………[②]

彭邦畴以旧志所记户口，强调其"盛"，说"梅州地瘠而民贫"，却又提到"尚何浮靡之足患哉"，"地瘠而民贫"的现实和"浮靡"之民情风俗的矛盾，内蕴着其间人口之增长而来的社会风俗演变。

二、粮食困难

人口增加往往意味着社会经济发展："在以劳动力为社会生产力的主要标志和以土地为基本生产资料的传统社会，人口和耕地面积急剧的、大幅度的增长是社会经济繁荣的主要标志。"[③] 梅州人口的不断增加也成为经济发展的首要表现。[④] 然而，在传统农耕时代，人口增长过速便不可避免地会造成社会难题。

1. 粮荒和高粮价

马尔萨斯在《人口论》（1798）中指出：人口的增殖力比土地生产人类生活资料的能力更巨大，人口以几何级数增加，生活资料却以算术级数

[①]　徐俊鸣、徐晓梅：《古代梅州发展初探》，《岭南文史》1984 年第 2 期；陈宏文：《梅州客家人》，梅州：兴宁风采社，1996 年，第 258－259 页。

[②]　谭棣华、曹腾騑、冼剑民编：《广东碑刻集》，广州：广东高等教育出版社，2001 年，第 878－879 页。

[③]　韦庆远、叶显恩主编：《清代全史》（第 5 卷），沈阳：辽宁人民出版社，1991 年，"绪论"。

[④]　王国欣：《古经济重心南移与梅州客家经济的形成》，《客家研究辑刊》1993 年第 1 期。

增加，人口过剩是必然的。人口与土地有其相应的比例关系，否则，饥饿、贫困和失业就不可避免，导致战争、瘟疫及各类饥荒等天灾人祸，以限制人口增长。

人口增长与粮食不足往往伴随着移民与垦荒，耕地需求愈显强烈。乾隆初年之后，中国的粮食缺口便总是难以解决，粮价不断增长。人口增长与土地之矛盾是全国性的。洪亮吉（1746—1809）指出："田与屋之数常处其不足，而户与口之数常处其有余。"（《治平篇》）

因粮荒导致饥民四处流徙，粮荒"半是天灾，半是人祸"，乾隆为积贮粮食备荒，却"掠夺式的采买"粮食。① 经济措施失当是粮价上涨的重要原因。生活贫困化已成为社会民众最基本的生存状态，救济粮严重困扰着民众和政府。

乾嘉以来，吴兰修、黄钊、温仲和等梅州学者都强调，嘉应州需要外来粮食的救济，严重依赖梅江上游的永安（今河源市紫金县）、长乐（今梅州市五华县）、兴宁等县的余粮接济。当代学者研究得出结论：蕉岭县总面积957平方公里，乾嘉年间耕地面积有5万亩，稻谷亩产200公斤，年总产量约1 000万公斤。嘉庆年间，蕉岭有9万多人，人均100公斤。②

五华传统山歌称："长乐阿哥唔会输，年年米谷运上州，三里出过两提督，状元榜眼（或探花）涯都有。"歌谣反映了乾嘉年间的文治和生活，显现出民众的自豪。《乾隆嘉应州志》亦谓"藉资上山之永安、长乐、兴宁，上山谷船不至则价腾跃"，则上山的永安、长乐和兴宁等地的人口压力可能要稍小于梅江下游地区，梅江上游甚至粮食丰足。

其实，所谓永安、长乐、兴宁来的谷船，并非指其米谷皆生产于梅江上游地区，而是指长乐、兴宁是嘉应州外来粮食的必经之路。与广东粮食曾经长期依赖湖南、广西、江西等地的输入一样，嘉应州的外来粮食少量

216

---

① 白新浪：《乾隆初年的粮食问题》，《历史教学》2002年第4期，第59—60页。
② 赖雨桐：《蕉岭客家人侨居海外述略》，《嘉应侨史》1996年第1期，第10页。

由民众从江西肩挑回来，更多的则来自广州，然后溯东江而上，经龙川老隆港，转陆路到五华岐岭港，顺五华河而下。嘉应州、潮州乃外米经由内河运输之最偏远地区，其粮价最贵亦属必然。

2. 长乐"遏籴"之批判

道光庚寅（1830）年，嘉应州天旱，严重影响春耕。壬辰（1832）年三四月间，嘉应州米价骤长，举人吴石华（兰修）特修书长乐县令沈猋泉，批判长乐县之"遏籴"：

三月以来，嘉应州属米斗八九百钱，闻阁下开仓令各乡父老分局平籴，不假胥役，民无向隅，米无耗粒，良法美意，可谓周矣。顾闻阁下禁米出境，此唐济武所谓似为仁人君子之事，其实无益而大有害者，是犹惑于奸民之说也。

长乐显然同样需要"分局平籴"，只是因其地处上游而占有地利。故吴石华批判长乐县令"擅造闭籴之令，一路饥则邻郡为之闭籴，坐视流离甚于春秋之世"，进而强调：

窃谓阁下行于长乐则更不可，何者？长乐风俗勤俭，农无遗力，野无旷土，一岁之耕足二年之食，比闻米禁一出，游食之徒嚣然并起，下河之米抢，出乡之米亦抢，乡米日闭，民食愈艰。夫富户者，贫民之母也，一家出粟则十家不饥，十家闭籴则百家待尽。今阁下不设策以导其出，而立法以坚其闭，抑有余为不足，窃为阁下不取也。

嘉应镇平不下三十万户，一岁所收仅备三月，必仰给于潮州、兴宁、长乐，今者兴长过籴，潮州米弗时至，则远籴于佛山。闻佛山之米接踵度岭矣。而长乐之罗湖桥、河口、转水阁等处，皆无赖奸民啸聚拦截，乡米必抢，客米亦抢，无米则货，无货则钱，于是度岭之米畏缩不前，断炊之民旦夕待毙，是何异饥者得粥，扼其吭而夺之，此阁下所不忍闻也。

尤可虑者，海滨莠民椎牛酾酒以豪侠相矜，负其畜睚眦玩法律，非一日矣。所恃者岁稔则人心固，食饱则民气靖耳。今者青黄不接尚有五六十日，四邻遏绝，告籴无由，此平粜所不能周，而赈粟所不能继也。不幸攘臂一呼，揭竿四应，甘棠之下，击柝相闻，其能宴然而高枕乎。此又不得不为阁下危也。

吴石华深入分析长乐县"遏粜"的危害，进而作出"不取""不忍闻"和"为阁下危"三个判断，既有道德批判，又指出了人道底线，分析其治安危险。最后他指出解决办法：

然则奸民所以笞阁下者不过曰外籴日甚，则市价益高，民食愈绌矣。夫长乐米非不足于食也，富户之藏非不足于粜也，伏望阁下布令邑中，劝谕富户乡粜其七，外粜其三，过境米船放行如故，有横索一钱、强夺一粒者罪无赦。如是则富户之米日出，境外之米日来，不兼旬而米价平矣，民食济矣，施及于邻封，惠周于宇下，此功此德，虽饮食尸祝犹不足以相报也。前月吾州父老请于大吏，已奉严檄，禁止拦截，此特为客米言之，窃谓遏粜之禁不开，则抢米之弊不绝……[1]

随着时代之发展，梅州长期严重缺粮，甚至愈来愈严重，吴石华之"遏粜论"总是难被人们所遗忘。

3. 眼光向外的粮食逻辑理念

谷船在长乐遭截留和拦阻，决不是长乐县内有余粮而不卖，也不是该地民众故意不放行那么简单，而是长乐县粮食同样严重不足。粮食已经完全不可能在梅州内部得到较好解决了，嘉应州民生已经受到严重影响。粮食需要外来接济。

---

① 温仲和纂：（光绪）《嘉应州志》，台北：成文出版社，1968年，第596页。

米船更多从梅江上游而来，说"闻佛山之米接踵度岭矣"，岭即指今五华县与龙川县交界的岐岭，在传统水运时代里，这里是珠江与韩江两大水系最重要的交接点。长乐因其交通枢纽地位而难以避免民众的抢粮骚乱。

这是蔓延整个梅州的粮荒，兴宁、长乐等县的粮食状况可能稍好，所谓"一岁之耕足二年之食"则必然太过夸张。吴石华指责长乐粮食富裕却不顾下游民众死活，甚而对本州邻县坚决"遏籴"，这实在缺乏内在逻辑。

作为嘉应州有较大影响力的乡绅士大夫，吴石华深入讨论了上游粮食及其对下游粮价和民生的重大影响，强调米谷流动然后才能确保当地安全度过"四月荒"，他还有诗专吟此事：

赏雨茅屋诗应宫保卢厚山坤老爷子教

道光庚寅春暮，久旱不雨，夫子于抚署东园梳竹补篱，编茅结屋，欲以验雨泽知稼事也，命余赋之。

嫩寒天气尚氤氲，到处池蛙聒耳闻。

茅屋支开窗四面，笆篱梳减竹三分。

关心旧雨还今雨，爱看山云似水云。

见说低田深一尺，万家台笠事耕耘。

颇闻茅藋尽登盘，田圻冰文井欲干。

绝岛须教通市舶，重关休更阻监官。

由来乐岁绸缪易，真觉荒年抚字难。

连夜雨声听不断，知公蔬饭一加餐。①

吴诗原注说："道光四年，阮宫保师奏准各国米船，免输船钞，仍准载货出口，收税依例。由是米舶叠至，民咸赖之。近来关吏需索，来者少

_____
① 吴兰修著，刘奕宏点校：《荔村吟草》，香港：香港文艺出版社，2013年，第81页。

矣。"可见此时广东已经依赖南洋各国等外地粮食。

广东鼓励从暹罗和越南等国进口粮食，或者从邻近省份湖南、广西、江西转运入粮食，清政府已经注意到，广东"即丰收而乞籴于西省者犹不下一、二百万石"，其数量确实庞大："总计外省和外国每年长距离运销广东的大米不下四、五百万石，与官方运至京畿的六省南漕几乎相埒。"①

严重缺粮显然是广东的整体情况，这导致广东很大程度上依赖于外省及海外各国粮食的供应。其各地区域则有所不同："南、韶近山而瘠，仰食于江西，惠、嘉、潮仰给于台湾、外夷之米。"②

一场"遏籴"危机，反映了梅州整体面临粮荒的窘境。吴石华所谓"近来关吏需索，来者少矣"，即对来自广州的外米之严重依赖，这才是问题之所在。20世纪大革命时期，著名革命家古大存亦曾经采用同样办法，截留粮船。

220

三、寻找出路

无论多么艰辛，生活还是要继续，老百姓总要活下去。人口过多和快速增长，导致了严重的粮荒，大量剩余劳动力必然要寻找工作。人满为患难免引起社会骚动，政府则必然承受巨大压力，甚而可能导致改朝换代，促使社会发生历史转型。

罗香林认为客家第四次迁移的影响因素如下：一是经过明代的繁衍生息，"内部人口的膨胀""系裔日繁，资力日充，而所居地域则类属山多田少，耕植所获不足供用，于乃思为向外扩张"；二是清朝入主中原，客家节义之士抗清失败，"遂多被迫而散居各地"；三是清廷平定东南沿海后，"以四川及广东沿海各地以及台湾等，或以兵灾荒废，或以迁界衰落，或

---

① 罗肇前：《全国统一市场形成于19世纪初——兼论明清手工业和商品经济的发展》，《东南学术》2002年第3期，第85页。

② 龙廷槐：《与王胡中丞言粤东沙坦屯田利弊书》，转自《广东文征》第5册。

以本来人稀，不得不招至农民前往垦启"。①

清初梅州人口大增，粮食不能自给，地少人多而被迫外迁。② 其外迁包括行业人口的转移和往可垦之外乡的迁移。迁移的目的地则不仅有四川，还有广西、安南。其外迁者也不一定仍从事垦耕，而是从事国内或受禁，或遭歧视的工商矿业，不自觉中突破了清廷禁律，甚至成为海外移民。

1. 加强垦荒与内地移民垦植

康熙帝目击人口急增，以为人口与土地的比例已经失调。其于康熙五十一年（1712）降旨实施"盛世滋生人丁永不加赋"以摸清人口底细。③乾隆对此更加重视，谕内阁曰：

朕查上年各省奏报民数，较之康熙年间，计增十余倍。承平日久，生齿日繁，盖藏自不能如前充裕。且庐舍所占田土，亦不啻倍蓰。生之者寡，食之者众，朕甚忧之。犹幸朕临御以来，辟土开疆，幅员日廓，小民皆得开垦边外地土，借以暂谋衣食。……是时编审之制已停，直省所报民数，大率以岁造之烟户册为据。行之日久，有司视为具文，所报多不详覈，其何以体朕欲周知天下民数之心乎？（《清史稿》食货一）

乾隆已明确感受到了人口增长的压力，因而急欲"周知天下民数"。清初几个皇帝都大力奖励土地开垦，尽力增产扩产。尽量扩大开垦荒地，甚至垦完小块土地，导致山区过度开发，造成生态恶化而失衡。梅州便因植被遭严重损害而出现严重生态失衡。④

粮食的严重缺乏和环境的严重恶化，表明嘉应州内部已经难以承受人

---

① 罗香林著：《客家研究导论（外一种）》，广州：广东人民出版社，2018 年，第 257 页。
② 陈宏文主编：《梅州客家人》，梅州：兴宁风采社，1996 年，第 258 页。
③ 韦庆远、叶显恩主编：《清代全史（第五卷）》，北京：方志出版社，2007 年，"绪论"。
④ 程志远等整理：（乾隆）《嘉应州志》，内部发行，1991 年，第 38 页。

口的持续增长，已经不能继续扩大农耕生产，而必须另寻出路。面对如此巨大的人口压力，清政府显然也希望有所作为，由政府主持从狭乡迁往宽乡的移民便是其中的重要措施。移民有民间自发与官方主持两种。清前期客家人的移民方向主要有：

一是客家大本营的周边地区。[①]

二是粤西，这甚至导致了后来的土客械斗。[②] 事实上，在往粤西的迁转中，很多人到了广西，甚至越过边界，到了安南。

三是"湖广填四川"。清初四川富饶的社会环境吸引了一批"求富发迹"的移民，论者强调：广东客家人入川动机是"为了'发迹兴旺'，绝不是我们想象中的因逃荒游浪而移居四川"[③]。诚然，生活好的地区不可能形成大规模的垦殖性移民。

四是台湾等沿海岛屿地区。由于内陆可耕地开发已接近最大值，往沿海岛屿的迁居其实早已是一个重要的方向，不仅台湾如此，沿海其他地区亦如此。乾隆五十五年（1790）上谕："广东总督奏称，……沿海各省所属岛屿，多有内地民人安居乐业。"（《清史稿》食货一）且认为岛民多与"洋盗"有联系，应该加强管理。

清前期中国政治演变中存在两个趋势：一是政府对基层社会控制的松弛化，表现在革除弊政，除豁贱民；迁徙自由；安静自然的政治思想和市场调节经济的思想。[④] 相对宽松的人身依附关系和政治环境有利于人口的流动。施琅督台时，大量嘉应客家人甚至偷渡到台湾。嘉应客家移民新到一地后，由于先占有某一土地的永佃权，还可以将土地转佃给他人。[⑤]

中国社会内部人口已经形成向外迁移的客观历史态势，清政府的海禁

---

① 罗勇：《略论明末清初闽粤客家的倒迁入赣》，《客家研究辑刊》1996 年第 1 期。

② 刘平：《被遗忘的战争：咸丰同治年间广东土客大械斗研究》，北京：商务印书馆，2003 年。

③ 刘正刚：《清代四川的广东客家人》，《客家研究辑刊》1996 年第 1 期。

④ 高翔：《论清前期中国社会的近代化趋势》，《中国社会科学》2000 年第 4 期，第 178 – 189 页。

⑤ 周荣：《永佃权与清代农民生活》，《史学月刊》2002 年第 4 期。

已不能完全禁绝海外移民，这是理解客家向海外迁移的先决条件。事实上，东南亚也是客家移民的重点地区，而国内移民与南洋移民本质上都是由客家社会内部原因造成的。

2. 劳动力向工商业的转移

人口众多会促使人们寻找新的生活门路，从而使劳动力转移到其他行业，许多人转向从事工商业，形成了劳动力在不同行业间的转移。兴宁手工业是其中比较突出者，其经商者众多。且兴宁出产笔、墨、纸扇、草席和土布等优质手工业产品，工商业发达，有"无兴不成市"之说。

顺治年间，福建上杭人傅耀祖，工于制折扇，因打死粮差逃至兴宁，隐居兴宁后街，以制扇为业，其后裔迁居永和榄子围，扇业便在永和一带兴盛起来。嘉庆年间，兴宁已流传一首织布和做纸扇的《竹枝词》："粗茶淡饭妾心欢，辛苦随郎渡日难；妾纺棉花郎画扇，郎为天热妾为寒。"

嘉庆五年（1800），兴宁叶塘黄惊寨人黄北光，从江西学回编棕技艺，返家开业，艺传全村，始创兴宁编棕业，自此奠定了咸丰年间兴宁手工业更大发展的坚实基础。

直到晚清民国，兴宁织布和编棕仍然是当地的重要产业。据《广州总商会报》报道："兴宁商业以布为大宗，顷因布价跌落，织布者无从获利，市面日形冷淡，各行生意俱为所牵动，商业大有不振之势云。"①

兴宁是潮汕食盐运销的重要盐埠。康熙四十六年（1707），兴宁盐额派龙川县和赣州府属各县。雍正九年（1731），兴宁盐额准销售至江西长宁、会昌、于都、宁都、安远、石城、瑞金、兴国等地，从此成为定例，县城沿河则形成了盐铺街。

客家商人足迹已经非常广泛。大埔与兴宁都是清代重要的交通和商贸中转站，两地商业在当时的梅州甚至广东都相当典型。大埔乃析饶平两地而置

---

① 《兴宁布价之跌落》，《广州总商会报》，光绪三十三年正月十三至十八日新闻纸七十七号第3页。

县，"滦洲之民多力本，清远之民多逐末"①，乾隆时，其商业风气浓厚：

> 土田已少，人竞经商于吴、于越、于荆、于闽、于豫章，各称资本多寡，以争锱铢利益，至长治甲民，名为贩穿生者，则足迹遍天下矣。②

据说，明朝嘉靖年间，大埔就已经有八大处瓷窑，到清朝成为南方著名的瓷器生产地之一，高陂瓷与铁锅等成为梅州四大出口商品。③

大埔、丰顺、梅县各地盛产烟叶，产品经韩江运到潮州府城，加工成吸水烟用的皮丝烟，有些也出口南洋，这就是颇有盛誉的"潮烟"。④

乾隆年间，平远葛布远销苏杭，生铁则运至芜湖。

挑盐上江西、福建交换大米，这是长期存在于梅州与赣南、闽西之间的行当，其挑担者不仅有民夫，还有许多客家妇女。

当然，清前期几代皇帝都是片面重视农业而对工商业缺乏认识，他们当然不可能有意识地将剩余劳动力转往工商业。雍正五年（1727）五月初四上谕内阁：

> 朕观四方之业，士之外，农为最贵。凡士工农商，皆赖食于农，以故农为天下之本务，而工贾皆其末也。今若欲于器用服玩之物，争尚华巧，必将多用工匠。市肆之中多一工作之人，即田亩之中少一耕稼之人。且愚民见工匠之利，多于力田，必群趋而为工；群趋为工，则物之制造者必多；物多则售卖不易，必至壅滞而价贱。是逐末之人多，不但有害于农，

---

① 蔺埔纂修，潮州市地方志办公室编印：（乾隆）《大埔县志》，内部发行，第218页。
② 蔺埔纂修，潮州市地方志办公室编印：（乾隆）《大埔县志》，内部发行，第222页。
③ 饶宗颐主编：《潮州志·实业志》"磁土"条，转引自《潮学研究》，汕头：汕头大学出版社，1994年，第23页。
④ 萧冠英：《六十年来之岭东纪略》，广州：培英图书印务公司，1925年，第15页。转引自杜经国、黄挺《潮汕地区古代海上对外贸易》，饶宗颐主编《潮学研究》，汕头：汕头大学出版社，1994年，第25页。

而并有害于工也。小民舍轻利而逐重利，故逐末易而务本难。……惟在平日留心劝导，使民知本业之为贵，崇尚朴实，不为华巧，如此日积月累，遂成风俗，虽不必使为工者尽归于农，然可免为农者相率而趋于工矣。①

乾隆甚至说："欲天下之民，皆尽力南亩。"在这种工商理念指导下，工商业受到了严格限制而必然难以真正发达，民众从事工商业只能是临时的逗留和过渡而已。然而，人多地少，生活维艰，劳动力的转移和分布有其客观态势，绝非由皇帝的主观想象决定。

工商业的发展为客家社会生活方式的变化奠定了物质基础。更精彩的市井生活概念和工商业经济观念，也使人们更新了对于行业上人口流动的观念，许多人其实已不再"安土重迁"，也不再局囿于小农经济生活。论者认为：

清代乾、嘉以后，惠州、兴宁、五华等县客民，目睹广州工业发达，试往经营，获利后，此三县接踵前往者数万人。梅县、大埔、蕉岭客家人，见汕头商业市场繁荣，有不少人便迁徙该地从商，逐步成为汕头工商业的大户。这是客家人由山地走向平原，由平原走向都市发展的重要过程。②

清前期的客家地区，人员在行业间的流动其实是比较频繁的。社会上普遍存在着自主择业的现象和人口在行业间的自由流动，这也带来了人口在行业之间以及士、农、工、商四民身份之间的转移，典型的就是士向农、工、商的转移。

人员流动给客家社会带来了良好的社会影响，主要是信息的转移和观

---

① 《清实录》（第七册），《世宗实录（一）》，北京：中华书局，1985 年，第 866－867 页。

② 赖雨桐：《客家研究文集》，广州：广东人民出版社，1995 年，第 14 页。

念的变化，同时还促进了客家社会历史的发展，推动了自由外出谋生的海外移民的增长。他们从一国迁到另一国，或单身式的（如黄恒有），或结伴而行的（如罗方伯、"大伯公"），成为早期华侨。已有研究指出：

> 客家人是新马早期华族移民中的一个重要小群体，自 1786 年槟城开埠以后移入新马地区。他们大部分是手工艺、劳工和商人，其中嘉应州客占多数，其余的包括惠州、大埔、丰顺、永定和增城客等。①

3. 开矿与海外移民

矿产开采曾是清初嘉应州的重要行业，相关方志史书亦多有采矿记载。梅州有史可查的最早煤窑是康熙四十五年（1706），程乡（今梅县）丙村黄羌坪四皇山开凿的 200 余米采煤石窟。雍正十二年（1734），民众于嘉应州程乡县白渡圩河边一带发现并开采煤炭。是年采煤工不下千人，这一带是当时嘉应州煤炭的主要产地。乾隆元年（1736），平远八尺乡角坑排下村人肖新发、肖雪廷创办大坝炼铁厂。② 据乾隆十二年（1747）八月十六日《奉县主示禁碑》载，采煤影响村民祖坟而被告发，并因此被禁：

> 示谕该处居民以及各色人等知悉：小柘乡中村炉下坑等处，系谢、刘二姓祖坟所在，不得开挖煤泥。如敢盗挖开垄，许该生民等呈禀本县，定行严拿重究，决不姑宽。③

---

① 颜清湟：《早期新马的客家会馆》，转引自司徒尚纪：《岭南历史人文地理——广府、客家、福佬民系比较研究》，广州：中山大学出版社，2001 年，第 49 页。

② 《梅州市志》编纂委员会编：《梅州市志》（上），广州：广东人民出版社，1999 年，"大事记"。

③ 谭棣华、曹腾騑、冼剑民编：《广东碑刻集》，广州：广东高等教育出版社，2001 年，第 884 页。

嘉庆十二年（1807），镇平高思乡、白马乡、丰田乡发现金、铝等矿，开采民众数千，惠潮道林天培严厉申禁。道光十九年己亥（1839）十一月十五日示立《奉县宪示禁采煤碑》称"联情叩息预禁采煤，以杜祸害，以安闾阎"：

乾隆十三并三十六及四十、四十二年，于前宪陈□、曹□、吴□史各任，叠经呈请封禁。煌煌案示俱据，兹闻外境婪商，潜勾土著狡棍，假冒名色，将以久经植树栽禾之地，遭挖煤取炭之场，只图肥己，罔顾害人，其有碍生等田园庐墓水道者，更不待言矣。故亟思未雨而先谋，联名求恩于示梦，庶祸害悉泯，士民永乐等情。据此，当批准出示严禁在词，除批揭示外，合行出示严禁。为此，示谕附近居民及各处人等知悉，查大地村铁寮坑山场，迫近贡生汤云峰等田园庐墓，水道攸关。自示之后，毋得再有私行挖煤取炭等弊。①

康熙三十九年（1700），商人何锡具呈开采丰顺县仲坑山银矿，注册矿工人数规模较大，但四年后此矿被封禁，何锡也被捕，死于狱中。② 乾隆十年（1745）十一月十五日，两广总督策楞所撰写的《丰顺县学记》中载：

夫丰邑俗质朴无浮靡之习……惟是僻处山丛，民多梗法，向有矿徒私枭，最称犷悍。③

---

① 谭棣华、曹腾騑、冼剑民编：《广东碑刻集》，广州：广东高等教育出版社，2001年，第889－890页。

② 刘禹轮、李唐：《民国新修丰顺县志》，1943年，卷十二第8页。参见金应熙《十九世纪中叶前的越南华侨矿工》，暨南大学历史系东南亚史研究室编：《东南亚史论文集》（第1集），1980年，第78页。

③ 谭棣华、曹腾騑、冼剑民编：《广东碑刻集》，广州：广东高等教育出版社，2001年，第897页。

影响民众"祖坟"、"田园庐墓，水道攸关"、"矿徒私枭，最称犷悍"，都是禁止民众采煤的理由。采矿之风却并未因此而完全熄灭，采矿民众非但没有减少，反而增多，官员也不断请求放开。

雍正帝历来禁矿，广东十多年来奏请开放采矿者甚多，但他都"未准行"。雍正十二年（1734），两广总督鄂弥达、广东远抚杨永斌联名奏请开惠、潮、韶、肇等府矿，且再三强调"开采以资鼓铸，于粤民生计大有裨益"，他才下九卿议行。第二年（1735）四月，雍正便因有条陈反对，颁谕明确禁止：

今朕再四思维，广东近年以来年谷顺成，米价平减，盗贼渐少，地方宁谧，与从前风景迥异，举行开采之事，聚集多人，其中良顽不一，难以稽察管束，恐为闾阎之扰累。况本地有司，现在劝民开垦，彼谋生务本之良民，正可用力于南亩，何必为此侥幸贪得之计，以喧嚣争竞之风。此时正在计议之初，停止甚易，著该部即行文该省督抚，令其遵谕停止。①

鄂尔达，雍正八年至十年（1730—1732）为广东巡抚，雍正十年至乾隆三年（1732—1738）为两广总督，他之所以主张采矿，实有感于发展矿业能拯民生艰辛，禁矿政策则让其为难。鄂尔达奏陈广东采矿时说：

粤东地方，山海交错，民俗习悍，贫苦者多，所以小民惟利是图，每于封禁之矿山，潜往偷挖。甚至贩私盗窃，毫无顾忌。虽因习尚浇漓，轻蹈法网，亦由无田可耕，无业可守，遂致渐流为匪也。臣自抵粤以来，将奉到历次谕旨，刊刻遍示，晓谕劝导，并严饬该地方文武官弁，时加巡逻，勿任矿徒聚伙偷挖。臣随行查各属旷土，及实在无业穷民，已据各属

---

① 《清实录》（第八册），《世宗实录（二）》，北京：中华书局，1985年，第889－890页。

报到二千余户，正在商酌安插。①

　　"无业穷民"必须"商酌安插"，反过来说，采矿其实是重要的就业渠道，禁矿则带来了严重的社会问题。严禁采矿，往外移民便不可避免，剩余劳动力多被迁往荒地较多的鹤山、恩平、开平等地安顿。

　　清政府虽然严禁开采矿产，但铜、锡、银等矿产的需求量却很大，这也导致了民间采矿虽禁不止。直到乾隆初年，广东各地铜铅矿均已开采，到道光、咸丰年间，因济军需更是大弛矿禁。

　　官方虽贬低粤东采矿人，其所贬低者恰恰是粤东民俗和心态。采矿毕竟是其重要经济路径，许多客家人被吸引到越南和加里曼丹采矿，采矿业逐渐成为客家南洋移民的重点职业领域。

第三节　海外梅州华侨社会的初步成长

　　鸦片战争是中国近代史公认的开端，自此中国国门被迫打开。咸丰三年（1853），知州文晟纂《嘉应州志增补考略》刊刻，镇平黄钊为之"序"曰：此志乃补"乾隆十五年以后事迹，续编并补正前志之讹阙。"其内容反映时代变化者，如知州文晟作《耶稣论》，介绍其写作缘由：

　　道光庚戌（1850）秋，有夷人伯多禄违背条约，薙发改桩，冒充贵州人，混入嘉应属内，与书坑乡民吴亚冬等，假托传教，勾结煽惑，诱及妇孺，受洗吞丸，习为不善，除访获该匪等分别解办外，尚恐愚民不悟，爰

---

　　① 翦伯赞、郑天挺主编：《中国通史参考资料》（古代部分第8册），北京：中华书局，1966年，第85页。

作此，以晓之。[①]

知州亦已经关注并大力批判传教士入梅传教的行为，梅州与海外之关联确实日益紧密。咸同年间，太平天国"起于嘉应，灭于嘉应"，使梅州经济社会日益衰落，如黄遵宪全家因之逃难，并对其所造成的伤害记忆深刻。

乾隆中后期，梅州已形成独立而有特色的华侨社会，其经济逐渐积累，社会愈益发展，反过来又吸引更多梅州贫民迁徙海外。嘉道之后，梅州南洋华侨群体更加扩展，得到了国内更多的关注。其过番谋生的风气愈加浓厚，逐渐形成其过番文化。

一、嘉道时期梅州南洋华侨概况

嘉庆、道光年间，东南亚梅州侨民分布范围更加广泛，侨民社会生产与生活更加活跃。梅州侨民在南洋各地不断组建自己的同乡社团，形成了自己的自治和互助组织，形成了与其他华侨方言群体相区别的"客家帮"，受到了国内外的更多关注。

1. 越南移民及其会馆

大约 1613 年至 1618 年间，地处广南的会安便已形成华侨聚居地，经过明末及清初，特别是经过 18 世纪的发展，越南中部地区的会安等处的华人已经形成其稳定的生产和生活。《大南一统志》（中圻）卷五"广南省·市铺·会安铺"条记载：

会安铺在延福县，会安、明乡二社，南滨大江岸，两旁瓦屋蝉联，清人居住，有广东、福建、潮州、海南、嘉应五都，贩卖北货，中有市亭会

---

① 文晟纂：《嘉应州志增补考略》卷八风俗，咸丰三年（1853）刻本，第9页。又作《节参海国图志天主考》，见《嘉应州志增补考略》（卷八"风俗"），第11－14页。

馆。商旅凑集，其南叉饶为南北船艘停泊之所，亦一大都会也。①

"帮"体现国内行政区划在侨居地的独立存在及其对外区分，包括"嘉应"在内的五帮华侨齐备，此记录自然应当在嘉应州成立之后。论者指出：

对华侨区别对待的政策并非始自阮朝，至少在后黎朝就出台了此项政策。华侨帮会组织的成立，则属阮朝时期的新举措。1807 年，阮朝嘉隆皇帝正式准予华侨按籍贯和方言分帮，自行管理。1834 年，阮氏朝廷又准许华侨帮会设正、副帮长……②

阮翼宗于嗣德十八年（1865）敕令仿《大清一统志》编述《大南一统志》，编述于嗣德三十五年（1882）完成，则其有关嘉应帮之记载当在嘉庆之后。1771 年，越南爆发西山起义，1788 年 12 月 22 日，阮文惠自立为帝，建立西山王朝。1803 年，阮福映在法国和暹罗的支持下攻克升龙，西山政权覆灭，阮朝成立。西山起义军摧毁了会安，导致了会安的萧条，"直至今日，五大会馆仍屹立于该古镇"③。

2. 新加坡移民

1828 年，包世臣《致广东按察使姚中丞书》讨论鸦片泛滥成灾的问题，反映了粤东华侨及其移民情况，其中涉及嘉应州华侨：

粤海通商夷国十数，以英吉利为最强。闻，粤东外洋有封禁地名新埔，距省垣千里而遥，粤之惠、潮，闽之漳、泉，无业贫民私逃开垦。英夷回帆过彼，欲占其地，为闽、粤客民所败。数年后，英夷以兵船至，客民降服，英夷遂据其地。每来粤市舶，返辄留三分之一在彼建置城郭房

---

① 徐善福、林明华：《越南华侨史》，广州：广东高等教育出版社，2011 年，第107页。
② 徐善福、林明华：《越南华侨史》，广州：广东高等教育出版社，2011 年，第83页。
③ 徐善福、林明华：《越南华侨史》，广州：广东高等教育出版社，2011 年，第112页。

屋，迄今几五十年。并招嘉应州之贫士，至彼教其子弟，又召粤中书匠，刊刻汉文书籍。①

　　包世臣还说："世臣游历不至粤东，所陈五事，皆方之粤人，其说一口，故属虹舫附递上渎。"也就是说，他的说法虽非亲历所得，却是当时人普遍一致的看法。

　　其一，闽粤"无业贫民私逃开垦"，其时间要早于英国殖民者，英国以战争而使华侨"降服"，两者到此的目的和手段完全不同。

　　其二，华侨来源的共性是"无业贫民"，因在国内贫困而被迫往南洋谋生，到此的职业和工作主要是"开垦""建置城郭房屋"。

　　其三，闽粤侨民到来的时间"迄今几五十年"，则当在1780年前后，亦即乾隆中后期，此时国内的移民已趋饱和，向南洋移民成了新的方向。

　　其四，当地华侨已经产生较大的文化需求，"嘉应贫士"和"粤中书匠"因而成为特殊需求人群而南来，表明不少当地华侨已经生活稳定。

　　其五，南洋梅州客家华侨人数已有一定规模，成为华侨重要组成部分，与其他地区华侨相比，显示出有知识有文化的"文人学士"特征。

　　南洋是"封禁地"，且"距省垣千里而遥"，但新加坡等东南亚地区在"乾隆四十年间"便已成为"粤之惠、潮，闽之漳、泉，无业贫民私逃开垦"之地，所谓"私逃"，这只是官方的说法。蕉岭举人黄香铁亦说：

　　邑中地狭民稠，故赴台湾耕佃者，十之二三，赴吕宋咖喇吧者，十之一。②

　　黄香铁仅仅强调移民的平常和普遍性，南洋与台湾等地之吸引移民的

---

　　① 包世臣：《致广东按察使姚中丞书》，赵靖、易梦虹主编：《中国近代经济思想资料选辑》（上），北京：中华书局，1982年，第17页。
　　② 黄香铁：《石窟一征》（点注本），内部发行，第70页。

情况是相似的，迁往台湾和迁往菲律宾并无实质区别，只是蕉岭当时迁往台湾者比迁往南洋者更多而已。

3. 海峡殖民地的梅州侨社与会馆

1824 年，荷兰与英国签订条约，马来半岛的荷属马六甲与苏门答腊岛的英属明古连地区互换主权。1826 年，英属东印度公司将马来半岛的新加坡、槟城和马六甲三个英属港口组成海峡殖民地（Straits Settlements），华人称其为三洲府，三洲府首府在槟城，1832 年迁往新加坡。英荷地域势力范围的重新划分以及海峡殖民地的成立，也影响了当地华侨。

槟城：乾隆后期，大埔人张理已开辟槟城，并且形成其独特的影响力。在槟城梅州人占有重要地位。嘉庆五年（1800），广福宫建立，这是槟城较早的华人社会组织；第二年（1801），嘉应会馆成立，这是全马来亚最早的会馆。槟城还有大伯公街福德祠、嘉应会馆的前身仁和公司。

马六甲：1821 年夏，郑泰松、朱辛亚等成立应和会馆的前身梅州众记公司。19 世纪 40 年代，大埔华侨创设马来西亚马六甲茶阳会馆。

新加坡：1819 年，新加坡开埠，大埔百侯人萧贤舞，率华侨开辟草莱，开垦处女地，成为"十二帮头"之一（客帮帮长）。1858 年，萧贤舞在北京街 16 号创立茶阳会馆。[1] 1822 年，刘润德成立星洲应和会馆。

与此同时，马六甲、槟城等地也成立惠州会馆。

华侨同乡会馆是以联络乡情为目的的地缘社会团体。会馆的成立，一方面是当地侨众大量增多的结果，他们已经开辟了属于自己的新天地，梅州客家人已形成其世界性族群的特征。另一方面亦显示出其强烈而独立的同乡意识，形成了深厚的以中国地方行政区划为单位的各区域地方意识。

梅州客家华侨人口相对较少，却率先且最积极组织方言会馆，在槟榔屿和马六甲建立了最早的团体，与广府人一道率先在新加坡建立方言组织，显示出更浓烈的方言群体意识。嘉应客家人的嘉应州意识已经较为强

---

[1]　大埔县地方志编纂委员会：《大埔县志》，广州：广东人民出版社，1992 年，第 581 页。

烈，其地域之州属也常常为官方所突出。

罗芳伯及其所建之公司推动了梅州客家人移民西婆罗洲，1804 年后，西婆罗洲华人势力渐趋衰微，梅州客家又逐渐移徙到槟榔屿、马六甲和新加坡等东南亚地区，形成两大职业帮派：规模较大的矿工帮和相对小些的工匠帮。兰芳大总制的"政府统治"以及在中国家乡建立秘密组织的经验，槟榔屿、马六甲和新加坡的历练，都是梅州侨民率先组织方言会馆的重要影响因素。[①]

4. "开矿""务工"和生活

道光二十四年（1844），徐继畬（1795—1873）编纂之《瀛寰志略》完成初稿，于道光二十八年（1848）初刻出版。《瀛寰志略》是鸦片战争后著名的地理学著作，介绍了世界各国的风土人情，对嘉道年间的南洋华侨亦有所记。梅州华侨最初主要从事"开矿"行业：

息力（即新加坡）大山金矿极盛……近年粤之嘉应州人入内山开矿，屯聚日多，遂成土著。初娶黎女为妇，生齿渐繁，乃自相婚配，近已逾数万人。择长老为公司理事，谓之客长，或一年，或二年更易。丁口税银由客长输荷兰……[②]

移民聚居深山，开辟矿山，娶当地妇女为妻而逐渐土著化，实即落地为家，所谓"日久他乡即故乡"了，这是海外客家社会形成的一种重要模式。人口增长也很快，外来移入加上内部自然增长，形成了不小的社会规模。

南洋各籍华侨有其相对固定的行业，形成各自特征。徐继畬又以州、府行政区划为其记述之区域单位，概括区分了各属华侨的职业特征：

---

① 颜清湟著，粟明鲜等译：《新马华人社会史》，北京：中国华侨出版公司，1991 年，第 40 页。

② 徐继畬：《瀛寰志略》，上海：上海书店出版社，2001 年，第 36 页。

（南洋诸岛）中国流寓甚众，广州、嘉应州之人为工，潮州之人为农，泉州、漳州之人为商。获利多者为泉漳人。闽粤游手谋无策，往往自投绝域，不复首邱，或娶番妇生子，遂化为异族。①

粤侨多务农工，其中嘉应州人多"务工"，闽侨则多从商，闽粤华侨之间形成的职业差别，反映出各自的地域及思想的分歧。

出国移民者被视作"游手"，原因则被归为"谋无策"；出国被指"自投绝域"，"绝域"一指路途遥远难及；二指不能归葬故乡，即"不复首丘"；三指不再是中国人，即"化为异族"。

其实，"化为异族"，实因华侨人数太少，不足以形成独立的社会群体，必然被当地社群所吸纳。晚清华侨人口的大量和迅速增长，其华人族群特性的保留同样有其必然性。"娶番妇生子"和"自相婚配"共同存在，揭示了嘉道年间南洋华侨的生存状态。

清政府及其官员在很长时间里都未能较好地认识华侨对于故国及侨乡的特殊情感。传统中国"华夷"理念强烈："非我族类，其心必异"，这种民族身份和文明野蛮观念认同，成为明清政府放弃华侨而实行海禁的文化根源。

二、外部关联与过番文化：南洋移民的影响因素

英国实行其"亚太战略"，开辟了新加坡等英属南洋殖民地，他们比荷兰更加强调殖民地的生产性，更加迫切需要劳动力，他们在马来亚地区的扩张也伴随着华人劳动力的大力引进，婆罗洲的布洛克王朝便采取过吸引华人的激励措施。梅州与外部关联更多了，也增加了移民南洋的外部机会。乾隆中后期开始的南洋移民风气，进入19世纪之后更盛了。其原因既

235

---

① 徐继畬：《瀛寰志略》，上海：上海书店出版社，2001年，第52页。

有惯性，亦有时代与社会的多种因素。

1. 农耕社会与传统的外部扩展

梅州地处韩江和东江的上游。《乾隆嘉应州志》说："况嘉应峻岭巨嶂，四围阻隔，与濒海之地不同。"① 章炳麟说："广东称客籍者，以嘉应诸县为宗。当宋之南逾岭而来时，则广东已患人满，平原无所寄其足，故树艺于山谷间。"② 特定的地理和地形环境塑造了梅州相对的内陆性。

梅州非滨海之地，论者故谓其一无航海知识，二无商业经验。③ 梅州虽总被归类为"内陆地"，而不是"沿海地区"，却有其浓厚的商业气息，同样出产商人。明清广东移民海外的商人共99人，来自19个县市，其中16个县市属于"沿海地区"的珠江三角洲和潮州地区，"内陆地"则有梅县、大埔、蕉岭。④

梅州传统农耕社会民众普遍"安土重迁"，强调"父母在不远游"，因而多否定其移民意愿，同时形成其相应的习俗和文化。章炳麟便说："惟好读书，虽穷人子，亦必就傅二三年，不如是，将终身无所得妃耦。"⑤ 客家俗言"吾读书，有老婆"。好读书似乎是山区生活的结果，这却是值得商榷的。

传统农耕社会之农民虽"安土重迁"，其内涵却不能简单地以"恋家"概括之，他们为追求耕地总不惧怕往外迁移。太平天国领导人多为客家人，故其制度和文化多有客家特色，《天朝田亩制度》的土地分配原则是："天下之田，天下之人同耕之，此处不足，迁移彼处，彼处不定，迁移此处。"大山里的客家人从不缺乏追求耕地的热情和勇气。

---

① 程志远等整理：(乾隆)《嘉应州志》，内部发行，1991年，第41页。
② 罗翙云：《客方言》，陈修点校：《〈客方言〉点校》，广州：华南理工大学出版社，2009年，第1页。
③ 廖荣春：《嘉应会馆在马华历史上所处的地位》，《嘉应侨史》1989年第2期，第40－42页。
④ 黄启臣、庞新平：《明清广东商人》，广州：广东人民出版社，2001年，第369页。
⑤ 罗翙云：《客方言》，陈修点校：《〈客方言〉点校》，广州：华南理工大学出版社，2009年，第1页。

事实上，传统中国存在着频繁迁移现象，从田少人多的"狭乡"迁往田多人少的"宽乡"，是自然，也是必然。客家人便有其大规模的、持续的、长期的迁移史。他们勇于开拓，不惧往外，无论客观条件多么恶劣，只要依附耕地，便可随处生根。相类的地理位置、气候及生态环境，使闽粤南洋移民得心应手。

农耕传统总有其永恒的、浓厚的故土情怀，宗族性为其典型特征，所谓"打仗亲兄弟，上阵父子兵"。宗族血缘牵引着客家人相继"过番"，且他们居住地相对集中，客家人说："一出身就是一大帮。"

著名的大埔华侨张弼士便是由同村华侨牵引出洋的。家族血缘牵引，源源不断，逐渐形成风气。乾嘉时期，是客家移民海外的第一个高潮时期，奠定了近代客家走向世界，形成更大海外移民高潮的重要基础。

2. 诗书传家的向往与无奈

客谚曰："在家千日好，出外半朝难。"客家人普遍留恋"老家"。南洋发财的张弼士，总以其原配为糟糠之妻不可弃。清末客家华侨修建潮汕铁路，目标是用铁路联接故乡与海洋。家，是他们对于平稳生活的向往。

嘉道间，自号"经学博士"的著名学者吴兰修，梅县松口到车村人，于嘉庆十三年（1808）中举，曾任学海堂第一任学长。他为妻子生日赋诗《内子生日有怀》：

> 井臼晨操作，红灯夜绩麻。三年欢聚首，相对慰家贫。
> 怜汝餐频减，愁侬鬓易华。那堪当此夕，杯酒各天涯。
>
> 祖母闻犹健，晨昏果待抚。但能勤奉膳，差可慰穷途。
> 卖赋囊仍涩，佣书砚已枯。故山田三顷，偕隐是良图。①

这是客家"主妇"的日常生活写照，显示出客家男女分工与家庭生活

---

① 吴兰修著，刘奕宏点校：《荔村吟草》，香港：香港文艺出版社，2013年，第92页。

的基本状态。女性持家，侍奉公婆，维护家庭和睦。男性虽为"高知"，妻子生日却远隔天涯。男性日夜忙碌却仍是"家贫"，想象着将来，在家乡有三顷山田，过隐居生活。由此可见，士大夫家亦难以维持较好的生活。

乾隆时期，嘉应州的读书风气浓厚，士人数量剧增，强烈的惯性形成了嘉道间人文学士之盛况，文风可谓极盛。黄遵宪指出：

> 嘉、道之间，文物最盛，几于人人能为诗。置之吴、越、齐、鲁之间，实无愧色。岂非语言与文字合易于通文之明效大验乎？自物竞天择，优胜劣败之说行，种族之存亡，关系益大。①

黄遵宪认为，语言与文字关系到国家、民族生存与发展，强调客方言有效地推动了梅州文化的发展，在自豪之中有其理性思考。外地来梅官员对于梅州文风更是称赞有加。他们的言论，已经显示出梅州与整个广东都有其相对独特的发展路径。

《管子·小匡》曰："士农工商者，国之石（柱石）民也。"民众被归入"四民"的不同职业和尊卑行列，《淮南子》（卷十一齐俗训）："农与农言力，士与士言行，工与工言巧，商与商言数。"士读书光宗耀祖而尊贵，商重利取之尽锱铢而卑贱，成为中国传统农耕文化的普世价值标准。

嘉庆二十年（1815）十二月，广东督学使者彭邦畴在《重修梅州试院记》中比较了梅州与岭南的职业选择，体现了当时社会的生活状态。濒海之区的商业财赋与梅州农耕时代之诗书风气两大印象并举。

其一，濒海之岭南，乃对外贸易之重镇，每年来华商船"以百数计"，从而形成重外贸的财赋之区，其民众便形成独特的职业形态：

---

① 黄遵宪：《梅水诗传序》，吴振清、徐勇、王家祥编校整理：《黄遵宪集》，天津：天津人民出版社，2003年，第390 – 391页。

故弃本末者多。四民之中，商贾其半，农居商贾之半，士又居农之半而已。①

其二，梅州地处粤东，"地瘠而民贫"，学风之盛却是其时梅州之根本特征：

自宋以后，代产伟人……而州之应童试者，不下万余人，合之志乘所载之数，士且得三分之一焉。故梅之文学冠于岭南。……当岁试时，予喜见多士之济济……②

"代产伟人"，"多士济济"，"文学冠于岭南"，对梅州的评价可谓相当高。岭南之商贾占人口的一半，梅州之士占人口 1/3，可见生活状态及其职业路径之选择。然而，梅州读书人之多，科举路径必然变得更加狭窄，士之职业大分流便有其必然性。

3. 关联世界和海洋的过番文化

农耕时代，耕读传家。嘉应州既重耕，亦重读，其社会似乎是如此完美。然而，读书总要有一定的经济保障，这与"地瘠而民贫"却总是那么不相称。家境不佳的现实限制了这些读书人的"诗和远方"，他们不得不寻求人生路径的转型，转变传统社会价值取向。

虽"喜读书"，祈望以"文墨"立身，客家读书人却并非死脑筋，孔乙己型的"仕途经济"已经让位于务实的谋生需求。他们显然不很介意"求利"，也不介意移民海外，形成了梅州海外移民具有相对较高的文化层次的现象。

---

① 谭棣华、曹腾騑、冼剑民编：《广东碑刻集》，广州：广东高等教育出版社，2001 年，第878 页。

② 谭棣华、曹腾騑、冼剑民编：《广东碑刻集》，广州：广东高等教育出版社，2001 年，第878－879 页。

当时华侨仍保留着中国的风俗文化，所谓"新埔客人虽降服英夷，并未改从服色"，还学习中国文化，特别注意从中国招来教师，"嘉应州之贫士"便成为招募教师的重要对象①，且成其传统，印度尼西亚后来众多华校的教书先生均以客家人为多。②

读书可以开阔眼界，读书人透过书本知识，能够更加确切感知世界之关联，形成更高的视野、情怀与境界。罗芳伯、"大伯公"张理等客籍著名侨领都是读书识字者。其外出人员多而文化层次高之独特时代内涵，亦体现在乾嘉年间嘉应州文化大家的崛起。

嘉道间的梅州已经具备较强的海外意识和对外关联，外部世界与故土之间形成了较为紧密的关联。李黼平（1770—1833），字绣子，嘉庆戊午（1798）举人，乙丑（1805）进士③，其诗中已对外国多有关注，如《南园诗社行》中"惟余火斋天香曲，翻作夷歌唱晚霞"一句，其自注："……市舶夷人，皆能诵之。"④ 嘉庆十年（1805），李黼平在家书中说："距家尚千里，而我喜难寐。为多故乡人，能谈故乡事。"⑤ 他与《海录》可能的记录者吴兰修同在广州，且常相往来，多有唱和。

乾嘉时期，东南沿海其实并不平静。姚莹（1785—1853），被誉为"闽吏第一"，嘉庆十三年（1808）中进士，后长期任官闽粤，鸦片战争时曾主台湾军政，他深刻地感受到了海寇骚扰：

乾隆中，英吉利始通中国，又西南海舶日盛，则有南澳总兵陈伦炯，著《海国闻见录》……嘉庆中，海洋多盗，讲修防者，乃争购其书，亦第

---

① 包世臣：《致广东按察使姚中丞书》，赵靖、易梦虹：《中国近代经济思想资料选辑》（上），北京：中华书局，1982年，第17页。

② 吴美兰：《客家人在印度尼西亚的共生与认同》，《嘉应大学学报》1999年第1期。

③ 温仲和纂：（光绪）《嘉应州志》，台北：成文出版社，1968年，第420页。

④ 李国器辑录：《李黼平家族诗词钞》，广州：中国文化艺术出版社，2020年，第184－185页。

⑤ 李国器辑录：《李黼平家族诗词钞》，香港：中国文化艺术出版社，2020年，第337页。

考中国沿海诸图，至其海外全图，仍茫如也。①

　　所谓"海洋多盗"，盗之源既有欧洲殖民者，更多却是闽粤人，甚至客家人。其防盗者亦多有来自嘉应州的海军将领。五华县华城人李威光，乾隆庚辰恩科武状元，是闽海重要的海军将领；锡坑人李海熊、李耀扬兄弟，嘉庆初年因"擒洋盗"和"出洋捕盗"而立功受奖；嘉庆六年（1801），署龙门协副将、横陂人魏大斌禀称：安南内战，"赴夷地开垦耕种"的华侨被驱使上战场，导致华侨逃回内地躲避，乱平后又"仍回夷地耕种"。②

　　客家人地处韩江上游而不靠海居住，对大海却并不陌生，也绝不惧怕，且历来有勇于接触外部世界的开放意识。确切了解南洋地理环境、社会习俗和文化心理，然后能更加从容迁徙，客家地区具有推动老百姓过番独特的人文环境。正如论者所说：

　　与外国人的接触，开阔了广东人的眼界，他们可以早于中国内地的人们获得外部世界的信息，思想也比内地人更加开放，较之普通中国人反对移民的情绪要小。……广东人独特的地理环境以及因此所养成的独特心理才是促使他们移民海外的重要因素。这是除福建等少数地方以外的其他省份人民所缺乏的。③

---

　　①　谢清高口述，杨炳南笔录，安京校释：《海录校释》，北京：商务印书馆，2002 年，第 8 页。
　　②　中国社会科学院历史研究所：《古代中越关系史资料选编》，北京：中国社会科学出版社，1982 年，第 661 页。
　　③　吴金平：《19 世纪中国人移民加拿大原因初探》，《历史教学》2001 年第 12 期，第 16 页。

第四节　谢清高与《海录》蕴含的梅州历史

谢清高生于乾隆朝，口授成书《海录》在嘉庆朝，名闻于道光朝。他不是海外移民，但他率先走出国门，周游世界，最后定居澳门，还留下影响过近代中国历史发展的《海录》，书中蕴含着当时梅州与世界之历史关联。

一、充满艰辛的人生奇缘

谢清高大约出生于乾隆三十年（1765）的嘉应州金盘堡（今梅州市梅县丙村，非今城东一带金盘桥）。他出生在大山里的"底层"社会，却在大海的波涛中成就其"高层"影响，其简短而艰辛的一生充满了奇缘、奇遇。

1. 海上奇缘

著名学者冯承钧勾勒谢清高生平事迹：乾隆四十七年（1782）开始航海，乾隆六十年（1795）结束航海，嘉庆元年（1796）目盲，道光元年（1821）去世，享年57岁。新近的研究则认定，1787年，谢清高定居澳门，在海外游历了4年而非14年；1793年之后双目失明，在澳门以经商自活，而非做翻译；至1821年去世，在澳居住了34年，而非26年。①

谢清高可被视为一位"不成功"的"从事民间海外贸易的普通客家商人"，也可被视作一名海外移民。他年纪不大便无奈出洋——其目的地应当是"过番"而非论者所谓的"海南岛"，史料所说的出"海南"，并非指海南岛，将"海南"理解为海之南，即南洋可能更加合适。此后他在大海上遇风暴船覆，被葡萄牙人救起，然后在其船上帮手而随船游历世界各

---

① 安京：《关于〈海录〉及其作者的新发现与新认识》，《海交史研究》2002年第1期，第37页。

国。安京说：

可以说，谢清高的一生是十分艰难的，甚至可以说是悲惨的，但谢清高的一生又是十分独特的，富有传奇色彩。①

梅州贫民，出洋谋生本就已经有点困难了，却又成为东来的西方人的海员，周游世界就更不易了。论者甚至以其为"中国海商"，他晚年定居澳门，还与葡萄牙人打官司，甚至在澳门以"通译"谋生。② 谢清高的人生确实有点复杂，也有点不可思议。

至此，谢清高的一生也只能说是一段奇缘而已。奇缘却有着内在的时代内涵，其出洋谋生意味着当时程乡与南洋关联紧密；为西方人船只所救则又有着大航海与西人东来的时代背景。他还很有心，以其惊人的记忆及语言能力，记录了他的海外经历和沿途见闻，形成了记载海外见闻的《海录》。

2. 心有世界

《海录》所记录之人和事是如此之多而新。或者说，谢清高航海时作了航海简志，从而成为记录者的底本：

一个比较合理的推定就是谢清高原本有一个日记或笔记本类的底本，底本的名称即《海录》。谢清高口授的内容是对这个底本的补充、说明。否则我们很难想象，谢清高能仅凭脑子就记住近百个国名、地名（这仅限于总目中的，不包括每一国中的区划名或地名）、方位、航程、风俗、特产，甚至外国译名。杨炳南在澳门看到了谢清高的底本，而吴兰修是在家乡看到了谢清高的底本。③

243

---

① 安京：《〈海录〉作者、版本、内容新论》，《中国边疆史地研究》2003 年第 1 期，第 50 页。
② 安京：《关于〈海录〉及其作者的新发现与新认识》，《海交史研究》2002 年第 1 期，第 37 页。
③ 谢清高口述，杨炳南笔录，安京校释：《海录校释》，北京：商务印书馆，2002 年，第 4 页。

谢清高之族弟谢云龙重刻《海录》时强调："族兄清高，奇男子也。读书不成，弃而浮海。"① 当代校释者则猜测说："谢清高幼年应读过一点书，识一些字，这使他能够有见识，有兴趣，有能力记述海外见闻。"② 亦有人说："谢清高的航海时期应在乾隆四十七年（1782）至乾隆六十年（1795）之间，至《海录》中所记乾隆以后之事，盖得诸传闻。"③

乾隆末年至嘉庆十三年（1808）间，谢清高卷进了一场与定居澳门的葡人的借款纠纷与官司，论者据此官司档案认为，乾隆六十年（1795），三十一岁的谢清高双目失明，不能再出海，在澳门似乎颇有名气，被称为"盲清"。而且自 1782 年获救后：

他并非十余年中一直在海外漂泊，而是自初次，或最初二、三次出海归来后，便开始在澳门租居葡人房屋。在他漂洋过海的十余年间，一直支付着租银，每当出海归来，便居住于桔仔围。④

或者说，谢清高根本不识字。《海录》记录者杨炳南说："余乡有谢清高者，少敏异……所至辄习其言语，记其岛屿……流寓澳门，为通译以自给。"⑤ 记录者强调其"少敏异"却未说其读书之事，其中之"习""记""通译"等字眼则明确其是读书识字者。地理学家李兆洛则明确说："清高

---

① 谢清高口述，杨炳南笔录，安京校释：《海录校释》，北京：商务印书馆，2002 年，第332 页。

② 谢清高口述，杨炳南笔录，安京校释：《海录校释》"绪论"，北京：商务印书馆，2002年，第 1 页。

③ 周桓：《一部有关南海交通史的资料书——〈海录〉》，《河北大学学报》1983 年第 3期，第 102 页。

④ 刘迎胜：《海路与陆路：中古时代东西交流研究》，北京：北京大学出版社，2011 年，第160 - 161 页。

⑤ 谢清高口述，杨炳南笔录，安京校释：《海录校释》，北京：商务印书馆，2002 年，第329 页。

不知书。同乎古者，不能征也；异乎古者，不能辨也。"① 以史料征引来判定其"不知书"，此要求显然有点高。冯承钧校注《海录》亦谓：

　　清高一贾人耳，必不识文字。特往来海上十有四年，耳闻目见者广，故其所言虽可据，亦不尽可据。书中译名多从嘉应音读，自未可以正音绳之。②

　　当代学者依然猜测，《海录》所记的很多地方及其人和事，都是道听途说。比如，论者认为："谢清高并未到过西婆罗洲，他的记录或许还是来自海客水手们的口耳相传。"③

　　事实上，谢清高与澳葡西洋理事官唛嚛哆打交道时要外请通事，且不能书写葡文状纸，不能单独处理此次与葡商的债务纠纷，可见其葡语掌握程度并不高，所谓"以通译自给"④ 和"为人通译"⑤，当指他有时沟通华葡两族的民间交往。⑥ 他贷出毕生积蓄却本利无收，甚至无力支付请人书写葡文状纸所需的十枚银圆，"不复能操舟，业贾自活"，只能租居葡商"桔仔围"铺屋用以"摆卖杂货"为生。⑦

　　3. 口述传奇

　　无论是心记还是手写，谢清高作为《海录》口述者的身份则是非常确

　　① 钟淑河：《叙论：日人最早康历西方的记述》，钟淑河等校点：《海录》，长沙：岳麓书社，2016 年，"叙论"第 21 页。
　　② 谢清高口述，杨炳南笔录，安京校释：《海录校释》，北京：商务印书馆，2002 年，第 336 页。
　　③ 周云水、林峰：《西婆罗洲华人公司史料辑录》，广州：暨南大学出版社，2018 年，第 9 页。
　　④ 谢清高口述，杨炳南笔录，安京校释：《海录校释》，北京：商务印书馆，2002 年，第 329 页。
　　⑤ 谢云龙：《重刻〈海录〉序》，谢清高口述，杨炳南笔录，安京校释：《海录校释》，北京：商务印书馆，2002 年，第 332 页。
　　⑥ 刘迎胜：《海路与陆路：中古时代东西交流研究》，北京：北京大学出版社，2011 年，第 165 页。
　　⑦ 刘迎胜：《海路与陆路：中古时代东西交流研究》，北京：北京大学出版社，2011 年，第 158 页。

定的。贫民过番、西船水手、口述《海录》，三者的结合显得如此巧合，梅州、海南、澳门与世界在此交集，这些无不蕴含着强烈的时代特色：

命运使他成为清代最早放眼世界、介绍世界的重要人物之一。这是谢清高始料不及的。①

学识和文化水平并不高的谢清高，阴差阳错地青史留名，本来只是一名"好奇的旅游者"②"一个微不足道的小人物"③，"却因为偶然的机遇，走遍世界，成为清代'开眼看世界的第一人'"④，被后世誉为"周游世界的第一位中国海员"⑤"清代最早放眼看世界的人之一"⑥。"谢清高是一名普通的中国人，又是中西交通史和中葡文化交流史上一位名垂不朽的人物。"⑦

论者强调说："谢清高走向世界，实属偶然。"⑧《海录》似乎也是杨炳南或吴兰修之偶遇记录。"失明水手讲述看世界的传奇故事"，其路径并非完全无章可循，回到历史的现场，或许还是可以寻找到许多答案。而且可以确定的是，其传奇还将不断地被翻阅和展示。

二、士商合作写传奇

《海录》自然不能被简单视为谢清高的著述，而是谢清高及其同乡杨炳南或吴兰修之共同著述，他只是口述者，另外还有记录者，记录者有其

---

① 安京：《〈海录〉作者、版本、内容新论》，《中国边疆史地研究》2003 年第 1 期，第 50 页。
② 安京：《关于〈海录〉及其作者的新发现与新认识》，《海交史研究》2002 年第 1 期，第 39 页。
③ 赖某深、蒋浩：《晚清国人看世界的几个标本（上）》，《世界文化》2020 第 11 期，第 40 页。
④ 赖某深、蒋浩：《晚清国人看世界的几个标本（上）》，《世界文化》2020 第 11 期，第 40 页。
⑤ 胡善美：《周游世界的第一位中国海员》，《航海》1993 年第 5 期，第 11－13 页。
⑥ 安京：《关于〈海录〉及其作者的新发现与新认识》，《海交史研究》2002 年第 1 期，第 39 页。
⑦ 谢清高口述，杨炳南笔录，安京校释：《海录校释》，北京：商务印书馆，2002 年，第 3 页。
⑧ 赖某深：《谢清高与〈海录〉》，《文汇读书周报》，2018 年 11 月 14 日第 4 版。

加工和整理的过程。谢清高可被视作水手、海员，甚或是商人；杨炳南和吴兰修则是典型的读书人，所谓"士"。《海录》可谓士人与水手的合著。

1. 士人参与

《海录》的记录者是谁？这一问题已经引起了许多的争论。饶宗颐[①]、冯承钧及当代学者周桓[②]和安京[③]等人都作过很深入的探索。杨炳南、吴兰修、李兆洛都被不同学者认为是记录者。李兆洛（1769—1841），字申耆，江苏阳湖人，嘉庆二十五年（1820），"游广州识吴广文石华，言其乡有谢清高者……"[④] 但其并未留存《海录》文本。

《海录》之后世流行本，"杨炳南编著本为最早的刊本。刊行时间大约在1820年或稍晚，是清代刊本中的全本，其余刊本大多对杨炳南编著本进行了删节、改写、改编"[⑤]。而且，"原书虽不分卷，但颇具条理，……此书所记以谢清高耳闻目见者居多，故为18世纪后期中外交通史的重要资料书……"[⑥]

吴兰修与杨炳南的事迹均载于《光绪嘉应州志》卷二十三。当然，吴兰修成名比杨炳南更早，名气更大，其事迹还载于其他几种传记中。嘉庆二十五年（1820），杨炳南到澳门"遇谢清高以及笔受《海录》时，他还不过是诸生之一"[⑦]。

---

① 饶宗颐：《海录笔受者之考证》，《禹贡》1937年第7卷第10期。

② 周桓：《一部有关南海交通史的资料书——〈海录〉》，《河北大学学报》1983年第3期，第102页。

③ 安京：《关于〈海录〉及其作者的新发现与新认识》，《海交史研究》2002年第1期，第36－46页；安京：《〈海录〉作者、版本、内容新论》，《中国边疆史地研究》2003年第1期，第48－58页。

④ 安京：《关于〈海录〉及其作者的新发现与新认识》，《海交史研究》2002年第1期，第38页。

⑤ 谢清高口述，杨炳南笔录，安京校释：《海录校释》，北京：商务印书馆，2002年，"绪论"第10页。

⑥ 周桓：《一部有关南海交通史的资料书——〈海录〉》，《河北大学学报》1983年第3期，第102页。

⑦ 周桓：《一部有关南海交通史的资料书——〈海录〉》，《河北大学学报》1983年第3期，第102页。

安京等上引学者们关于《海录》版本的见解似乎已经成为共识，但显然都只是建立于"推断"，便必然难于成为最后定论。故亦有论者论证认为：

安京的推断，忽略了杨炳南、吴兰修等客家籍人士的交往关系和时代背景，特别是时空观念和事件发生时身份的差异。正是这些背景决定了吴兰修送呈李兆洛修订的稿本正是辗转经手的杨炳南笔录稿本的可能性最大。

一是《海录》并不存在两个记录人，李兆洛看到的吴兰修所送书稿实际上与杨炳南整理本同源。二是林则徐所云《海录》出版的时间1820年也不太可能，实际出版时间当延后数年。①

无论其撰写过程如何，亦无论其记录者是杨炳南还是吴兰修，他们都是谢清高的同乡，既有感于其海上奇遇，亦同情其坎坷境遇，"都是举人出身，在政治上或学术上都有相当成就，记录、刊刻谢清高的海外见闻并没有功利主义的目的"②，其举人身份及著作都能够展示其在学界的地位。《海录》是高水平的梅州士人参与的成果，这是确定无疑的。

2. 源于实践

士人参与乃社会文明得以文字相传的根本条件，但历史是人民群众创造的，文明的初始形态值得高度重视。《海录》之成书，乃源自梅州社会底层普通民众的社会实践。每个人的生活及其生产实践皆属于历史范畴，是否被历史所认知则要看其是否身处历史长河之主流。

世界历史浩浩荡荡，顺之者昌，逆之者亡。杰出历史人物都是时代的先进代表，其活动亦是走在时代之前列，其目光更是能够超越时代。处于

---

① 刘奕宏《世界地理著作〈海录〉：有两个记录人杨炳南与吴兰修？不可能！》，"谈梅客"公众号，2023年4月5日。
② 安京：《关于〈海录〉及其作者的新发现与新认识》，《海交史研究》2002年第1期，第38页。

特定的社会关系中，人总是特殊个体，其所参与或创造之社会实践，能够与时代发生共振，然后会成为历史人物。历史发展有共同的天时，有特殊的地利，但关键则在于人和。所谓人和，既内蕴着个人进取的努力，更有其所处社会和时代之价值导向。

　　谢清高是身处于历史长河主流中的梅州普通民众，梅州社会的特殊性让其走出大山而走向大海，其活动与社会关系从而契合当时中国与世界的发展方向。他虽未熟练掌握葡萄牙语，但侨寓澳门，年轻而游历各国，亦能用心于语言及其环境，与东来欧洲人特别是葡萄牙人有较多往来，便具备了必要的语言和文化能力。故论者强调：

　　他懂葡语，与居澳葡人往来密切……在当时的中国人中，难有人对西方的了解出于其右，这正是《海录》一书的价值所在。[①]

　　《海录》乃由谢清高口述，由杨炳南"加工、整理、补充"，乃其二人"合作完成"，实质上便是初级实践者与梅州士人之合璧。而"认识这一点，对研究（海录）是十分重要的"，[②] 杨炳南在"序"中说：

　　与倾谈西南洋事甚悉。向来志外国者，得之传闻，证于谢君所见，或合或不合。盖海外荒远，无可征验，而复佐以文人藻缋，宜其华而尟实矣。谢君言甚朴拙，属余录之，以为平生阅历得借以传，死且不朽。余感其意，逐条记之，名曰《海录》。所述国名，悉操西洋土音，或有音无字，止取近似者名之，不复强附载籍，以失其真云。[③]

――――――――――

　　① 刘迎胜：《海路与陆路：中古时代东西交流研究》，北京：北京大学出版社，2011年，第165页。
　　② 谢清高口述，杨炳南笔录，安京校释：《海录校释》，北京：商务印书馆，2002年，"绪论"第1页。
　　③ 谢清高口述，杨炳南笔录，安京校释：《海录校释》，北京：商务印书馆，2002年，第329页。

作为地位较低或不得志的士人，罗芳伯走向世界，成为海外移民中具有较高文化水平的一员，其影响非同凡响。谢清高则长期生活于澳门，生活于社会底层，其文化水平显然不高，虽强烈期望"以为平生阅历得借以传，死且不朽"，却只能等待他人"录之"。其平生阅历因同乡士人之帮忙传世，其人生之愿景得以圆满。

3. 梅州出产

杨炳南弥补了普通民众（谢清高）的知识不足，有意识地将民众的生产实践加以总结并作提升，海员的眼界沉淀在士人的笔下，海员和士人同样展示出对海外世界的浓厚兴趣，这既有巧合性，又是那么具有必然性。论者强调：

此处也为后人提供了一个研究的题目，即谢清高的《海录》在多大程度上是作为海员的他个人的东西，作为笔受者，杨炳南的文化积淀对这本小册子到底有多少影响呢？[1]

《海录》不能被简单视作历经磨难而终生艰辛的普通民众的著作。它还展示了梅州士人的那种时代敏感，他们都来自嘉应州，是那个时代梅州的共同代表。《海录》是乾嘉间梅州人走出围龙而走向中国和世界的重要体现，展现了近代梅州人的世界眼光和胸襟视野。这部私人游记很快被士人认可，很快又被中国最高层所接受和夸赞，为政学两界迅速接受，可谓为时代所认可而青史留名，蕴涵着深刻的时代特征与地域特色。

《海录》成为梅州客家对于中国的独特贡献。作为一个实至名归的侨领，罗芳伯以其重大的功绩撰写了华侨海外经商和创业史；作为一个生活艰难的小商人，谢清高则将其苦难经历转化为适应时代的世界眼光，进而

---

① 姜源：《异国形象研究：清朝中晚期中美形象的彼此建构》，四川大学博士学位论文，2005年，第69页。

闪耀历史舞台，以其独特方式深刻影响着海禁大开后的晚清中国历史。

谢清高与其《海录》看似仅是一个个案，其中所反映的却是梅州客家人移民海外经商的历史和文化，反映了客家人重视文教，又重视海外经商谋生的社会风尚，这是梅州侨乡社会正在形成的历史现象与实在。

三、超越国界的全球视野

《海录》成书之后备受称誉，被多次刊刻、辑录、改写、注释，凸显了其在近代中国历史上的重要地位。《海录》的成就首先在于这本游记及其地理性视角，开阔了时人的世界视野。

1. 不仅仅是游记

2016 年，《海录》被当作中国经典游记重新出版，被收入"世界著名游记丛书·第 2 辑"，[1] 这当然是有道理的，谢清高当年就是以旅游者的眼光看待世界的，并无特别的政治目的。他看到了英、法、荷、葡萄牙、西班牙等西欧国家的殖民地及这些国家对殖民地的统治情况，虽然从军营外亦知道这些地方有殖民军队，但整本书所记主要是各地的民情风俗、物产和一些特别的印象，所记皆为商品和民生。因此，《海录》被认定是东方的《马可波罗游记》。

《海录》虽不是第一部近代欧洲游记，却是产生实际影响的第一部近代游记。论《海录》者常不忘其开启近代中国人看世界的历史影响及地位。事实上，从开启中国人与欧洲以及世界近代历史的开放和交流史的意义上看，其历史地位是无与伦比的。从杨炳南、吴石华等同乡认识到其重要性开始，到林则徐开启其国家和民族层次上的重要性认识，再到后世学者们从中国历史和世界史的视角和视野去评述，一脉相承，层层递进。

旅游首先是需要有去旅游的条件。谢清高出生于嘉应州的大山里，这里的梅江连接着南海，但他却生活在珠三角，他一开始是出海去做生意，

251

---

① 谢清高口述，杨炳南笔录，安京校释：《海录校释》，北京：商务印书馆，2016 年。

后来更是作为水手驾船去看世界，去帮助西欧商人做海外贸易生意，这当然不能被简单地认为是偶然事件，在大山中要知道海外世界，然后才有可能走向世界。

游记本身往往是个人亲身经历，所见所闻都是个人观感。人在旅游之后必然会产生相关的印象和看法，但能够形成怎样的印象，比如说，印象的深与浅，所关注的对象是否具有时代内涵等，所有这些都需要有一定的精神和文化上的能力，写作游记就更不是件容易的事。

《海录》的撰录工作不仅是由谢清高个人完成的，他虽然能够在澳门做点翻译工作，但其文化基础和外语水平其实并不高。《海录》记录者杨炳南和吴石华等，皆其老乡，又能够认识到其重要意义，两者的"偶然"结合，却有其独特的时代背景，实在是一个时代的一群人共同关注的结果。下层民众因其日常生活和一日三餐，自然而然地介入历史发展中，高层人物的关注则往往是历史现象已经开始凸显，记录则加强了其认识，让现象更加清晰。

2. 世界地理著作

谢清高是鸦片战争前"走得最远、最广又留下著作的第一人"，甚至被誉为在林则徐之前"开眼看世界"者。[①]《海录》记述了九十多个国家和地区的见闻，是"我国近世介绍世界各国概况的最早著作"[②]，成为"实际意义上的最早讲述西方世界的一部著作"[③]。

康熙年间，樊守义（1682—1735）游西方 12 年，撰写了《身见录》，但这本书直到 1937 年才被发现。中国当时主要面对俄罗斯和蒙古这些陆地边疆，《身见录》所记之欧洲显然没有受到中国政府最高层的关注。事实上，康熙有传教士们的顾问而别具世界知识，也没有闭关锁国，但其对台

① 赖某深：《谢清高与〈海录〉》，《文汇读书周报》2018 年 11 月 14 日第 4 版。
② 潘君祥：《我国近世介绍世界各国概况的最早著作——〈海录〉》，《社会科学战线》1982 年第 2 期，第 344－346 页。
③ 谢清高：《海录（附三种）》，长沙：岳麓书社，2017 年。

湾之海洋地位和世界性影响的认识却要经过启迪才得以提高。

《海录》记述了一名贫民亲身经历及其所观察的海外世界，可谓海外游记、地理著作、商贸考察报告等。《海录》之价值则从其记录开始，不仅口述者自己，记录者及其相关的士人都已经高度重视之，他们都已经感受到了当时的国际国内形势，有意识地适应和顺应时代发展。

吕调阳在《海录》序言中指出："中国人著书谈海事，远及大西洋，外大西洋，自谢清高始。"也就是说，谢清高是最早关注欧美各国的中国人，《海录》则是中国最早记录欧美各国的著作。《海录》深刻影响了以林则徐、魏源和徐继畬为代表的近代政治家和思想家，由此体现其于世界地理知识的初始记录意义。

乾隆中后期，航海而来的欧洲列强，特别是实行"亚太战略"的英国已经成为中国必须直接面对的最大威胁。虎门销烟和鸦片战争则成为激活《海录》的外在力量，使其受到林则徐、道光帝等高层政治人物的关注。道光十九年（1839），林则徐奏稿推介说："《海录》一书系嘉庆二十五年在粤刊行，所载外国事颇为精审。"[1]

魏源编撰《海国图志》、徐继畬著《瀛寰志略》，皆以《海录》为重要资料。论者认为：《海国图志》和《瀛寰志略》都参考过《海录》，《海国图志》"几乎将《海录》内容全部囊括其中，并加以注释……《海录》主要是通过《海国图志》等书的流传产生影响的"[2]。

《海录》成书后，直到道光壬寅年（1842）才被刊刻，并于同治庚午年（1870）和光绪辛巳年（1881）重版，其时代性的实用价值被不断激发。现当代学者亦给予《海录》注释和解读，且《海录》多次出版，其历史研究和学术经典的地位受到了高度肯定。

---

① 中山大学历史系等编：《林则徐集·奏稿》（中册），北京：中华书局，1965 年，第 680 页。
② 崔军民：《〈海录〉与中国近代法律的启蒙》，《重庆文理学院学报》2010 年第 1 期，第 117 页。

四、超越时代的历史经典

当代人甚至称誉"文化水平不高"的谢清高"为近代中国留下一本绝世奇书"。① 之所以"奇"，在于仅二万多字的《海录》竟然成为历史经典。

1. 引导时代眼光

从根本上看，《海录》只是一部简介个人见闻的私人游记，其内容则包含了大量工业文明的知识。谢清高亲身深入近代欧洲，以新鲜事物着手介绍了源生于欧洲的工业文明，实际上成为最早传播欧洲工业文明信息的中国人。

《海录》介绍了葡萄牙、英国、瑞典及美国等国家的地理和民风民俗，甚至还介绍其国家民性文化和政治制度，这不仅极大地扩展了国人的地理视野，进而扩展了国人的时代文明理念。最早通过亲身经历把美国介绍给我国的国人应是谢清高，② 他对美国（咩喱干国）及其轮船的介绍：

> 疆域稍狭，原英吉利所分封，今自为一国。风俗与英吉利同，即来广东之花旗也。……其国出入多用火船，船内外俱用轮轴，中置火盆，火盛冲轮，轮转拨水，无烦人力，而船自行驶，其制巧妙，莫可得窥。小西洋诸国，亦多效之矣。自小西洋至竿里干，统谓之大西洋，多尚奇技淫巧，以海舶贸易为生。自王至于庶人，无二妻者。山多奇禽怪兽，莫知其名。③

美国及大西洋两岸"多尚奇技淫巧"，又因其"以海舶贸易为生"，蒸汽轮船也成为"奇技淫巧"，这几乎成为中国人认识西方世界的一种成见。

---

① 谢清高：《海录（附三种）》，长沙：岳麓书社，2017 年。

② 姜源：《异国形象研究：清朝中晚期中美形象的彼此建构》，四川大学博士学位论文，2005 年，第 46 页。

③ 谢清高口述，杨炳南笔录，安京校释：《海录校释》，北京：商务印书馆，2002 年，第 264 页。

《海录》描述英国的海外殖民活动：

> 海中独峙，周围数千里。人民稀少而豪富，房屋皆重楼叠阁。急功尚利，以海舶商贾为生涯。海中有利之区，咸欲争之。贸易者遍海内，以明呀喇（孟加拉）、曼达喇萨（马德拉斯）、孟买为外府。民十五以上，则供役于王，六十以上始止；又养外国人以为卒伍。故国虽小，而强兵十余万，海外诸国多惧之。①

《海录》描述先进的伦敦自来水供水系统：

> 水极清甘，河有三桥，谓之三花桥。桥各为法轮，激水上行，以大锡管接注通流，藏于街巷道路之旁。人家用水俱无须挑运，各以小铜管接于道旁锡管，藏于墙间。别用小法轮激之，使注于器。王则计户口而收其水税。②

《海录》已经接触了西方近代法律，引介了一批近代法律新词，③ 成为 20 世纪从日本大量引入现代法学词汇之源头。

《海录》是一名农耕时代的中国人对近代欧美社会的最初感受，带有明显的个人特色，同时受时代的严重局限，其褒贬带有中国文化传统的痕迹，④ 常以夏释夷，不认同西方风俗，亦难免对其有所误解，比如美国成为"原英吉利所分封"。所有这些都使后人颇感遗憾，或者纠正之，⑤ 或者

255

---

① 谢清高口述，杨炳南笔受，冯承钧注释：《海录注》，北京：中华书局，1955 年，第 73 页。

② 谢清高口述，杨炳南笔录，安京校释：《海录校释》，北京：商务印书馆，2002 年，第 250 页。

③ 崔军民：《〈海录〉与中国近代法律的启蒙》，《重庆文理学院学报》2010 年第 1 期，第 116 页。

④ 姜源：《异国形象研究：清朝中晚期中美形象的彼此建构》，四川大学博士学位论文，2005 年，第 69 页。

⑤ 梁廷枏：《海国四说》，北京：中华书局，1993 年，第 102 页。

感叹之。① 然而，谢清高却已经明确感受到了源于西欧的工业文明正在极大地改变着世界。

2. 语言译介成就

走出梅州，越过大海，来到陌生的国度里，感受其异国情调，自然还是先听其语言。罗芳伯便在其诗其文中渗入了音译的婆罗洲词语，已经能够较好地使用外国语言入诗入文。罗芳伯《游金山赋》说：

至于名物称呼各异，唐番应答攸殊。沙寮依然茅屋，巴历原是金湖。……由郎荡漾于怀中，乍分还合；刮子婆娑于水底，欲去仍留。

"沙寮"就是茅屋；"巴历"就是金湖；"由郎"则是旋转之以甩出沙子而留下金粒的淘金用具，马来语 dulang。这些西婆罗洲词汇和文化入诗入文显得如此趣味。

走出国门，回来介绍异国风情，这必然要涉及语言翻译。谢清高随外国商船游历海外各国，又用一个旅游者的眼光看待世界，关注当地的环境、方位、物产、建筑、服饰、礼仪、宗教、语言、风俗、习惯等。他博闻强记，还有较好的语言能力，多少能够听懂各地方言。

《海录》介绍了英、美等九十多个国家和地区的见闻，又涉及西方的政治、法律、经济、宗教和风土人情等专有名词，谢清高借助自己的语言优势，"在处理专有名词及各种不同题材文本时采用了音译、穿插评论性文本、归化与异化等译介策略"②。

《海录》介绍外国自然少不了外国语言，其译介难免有错，总体上却相当值得称道。其特点则是颇有客家和葡萄牙口音特色，以译者之口音作记录和介绍，在语言翻译之初始阶段，这实在是必然而必要的。冯承钧

---

① 钱钟书等：《林纾的翻译》，北京：商务印书馆，1981 年，第 47 页。

② 林锦慧、刘倩萌：《海外夷情译介文本〈海录〉的翻译策略》，《东方翻译》2019 年第 4 期，第 25 页。

《海录·序》称：

> 往来海上十余年，自不免娴悉各地语言。……然译音颇多舛讹，似多凭诸耳食。……书中译名多从嘉应音读，自未可以正音绳之。原名或本各地方语名，然亦多采葡萄牙语名。①

晚清时期，黄遵宪诗歌亦大量借用外国语言，还引起其对于语言和文字的思考。从民间文人和普通民众对外国语言的关注，逐渐引起士大夫官员，甚至是外交人士的关注，这是梅州对外关系史上的重大历史成就。

---

① 谢清高口述，杨炳南笔录，安京校释：《海录校释》，北京：商务印书馆，2002 年，第 335－336 页。

第五章　晚清梅州：自海禁大开到 "以南洋为外府"

　　明清两朝在很长一段时期都实行海禁政策，其间虽不时开放，但海禁思维却一直没有放开。两次鸦片战争后，列强挟其坚船利炮打开中国国门，中西交往愈来愈多，近代学者与官员谓之 "海禁大开"，就是指中国大门可以自由出入；或者谓之 "通商以来"，则特指经济上的往来，乃是将列强东来片面概括为 "通商"。

　　"海禁大开" 是近代中外关系史及华侨史的重要概念，其含义实指中国历史进入近代时期。何如璋在《使东述略》开篇即言其出使之背景："道光时海禁大开，英、法、美结约通商。自时厥后，环地球之内，麋至者十有余国。" 该书亦言日本 "海禁未开，俗朴而用啬。更制后，输入殊巨"。吴鸿藻则在该书序中强调："道咸以降，海禁宏开，泰西各国，遣使来华，日本亦以同治八年遣使修好。"① 由此可见，中外交往被简化为通商和遣使。

　　鸦片战争的炮响真正震醒了彼时的中国。所谓 "醒"，实指政与学两界开始共同应对三千年未有之 "变局"。林则徐（1785—1850）、魏源（1794—1857）、徐继畬（1795—1873）等中国官员与学者，开始研究并向国人介绍世界，撰写并出版了《海国图志》（1842）、《瀛寰志略》（1848）

---

　　① 何如璋著，吴裕贤、吴振清编校整理：《何如璋集》，天津：天津人民出版社，2010 年，第 68、74、67 页。

等著作，西学东渐的进程自此开始。西方近代文明传入东方，古老的天朝上国被迫转型为民族国家，进入半殖民地半封建社会。

中国大门被迫敞开后，中外人员的往来更加频繁。一方面是西来的洋人更加普遍，西方传教士、外交家、官员等遍布中国各通商（条约）口岸；另一方面则是出洋的华人越来越多，且出洋更加方便顺畅，其中有大量的外交官员、留学人员，更多的则是商人以及到南洋和美洲谋生的劳工。

晚清中国的西化和全球化步伐虽难免磕磕绊绊，却是 19 世纪世界历史的重要内容。列强不仅逼迫清政府允许其自由出入中国，极力要求在华自由通商，还逼迫清政府允许中国民众出国务工，大量契约华工由此进入美洲，成为美国修筑铁路以及秘鲁、古巴等国种植园里的重要劳动力，也成为英属、荷属南洋殖民地开发的基本劳力。

海禁大开作为华人过番的时代条件，极大地促进了海外移民数量的增长。列强及其殖民地开发急需劳动力，源于英国的国际废奴运动开启并强化了华人劳动力的国际流动。西人东来和打开中国国门已是列强恃强施暴，在其威逼利诱下，又产生了充满悲剧色彩的华工血泪史和美国等国的排华史。

客家俗谚曰“吾穷吾过番”，丰顺谚语亦说“食到无，过暹罗”，过番之路虽然充满荆棘，但总比留在故乡要好得多。海外吸引力不断增强，国内生活压力也不断增强，二者共同形成了强大的过番动力，过番的艰辛完全挡不住谋生的欲望，过番成为时人公认的最佳谋生途径。[①]

话是如此辛酸，歌谣也是这么辛酸地唱，但过番谋生却无奈地年复一年，人所向往地一辈辈、一群群前赴后继，其间也不时冒出杰出的侨领和功成名就者，如吉隆坡开埠首领叶来，棉兰开埠首领张榕轩、张耀轩兄

259

---

① 魏明枢：《近现代时期客家人的“过蕃”》，《南宁师范高等专科学校学报》2006 年第 4 期，第 14 - 19、35 页。

弟，在印尼和槟城成功的张弼士等人，在怡保挖矿而大富的姚德盛等人。[1]

晚清官员与学者常有"外府"之说。同治五年（1866），丁日昌在《代粤抚拟洋务片》中强调："从前中外兵事、交涉，英国取材于五印度，法国取材于亚非利加，近年以来英则以日本为外府，法则以安南为外府矣。凡军事之所需，朝发可以夕至……"[2] 丁日昌所说之"外府"，当指列强侵略中国时的海外军事基地和前沿阵地。

光绪九年（1883）二月十九日，何如璋在《越南危急请派统兵大员出关筹办以保属土折》中说："其南圻九省自割属法人之后，劝垦招商，设关权税，岁入二百余万，获利颇厚……其侵略越南也，欲如英人之据印度，倚为外府，收揽东南利权，既割其膏腴，复欺其愚懦……"[3] 此"外府"则显然是指英法占据并经营之殖民地。

所谓"外府"，必与家庭、故乡相对应。晚清著名学者温仲和概括了梅州社会生活新形态，即"自海禁大开，民之趋南洋者如鹜"[4]，又说"所幸海禁已开，倚南洋为外府"。梅州民众大量趋向南洋，过番谋生已经形成风气，且其番邦生活已经形成了一定的根基，或可指南洋为"第二故乡"。

第一节　侨情初识：洋务自强与过番选择

谢清高《海录》已经提到在东南亚等地生产和生活的外来人群，其中虽有列强的殖民者，但更多的其实是包括梅州客家人在内的华人移民。伴随着华人移民数量增长，更多侨领涌现，为引进和安顿华侨劳动力提供了

① 相关事迹可参见魏明枢、韩小林：《客家侨商》，广州：暨南大学出版社，2015年。
② 赵春晨：《丁日昌集》（上），上海：上海古籍出版社，2010年，第189-190页。
③ 何如璋著，吴裕贤、吴振清编校整理：《何如璋集》，天津：天津人民出版社，2010年，第212页。
④ 温仲和纂：（光绪）《嘉应州志》，台北：成文出版社，1968年，第151-152页。

便利，世界性客家民系逐步形成。

海外交通条件随着工业革命的发展不断改善，而鸦片战争导致的国门大开，使古老的海上丝绸之路更加热闹，清政府的外交官员与海外移民络绎不绝，其相关记录反映了华侨的苦难与贡献，先期走向世界的华侨群体在历史上的作用不可忽视。

鸦片战争后，梅州客籍官员如丁日昌、何如璋、黄遵宪、张弼士等，都是晚清政府外交与侨务政策近代转型的重要参与者和建设者，他们抵制传统防患华侨的观念，其近代侨务思想与实践，彰显出华侨的世界性影响力。①

近代梅州客家民众过番之路着实热闹，当时的政府官员，包括洋务和外交官员及著名侨领，都从不同视角和立场去阐述过番华侨这一社会群体，因其规模的不断扩大和影响力的不断增强，他们认为民众过番不是个体现象，而是历史发展之必然。

一、丁日昌：重新定义华侨性质

丁日昌（1823—1882），潮州府丰顺县（今梅州市丰顺县）人。他主张加强海防，要实施"联络华侨的国家安全战略"，要遣使和设领护侨，这些既是维护国家安全的重要措施，也是清政府遣使和设领制度之滥觞。②

1. 粤东侨情概况

同治五年（1866），丁日昌在《代粤抚拟洋务片》中强调"粤东为洋务滥源之始"③。粤乃指两广，粤东则指广东，而非仅指惠州、潮汕和梅州等岭东地区；"洋务滥源"指较早受西方列强及其文化的影响，较早接触

---

① 韩小林、魏明枢等：《粤东客家群体与近代中国》，广州：广东人民出版社，2014 年。笔者撰写了该书"第一章""第四章"和"第五章"，分别讨论了梅州客家与近代中国侨政、"变局观"和外交观、近代实业，其核心观点就是梅州客家积极融入一体发展的近代世界。

② 韩小林、魏明枢等：《粤东客家群体与近代中国》，广州：广东人民出版社，2014 年，第 2–12 页。

③ 赵春晨：《丁日昌集》（上），上海：上海古籍出版社，2010 年，第 189 页。

近代工业文明。丁日昌这一观点反映出闽粤海外移民输出地的时代风情。基于此观点及其对侨情的认识，在太平天国运动期间，丁日昌在一报告中做了简单的统计：

> 今闽粤之赴外地经商者，人非不多，如新加坡约有中国十数万人，吕宋约有中国一二万人，加拉巴约有中国一万人，新老金山约有中国十数万人，暹罗约有中国数十万人，槟榔屿约有中国八九万人。①

丁日昌上列海外华侨人数显然只是约数，且将过番移民都当作商人。1867 年，他在给曾国藩的条陈中列举各地华侨人数：

> 查闽、粤之人，其赴外洋经商佣工者，于暹罗约有三十余万人，吕宋约有二三万人，加拉巴约有二万余人，新加坡约有数万人，槟榔屿约有八九万人，新老金山约有二三十万人。②

丁日昌已经明确，过番者是"经商佣工"，是开发南洋等列强殖民地的重要劳动力。他曾多次谈及当时的华侨人数，虽无确数，但其规模却非常庞大，他强调这是一个不小的群体，无论是由于其人口数量，还是由于其内在精神，都必须对其予以重视和利用，因此有必要设领保护。

丁日昌亲身经历过太平天国战争，身处乱世，深谙民生困苦："海内黔黎自遭发匪、捻匪扰乱以来，仅有生业、饔飧不缺者十之三，饥寒逼身、朝不保暮者十之七，而其中尤受困累、无可告诉者，一为农，一为商。"且官员敢于欺压华商，却不敢对付洋商，以致华商更加艰难。③ 丁日昌认为，华侨劳动力之出洋，实迫于无奈：

---

① 赵春晨：《丁日昌集》（上），上海：上海古籍出版社，2010 年，第 189－190 页。
② 赵春晨：《丁日昌集》（下），上海：上海古籍出版社，2010 年，第 1069 页。
③ 赵春晨：《丁日昌集》（上），上海：上海古籍出版社，2010 年，第 197 页。

闽、粤两省人多地少，所有无业穷民年来经秘鲁、古巴、小吕宋等处贩卖出洋，为之佣工，每年何止数万人。惟洋人视华佣如同犬马，一入牢笼，永沦苦海。大约百人出洋，在途受饥寒委曲而死者约十分之二，到地后被其凌虐摧残而死者又十分之五。更有受虐不堪，相率群投海中；又有自卧车路甘被火轮碾毙；即生者亦复去家数万里，杳无音信，父母妻子只能于梦里见之。言者伤心，闻者下泪。①

导致民众生活艰难的除"人多地少"外，还有农民战争的扰乱。此外，丁日昌还认为"岭东本属余米之地，自糖蔗盛植，几占农田十之二三，于是食始不足，每岁必仰给于上海及外洋之米"。咸丰八年戊午（1858），丁日昌赴海南任职，他在《出门述怀》中有言："大兄客南洋，十载离乡里……田薄不足耕，舌存尚堪倚。"② 在其诗中，家乡、战争、贫困与出洋过番是如此完美地统一在一起。

2. 侨力资源的保护与利用

在调查秘鲁华工案时，丁日昌以为要坚决禁止华工前往秘鲁，直到秘鲁由于"无工可招"而"俯首"请求中国，然后可立约保护。③ 光绪元年（1875），他奏请派正副使赴秘鲁保护华工：

查秘鲁华工约有十余万人，受雇主凌虐之惨，实为目不忍见、耳不忍闻……伏查华民在东、西、南洋各岛，人数不下百万，春间王大臣筹议办海防，本有招致各岛华人之议，但平时已无相与维系之心，则有事何以动其尊亲之念？今若于秘鲁、古巴各岛分别遣使设官，有裨大局诚非浅鲜。④

---

① 赵春晨：《丁日昌集》（上），上海：上海古籍出版社，2010年，第141页。
② 赵春晨：《丁日昌集》（下），上海：上海古籍出版社，2010年，第1089、1144页。
③ 赵春晨：《丁日昌集》（下），上海：上海古籍出版社，2010年，第930页。
④ 赵春晨：《丁日昌集》（上），上海：上海古籍出版社，2010年，第202页。

他坚持主张清政府要派遣驻外官员保护华侨，保护华侨不仅是出于人道和慈善，还因可以对其加以利用。首先要在国防建设中发挥华侨智力，所谓"招致各岛华人"，亦所谓"有裨异日中外交涉之大计"。同治八年（1869），他又在《复总署书》中强调：

> 伏查招工一事，以广东、澳门为最多，潮州、汕头及福建厦门等口次之。此等承工华民，皆因兵灾之后一时失业，受其引诱，其甘心愿往者固百无一二也。……鄙意以为，华人之寄寓东、西、南洋各国者，不下百万生齿，若随时保全维系之，非唯上遂天地好生之心，而且有裨异日中外交涉之大计。①

其次是要爱护和利用华侨劳动力，不能让他们流失。丁日昌是近代开发台湾的重要引领者，贡献颇大。他奏请在"熟番"添设学额，加以教化。他指出："自乾隆、嘉庆以来，汉民生齿日繁，熟番地界亦渐为百姓所占，生计业已渐穷。"他又主张招徕无奈出洋佣工者，使其成为开发台湾的劳动力。台湾人少山多，"后山烟瘴辟地为难"，若举办垦务矿务，则"台湾多一百姓，即外洋少去一百姓；外洋少去一百姓，即中国多活一百姓也"②。

丁日昌不仅重视利用华侨智力和劳动力，而且重视利用华侨财力。他认为侨务工作要善于发挥华侨的主动性和积极性，要将保护与利用统一起来，其中保护经费便可出自侨资：

> 中国人之商于外国者，以新老金山、新加坡为最多，生意亦最大，若设领事官及派铁甲船以保护之，则抽其货厘亦可作为借给该船之费。③

---

① 赵春晨：《丁日昌集》（下），上海：上海古籍出版社，2010 年，第 907 页。
② 赵春晨：《丁日昌集》（上），上海：上海古籍出版社，2010 年，第 165、177、142 页。
③ 赵春晨：《丁日昌集》（上），上海：上海古籍出版社，2010 年，第 195 页。

同治十二年（1873），他又在《复李伯相（鸿章）书》中论述华侨的智力和财力，强调保护华侨的意义和影响：

窃尝谓新加坡、新老金山、古巴诸处，粤闽流寓多者数十万人，少者十余万人，因无华官镇抚，夷人直鱼肉视之。今若设备领事而统以一星使，初数年经费当出自国帑，迨稍习则就地筹费绰然有余，而以其间求技能、购军火、储财用、刺情伪、收人心，无事则拊循亭毒，使不致为土夷欺凌；有事则群起响应，云集雷动，彼族腹背交讧，有防不胜防之患，固亦我国家保民绥远、反客为主之至计也。①

光绪五年（1879），丁日昌在《上总署论各国情形》中又强调："外患日迫，洋务人才自当预为储蓄，以备临时之用。……其出洋使臣亦宜于新金山、老金山、新加坡、英美各国华人聚集最多之处，留心访察，果有伟人杰士、熟通时务或巧于制造者，自当拔擢，以备任使。"② 这显然是以华侨为专门考察对象。

丁日昌向华侨募集慈善资金，这既显示出华侨财力，亦显示出华侨在中国地位的逐渐提升。光绪四年（1878），他请假在家养病期间，因山西等省旱荒，"谨力疾会督官绅认真劝捐，并分派员绅前往香港、新加坡、暹罗、安南等处广劝赈捐，以期多多益善，急救灾黎"。③ 他在《致总署书》中强调：

南洋各埠寄居华人，合计约一百余万人，无不仰慕皇风，系怀故土。其各埠管事头目此次帮同劝捐尤为出力，虽新金山相距六七万里之遥，近日扣款亦复陆续汇至，合计各埠捐数将近二十万元，业已解至十分之九。

① 赵春晨：《丁日昌集》（下），上海：上海古籍出版社，2010年，第927页。
② 赵春晨：《丁日昌集》（下），上海：上海古籍出版社，2010年，第1010页。
③ 赵春晨：《丁日昌集》（上），上海：上海古籍出版社，2010年，第187页。

265

拟将各头目于事竣后，仰乞恩施，授以虚衔，庶几以我冠裳，易彼介鳞，将来遇有缓急，亦可储为指臂之用。①

同治六年（1867），他在《上曾侯自强变法条陈》中进一步强调，寻找华侨人才乃领事的重要工作："仍令该员于该处华人，访其有奇技异能、能制造船械及驾驶轮船，并精习洋枪兵法之人，给资送回中国，以收指臂之用。"②

丁日昌虽然重视侨捐，但仅赞成"封典虚衔翎枝"而不赞成捐及道、府、州、县等实官。在护台等政治实践中，他将国计民生与国外侨民结合起来思考，愈来愈重视华侨力量。他理解华侨出国佣工之无奈及其惨状，因而努力争取利用民众劳力，将保护华侨与爱护民生、巩固国防等统一起来。

二、何如璋：经世而重商与华侨过番

何如璋（1838—1891），潮州府大埔县（今梅州市大埔县）湖寮双坑村人。1874 年 6 月 17 日，因李鸿章与沈桂芬"交疏以使才荐"，何如璋成为总理衙门保举的九名外交使臣之一。1877 年 11 月 26 日，他在上海乘"海安"号兵船出国赴日本，成为晚清首任驻日公使，1882 年 3 月任满归国，驻日共四年余。

1. 经营工商业的时代新风尚

鸦片战争之后，列强入侵，同时也带来其重商思想与实践。平定太平天国等农民运动导致清政府出现严重的财政危机，这些都预示着商人和工商业地位将逐渐提升。时论指出：

---

① 赵春晨：《丁日昌集》（下），上海：上海古籍出版社，2010 年，第 979 页。
② 赵春晨：《丁日昌集》（下），上海：上海古籍出版社，2010 年，第 1069 页。

盖中国官商不相融洽，商虽饶无与国家，且往往见轻于时。自西人请驰海禁，南北海口遍立埠头……而渐有官商一体之意。然非各路剿荡发匪饷项支绌，借重殷商捐垫巨款，则商人尚不免市侩之羞，终不敢与大员抗礼。故商人见重当自东南收复之日始也。[①]

许多人逐渐转变了生活方式和经济价值观念，形成了重商、经商的价值观，洋务派更是明确工商业乃富国强兵的重要手段，重视引导形成官商勇于生产的社会新风尚：

向来官场出资经商者颇不乏人，惟狃于积习，往往耻言贸易，或改换姓名，或寄托他人经理，以致官商终多隔阂。现在朝廷重视商政，亟宜破除成见，使官商不分畛域。[②]

洋务派已经非常明确政府要大力扶持和发展民族工商业，这也是适应世界经济发展趋势的，虽然其发展是如此艰难。19 世纪中后期，随着民族主义的发展，政府干预已经成为民族国家经济发展的根本动力。与此同时，随着第二次工业革命的兴起与发展，垄断资本主义经济逐渐取代自由资本主义经济。民族经济与垄断经济已经显示出新经济形态的强大活力。

2. 自科举传统向"通晓洋务"的道路转型

民国九年（1920）三月，何如璋次子何寿朋编定《袖海楼诗草》时说："府君少以词章知名，嗣窥国家多故，外患日亟，始专注于经世之学。"何如璋在《内地通商利害议》中自谦说："如璋少小读书，于商务茫然未悉，既而身居局内，反复考求，乃知西人之借兵而扩商务，因商务以

---

① 《申报》1883 年 12 月 3 日。

② 章开沅、马敏、朱英主编：《中国近代史上的官绅商学》，武汉：湖北人民出版社，2000 年，第 221 页。

取人财。"① 显然，其经世之才源于强烈的时代感和使命担当。

何如璋之所以成为驻日公使，是因为其通洋务、具经世才而见信于当道。《使东述略》开篇即言其出使之背景，强调经商的重要性及公使护商的任务：

> 各国因轮舶转输，懋迁日众，遂遣使入都展觐，持节护商……如古之出疆专对、樽俎折冲者，已无其才；如今之觇国势、护商旅者，又无其术。②

观其经世之略，有宏观之全球视野；阅其家信，则知其于微观经济之娴熟。何如璋热爱家庭，他与父母、兄弟的家书，透露出大量社会生活信息，也展示出当时大埔及梅州客家的生产实践与理念——重农却不抑商。

科举时代，出身仕途，何如璋无疑以举业为其首选，因此喜见次子其毅（寿朋）读书长进，其家信则不厌其烦地请父母勉励子侄认真读书。诚然，他并非认定读书当官为唯一路径，而是强调其非世业，因而要让年轻人重视并提高商业能力。光绪五年（1879）八月十四日，他在给父母的信中谈择业：

> 唯家中食指日繁，费用日大，须大家勤俭作家，庶易支持。理家之要，以均平划一，有节制定章，为长久之策。弟侄儿辈务当勉志自立，第能各执一业，便不致游手好闲，归于败类。材质有限，不能尽望其能读书，亦不必尽冒读书虚名也。吾族世代山居，敦朴乃其本分，固得力求节

---

① 何如璋著，吴裕贤、吴振清编校整理：《何如璋集》，天津：天津人民出版社，2010 年，第 37、218 页。

② 何如璋著，吴裕贤、吴振清编校整理：《何如璋集》，天津：天津人民出版社，2010 年，第 68 页。

省，以为兼顾之资。①

　　他于勤俭持家、有计划之外，还强调年轻人的自立。自立之途，读书乃首选，重点则在"各执一业"。该信还特别提道："新嘉坡本家生意如何？记事如何？"② 他问得如此自然和平常，显见新加坡做生意乃非常普通之事，与国内做生意并无太多的差别。

　　事实上，19 世纪 80 年代，南洋华侨已与国内形成了较为紧密的关系。比如，招商局已向南洋华侨招商入股，甲午战争后深受清廷宠爱的著名客籍侨领张振勋等一批侨领已经参股，成为其中重要股东。华侨及其侨领与国内故乡的互动已经非常密切，侨风侨情必将不断浓厚。

　　19 世纪 80 年代初期，何如璋已与张振勋建立了较为亲密的关系。光绪十年（1884）五月初九，时任福州船政大臣的何如璋给其六弟子襄的信中说：

　　又张弼士兄与林星初等来署，询知母亲大人尚在郡寓……张弼士汇去银壹百两，可持单向埔号收回家用，并伊信亦交去。③

　　何如璋家在潮州郡城、大埔县城和三河、石上、高陂、贝岭等许多地方都开有鞋店、当铺，他是如此熟悉家中生意，总能作极细小的交代和指导，体现出其与家中的紧密关联，亦显见其浓厚的经商意识。他给父母的信中强调：

_____

　　① 何如璋著，吴裕贤、吴振清编校整理：《何如璋集》，天津：天津人民出版社，2010 年，第 128 页。
　　② 何如璋著，吴裕贤、吴振清编校整理：《何如璋集》，天津：天津人民出版社，2010 年，第 129 页。
　　③ 何如璋著，吴裕贤、吴振清编校整理：《何如璋集》，天津：天津人民出版社，2010 年，第 178 页。

告诸弟侄儿辈知之，吾家山居贫瘠，除力作之外，便须努力读书有成，方有立身之计。现诸侄儿辈年方二十，正宜严行课督，庶克有成。否则年日长大，不文不武，耕读二字，一无所能，徒令阿兄终日代为操心，而竟无安顿善法。故今日不惜费用，尽力培植之者，实欲望其一二成立之人，稍可为支持门户之计也。①

士、农、商三者，乃何如璋人生职业之三大选择，商与农则尤为重商，他还将此引入国家治理中。他在出使日本途中即深入到华侨商人中去查研其商业，因此后来他对日本之于中国的商业阴谋，如内地经商等都有较为清醒的思考。他在《奏陈商务请力筹抵制疏》中特别强调商务于国家之重要性：

窃维国依民而立，民以财而聚。财者生民衣食之源，国用所从出也。上世土旷民稀，专务农以尽地利，今则生齿之繁十倍于古。力耕不给，故必经商并务农，本末兼资，庶足济王政之穷，而各安生业。自与各国通商，利害尤有关系，若商务吃亏，金银输出，则民生困，国计亦穷，此宜急筹防制者也。三十年中巧取横侵，愈推愈广，流弊日钜，受害滋深。②

3. 与两广总督张树声论民生与过番

张树声（1824—1884），字振轩，安徽合肥人，于光绪五年（1879）升任两广总督，重视南疆海防、陆防，积极介入造船、办学等洋务。光绪八年（1882）四月，因李鸿章丁忧回籍，张树声署理直隶总督兼北洋大臣。光绪九年（1883）秋，张树声因法国侵略越南而回任备战。第二年

---

① 何如璋著，吴裕贤、吴振清编校整理：《何如璋集》，天津：天津人民出版社，2010 年，第 173 页。

② 何如璋著，吴裕贤、吴振清编校整理：《何如璋集》，天津：天津人民出版社，2010 年，第 213 页。

（1884）四月，张树声因病开去总督缺，专治军事，九月初八（10月26日）于军中病逝。

出使日本期间，何如璋曾接到时任两广总督张树声的信函。何如璋在《复粤督张振轩制军书》中提到自己奉使日本已三年，其时大约在1880年，当时正值张树声升任粤督不久。何如璋在复信中说，因奉使在外，“于通商交涉之事稍有考求，谨就其关于吾粤者为公敬陈之”，他在信中讨论了广西“设卡抽厘”、禁止出洋和赌博三件民生实事，主张三事皆应当放开管制。

首先，何如璋强调要想方设法降低从广西运往广东的粮食价格。他关注两粤百姓之生活，强调：“……使西米到东，价轻于外国，斯民生国计裨益不少也！”

他分析了广东的经济与民生状态。广东因商品经济发达，种植蔗糖、桑茧等经济作物而富庶，又因“产米不足”而缺粮，“富”与“穷”对比强烈却完全一体：

> 粤东繁盛甲于中国，天下皆称其富庶。……顾其民犹穷蹙不自聊者，则以产米不足之故也。综全省而计，岁短四月之粮……

他指出广东不再从广西而是从东南亚进口粮食的事实与影响。他说：广东缺粮“从前仰给全在粤西”，因广（粤）西“设卡抽厘”，米商便只好从安南、暹罗、小吕宋进口，“每岁约购数百万石”，是故两粤皆受其害。

他建议“奏请免厘”，“将米厘奏请永远停止”。因为广东从广西购粮正是互补而相互促进，乃“一举而三善备”：

> 使贫民得以食贱，不患枵腹，则以慰周饥；使内地金银不流于外，则以塞漏卮；以沃土之财济瘠土之民，而谷贵易于得利，足以鼓动西粤南边

之民尽力于垦荒，则以舒邻困。一举而三善备焉矣。

何如璋之"米价论"，可比之于道光年间吴石华之"遏粜论"。诚然，前者乃基于号称富庶的全粤，后者仅限于素称贫困的嘉应州；前者乃建议，后者则是强烈的指责与批判；前者基于近代世界的民族情怀，后者则仍然局限于传统社会的民本思维。

"设卡抽厘"不仅不能解决贫民粮食问题，还会导致谷贱伤农，广西也反受其害；广东不得不每岁从安南、暹罗、小吕宋购数百万石米，财富流出国而不在内周转，这是强烈的近代民族国家之精神，何如璋已经能够很好地胸怀全国而放眼世界。

其次，何如璋赞成让民众出洋过番。他认为，决不能因西班牙、秘鲁贩卖华工而禁止民众过番：

> 粤东生齿过繁，久有人满之患，卅年以来，谋生海外者其数既逾百万。其始多不肖奸民，脱逃转徙，以外国糊口较易，稍稍艰衣缩食，便能捆载而归。后遂有正经商人，携本觅利者。如璋稽考每年归客之数，比之出门者居十之三四，则知得利不为少矣。而小民赖此一途，柔弱者不至于饿莩，暴戾者不至为盗贼，岂非天之留此尾闾以惠粤民哉？自西班牙、秘鲁强诱招工，因有贩卖猪仔之事，其荼毒生灵，殆无人理。而论者因噎废食，或有杜绝出洋之议，如璋以为未可也。今金山、古巴既有领事驻扎保护，若檀香山、若澳大利亚，皆尚足容众。如璋谓但当设法稽查，严禁鬻卖，使不至陷于困苦，余悉听其自便。此于细民似有小补。①

其一，鸦片战争之后三十多年间，移民海外谋生的广东华侨"逾百

---

① 何如璋著，吴裕贤、吴振清编校整理：《何如璋集》，天津：天津人民出版社，2010年，第115页。

万"，且"每年归客""比之出门者居十之三四"，即六七成出国者未回国。

其二，过番乃"小民"赖以生存之道，乃"天之留此尾闾以惠粤民"。移民海外缓解了"细民"之生计。外国谋生更易，移民海外者先"多不肖奸民"，后则多"正经商人"，前者可以理解为无业游民，后者则是有田有业者。

其三，移民海外实为天惠粤民，他批判因"贩卖猪仔"而"杜绝出洋"的主张，以为这是"因噎废食"。显然，这也是对于丁日昌暂禁华工往秘鲁以立约保护之建议①的回应，他俩视角不同，但都不认可锁国主张。

三、海外移民从"弃民"到"华商"的身份与观念转型

在历史上，世界各地由于环境和文化的不同而有着不同的世界观和国家观。三十年战争（1618—1648）后，欧洲各国间签订了《威斯特伐利亚和约》，从此正式确立民族国家体系。伴随着列强的向外殖民扩张，民族国家体系逐渐被推广，最终成为现代世界基本秩序。

古代中国长期以来奉行华夷秩序下的朝贡体系，清政府自视为"天朝"，中国乃"天朝上国"。鸦片战争后，晚清政府被迫逐渐接受民族国家体系。总理衙门的设立，标志着天朝传统的衰落和近代民族国家体系的开始。

从天朝走向民族国家的进程中，晚清政府的海禁政策亦从法理上发生了松动，政府被迫同意列强来华招工，海外华侨亦因此受到了晚清政府的被动关注，政府进而设立了遣使设领的主动护侨政策。

1. "天朝弃民"：流民的故乡不同于侨乡

在天朝体系下，离开文明的中国而进入野蛮的化外之地的民众常因被视作自弃家园的人而遭受歧视。明清政府长期不允许中国民众移民海外，视移民海外的行动为背叛家园的违法行为。《大清律例》第二百二十五条

①　赵春晨：《丁日昌集》（下），上海：上海古籍出版社，2010年，第930页。

273

规定："一切官员及军人等，如有私自出海经商者，或移往外洋海岛等，应照交通反叛律处立决。府县官员通同舞弊，或知情不举者，皆斩立决。"①

由于国内经济发展的长期停滞及人口密度的增加，以及东南沿海地区的耕海传统，出国成为重要谋生途径。鸦片战争前的很长一段时间，海外华侨已经成为海外许多地区的重要建设力量，成为近代中西交通史上的一个重要群体，他们可谓是处于中国对外交往的最前线。

面对西方殖民主义者东来的局面，清政府未能认清并跟上世界发展的步伐，仍长期坚守着传统中国的"天朝上国"理念，不仅极力阻止国民出国，更是"严禁归国"。② 华侨被认定为"天朝弃民"，又备受侨居地政府的歧视、排斥和打击，成为寄人篱下的海外孤儿。

"天朝弃民"的形成有其特定的内部经济背景。中国内部仍然是完整的自然经济状态，其于工商外贸等并无需求。康熙、雍正一再强调农本，乾隆、嘉庆面对英国来华使团，一再强调"天朝体制"和中国"物产丰盈，无所不有"，严防"心怀窥测"。③

"天朝弃民"的形成也源于清政府的对外政策，源于其高度的戒备心态。马克思批判列强往中国输出"秩序"时，深入分析了清朝政府实行排外政策的影响因素：

企图扶持摇摇欲坠的满清王朝的列强恐怕是忘记了：仇视外国人，把他们逐出国境，这在过去仅仅是出于中国地理上、人种上的原因，只是在满洲鞑靼人征服了全国以后才形成一种政治制度。欧洲各国从十七世纪末为了与中国通商而互相竞争，它们之间的剧烈纠纷曾经有力地推动了满洲

① 陈翰笙：《华工出国史料汇编》（第 1 辑），北京：中华书局，1980 年，第 1 页。
② 庄国土：《中国封建政府的华侨政策》，厦门：厦门大学出版社，1989 年，第 117 页。
③ 秦国经、高换婷：《乾隆皇帝与马戛尔尼——英国首次遣使访华实录》，北京：紫禁城出版社，1998 年，第 144 页。

人实行这样的排外政策，这是毫无疑义的。可是，推动这个新的王朝实行这种政策的更主要的原因，是它害怕外国人会支持很多的中国人在十七世纪的大约前半个世纪里即在中国被鞑靼人征服以后所怀抱的不满情绪。由于这种原因，外国人才被禁止同中国人有任何来往，要来往只有通过离北京和产茶区很远的一个城市广州。①

　　警惕反清、抗清力量，清政府自然是全力以赴，无所不用其极。过度紧绷的敏感神经也会让其难以觉察世界整合的历史趋势，只担心华侨勾结外夷、滋生事端。

　　民众过番实属无奈，不被提倡和认可，而被视为自甘下贱和自弃王化，是"自弃家园""背弃中国"，这些民众甚至因此被视为应受打击的"奸民"，政府便心安理得地不再承担保护的义务。乾隆五年（1740），荷属东印度发生的红溪惨案（也称巴城大屠杀）便是其中典型。诚然，"敬天保民"乃根深蒂固的儒家政治理念，"天子"替上天监管"子民"，也负有保护人民的道德义务。

　　尽管海外移民惨遭放弃和备受打击，海外移民行为仍然未被遏止，移民在海外甚至形成了许多区域性的海外华侨社会，比如西加里曼丹的兰芳公司。移民远离故国家园，难免思乡情感强烈，日思夜念的故乡却只能存在于梦里。罗芳伯便在诗赋中思念故乡。②

　　丁日昌作为同治中兴名臣，很重视华侨，是推动清政府实施护侨外交政策的杰出代表。其家乡有许多海外移民，其所汇报之侨情显然不太具体和清晰，多是约数和概况。何如璋是首任驻日公使，是走向世界的早期外交官员。因驻外使领的介绍，侨情逐渐明晰，归侨亦逐渐增多。

275

　　① 马克思：《中国革命和欧洲革命》，《马克思恩格斯全集》（卷2），北京：人民出版社，1975年，第6-7页。
　　② 罗芳伯：《金山赋》，见许德生、杨汾：《罗芳伯事略》，《嘉应侨史》1987年第1期，第47-48页。

在此时期，移民出国和归国其实都不太自由。其一，移民有较高的经济负担，而这也导致大量"猪仔"劳工出现；其二，国家传统政策与理念都不鼓励海外移民，允许其出国原本是受列强逼迫的无奈之举，且海禁未废除，归国也冒着危险。因此，移民出国不易，归国很难，回馈家庭更难。移民出洋过番常意味着脱离与家乡的联系。

2. 转型"难民"：清政府被迫被动关注

殖民地开发需要大量的劳动力，华人移民便成为 19 世纪最重要的国际劳工。列强标榜自由、平等和民主，实则是通过与清政府签订劳动力合约，实现掠夺中国的重要目标。

道光二十二年（1842），中英签订《南京条约》，规定开放广州、福州、厦门、宁波、上海等五处通商贸易港口，又规定："凡系中国人，前在英人所据之邑居住者，或与英人有来往者，或有跟随及俟候英国官人者，均由大皇帝俯降御旨，誊录天下，恩准全然免罪；且凡系中国人，为英国事被拿监禁受难者，亦加恩释放。"1859 年英法联军又迫使清政府允准民众"任便出洋"①，1860 年《北京条约》将此内容公开化、法律化。

鸦片战争后相当长一段时间，华夷观念和天朝国际秩序仍然强烈，华侨仍被视作"莠民""叛民""天朝弃民""海外弃民"。② 1858 年 6 月 18 日，中美签订《天津条约》，美国代表询问直隶总督谭廷襄：清廷是否愿意在美设立领事以保护华侨？谭廷襄回答："敝国皇帝抚御万民，何暇顾及此区区漂流海外之流民。"③ 他又说："天朝皇帝富有万物，何必计此锚株。"④ 中美《天津条约》只规定了美国在华设领权，只字未提中国在美设领。⑤

---

① 陈翰笙主编：《华工出国史料汇编》（第 2 辑），北京：中华书局，1980 年，第 178—179 页。
② 李长傅：《中国殖民史》，上海：上海书店，1984 年，第 171 页。
③ 李定一：《中美早期外交史》，北京：北京大学出版社，1997 年，第 384 页。
④ 黄小用：《晚清华侨政策研究》，湖南师范大学博士学位论文，2003 年，第 127 页。
⑤ 田涛主编：《清朝条约全集》（一），哈尔滨：黑龙江人民出版社，1999 年，第 175－180 页。

欧美国家大力引进华工，清政府由此被迫同意华工出国。传统中国子民理念和西方近代天赋人权意识在客观上都有利于维护中国劳工权利。1858 年中英《天津条约》第六款规定："今兹约定，以上所开应有大清优待各节，日后特派大臣秉权出使前来大英，亦允优待，视此均同。"① 1860 年《北京条约》作了中国人出国的规定，故论者认为："从这一年起，第一次从国际的、法理的观念立场来关注华侨，以加强对华侨的保护和监督。"②

同治五年（1866）春正月，鉴于"中外和好已大定，诸色人等彼此皆得雇觅，不相限制，而尚未详定章程"，于是，"总理各国事务王大臣遂与英法二国公使订定《招工章程》二十二条，又三节"。③

同治七年（1868），《中美天津条约续增条约》（史称《蒲安臣条约》）签订，其中第三款规定："大清国大皇帝可于大美国通商各口岸，任便派领事官前往驻扎。美国接待与英国、俄国领事馆，按照公法条约所定之规一体优待。"④ 清政府开始正式主张领事设置权。

《蒲安臣条约》还规定："大清国与大美国切念人民互相来往，或游历，或贸易，或久居，得以自由，方有利益。"中美达成保护华工协议。美国得以合法引进华工，使其成为建设太平洋铁路的重要劳动力。条约虽规定保护华侨，却只是列强来华招工和清政府被迫签约的结果，但"此后清政府在华侨政策的具体实践和处理华侨事务的具体态度方面都发生了引人注目的变化"⑤。

清政府逐渐认识到华侨背井离乡、流离失所的现实，华侨遭遇亦必然

① 王铁崖编：《中外旧约章汇编》（第1册），北京：生活·读书·新知三联书店，1957年，第97页。
② 沈云鸥编译：《中国历代华侨政策的变迁》，吴泽主编：《华侨史研究论集》（一），上海：华东师范大学出版社，1984年，第483-484页。
③ 王之春著，赵春晨点校：《清朝柔远记》，北京：中华书局，1989年，第312-313页。
④ 田涛主编：《清朝条约全集》（一），哈尔滨：黑龙江人民出版社，1999年，第483页。
⑤ 王国强：《华侨史视野下的"蒲安臣条约"》，《历史教学》2003年第11期，第23页。

会影响清政府的国际形象和对外交往。无论是因其主观上赞成，还是因列强逼迫而被动接受，清政府既然"同意""允许"民众过番，华侨出国便合规、合法，无论其出国是主动还是被动，"奸民""莠民"等贬义理念都已失去其法理基础。华侨形象则从"自弃家园"的"弃民"转变为清政府必须保护的"子民""难民"，其称呼也变为"华工""华商"。

3. 设领护侨政策的落实

列强加紧侵略，民族危机氛围浓厚，救亡图强已成最强音。清政府开始注意到华侨民心可用，因为他们人数众多，财力亦相当可观。华侨已不再是危险因素，而是可资利用的国民。于是，洋务派遣使以联络、争取、利用和保护的侨务政策逐渐形成，完成了从"防患民众出洋"到遣使护侨政策的近代转型。

1871 年，在与日本办理交涉过程中，曾国藩与李鸿章均已提出派使臣驻日的主张。1875 年，李鸿章再次建议："中国应派员驻扎日本，管束我国商民，籍探彼族动静，冀可联络牵制，消弭后患……闻该国横滨、长崎、箱馆等处，中国商民约近万人，既经立约，本不可置之度外，候公使到彼，应再酌设总领事分驻口岸，自理讼事，以维国体。"[1]

同治末年，清政府高度关注古巴、秘鲁虐待华工事件，开始表现出强烈的护侨意愿。李鸿章与丁日昌主持与日（西班牙）、秘两国的交涉，陈兰彬、容闳于 1873 年受委派出国调查。1874 年，总税务司赫德致总理衙门信，主张在秘鲁、香港等地设立领事，以防招募"猪仔"华工。[2] 1875 年，总理衙门奏请派员出使美国、日（西班牙）、秘鲁，以保护华工：

诚以日国、秘国于华工多方虐待，若不派员驻扎，随时设法拯救，不

---

① 王彦威纂辑，王亮编，王敬立校：《清季外交史料》（卷一），北京：书目文献出版社，1987 年，第 24 页。

② 陈翰笙主编：《华工出国史料汇编》（第 1 辑第 3 册），北京：中华书局，1980 年，第1077 页。

独无以对中国被虐人民，且令各国见之亦将谓中国漠视民命，未免启其轻视之心。①

1875 年 8 月，根据中英《烟台条约》，原福建布政使、候补侍郎郭嵩焘，肩负就"马嘉理案"到英国"道歉"之任务，被任命为驻英公使。同年，郭嵩焘奏请并推荐当地富商胡璇泽充任新加坡领事，驻外使领制度逐渐建立。张荫桓《三洲日记》特别指出：

吾粤地广人稠，道光、咸丰年间海禁渐驰，又值土匪、客匪之乱，于是有出洋谋食之一涂，或工艺糊口，或小本营生，咸有所获，相率偕来，富商大贾亦开庄贸易，渐而创建会馆，互相联属，国家特设领事专官以资治理。②

实施遣使设领的护侨政策后，清政府更加理解了华侨的思想与生活状态。驻外使领们进一步认清了华侨的实质，不仅提出了建设性的意见，还深刻地反思了中国历史上的移民政策，并给予其严厉的批判。

黄遵宪尖锐批判美国排华之举，批判美国人权的虚伪，进而反思了中国海外移民的历史与现实，批判清政府"有国不养民"。他极度同情海外移民："四裔投不受，流散更安着？"同时他高度肯定移民的建设者和开辟者的地位："蓝缕启山林，丘墟变城郭。"③ 美国排华事件，推动黄遵宪深入认识和反思中国海外移民史。

---

① 王彦威纂辑，王亮编，王敬立校：《清季外交史料》（卷四），北京：书目文献出版社，1987 年，第 77 页。
② 张荫桓著，任青、马忠文整理：《张荫桓日记》，上海：上海书店出版社，2004 年，第 47 页。
③ 陈铮编：《黄遵宪全集》，北京：中华书局，2005 年，第 107－108 页。

第二节　长风破浪：艰辛而幸运的过番路

在近代民族民主革命与工业革命"双重革命"进程中，在国际禁奴运动的背景下，自由劳动力成为19世纪列强争夺的重要资源。鸦片战争之后，中国国门大开，华工成为南洋和美洲殖民地开发、美国修筑铁路等近代工业发展的重要建设力量。

"猪仔"华工已成为近代华侨移民海外的重要标签，其艰辛和不幸是显而易见的。但移民海外又是幸运的，这既源于华工的国际需求增长，又缘于中国国内经济困难。中国仍然处于传统农耕时代，受人口与耕地增长矛盾的长期困扰，又因战争等社会动荡，向外移民的意义变得非同寻常。

海禁大开源于列强逼迫。列强极力逼迫清政府放开海禁，同意华人劳工自由移民海外。美洲和南洋等地都大力招徕和利用华工力量，形成了下南洋的移民潮，华侨群体和他们的社会力量愈加扩展、壮大。大量梅州人也汇入海外移民大潮中，加快了英、荷属南洋殖民地的开发。

随着驻外使领馆的设立和近代外交的推行，清政府更加理解和肯定华侨力量，逐渐加大力度招徕华侨富商，欲利用华侨资本，推动洋务自强运动。甲午战争后，清政府加强铁路等近代国防工业建设，华侨资本受到更加积极的追捧，张弼士等客属华侨展示了强大而特殊的影响力。

一、近代华侨过番凄惨论

近代中国的海外移民，显然大多是被视作不幸而无奈的，其行为似乎是背弃家园的，他们既远离故土父母、背井离乡，又生活无着，流离失所。

1. 安土重迁之传统和生活无着之无奈

中国传统是安土重迁的，其基本导向是自给自足的农耕生活。中国历代政府重农抑商，必然选择有利于农耕的政策。安土重迁观念浓厚亦有其生产力和生产方式的根源，农耕必集中劳力于耕地，普通民众必不会轻易远离故土。

移民离乡背井而流落异邦，这不仅被视作背弃家园的行为，移民甚至还可能成为威胁国家安全的"奸民"，因而海外移民属于受禁止的行为。近代华侨漂洋过海而出国打工，形成庞大的移民群[①]，这与传统生活方式和理念显然是相冲突的。

过番总是被动和无奈的。过番就要冲破儒家安土重迁传统思想的束缚，"必须具备极大的勇气"，还"必须具有强大的推动力"，颜清湟说：

> 促使他们反抗这种传统观念的，则是一股强大的经济力量。当他们出国时，大多怀有挣钱发财的强烈愿望。人口过剩是这一强大推动力的主要因素之一。[②]

过番成为近代客家普通百姓谋生的基本出路，过番谋生热潮初步形成，这显然已经突破了传统。其实，客家人过番并非那么悲壮，过番有着巨大的诱惑力和吸引力：

> 中国移民的一个重要心态是他们梦想着尽快发财。在十九世纪，许多中国苦力移民在苦力贩子的诱说下，轻信在海外很快能发财，相信经几年苦干后，他们就可以携带大笔钱财衣锦还乡。[③]

无论是推动力还是吸引力，当然都寓含着生活之无奈，但总还有点希望——走出国门去，从而走出生活的希望来。

---

① 王绵长：《历史上华侨出国的原因》，《东南亚史论文集》（一），暨南大学历史学系东南亚史研究室出版，1980 年，第 56 页。

② 颜清湟：《新马华人社会史》，北京：中国华侨出版公司，1991 年，第 1 页。

③ 颜清湟：《新马华人社会史》，北京：中国华侨出版公司，1991 年，第 223 页。

2. 过番歌谣之哀怨

梅州客家是山歌之乡，近代时山歌在梅州已经非常流行。丁日昌当年坐船溯梅江支流五华河而上，到五华岐岭青溪下船过岭，写道："最是渔翁真趣足，坏篷低压采茶清。"他又自注："长乐一路多唱采茶。"① 黄遵宪亦折服于故乡梅州的山歌，说："土俗好为歌，男女赠答，颇有《子夜》《读曲》遗意。"② 他又撰《山歌题记》曰：

> 余离家日久，乡音渐忘，辑录此歌谣，往往搜索枯肠，半日不成一字。因念彼冈头溪尾，肩挑一担，竟日往复，歌声不歇者，何其才之大也？③

客家亦有许多关于过番的歌谣。一首首发自肺腑的山歌，表达了过番的苦衷和无奈。"客家山歌特出名，条条山歌有妹名。条条山歌有妹份，一条无妹唱无成。"歌谣以男女对唱形式，表达了过番的生离死别和无可奈何。恩爱夫妻天各一方、生离死别的凄惨场面令人肝肠寸断，试听《梅县"过番"歌谣》：

> 亲哥过番两分离，拆散鸳鸯真苦凄。
> 有话茅人来对讲，几多辛苦茅人知。
>
> 日里想郎各片天，夜里梦郎在身边。
> 醒眼唔见亲郎面，心肝脱得几多层！④

---

① 赵春晨编：《丁日昌集》，上海：上海古籍出版社，2010 年，第 1112 页。
② 陈铮编：《黄遵宪全集》，北京：中华书局，2005 年，第 76 页。
③ 陈铮编：《黄遵宪全集》，北京：中华书局，2005 年，第 275 页。
④ 钟最生主编：《梅县华侨志》（未刊稿），1991 年。

282

《蕉风》是清代蕉岭县新铺山歌手陈慧根唱过的南游类男女对唱山歌，也描述了同样的凄凉情景。兴宁山歌《阿哥出门去过番》和《阿哥出门去暹罗》①　中唱道：

> 阿哥出门去过番，妹子赶到晒谷滩，
> 双手牵紧郎衣角，问哥几时转唐山？
>
> 妹到堂前话爷娘，明日来去观音堂，
> 神前许福求庇佑，保佑涯郎早回乡。

客家山歌概括华侨过番的原因"阿哥不穷不过番"，概括其在番邦的艰苦生活"过到番邦更加难"。客家经典文学则以其作家的视角，描绘了华侨历史地位的激剧提升："自己手中无钱使，转来大家喊番客。"李金发《异国情调》说："真正的'金山客'，比任何客都富有的……"②　"番客""金山客"似乎与金钱、富有画上了等号。

作为民间文学，客家过番山歌记录了太多生离死别，太多情人与亲人的不舍与无奈。然而，经典文学作品却多反映华侨与侨眷颇受人羡慕的较高生活水平。其实，前者只是当事人具体的场景和对话，描绘了亲情和爱情；后者则是阅世者的旁观与思考，反映了时代面貌。晚清华侨社会地位不断提高，侨眷的生活水平普遍比较高，过番颇有吸引力。

3. 过番乃因内无活计的被迫无奈

随着人口大量增加，和人均可耕土地的减少，传统小农经济显然已经无法解决大量剩余劳动力。他们或者成为游民，或者被迫外迁。20 世纪初，大埔著名华侨富商张弼士在觐见慈禧太后和光绪皇帝时，特别感叹华侨移民海外的无奈：

---

① 兴宁县文学艺术联合会主编：《宁水风情》，内部发行，1990 年，第 118 – 119 页。

② 李金发：《异国情调》，《客家风采》1984 年第 1 期，第 166 页。

今天下生齿日繁，民无生业，濒海各省之民，散出外洋各埠者，日多一日。窃尝约举其数计之……统计不下五百余万。此五百余万众，非必尽能经商也，亦为工为役者多耳。夫为工为役，而至弃故土，离室家，远涉重洋，冒风涛之险、暑热之蒸，甚或自鬻以求至其地，岂得已哉！谋生故也。①

张弼士所统计之华侨人口已不下五百万，比之丁日昌、何如璋所估计之不下百万，已然增长了不少，且增长非常迅速。他视出国移民为极端无奈之举，将原因归结为"弃故土，离室家"和"远涉重洋，冒风涛之险、暑热之蒸"，特别强调"自鬻"，即卖身的无奈。他进而道出其原因："内地更有人满之患，非真满也，无生业也。"②"人满之患"，然后形成规模庞大的"离土现象"。③ 张弼士以其南洋侨领的视角，进一步分析国内民众的人口及其生活的真实状况：

其一，"非真满也"，因为社会上有过多的粮食浪费者，即所谓的"坐食者"：

韩子曰："为农者一而食焉之家六，民几何不穷且盗。"由今计之实倍于六不止。教士也，洋商也，洋官也，洋兵也，此增之外国者也。教民也，游民也，赌民也，盗民也，则增之内地者也。夫为农者一而食焉者至不可数计，谷米安得不贵！此病在坐食之过多，一也。④

---

① 张振勋：《招商兴办工艺、雇募工役议》，《商务条议》，北洋官报局铅印本，清光绪年间，第 16 页。

② 张振勋：《招商兴办工艺、雇募工役议》，《商务条议》，北洋官报局铅印本，清光绪年间，第 16 页。

③ 鲁西奇：《中国近代农民离土现象浅析——以 1912—1937 年间为中心》，《中国经济史研究》1995 年第 3 期，第 91 – 101 页。

④ 张振勋：《招商设立贷耕公司议》，《商务条议》，北洋官报局铅印本，清光绪年间，第 14 页。

增加土地产出而减少粮食浪费是中国传统社会的基本经济思维。战国《韩非子》称学者（儒家）、言谈者（纵横家）、带剑者（游侠刺客）、患御者（逃避兵役的人）和商工之民（商人手工业者）为"五蠹"，他们像蛀虫一样，不事生产却徒废粮食。张弼士持此理念，强调民众移民海外的不得已。

其二，"无生业也"。他列举国内商务、农务给民众生活的影响：

今天下穷苦极矣！不兴商务，天下之民几无生路；兴商务不兴农务，则根本已失，民食不继，天下之民亦无生路。盖近年谷米日贵，粒食日艰，无论凶荒之岁也，即年岁顺成，米价曾不少落，几几乎农田所出有不敷海内民食之患。试就广东而论，向仰食于广西、江西已也，今则两粤并仰食于暹罗、安南之米矣。咸同以前，石米两银上下而已，今则石米洋银五六圆，岁以为常矣。试思贫民一手一足为力几何，仰事俯畜，何能堪此五六圆之米价。故曰无生路也。[①]

张弼士强调要通过发展近代工、商、农业，以增加就业和解决粮食问题，要通过发展国内经济以保障民生。"招商"则成为兴办国内各行业的基本手段，以其商战的理念，强调学习南洋殖民地政府的开发经验，利用中国本身的人口红利，而不是放任华侨无奈流浪、漂泊南洋受苦。从根本上看，民生艰辛完全是因为晚清政府的无能。

4. 过番乃海禁大开后的谋生必由之路

梅州士大夫对晚清中国民众之苦深有体会，史不绝书。民众在国内无业，其出路便是成为被逼迫无奈的"贼""盗"等。梁居实指出："今日民穷财尽，一切无业游民，为饥寒所迫，遂不得已而为贼，此其情亦太可

---

① 张振勋：《招商设立贷耕公司议》，《商务条议》，北洋官报局铅印本，清光绪年间，第14页。

怜，而其势亦实难骤遏。"① 光绪二十八年（1902），黄遵宪在致梁启超信中谈论太平天国时强调：

> 然彼视洪、杨之徒，张（总愚）、陈（玉成）之辈，犹僭窃盗贼，而忘其为赤子，为吾民也。②

黄遵宪等尽管反对民众为匪为贼，但也对他们充满了同情和理解，认同"是兵是贼，均吾赤子"，他们深深理解家乡百姓生活无着之凄惨。晚清时期，嘉应州的缺粮显然是紧迫的。温仲和强调此种情况变得比往年更加艰辛，乃"可知今昔异势也"③：

> 至于本朝休养生息，丁口蕃滋，故在国初之时已有人多田少之患，况更二百余年，以至于今物力不支，民生之日困，固其宜也。④

海禁大开之后，过番已经取代读书出仕，成为梅州客家人的根本谋生手段，过番显然是其必然出路。要想解决人口流失的问题，除了政治稳定，还要重视发展国内经济：

> 近年内地无业之民流为盗贼，杀戮之惨实不忍言。即如广东一省，庚子以来，岁杀二三千命之多，而抢劫如故。无论杀之未必尽盗也，即使果盗，岂可以杀禁止哉。夫民非必尽甘为盗也，有驱之不得不为者，故虽杀不畏也。诚欲使民畏而不为盗，亦为民谋生业耳矣。⑤

---

① 梁居实：《致黄钧选书》，《梁诗五先生遗稿集》，梅县图书馆藏。
② 郑海麟、张伟雄：《黄遵宪文集》，京都：中文出版社，1991年，第201－202页。
③ 温仲和纂：（光绪）《嘉应州志》，台北：成文出版社，1968年，第596页。
④ 温仲和纂：（光绪）《嘉应州志》，台北：成文出版社，1968年，第125页。
⑤ 张振勋：《招商兴办工艺、雇募工役议》，《商务条议》，北洋官报局铅印本，清光绪年间，第16页。

内地"无业"已是共识，可要形成产业又是何等困难！眼见南洋和列强利用中国之"无业游民"而产业兴盛，他们内心何尝不是羡慕而痛悲，无奈却庆幸。过番是近代客家名人所认可的虽然无奈却又属于幸运的谋生之路，故张振勋说："然犹幸有外洋一路可以谋生也。"①

二、海外移民的近代背景与条件

海禁大开，梅州客家人的过番多是被逼无奈之举，却也有交通改善和走向世界的社会与文化条件等因素的影响。民众的生活压力和过番动力更加强大，新的独特的社会生产和生活方式因外部的拉动，形成客家人过番行动与文化的主动性选择。

1. "弃儒就商"与"过番"创业

清代中期以来，以读书为生的农耕社会逐渐发生转型，近代粤东客家社会不仅崇尚耕读，而且崇商。读书与过番并重成为近代梅州侨乡社会的重要特色。张弼士与张榕轩、张耀轩兄弟皆在家读过书，有一定的传统文化知识。张榕轩、张耀轩兄弟还在故乡松口的圩市里做过生意，然后才过番谋生。饶芙裳在《南洋张公耀轩从政三十周年纪念颂词》中开篇即强调：

囊时，我国用人偏于科举一途，虽有奇才异能，非是无以自遂，人才匮乏。职此之由，夫文学政事，水火工虞，上之以敷国华，下之以前民用，皆有国者所宜兼收并蓄，以成郅治之效者也。今翻其如，反用一舍二，怀术之士已不得遇于宗邦，乃转求发舒于他国。黄鹄一举，职天地之方圆，卒之开疆启土，令行海邦，功被侨众，声施烂然者大有其人，而玛腰耀轩张公尤杰出者也。②

---

① 张振勋：《招商兴办工艺、雇募工役议》，《商务条议》，北洋官报局铅印本，清光绪年间，第16页。

② 饶芙裳著，刘奕宏、郭锐校辑：《饶芙裳诗文集》，广州：羊城晚报出版社，2018年，第205页。

"敷"意指铺开、发扬等；"国华"意指国家繁盛；"前"意为引导。"翩"通"偏"，反貌。"翩其如"意指与事实相反。"黄鹄"是鸟名，比喻高才贤士，《商君书·画策》曰："黄鹄之飞，一举千里。"张榕轩和张耀轩兄弟创立了世所公认的海外功业，被认定为舍弃科举而往"他国"创业的典范。

创功立业显然已不是只有科举宦途，人生道路也不再局限于科举独木桥；过番既是非常重要的谋生路径，也被视为创功立业的重要途径。近代粤东地区有重视工商实业的较好风气，科举宦途虽可能更受崇尚，移民海外去从事农业、工业也不是不可接受。故饶芙裳又说：

> 公梅县望族，生性岐嶷，少与哲兄榕轩公弃儒就商，以家乡地小不足回旋，乃连翩南翔，栖息于日里。日里者，荷属苏门答腊东海之一郡也。维时深榛塞路，丛棘蔽天，盖犹是豺狼所噑、狐狸所居之地。公随哲兄后，筚路蓝缕，启其山林，和集华夷，以安以居。初创基于老富坑，继定居于棉兰境。才能日著，信望日孚，荷延倚之，始受职为雷珍兰，荐升至甲必丹及今职。公既任事，夙夜匪懈，安抚流寓，严禁械斗，剔除烦苛，市廛以宁，荷官乃得肆力于地方政务，以有今日之盛。①

张榕轩兄弟"弃儒就商"，一个在同治年间，一个在光绪初年。所谓"就商"，指其过番创业有成。过番虽多强调其所谓的"抱大志"，实则皆因苦于家乡生产和生活之无奈。

2. 经济价值观念的近代变迁

近代客家社会已经突出强调经济价值观念。著名侨商张弼士小时候给姐夫放牛，作过两首放牛山歌，表达了其渴望温饱生活的强烈愿望：

---

① 饶芙裳著，刘奕宏、郭锐校辑：《饶芙裳诗文集》，广州：羊城晚报出版社，2018年，第205页。

满山树子背虾虾，莫笑穷人戴笠麻。

慢得两年天地转，洋布遮子有得擎。

满山树子笔笔直，莫笑穷人无饭食。

慢得几年天地转，饭蒸端出任你食。

受姐夫"打落"时，张弼士回敬说："好吧，把我比做死佬！人要人打落，火靠人烧着。现在这样瞧不起我，将来我发了财，看你……"他姐夫说："你如果会发财，咸鱼会翻生，阿弼，你发了财，姐夫灯笼倒头挂！"① 这就是选择做官还是赚钱的社会氛围。

梅州客家至今广泛流传"三斤九"的故事。据传，三斤九（狗）原名李三雄，梅县松南黄沙村人，境况凄凉："人家有钱钱过年，自家无钱难过年。无钱人家人看贱，当今世道人敬钱。"其儿子阿发，因家贫而过番碰运气，随水客到马来亚采锡矿，多年音信全无，三斤九生活依然凄凉。阿发在海外发了大财，回家过年，财大气粗，买地建豪宅，颐指气使，村民从此对他们父子恭恭敬敬的，故客家俗语："上夜三斤狗，下夜三伯公。"张芝田《梅州竹枝词》咏此事：

困极谁怜范叔贫，鄙夷尽唤狗三斤。

明朝改口称三伯，为子金多羡煞人。②

梅县松口至今仍然保存有三斤九被烧毁的旧墙头。人情冷暖、世态炎凉，却结合过番采矿，以经济成就来衡量个人社会价值。身无分文而过番谋生，采矿能够快速赚大钱回乡，这是近代侨乡环境的客家故事，虽然梅

---

① 张广哲、田辛垦：《著名华侨实业家——张振勋》，《嘉应侨史》1989 年第 1 期，第 31 － 35 页。

② 谢崇德：《三斤狗变成三伯公》，《梅州侨乡月报》2002 年第 3 期，第 42 － 43 页；梅县地方志编纂委员会编：《梅县志》，广州：广东人民出版社，1994 年，第 946 － 947 页。

州方志将故事时空转换而定在"清时"。①

清末民初，梅州客家过番其实并非完全是穷人迫不得已的道路，许多穷人常抱着到南洋以改变贫穷的期望，视之为希望之路。过番常意味着发财致富和可能过上好日子。过番充满巨大的诱惑，绝非从前那么悲壮，甚至已形成风气，渗入了文学作品。

20 世纪之后，在与侨乡相关的作品中，当在家乡碰到问题，或者生活困苦，或者碰到政治和社会纠纷时，一走了之过番去便是最佳出路。张资平的经典小说《梅岭之春》便是这么安排人物的：

吉叔父看见自己在这地方再站不住了。教会学校也暗示让他自动的辞职。他把保琇托给亲戚后，决意应友人的招聘，到毛里寺岛去当家庭教师。他临动身，曾到山村的塔后向她和她的婴儿告别。他和她垂泪接吻时，听见采樵的少女在山上唱山歌：帆底西风尘鬓酸，阿郎外出妹摇船，不怕西风寒透骨，怕郎此去不平安。②

"毛里寺岛"即梅县华侨众多的毛里求斯岛。乾隆以来，梅县读书人多成为家庭教师；嘉庆、道光年间的南洋，梅县士人成为颇受欣赏的教师；晚清时，梁诗五（1843—1911）跟随何如璋出使日本，给其儿子当家庭教师；晚清梅县著名女诗人叶璧华（1841—1915）亦曾"就馆羊城"，设帐定园，以家庭教师为业，民国后年逾古稀还出任女师校长。③

3. 现代交通和亲友接纳：过番条件的改善

海禁大开，过番的政治环境进一步宽松。与此同时，人们对南洋和世

---

① 梅州市地方志编纂委员会编：《梅州市志（1979—2000）》，北京：方志出版社，2011 年，第 1179 页。

② 张资平：《梅岭之春》，孙志军选编：《张资平作品精选》，武汉：长江文艺出版社，2003 年，第 105 页。

③ 叶璧华著，李景纲注释：《古香阁全集》，香港：天马图书有限公司，2010 年，第 362、375 页。

界的知识不断增长，南洋已不再是陌生而危险之地，其过番方式和结果都已不再充满未知和危险，过番其实已经比较平常，绝非生离死别。现代交通技术与条件的发展，如 19 世纪以后火船已被广泛应用，其大大缩短了到南洋的路程，且更加方便和安全可靠。

亲属或朋友的接引，则让过番者有了明确的目的地和目的工作，先联系而后外出，一切都经过策划、安排，有条不紊。亲友与过番者形成了过番的亲缘关系。论者指出：

旧时出南洋谋生，都是依靠亲戚、族人的关系牵引而去的，贫民缺乏这方面横的关系，过番之事，不敢问津。①

梅县松口镇素以文化之乡和华侨之乡著称，旧时有二三十个小姓贫民，其人口稀少，经济条件差，百姓文化素质低，生活相当辛苦，却不可能往海外发展。

南洋华侨居住地相对集中，形成了较稳定的落脚点，形成了过番的地缘关系。比如，罗芳伯创业地西加里曼丹的华侨以梅县人居多，华侨团体的形成进一步有利于其乡民亲友的南来。故论者指出：

（梅州客家海外移民）大概驾舟漂泊和当"契约华工"出国的约占总数的 20%；"水客"引带和亲友带出去的，约占华侨华人总数的 80%。②

4. 过番的社会影响及其较强吸引力

南洋地区的殖民开发，依靠的是中国劳动力。清政府内部对此是非常清楚的。光绪二十七年（1901），醇亲王爱新觉罗·载沣（1883—1951）

---

① 梁河：《梅县松口镇小姓贫民稗史》，《梅县文史资料》（第 28 辑），1996 年，第 123 页。
② 罗英祥：《飘洋过海的客家人》，开封：河南大学出版社，1994 年，第 9 页。

赴德国赔礼道歉，他记录沿途感受，写成《醇亲王使德日记》。他感叹香港英国殖民政府经营有方，因地制宜，将荒岛变为巨埠①；感叹新加坡华侨富商之多，感叹英国大开门户招徕华工之政策，而众多"流寓"南洋各岛之华工，成为列强殖民开发之基础：

> 英属南洋各岛，华人流寓者以巨万计。其间巨商大贸，半皆泉、漳、潮产也。新嘉坡仅小岛耳，其方广不及三百里，华民在此已不下二十余万徒，以英政府治藩属政策，务大开门户招来华工耳。
>
> （十六日，经吉隆坡）闻该埠华人亦不下十余万人。②

南洋社会经济的增长，进一步吸引中国劳动力的南来，正如论者所指出：

> 中国人大规模移入新马，在很大程度上是欧洲人在东南亚扩张，尤其是英国人在该地区取得进展的结果。英国在槟榔屿（1786 年）和新加坡（1819 年）建立殖民地以及从荷兰手中接管马六甲（1824 年），为中国商人、工匠和劳工提供了一个良好的机会。中国人发现，英国政府有益于他们的商业活动，为他们提供了敛财的机会……广大的中国农民为改善经济状况而出国的愿望，正好遇上了海峡殖民地以及邻近的马来各邦需要大批就业者的机会……对于华人来说，英国人建立了一种有效的政治经济制度，使他们在这一制度之下迅速获得经济上的发展。③

---

① 载沣：《醇亲王使德日记》，《近代史资料》（总 73 号），北京：中国社会科学出版社，1989 年，第 144 页。

② 载沣：《醇亲王使德日记》，《近代史资料》（总 73 号），北京：中国社会科学出版社，1989 年，第 146、147 页。

③ 颜清湟著，粟明鲜等译：《新马华人社会史》，北京：中国华侨出版社，1991 年，第 3 页。

早年移民经多年的创业，逐步改善了其经济地位，扩大了职业范围。其职业结构发生变化，分工更细，迁移的华人也多由单身向着家庭转化。过番"闯"生活要比国内容易，侨胞和侨属也能过上相对的"好"生活。

侨乡的这种出洋心态，促使许多人往南洋去碰运气，从而促进了海外移民的发展，形成了海外移民的浓厚氛围。

三、近代梅州客家人的主要过番方式

鸦片战争后，梅州海外华侨社会力量愈加壮大。梅州海外移民的增长是全方位的，体现在其人数的大量增长、事业的兴旺、会馆的大量创设，甚至客侨聚集地的出现——所谓开埠。

人数的增长，让出国做工的记录更多、更加普遍了。香港开埠后，嘉应州的五华、兴宁的石匠、石工便大量到来，成为香港崛起的重要建设者。[1] 咸丰元年（1851），五华横陂江南乡汤湖村的魏鼎高到香港做工，1853 年去美国，后到加拿大定居。[2] 咸丰六年（1856），华城湖田村的张亚先即"卖猪仔"（契约华工）过南洋，先到新加坡做工，后定居印度尼西亚。

梅州华侨社会不断壮大，体现之一就是华侨会馆更多了。1857 年，新加坡茶阳会馆创设；1878 年，马来亚雪兰莪茶阳会馆创设；1890 年，新加坡茶阳回春医社创设。[3] 当代新加坡来自大埔的人口数量不少，这与其来得早且来得不少有直接关系。

民众出洋过番既艰辛又无可奈何，却已被看作比较平常之事。然而，毕竟民众是漂洋过海去谋生，其路途仍然充满了不可知的风险，过番方式也决定了其成本和代价。晚清之后，特别是民国时期，过番方式更加方便轻松。

---

① 罗香林：《香港早期之打石史迹及其与香港建设之关系》，《食货月刊》1971 年第一卷第九期，第 459－463 页。

② 五华县地方志编纂委员会编：《五华县志》，广州：广东人民出版社，1991 年，第 591 页。

③ 大埔县地方志编纂委员会编：《大埔县志》，广州：广东人民出版社，1992 年，第 581 页。

1. 标准范式：亲友和水客引带

据梅县李国泰所整理的梅县三乡小都村塘头下李氏家族之族谱，相冶、旺冶谱注"往洋终"，大约在 1780 年过番，他们成为塘头下第一代华侨，其后代与家乡无联系，亦无记载。作者又说：

十六世相冶、旺冶两公为塘头下最早的华侨，据族谱记载，他们出洋的时间约在乾隆三十年间（1766）。①

李国泰曾估算，十六世（1768—1843）、十七世（1798—1878）荣发，活动年代主要在咸丰年间。十七世荣盛谱注"往洋终"，大约在嘉庆年间（1810）。作者说，"十七世荣发、荣盛两公相继'过番'"②，走"安南（越南）"做药材生意，其后则发生了分化：

荣盛与长兄荣发"过番"走安南（越南），兄弟共同创业。后荣发公将生意与荣盛分拆，将分得的部分钱寄回家乡置田买山，晚年才回家居住。荣盛却再没有回来过，其在外是否再有妻室，不得而知，即使有妻室，其后裔亦未有与塘头下李家联系过。③

李国泰所介绍的家族华侨出国历史，其推论时间大多值得商榷，出洋现象则反映了时人出国心态与方式，是梅州华侨出国的完整而典型的案例。他说：

---

① 据李国泰之排列，相冶、旺冶当是十五世，据其后文，相冶乃十六世，大概就是十六世之"祥冶"。李国泰、李涯编著：《清朝民国契约中客家族群与土地研究——梅县塘头下李氏家族契约解析》，梅州：梅州市客家研究会，2018 年，第 17、21 页。

② 李国泰：《从梅县塘头下李姓存看客家在梅州发展历程》，《客家研究辑刊》2005 年第 1 期，第 32 页。

③ 李国泰、李涯编著：《清朝民国契约中客家族群与土地研究——梅县塘头下李氏家族契约解析》，梅州：梅州市客家研究会，2018 年，第 17–18 页。

塘头下李家从十六世开始，代代有人出洋，成为"番伯公"，象荣发公赚钱后回乡置业者不多。老人传说塘头下的风水是"蜂橱形"，繁衍人口和发家有周期性，象蜜蜂群一样，周期性分群飞出去。①

一代代人的相承相传，亲故相因，然后远播海外，开始或许直接关联，后来水客出现，则转经其关联。据《平远县华侨志》（未刊），平远县长田归侨、侨联名誉主席丘德舜记述：

我于1927年出国，主要靠亲属关系。家父丘升礼，兄弟五人，有三人于1901年前后出洋谋生。家父升礼初到马来亚嘭哼做金砂，后转荷属勿里洞做矿工，最后到巴城做木匠；叔升祯到荷属坤甸开车衣店；大伯升福到暹罗做生意。当时去南洋，到荷属去的都是因亲属关系去的，上码头要交码头税荷币150盾，这些人多数做生意；到马来亚的不用交码头税。无亲属的由"水客"带出或被卖"猪仔"，这些人多数做矿工。

法国海外省留尼旺的梅州客家人的出现始于1904年，有曾纪乔、谢瑞琴（字子彬）等十七八位梅县人，欲往毛里求斯谋生，途遇台风，被吹至留尼旺而就此落居。后因亲托亲，梅县侨胞日益增多。②

民国二十九年（1940）《梅县要览》记载，丙村职业"水客"有50多人。从20世纪20年代至50年代，在没有战争的正常情况下，每年由"水客"引带出去的丙村华侨有数十人。③

2. 主动前往：寻求海外经贸及谋生机会

海外营商：梅县籍华侨余连庆，1903年出生于梅县松口镇官坪村。小

---

① 李国泰、李涯编著：《清朝民国契约中客家族群与土地研究——梅县塘头下李氏家族契约解析》，梅州：梅州市客家研究会，2018年，第23页。
② 杜茂江：《毛里求斯、塞舌尔、留尼旺出方纪行》（下），《梅州侨乡月报》1996年第10期，第33页。
③ 温带权：《丙村镇志》，梅州：梅县丙村镇志编辑部，1993年，第193页。

学毕业即协理父辈在松口开设"诚华庄"，经营汇兑业务。由于重信义，他深为旅外乡亲和国内亲属信赖。18 岁时，他毅然远涉重洋到印度尼西亚开设百货店兼营汇兑。[1] 1937 年田家炳出口大埔瓷土到越南，不久成为越南最大的瓷土供应商。[2]

出洋谋业：梅县丙村著名侨贤、雪兰莪嘉应会馆创立人张运喜，幼年在乡中私塾读书，认为株守家园难有出息，便远渡南洋，初到吉隆坡，后到牙山做矿工，后创立生和锡矿公司。[3] 梅县李介夫出洋做教师。[4] 松口行医 20 多年的中医师黄镜华，1929 年原拟出洋谋生，却因途经汕头，参加医士考试而被录取。[5] 五华县归侨钟韶光，1880 年出生于华城镇铁炉村。年轻时读了几年私塾，因家境贫苦，便挑货担走村串户叫卖，或帮人打猪屠（宰猪），挑盐担走江西。20 世纪初，南来马来亚吉隆坡，挑锡泥，做苦力。[6]

长辈带出洋：松源王振东，少年时随兄到马来亚怡保等地读书，1909 年毕业于怡保英文学校。[7] 五华前侨联主席李初开，1937 年因家乡闹水灾，母亲卖掉仅有的五分地，带着他出走南洋，先在马来亚住了一年多，又转到印度尼西亚新及埠，在五华华城黄埔村人李庚生的建筑公司做工。新及埠有五华侨胞 1 万多人，他就在当地中华学校读书。[8] 梅州荣誉市民田镇荣，其生父在泰国做工，其于 1928 年出生于古野，第二年父母便带他到了

① 彭钦文：《余连庆先生与裕华国货公司》，《嘉应侨史》1988 年第 1 期。
② 杨恭曾：《"者"五——尊敬的田家炳先生》，《大埔文史》（第 15 辑），1997 年，第 8 页。
③ 朱明：《满门俊秀 盛德流芳——侨贤张运喜、张昆灵父子事略》，《梅县文史资料》（第 19 辑），1991 年，第 187 页。
④ 许志强：《延安华侨救国联合会主任李介夫》，《梅州侨乡月报》1996 年第 5 期，第 14 - 15 页。
⑤ 欧阳英：《黄镜华（1898—1964）》，《梅县文史资料》（第 19 辑），1991 年，第 122 页。
⑥ 钟佐天：《忆先父钟韶光二、三事》，《五华文史》（第 6 辑），1988 年，第 8 - 9 页。
⑦ 王恭彰：《王振东（1880—1956）》，《梅县文史资料》（第 19 辑），1991 年，第 119 页。
⑧ 李初开：《虔虔爱国心 一片故乡情——印尼新及埠华侨见闻》，《五华文史》（第 5 辑），1987 年，第 45 - 48 页。

泰国。①

3. 投亲靠友，定居海外

家产继承：经过几十年苦心经营，华侨积攒了相当家产，暮年便引儿子南来继承海外产业、店务。

出国婚姻：女子嫁给华侨后随夫出洋。从事开矿、割胶、种植等繁重体力劳动的华侨，积存一定的资金后便回国娶妻，再携其出国，或托水客带到南洋定居。旅居东南亚的老一辈丙村华侨，多数都是在海外做了10年左右的工，直到30岁以上，才回家乡娶妻完婚。②

出国帮手：梅州旅外华侨，多小商小贩。初期夫妻经营，随业务扩展，回乡雇请亲友出洋帮忙。一年复一年，一代引一代，人口越来越多。据统计，梅县丙村旅居马来西亚的华侨，70%左右都通过侨居国亲人带出去。③

回国招工：1922年，五华华侨李桂和在马来亚怡保创办新广和、广和昌两间锡矿公司，在家乡招工人100多名。④

论者指出："在人地生疏下，寻求非亲即故的亲戚或族人的眷顾和提携，往往是在异域安身求存的固有模式。"⑤ 俗话说：客家华侨开埠。开埠便有大量劳工需求，先到引介后到，由此一来当地华人社会逐步形成并不断壮大。

---

① 李淑芬：《少年敢立青云志　老健尤怀寸草心——记梅州市荣誉市民田镇荣先生》，《梅州侨乡月报》2000年第6期，第32页。

② 温带权：《丙村镇志》，梅州：梅县丙村镇志编辑部，1993年，第193页。

③ 温带权：《丙村镇志》，梅州：梅县丙村镇志编辑部，1993年，第193页。

④ 白眉编著：《五华风情录》，[出版者不详] 2001年，第292页。

⑤ 曹云华：《印尼棉兰的客家人——海外客家人的社会变迁之三》，《八桂侨刊》2014年第3期，第25页。

第三节　内家外府：浓郁的侨乡风情

移民有其特定的空间范围，也有其特定的文化内涵。侨乡概念随着移民内涵发生相应的变化，形成地理的、历史的、文化的概念内涵，直到成为一个政策与法律的概念。

19 世纪晚期，梅州已经具有侨乡的完整内涵。华侨往来国内外，逐渐将海外风情带回故乡。侨领地位已经与士大夫相当，因其经济力而颇具社会影响。侨眷生活相对更有序而颇具榜样的引领性。

一、华侨身份的转变推动侨乡的形成

海外移民身处中西交通最前线，当其移民海外，便应当属于华侨范畴。华侨一词在晚清形成，其历史性首先就体现在近代性，属于近代史的范畴。传统天朝体系下的臣民理念，与近代华侨的国民内涵显然不同。华侨和侨乡都有其国家属性的近代转型，有其法律与政策内涵。

1. 实施护侨政策与华侨称呼的出现

《现代汉语词典》指出，华侨是"旅居国外的中国人"；《辞海》指出，华侨是"侨居国外的具有中国国籍的人"；周南京主编《世界华侨华人词典》指出，华侨是"中国在海外定居谋生并保持中国籍侨民的总称"。可见华侨的核心内涵就是定居在外国，此外，华侨一词还有其时代性内涵。

华侨曾被外国人称为"唐人""华人"等。清政府曾多称其为"海外异端""逃犯""海贼""贱民""莠民""弃民""化外之民""猪仔"

"苦力"等①，主要是贬称。晚清政府对外一般称其为"华工""华民"
"华人"等中性词，核心是"华"，以区别中国和外国。称呼由"乱"和
"贬"到相对统一，体现出中国社会和政府对出国民众态度的复杂与嬗变。

　　"华侨"之"华"指华夏，"侨"指寄居于异地。华侨一词一般可追
溯到黄遵宪②，19 世纪 80 年代黄遵宪家书中应当使用过。③ 亦有论者认为
最早出现于 1883 年，郑观应《禀告北洋通商大臣李傅相为招商局与怡和、
太古订立合同》称："凡南洋各埠华侨最多之处⋯⋯"④ 但是，"'华侨'
一词的广泛传播，应是 1905 年以后"。⑤ 华侨概念的出现及其历史发展，
表明华侨在国内身份和地位的提升。王赓武强调：

　　19 世纪 80 年代，在黄遵宪的著述中可能首次提到了"华侨"这个名
称。⋯⋯他使用"华侨"一词并不奇怪，不过大概也是偶然的，甚至有点
反常。⋯⋯这一提法看来确实反映了那种相同的倾向，即倾向于承认中国
对其海外臣民负有责任，并希望维护他们的权益。⑥

2. 从天朝海外"弃民"向民族国家公民的身份转型

　　以是否被允许出国和回国为标准，论者将清代华侨政策分为清初严
禁、清中期限制和晚清被迫放开到主动保护和利用三个演变阶段⑦。其实，
华侨政策乃指国家和政府给予华侨的权利与义务。从根本上看，华侨形成

---

　　① 蔡苏龙：《"华侨"的概念与定义：话语的变异》，《深圳职业技术学院学报》2003 年第 1
期，第 69 页。
　　② 王赓武：《华人、华侨与东南亚史》，《王赓武自选集》，上海：上海教育出版社，2002
年，第 233 页。
　　③ 王赓武、温广益：《关于华侨史的一些问题》，《南洋问题研究》1981 年第 1 期，第 95 - 96 页。
　　④ 夏东元编：《郑观应集》，上海：上海人民出版社，1988 年，第 790 页。
　　⑤ 庄国土：《"华侨"一词名称考》，郑民、梁初鸣编：《华侨华人史研究集》（一），北京：
海洋出版社，1989 年，第 47 页。
　　⑥ 王赓武：《"华侨"一词起源诠释》，《天下华人》，广州：广东人民出版社，2016 年，
第 7 页。
　　⑦ 韩小林：《论清代华侨政策的演变》《嘉应大学学报》1995 年第 3 期，第 68 页。

然后才有华侨政策，华侨又是政策的产物，具有特定的政治与时代属性。

传统中国政府显然不鼓励海外移民，或者对其放任，或者对其任意打压，正如论者所说："从明代、经清代以至于民国，约五百年间，有所谓对华侨的放弃政策、放任政策、避忌政策，还有保护政策、激励政策等……清初形成对华侨采取放任政策的传统。"①

清代中国从天朝上国降为普通的民族国家，这是古老的中华文明更新换血的重要阶段，需要经历艰难和痛苦的斗争。近代民族国家与天朝上国具有不同的国家属性，天朝皇帝被迫降临人间，民众从天朝臣民转变为国家公民。

华侨的国民身份，开始显然只是客观事实，直到清政府被迫融入西方近代民族国家体系后，华侨才被清政府逐渐认可和接纳，华侨政策才走向现代转型——在民族国家体系下的发展。正如论者指出：

明朝以来对华侨的放弃政策，清朝时一直继续保持到咸丰十年（1860），直到签订《北京条约》为止。②

晚清侨政的近代转型实际上意味着华侨公民（或臣民）身份的合法化，而公民意味着国籍认同，相应地意味着晚清政府已走出天朝传统，而进入西方近代民族国家行列。此时，清政府才完成其华侨政策的近代转型。

3. 洋务自强背景下的侨务新政策

海禁大开之后，列强挟坚船利炮东来，朝野上下有识之士均视之为"古今一大变局"。清廷被迫逐渐加强与列强的交往，逐渐从其天朝迷梦中

---

① 沈云鸥编译：《中国历代华侨政策的变迁》，吴泽主编：《华侨史研究论集》（一），上海：华东师范大学出版社，第481、482页。

② 沈云鸥编译：《中国历代华侨政策的变迁》，吴泽主编《华侨史研究论集》（一），上海：华东师范大学出版社，第483页。

惊醒，被迫痛苦地融入西方近代民族国家体系的世界一体化发展进程中，一步步滑入半殖民地的深渊，中国历史也开始进入近代范畴。

丁日昌等洋务派认为侨心可用，期望华侨成为洋务自强的重要助力，积极推动形成护侨政策，进而形成派遣驻外使领的近代外交。华侨从弃民逐渐转变为难民，其身份的政治认同不断发生近代转型。

驻外使领馆公使、领事等亦努力整合华侨的家乡观念，将其提升为国家理念，典型的如美国排华期间，驻美使馆各成员皆乘机大力宣传国家意识，华侨逐渐走出家乡局限，日益形成国家意识。张荫桓告诫说：

顾滋海外残黎，何以为计？是宜各谋联络，咸务正业，毋为所轻。华人数万里远来，尤当共切桑梓敬恭之意，毋分某府某州某县，旅居谋食，悉如一家……务令彼族知我华人彼此相顾，庶可略免欺侮。[1]

随着遣使设领政策的深入实施与发展，清政府更加明确了解华侨的日常生活及其故国情感。驻外使领们都特别强调：华侨虽难免夹杂番俗，却仍然保留着中国传统习俗，其政治理念则毫无例外地仍然是中国的。黄遵宪《番客篇》诗曰：

凡我化外人，从来奉正朔，披衣襟在胸，剃发辫垂索，是皆满洲装，何曾变服著。[2]

薛福成更是明确指出华侨的故国家园情感，强调其强烈的民族情感：

虽居外洋已百余年，正朔服色，仍守华风，婚丧宾祭，亦沿旧俗。近

---

① 任青、马忠文整理：《张荫桓日记》，上海：上海书店出版社，2004年，第10页。
② 陈铮编：《黄遵宪全集》，北京：中华书局，2005年，第134页。

年各省筹赈筹防，多捐巨款，竞邀封衔翎顶，以志荣幸，观其拳拳本国之心。①

驻外使领都能够高度认可并积极主动履行护侨使命，有效引导和提升侨领的国家情感，黄遵宪便是护侨的重要代表。通过派遣驻外使领机构，清政府不仅熟悉了外国和世界形势，也逐渐认识了华侨的国际地位和影响力，进一步明白了护侨政策的必要性。

槟榔屿客籍领事群体张振勋、张榕轩等人，配合新加坡总领事黄遵宪等政府官员，积极响应遣使设领的护侨政策，推动清政府华侨政策近代转型，引导华侨建立中华民族国家的归属意识，有效推动客家华侨成为槟榔屿"第三极势力"②。

洋务派和维新派都能以积极的心态去对待华侨，晚清两广总督多能较好实施护侨政策。1886 年 7 月，两广总督张之洞派员到南洋考察，次年上《派员周历南洋各埠筹议保护折》，建议在南洋设领护侨，并在海外华埠设立书院。

4. 除海禁和招引侨资政策

护侨政策表明清政府已经高度重视华侨资源，包括侨资、侨智、侨力。19 世纪中后期，华侨的全球移民和发展得到了清政府的肯定和推动，移民也成了开发南洋和世界各地的主力军。黄遵宪《番客篇》诗曰：

识字亦安用，蕃汉两弃却。愚公传子孙，痴绝谁能药？近来出洋众，更如水赴壑。南洋数十岛，到处便插脚。他人殖民地，日见版图廓。华民三百万，反为丛驱雀。螟蛉不抚子，犬羊且无鞯。比闻欧澳美，日将黄

---

① 朱寿朋编：《光绪朝东华录》，北京：中华书局，1958 年，第 3241 页。
② 黄贤强：《跨域史学：近代中国与南洋华人研究的新视野》，厦门：厦门大学出版社，2008 年，第 112 页。

种虐。①

　　此前，华侨在国内外自由往来和工作的权利基本不受保障，不仅未能在侨居国得到公正待遇，在祖国也仍然受到传统海禁政策的限制，本质上便是"蕃汉两弃却"，国内外皆遭排斥。1893 年 9 月 13 日，经驻新加坡总领事黄遵宪和驻英公使薛福成建议，清廷准总理衙门奏：

　　　中外通商以来，华民佣工既任其出洋，则海禁旧例早已不弛而弛，惟当时未及广布明文，吏胥族邻因得窥罅滋扰，讹索诬陷。……嗣后凡良善商民，无论出洋久暂，婚娶生息，概准由使臣或领事官发给护照，任其回国治生置业，并听其随时出洋经商。②

　　明确废除海禁政策，华侨、归侨、侨眷的国民身份、权利和地位得到了法理上的确认，华侨彻底被清政府接受和认同，华侨政策的近代转型迈出了关键一步，华侨归国已经有法可依，极大地提高了华侨的社会地位，这也意味着侨乡的形成已有其法理依据。

　　甲午战争之后，清政府护侨更加明确，既制定了"保商章程"，又设立了保商机构。清政府制定并实施吸引侨资的招商政策，大力吸引侨商回国投资铁路等。以张弼士为代表的南洋客属侨商已经成为清政府的招商旗帜。华侨已多寓有"富商"内涵，并被赋予特殊责任和地位。

　　清末新政，清政府的侨务工作也日益繁盛。1900 年，广州和厦门分别设立保商局，保商局成为粤闽两省的侨务专门机构。1903 年，清政府设立商部，撤销各省保商局而并入各省商务局。1906 年，商部改为农工商部。

　　①　陈铮编：《黄遵宪全集》，北京：中华书局，2005 年，第 135 页。
　　②　中国人民大学清史研究所编：《清史编年·第 11 卷》（上），北京：中国人民大学出版社，2000 年，第 637 – 638 页。

这些机构都负有"扶植"和"保护"华侨工商业的职责。①

侨商和侨资被寄予重大期望，而侨商和侨资显然不负所望，投资兴建了潮汕铁路、新宁铁路和山东烟台张裕葡萄酿酒公司等重大项目。华侨已成为晚清政治、经济建设的重要力量，影响力越来越大。张振勋、张榕轩、胡国廉等客籍华侨还因其突出的投资而获得了清廷的高级官衔。

华侨"难民"形象逐渐被淡化，"富商"形象逐渐树立。华侨受到了从政府到社会各层面的高度尊重。华侨与故乡的联系也愈来愈多，愈来愈密切。华侨众多的地区逐渐充满了浓郁的华侨文化，华侨经济进一步发展，侨乡得以完全形成。

1909 年，清政府制定并颁布了血统主义的《大清国籍条例》，规定生而父为中国人者，不论是否生于中国地方，均属中国国籍，这就进一步明确了华侨的公民身份和地位。

二、侨领地位提升与侨眷生活的富裕

晚清政府废除海禁，明确了海外移民的国民属性，由此自由出国和归国都已有了明确的法律依据。出国已经不再意味着能出去而不能回来，而是来去自愿自由。华侨只是去赚钱养家糊口而已，叶落归根理念强烈，且"断家不断屋"，南洋只是"外府"，祖居则一直保留着。侨乡的最大特色便是华侨与原乡之物质的和精神的紧密关联。海外侨胞虽保留华俗，却沾染了番俗，侨乡亦有大量番俗的内容。

1. 侨汇：侨乡深受华侨收入的影响

近代中国常有"贸易入超，外资流入"现象，所流入之外汇其实都是侨汇。1888—1931 年，输入国内白银高达 15 亿元，相当于南京政府 1931 年度全年总支出的两倍。20 世纪 10 年代，华侨已占南洋经济半壁江山。在荷属东印度，"一般说来，南洋土人主要从事农业，中国人与阿拉伯人

---

① 张德泽：《清代国家机关考略》，北京：中国人民大学出版社，1981 年，第 294 页。

是商业阶级，而少数的西方人则高踞金字塔的顶端"①。

黄遵宪在美国旧金山调查发现，华侨每年汇回广东的款项多时达 160 万美元，少时亦有 100 万美元。有华人聚居区的古巴、秘鲁、新加坡、越南等地的汇款比旧金山多好几倍。华人每年汇款总数大约与中国每年流出的白银总数相等。② 他在南洋还大力发动侨商捐纳，以捐赈国内各省天灾。

19 世纪，梅州客家华侨在南洋主要从事开矿、种植等产业，一大批华侨资本家崛起，成为中国重要的民族资本，举国瞩目。张振勋在荷属苏门答腊经营种植业致富，又创办日里银行，1886 年在槟榔屿独资创办万裕兴海运公司等。③ 新加坡、槟榔屿、大小霹雳等地都有大量的梅州矿工。

客籍华侨继承和发展了传统采矿行业，由此形成客属华侨的群体特征。当代华侨史家强调指出：

> 南洋拓荒采矿的中国移民，大多是从汕头出洋的粤东客家人。客家人更具吃苦耐劳和团队精神，能忍受矿区恶劣生存和劳作环境，在矿场组织与矿区争夺中更胜一筹。南洋各地的采矿业，如婆罗洲的金矿，越北的银矿铜矿，马来半岛、暹南、邦加的锡矿等，其矿主矿丁多是客家人。采矿风险大，致富也比其他行业更快。因此，虽然南洋客家人数量远少于闽南人和潮州人，但 20 世纪初的南洋华侨豪商中，客家人几乎可与经商数百年的闽南商人比肩。④

梅州采矿工主要分布在婆罗洲、邦加、马来半岛和泰南等地。增城客家郑景贵、惠州叶来、嘉应州姚德盛等，皆成为其时著名的矿主富翁。黄

---

①　霍安治：《广东侨汇救国轶史》，《同舟共进》2022 年第 5 期，第 52 – 55 页。

②　郑海麟：《黄遵宪与近代中国》，北京：生活·读书·新知三联书店，1988 年，第 131 页。

③　汪敬虞编：《中国近代工业史资料》，北京：科学出版社，1957 年，第 993 – 994 页。

④　庄国土、刘文正：《东亚华人社会的形成和发展：华商网络、移民与一体化趋势》，厦门：厦门大学出版社，2009 年，第 43 页。

遵宪《番客篇》描述华侨采矿富翁：

> 左边黑色儿，乃翁久开矿，宝山空手回，失得不足偿。忽然见斗锡，真乃无尽藏，有如穷秀才，得意挂金榜。沈沈积青曾，未知若干丈，百万一紫标，多少聚钱蛄。①

黄遵宪描述客家华侨的生产和生活情况，认为南洋采矿并非都能致富。他将采矿致富者比喻为科举独木侨上的"秀才"，只有些许幸运儿，能旦夕脱贫，甚而成为巨富。事实上，他更加强调侨乡经济生活对"番银"（即华侨汇回的打工钱）的依赖。其晚年吟咏梅州侨乡的诗歌说：

> 海国能医山国贫，万夫荷镭转金轮。
> 最怜一二虬髯客，手举扶余赠别人。

黄遵宪既感叹侨乡对华侨经济的依赖，又感叹海外侨民生活之不易，特别是面对西方殖民主义者的深深无奈，其诗后自注云：

> 州为山国，土瘠产薄。海道既通，趋南洋谋生者，凡岁以万计，多业采锡，遇窖藏则富。近则荷兰之日里，英吉利之北腊、槟榔屿，法兰西之西贡，皆有积赍至数百万者。总计南洋华商，"客人"居十之三。同治年，有叶来在吉隆，与土酋斗争，得其地，卒以无力割据，归之英人。②

平常年份，梅州下南洋之人数"以万计"，多从事锡矿开采业。黄遵宪显然更多强调梅州普通侨胞的贡献，以其人数之多而形成良好的社会影

---

① 陈铮编：《黄遵宪全集》，北京：中华书局，2005 年，第 134 页。
② 陈铮编：《黄遵宪全集》，北京：中华书局，2005 年，第 157 页。

响。梁伯聪《梅县风土二百咏》咏南洋开矿：

> 宝山得入弃耕锄，户户家家有储蓄。不惜海天漂泊去，南洋群岛作尾闾。
>
> 自注：梅县十家而九往南洋营生，大北呖开场矿，致巨富者亟多。①

侨资和侨汇让侨乡经济整体上显得相对更好，华侨经济成为晚清广东经济"大省"的重要支撑。光绪二十一年（1895），两广总督谭钟麟奏稿：

> 广东人稠地瘠，小民生计艰难，出洋谋食者多。现在富饶之家，大多自外洋而归。②

侨眷生活因"番银"而相对宽松，嘉应州很多地区亦称繁庶。时人甚至批判说：昔日"质实勤俭"习俗因此逐渐发展成为"侈靡"。③

2. 水客：侨乡与侨胞联络的重要中介

鸦片战争后，海外移民越来越多，并且多有发财而成为侨领者。海禁初开，清政府主要是被迫允许百姓移民海外，且不断认识到侨心可用而逐渐形成招徕、利用之政策。事实上，道咸年间南洋华人社会便已经相对发达，设领护侨政策实行之后，归国华侨也日渐增多。

侨居地与侨乡之间联络逐渐增多，两地间的重要中介"水客"便在道光年间出现。道光十五年（1835），镇平三圳圩人吴细妹，往来新加坡、马来亚和蕉岭三圳之间。道光十七年（1837），大埔高陂人张扬泉开始从

---

① 李国泰、陈瑞玲编著：《百年兴废论梅州——梁伯聪〈梅县风土二百咏〉述评》，广州：广东人民出版社，2014 年，第 136 页。

② 谭钟麟：《查明荒地开垦情形折》，谭宝箴、谭延闿、谭泽闿编：《谭文勤公（钟麟）奏稿》（近代中国史料丛刊总 325 册），台北：文海出版社，第 26 页。

③ 温仲和纂：（光绪）《嘉应州志》，台北：成文出版社，1968 年，第 125 页。

暹罗（今泰国）"走水"（做水客）。[1] "水客"代华侨带信和钱物回家，华侨与其家乡从而实现联通。"水客"的出现乃华侨人口激剧膨胀和社会迅速发展的结果。

光绪十三年（1887），李钟珏（1853—1927）赴新加坡游历两个月，之后撰写的《新加坡风土记》云：

坡中开埠伊始，西人政尚宽大，以广招徕，闽广人接踵而至，懋迁有无，日新月异。当道光末、咸丰初，已成巨埠，同治间称极盛，踵事增华，至今日而发泄已极。[2]

新加坡开埠之后，广招华人，经过二三十年的发展便极为兴盛。光绪七年（1881），新加坡在册华人有 86 066 人，其中嘉应州则有 6 170 人，[3] 李钟珏又说：

叻中华人最多亦最富，有拥赀称千万者，有数百万者，若十万八万之户，但云小康，不足齿于富人也，然究其发迹，多在三四十年前，近则鲜有暴富者矣。[4]

据此，鸦片战争后的三四十年间，即道光末、咸丰初到同治年间，华人移民源源而来，新加坡据此兴盛发达，而华人移民虽筚路蓝缕，但仍有些发了财而成了侨领。有些华侨富商还能够与家乡保持联系，水客的产生

---

① 大埔县地方志编纂委员会编：《大埔县志》，广州：广东人民出版社，1992 年，第 586 页。
② 李钟珏：《新加坡风土记》，余定邦、黄重言等编：《中国古籍中有关新加坡马来西亚资料汇编》，北京：中华书局，2002 年，第 197 页。
③ 李钟珏：《新加坡风土记》，余定邦、黄重言等编：《中国古籍中有关新加坡马来西亚资料汇编》，北京：中华书局，2002 年，第 185 页。
④ 李钟珏：《新加坡风土记》，余定邦、黄重言等编：《中国古籍中有关新加坡马来西亚资料汇编》，北京：中华书局，2002 年，第 189 页。

亦是水到渠成。梁伯聪《梅县风土二百咏》咏南洋水客：

> 一年大小两三帮，水客往还走海忙。利便侨民兼利己，运输财币返家乡。
>
> 往南洋营生人多，遂有一班来往代递信及资财者，名曰“水客”，不下数十百人，年节定期返乡，曰大帮，余不定期曰小帮，业此致富者殊不乏人。[①]

水客一经产生便具旺盛的生命力。水客串起南洋与广东之财物流通，直到民国，他们传递的财物远超银行等其他机构。1939 年，中国银行驻粤分行全年经手侨汇仅 65 万元，经由侨批局与水客带入广东的侨汇却数以亿计，仅嘉应五属（梅州）就高达 3 800 万元。[②]

3. 侨领：侨乡影响力的不断增长

海禁逐渐开放，侨乡侨风日盛，形成了侨乡民众乐于往外的开放性格和开放生活。其间，梅州侨乡风范之形塑多有赖于侨领。梅县松口著名侨领李九香便是典型案例。

道光年间海禁初开，李九香便率先过番谋生，并在番邦取得较大的商业成就，又较早回乡，乐善好施，深刻影响了侨乡民风民俗。民国初年，众议院议员饶芙裳因之呈请褒扬李九香，其呈文说：

> 芙裳等同邑故绅、前清花翎二品诰职李九香，系广东梅县松口堡人。少时读书颇聪颖，及长，抱大志。时海禁初开，即浮海游南洋，止于荷兰属地之巴达维亚，以油米为生人日用大宗，遂业焉。握算持筹，积资巨万。每间数年，必归国一次。念积而能散之义，凡道路之有崎岖不平者，

---

① 李国泰、陈瑞玲编著：《百年兴废论梅州——梁伯聪〈梅县风土二百咏〉述评》，广州：广东人民出版社，2014 年，第 138 页。

② 霍安治：《广东侨汇救国轶史》，《同舟共进》2022 年第 5 期，第 52－55 页。

水步之无桥梁与渡者，长途之无茶亭者，人或不告，告则未尝不以自任。如大埔之瑞兴桥、丙市之久远桥、松口之广福桥、峰市之救生船、松口同善堂之棺木会、松口上坝头之水堰河堤、松口之育婴堂、梅东攀龙两会课、李氏大宗祠之月课及津贴、嘉应州新入学者两学老师之贽见，或捐现金，或拨田店，费辄千金与数千金无吝色。光绪丙戌（1886）、乙未（1895）两年，地方苦旱，米价翔贵，伏莽欲发，人心惶惶。九香在南洋皆以先时拨万数千金买米平粜，乡里赖以安靖。凡此诸大端，捐资不下数万。为其平生行谊，彰彰在人耳目间，去今二十余年，乡人士犹思慕不置者也。①

咸丰、同治年间，梅县侨风侨俗浓厚，侨胞已经可以自由出入国门，侨商在家乡已有很高威望，儒与商之间不仅已无隔阂，商人的地位甚至更加显赫了。

值得指出的是，多有早期南来而取得较大成就者，虽仍然保持其华风华俗，却更加融入南洋各国的政治、经济与文化生活中了，光绪十四年（1888），粤督所遣之查岛委员王荣和、余瓃从新加坡抵暹罗，其接待人员即祖籍大埔的暹罗官员：

传国王派副外部刘乾兴率闽粤商人到船迎接，且备客馆，刘乾兴为潮州大埔人，生于暹，女选为妃，得补今职，专管华商事务。②

三、男女分工：妇女之"内助"与男子之过番

俗语说：在家千日好，出外半朝难。家就像港湾，累了可以回来休

---

① 饶芙裳著，刘奕宏、郭锐校辑：《饶芙裳诗文集》，广州：羊城晚报出版社，2018 年，第211 页。

② 任青、马忠文整理：《张荫桓日记》，上海：上海书店出版社，2004 年，第 306 页。

整，老了可以回来静养。1800 年之后，中国海外移民有华商、华工、华侨、华裔四种主要形态①，过番之人概被认定是临时在外居住，去谋生而已，从未想过离开中国的家。走出围龙的客家人，其家乡和家庭理念同样是非常强烈的，其背后的支撑即是客家妇女。晚清客家名士如黄遵宪、温仲和、饶芙裳等，走遍世界之后，重新审视客家民众，总是对故乡妇女充满骄傲之真情。

1. 客家妇女之独立持家传统

乾隆年间各方志已赞叹客家妇女之能独立持家，其作用似乎也不过是补贴家用。晚清时期，客家妇女独立持家之特色并未因其时代变迁而消失，黄遵宪便发出强烈的感叹："吾行天下者多矣，五部洲游其四，廿二行省历其九，未见其有妇女劳劳如此者。"他又说："（客家）妇女之贤劳，竟为天下各种类之所未有。"② 1912 年，时任广东教育司司长、众议院议员的饶芙裳称赞客家妇女之典范：

　　余客族以神明之胄世居中州，承宋高宗南渡，始散居闽粤等省。其中播迁者数次，然根本日盛大，枝叶日昌茂，旁行横溢。今日成不可动摇之势者，谓我族人富有进取之性也，不知实为妇人之力居多。何也？他族妇女倚赖男子为生活，中下之家，始习刺绣蚕织之业。我族妇人最重自立，虽富家巨富之妇，其操作也，等于仆隶，农事则以一身任之，自春徂秋，力穑在田，无所谓视日出入为息作也。隙时始纺织于家，樵苏于野，亦常常废寝忘食以为之，勤何如也！

饶芙裳与黄遵宪等晚清梅州贤哲皆认同客家乃中原贵胄南迁，同时还强调其由梅州往外迁移，梅州因而巩固其"客家之根"的地位，或者说，

① 王赓武：《中国移民形态的若干历史分析》，《王赓武自选集》，上海：上海教育出版社，2002 年，第 189 页。

② 陈铮编：《黄遵宪全集》，北京：中华书局，2005 年，第 284 页。

"世界客都"初步形成。其形成之力量，不仅因有男人之"进取"，而且"妇人之力居多"。显然，客家哲贤皆高度肯定妇女之功勋，展示其强烈的家庭根本意识。

清初屈大均曾品评"长乐兴宁妇女"之独特，谓客家人为"夫逸妇劳"之异类（参见本书第四章第一节）。民国初年，浙江杭州人徐珂（1869—1928）编《清稗类钞·风俗类》则品评"大埔妇女之勤俭"云：

> 大埔女子，能自立，能勤俭，而坚苦耐劳诸美德无不备具，故能营各种职业以减轻男子之担负。其中道失夫者，更能不辞劳瘁，养翁姑，教子女，以曲尽为妇之道，甚至有男子不务正业而赖其妻养之者。至若持家务主中馈，犹余事耳。

屈大均、徐珂皆非客家人，却都能从自己的立场和时代视角去看待客家妇女。前者似在看戏，雾里看花，水中望月，着实有点朦胧。后者则是在新时代背景下夸赞客家妇女的能干和她们甘于奉献的品德。

"健妇把犁同铁汉"，客家妇女独立勤俭持家，必定受独特自然与社会环境的影响，亦是其自我历史演进的结果。晚清客家妇女亦与时俱进，成就了客家男人过番及梅州客家侨乡的形成。客家妇女之辛劳，客家男人自然更知道其中所隐含之真情意蕴。客家侨乡、世界客都，客家妇女功莫大焉。

2. 男子移民海外后之侨乡社会形态

晚清嘉应州多动乱，且已严重影响社会稳定及经济、社会和文化之发展，因而士大夫多成立乡民自保组织。梁居实非常担忧当地治安，强调说：

> 丁壮大半出洋，其境接壤界者，远而汀、赣，近而惠、潮，又近而长、镇，皆强悍愈我十倍。无论何处，一有变故，其祸无不直中吾州者。①

———————
① 梁居实：《复保安总局论团防书》，《梁诗五先生遗稿集》，梅县图书馆藏，未刊稿。

312

"长、镇"指长乐县（今五华县）和镇平县（今蕉岭县）。他强调"丁壮大半出洋"，因而难以抵挡来自"汀、赣""惠、潮""长、镇"之动乱势力，却指明了嘉应州男人大多过番谋生后，该地形成的独特的侨乡社会形态。据温仲和《求在我斋集》载：晚清仅松口一隅，约有万人在南洋各埠谋生，其中有十余家拥厚资称得上富豪，每年从海外流入金银有十几万之多。①

侨乡，乃大量国际移民及国内外自由往来之产物。过番侨民抱持着强烈的根的信念，故乡祖居犹落叶之归根，家则是其人生中心，由此形成独具时代特色的家庭和社会生活模式：丁壮出洋，留守者皆妇女和老幼。

丁壮出洋催生其家乡社会问题，却又是家乡民生困顿之结果。八山一水一分田已经难以承受人口的大量增长，传统农耕社会已经长期停滞。穷则思变，温仲和指出：

由今言之，嘉应之为州，山多田少，人不易得田，故多行贾于四方……安有不患无田之事哉。②

晚清嘉应州因生活环境恶化，其传统耕读生活已经发生根本性的转变。读书虽然仍是士人至爱，却不再是轻松愉快的享受和提升精神境界的手段。海禁大开，嘉应州人无可选择地开始突破空间限制，走出大山而漂洋过番，从而改变了自身命运，改变了家乡，甚至改变了中国和世界。

物质匮乏使民众形成了强烈的"发财梦"，并取代了"读书梦"，民众则只能将后者寄托于子孙，因而不时鼓励子女读书进取，黄遵宪等驻外使领也总不忘提倡中国文化。温仲和感羡宋代梅州形成喜读书之风气，有其基本的生活保障，他说：

313

---

① 房学嘉、肖文评：《宗族、墟市、神明、华侨与地方社会——以梅县松口镇郊为例》，《客家研究辑刊》2001 年第 2 期。

② 温仲和纂：（光绪）《嘉应州志》，台北：成文出版社，1968 年，第 122 页。

然当时实恃以为生，今日则谋生愈艰。所幸海禁已开，倚南洋为外府。而风俗亦逐渐侈靡，非若昔日之质实勤俭矣。①

过番切实改善了侨胞侨眷的生活，甚而影响侨乡的生活习惯，形成了"侈靡"风俗。过番似乎是如此之平常，过番之人却又是如此之"幸运"。过番之路连接了南洋与侨乡，过番人就如同海中的船儿，其间风雨颠簸，两头却都是可以停靠的"家的港湾"。

3. 客家妇女之家庭留守与保障

过番，是民众不幸而艰难的选择，却又是较为幸运的谋生道路。19 世纪后期，梅州已经倚南洋为"外府"，形成了侨乡民风、民性及生产和生活方式。温仲和说：

州俗土瘠民贫，山多田少。男子谋生，各抱四方之志，而家事多任之妇人。故乡村妇女耕田采樵、织麻缝纫中馈之事无不为之。絜之于古，盖女功男功皆兼之矣。自海禁大开，民之趋南洋者如鹜，始至为人雇佣，迟之又久囊橐。稍有余积，始能自为经纪。其近者或三四年五七年始一归家，其远者或十余年二十余年始一归家。甚有童年而往，皓首而归者。其当出门之始，或上有衰亲，下有弱子，田园庐墓，概责妇人为之经理。或妻为童养媳，未及成婚，迫于饥寒，遽出谋生者，往往有之。然而妇人在家，出则任田园樵苏之役，入则任中馈缝纫之事。古乐府所谓健妇持门户亦胜一丈夫，不啻为吾州言之也。②

新型分工有了新的时代内涵。女主内、男主外，看似仍然保留着传统，其实质却已不同，所谓的"内外"已经不是家内外，而是指国内外

① 温仲和纂：(光绪)《嘉应州志》，台北：成文出版社，1968 年，第 125 页。

② 温仲和纂：(光绪)《嘉应州志》，台北：成文出版社，1968 年，第 151 – 152 页。

314

了。耕田和家务全是妇女的任务，男人则出外谋生，或者读书科举，或者经商打工，其时则多过番谋生。独立持家的妇女稳定了男子过番谋生的"后院"。

有论者谓"妇女老幼皆天足，戴签肩挑走山岗"，能干的客家妇女较少依赖侨胞，侨汇一般不成为侨眷的主要生活依靠。温仲和便说：

> 其或番银常来（俗谓往南洋者为番客，故信曰番信，银曰番银），则为之立产业、营新居、谋婚嫁、延师课子，莫不井井有条。其或久赋远游，杳无音信，亦多食贫攻苦以俟其归，不萌他志。凡州人之所以能远游谋生，亲故相因依，近年益倚南洋为外府，而出门不作惘惘之状者，皆赖有妇人为之内助也。向使吾州妇女亦如他处缠足，则寸步难移，诸事倚任婢媪，而男子转多内顾之忧，必不能皆怀远志矣。①

从"自海禁大开，民之趋南洋者如鹜"到"近年益倚南洋为外府"，丰富的时代内容寓含其间，其无奈和幸运，引人无限遐思。民国初年，饶芙裳同样强调说：

> 我族之人居皆瘠土，故男子常在外，女子常在内。事姑舅，育子女，供祭祀，遇亲友，事皆妇女任之。岁有所得，咸知积蓄，虽所存仅二三十金，亦必置薄产，以遗其子孙。……我族妇女较他族妇女及我族男子，其年齿常加倍者以此。②

能干的客家妇女，让客家男人放心外出打工赚钱而无后顾之忧，成为其外出打拼之有效保障，侨眷生活则深受侨汇支持。华侨经济提升了侨眷生活水平，侨汇甚至成为侨眷家庭生活的主要来源，在侨汇中断时，侨眷

---

① 温仲和纂：（光绪）《嘉应州志》，台北：成文出版社，1968年，第151—152页。
② 饶芙裳著，刘奕宏、郭锐校辑：《饶芙裳诗文集》，广州：羊城晚报出版社，2018年，第203—204页。

的生活便会受到影响或冲击。

所谓没有比较就没有伤害。据统计，闽粤两省华侨家庭平均收入的81%来自海外汇款。① 太平洋战争期间汇路受阻，1943 年又逢旱灾，不少侨眷之生活靠典当、逃荒江西，甚至鬻儿卖女支撑。丰顺县黎头山村，原有侨户 164 户 845 人，逃荒江西的 87 户 248 人，9 人在江西卖掉儿女，2 人饿死，2 人失踪。②

民国时期，不仅侨眷侨属生活严重依赖于侨汇，国民政府亦已将侨汇当作重要收入来源。李金发《可怜那一千二百万华侨！》看似是担心日本侵略南洋将极大地影响华侨生活，但其最后一句话却不自觉地反映出当时整个社会的侨汇心态：

> 荷印若沦于敌人之手，则我八百万的华侨，将为其俎上肉，以后西南几省的国民生计，将受重大打击。③

缺少侨汇已经影响到了国民政府的抗日和国民政府官员的生活。由此可见民国时期华侨及侨汇影响力之一斑。

民国华侨家眷与妇女生活已大不相同。俪棠的英国籍夫人霍森女士，随夫返回梅县老家，成为"番姆"，与俪棠的"大老婆"共同生活④，体现出侨乡有钱侨眷及侨乡妇女的生活状态与心态。无论如何，侨乡男人从来高度尊敬他们的"糟糠之妻"，侨乡的家庭文化甚至能够很好地包容甚至融和异域文化，哪怕是高傲的英国妇女——霍森夫人也告诫儿子："你要娶一个美丽客家女子回来，我才高兴……"

---

① 林家劲等：《近代广东侨汇研究》，广州：中山大学出版社，1999 年，第 29 页。
② 广东省地方史志编纂委员会编：《广东省志·华侨志》，广州：广东人民出版社，1996 年，第 183 页。
③ 李金发：《可怜那一千二百万华侨！》，中国现代文学馆编：《李金发代表作》，北京：华夏出版社，1999 年，第 257 页。
④ 李金发：《异国情调》，中国现代文学馆编：《李金发代表作》，北京：华夏出版社，2009 年，第 296－303 页。

第六章 清末民初梅州走进现代侨乡

　　华侨人数少，肯定不可能形成大影响，华侨之乡也必不可能形成。但华侨众多之地就能被称为华侨之乡吗？如果华侨与故乡之间联系非常少，其故乡受他们的影响很小，当然也不能被称为华侨之乡。

　　海外移民社会有一个形成和发展过程，经历了从零散、个别到群体，再到区域社会的历史，从不被认知的个体逐渐发展到被重视的群体和社会，这是一个族群和民系在新的地域和环境中的形成和发展。海外华侨社会的形成只是侨乡形成的前提和基础。

　　华侨之乡（简称侨乡）自然是指华侨的故乡，但这样的解释肯定有点简单化了，侨乡并不完全等同于华侨的故乡，因为一个地方并不是有了海外移民就会自然成为侨乡。当地侨胞人数多、分布广，且影响力强，当地已具浓郁的侨风侨俗，便可成为事实上的侨乡。

　　移民海外若不被政策允许，过番之人实际上只是在海外流离漂泊，不被允许回国和回家，其实质就是海外孤儿，他们的故乡显然不能被称为侨乡。只有已经形成了稳定的往来关联，人和信息能够回传而不再是有去无回，梅州才会成为华侨之故乡，成为游子之家。

　　梅州海外移民社会牵引了更多国内乡亲漂洋过海，曾经出去多回来少，本质上只是单程往外。海禁大开，清政府允许华侨自由出国和回国，废除海禁的法令则明确了华侨的国民身份，也促成了华侨的故乡向近代侨乡的转型。论者指出：

　　"华侨"这个词在十九世纪末叶开始使用以后，就有着政治、法律和意识形态方面的内容。①

　　侨乡的概念与华侨的概念一样，也应当有其特定的法律和政策内涵。海禁传统背景下，华人过番也是事实存在；清廷签约允许华工出国，从实践中事实上取消了海禁；只有清廷从内部法理上正式承认华侨，然后华侨和侨乡才名正言顺、名实相符。侨乡既是事实存在，也是政治和法理概念，还存在着特定的情感内涵。

　　晚清梅州已成为典型的侨乡。过番以求养家糊口，过番民众数量突然激增，华侨在侨居地与故乡间可以自由往返，丰富了侨风侨俗。南洋成为华侨的"外府"，"外"总是与"内"相对应，华侨与"外府"似乎有点不那么紧密和缺少亲密感。事实上，民众出洋过番只是去打工讨生活而已，终究还是希望叶落归根、回归故土的。故乡才是心心念念的"家"，是落叶依归之"根"。

　　华侨心心念念的故乡长年处于政治腐败和社会动荡中，怎能改变其海外谋生的无奈呢？于是"日久他乡即故乡"了，去的多，回来的少，那南来的水客成为梅州紧密联系南洋的重要纽带。然而，他乡再好也无法取代故土，这里有他们的祖先，有他们的亲人，他们只是希望故土能够变得更好，能够如外面世界一样精彩、美好。

　　19世纪末，资本主义世界体系最终形成，"到1900年左右，世界终于形成一个牵一发则动全身的有机整体。世界史到此时才真正具有世界性"②。欧美列强逐步加强了向亚非拉地区的资本输出，"资产阶级……它

　　① 王赓武：《中国移民形态的若干历史分析》，《王赓武自选集》，上海：上海教育出版社，2002年，第189页。
　　② 吴于廑、齐世荣主编：《世界史·近代史编·下卷》（第2版），北京：高等教育出版社，2011年，第291页。

按照自己的面貌为自己创造了一个世界"，① 这在客观上推动和促成了资产阶级领导的争取民族独立与实现社会转型的民族民主革命。

乾嘉时代清朝盛极而衰，八国联军的入侵和《辛丑条约》的签订则可视为中国近代社会否极泰来的转折点——还能更坏吗？列强环伺，西学东渐，晚清政府被推着"向国际接轨"，中国民众掀起救亡图存的浪潮，华侨社会形成了强烈的民族主义情感，华侨成了近代中国救亡图存和现代化建设的重要力量。

梅州华侨与故乡的关系愈来愈密切，其影响也愈来愈大。清末民初，梅州侨乡沐浴着侨风，形成了侨俗，又升华其精神。大量华侨积累资本回中国投资②，又积极响应和配合乡绅官宦，慷慨解囊，形成了现代教育的强大推动力。梅州原已较发达的侨乡教育得以转型发展，文教之乡得以形成，侨乡风貌愈发显现，并逐步成为世界客都。

第一节　梅州侨乡研究综述

华侨的出现和侨乡的形成是近代以来中国社会的重要现象。很长一段时间，华侨和侨乡问题都受到历史学界的重视，成为相关侨乡的方志和一些侨史论著的重要内容。梅州是中国著名的侨乡，"梅州侨乡的形成"这一问题也受到了有关研究者的高度关注。

关于梅州侨乡的形成时间有"19 世纪末""民国时期""民国之后""新中国成立之后"等多种观点，但都未做深入探讨，大多缺乏史料支撑，常有逻辑不清等现象，其研究仍然处于初期阶段。地方史志要避免做成宣

———————

　　①　马克思、恩格斯：《共产党宣言》，《马克思恩格斯选集》（第一卷），北京：人民出版社，1972 年，第 255 页。

　　②　魏明枢：《晚清时期客家华侨在国内的经济投资》，《史学月刊》2003 年第 6 期，第 127 – 128 页。

传资料或各单位的总结汇编，应该敬畏历史，这就要求编撰者有足够的历史学知识，需要历史学家的积极介入。

一、《广东省志·华侨志》有关梅州侨乡的研究

1996 年 12 月，《广东省志·华侨志》出版发行。该志认为，广东侨乡在鸦片战争后逐渐形成，于光绪十九年（1893）海禁法令被明确废除后真正形成。其第二章对"广东侨乡"进行了专门的探讨：第一节综论广东侨乡，共三个方面：一是"广东侨乡的分布"，介绍了广东侨乡的空间分布；二是"侨乡社会的形成及特点"，介绍了广东侨乡的形成及其特点；三是"新中国成立后的发展和变化"。第二、三、四、五节分别介绍粤语系、潮语系、客家语系和海南语系侨乡。《广东省志·华侨志》并未定义侨乡的概念，只是在叙述广东侨乡形成及其发展时，综述侨乡的特征和内涵。

1. 侨乡的"近代"属性

侨乡是在什么时候形成的？不同的标准显然会有不同的结论。事实上，侨乡并非一朝一夕形成的，其形成有着强烈的历史阶段性，从其文化内涵来看，侨乡显然是积淀而成的，有着多方面的特征。《广东省志·华侨志》指出：

自唐宋开始至近代，广东都不断有居民离乡背井到海外谋生。他们出国时绝大部分把眷属留在家乡，初期因交通条件、政治环境和经济基础尚未建立等原因，不可能与国内亲人经常保持联系。[1]

虽然早在唐宋时代海外移民便已经产生，但是并非有海外移民的地方就可被称为侨乡。侨乡在鸦片战争后才逐渐形成：

---

[1]　广东省地方史志编纂委员会编：《广东省志·华侨志》，广州：广东人民出版社，1996年，第 138 页。

鸦片战争后清朝政府被迫放松"海禁"，他们与国内眷属的联系日益密切，广东许多地方逐渐成为以华侨、侨眷众多，侨汇、侨资较多，文化教育比较发达为特征的侨乡。[①]

"与国内亲人经常保持联系"是侨乡的根本特征，与"祖籍故土保持联系"是形成侨乡的最基本的条件。从国内移民到国外且形成海外华侨社会，这是出去的一程；从国外回到国内，这是回来的一程，来回合程才真正形成了侨乡社会。

出国去工作的人多，然后故乡受到了他们较好的影响，"侨"逐渐回归到"乡"内，并且不断发展壮大，然后能形成侨乡。具体表现包括三大现状：华侨、侨眷众多；侨汇、侨资较多；文化教育比较发达。

2. 侨乡形成的政策条件

事实上，侨乡具有多个维度的基本特征：一是从时间维度上看，侨乡乃"鸦片战争后""逐渐成为"的，有其开始的具体时间，但也不是一时形成的；二是从空间维度上看，"广东许多地方"意味着只有省之下属市、县等行政区划才能被称为侨乡；三是从政策维度上看，海禁政策的松动和废除，导致内外关联日益密切。侨乡形成的具体时间是废除海禁法令后的光绪十九年（1893）：

真正形成侨乡社会则是在光绪十九年（1893）清朝政府解除海禁法令颁布之后。该法令规定："自今商民在外洋，无问久暂，概许回国治生置业，其经商出洋亦听之。"这项法令正式承认华侨在国内外的合法权利和地位，允许华侨自由出入国境和回国创办企事业。于是，华侨同祖国和家

---

① 广东省地方史志编纂委员会编：《广东省志·华侨志》，广州：广东人民出版社，1996年，第138页。

乡的联系进一步密切起来，侨乡社会逐渐形成。①

侨乡的形成需要具备一定条件，除了交通、经济等客观条件外，还有国内外的政策环境的允许，这是侨乡形成的非常重要的条件，"鸦片战争后清朝政府被迫放松'海禁'"，这是华侨能够"与国内眷属的联系日益密切"的基本条件。

鸦片战争后，大量华侨出洋过番去谋生，随着海外华侨的增多及海外华侨社会的形成与壮大，华侨对故乡的影响力日益扩大，侨汇深刻地影响着侨眷、侨属的生活。同治年间开始有回乡置业者，到光绪年间，侨汇的影响就已经非常明显了。

由于明确废除了长期实行的海禁政策和法令，华侨的国民身份及其出入国的自由得到了法律的支持，国民都有了"回国"和"出洋"的自由，有了"出入国境"和"回国置业"的自由，"侨"从此不再是违法的，"侨"从此可以真正回归"乡"内，逐渐成长壮大，侨乡才真正形成。

3. 近代广东和客家侨乡及其主要特点

清末民初到抗日战争前夕，是广东侨乡社会发展的重要时期。直到中华人民共和国成立，侨乡社会情况才发生根本变化。广东侨乡社会一般都具有以下主要特点：一是以外购内销为特点的商品经济比较发达；二是由于家庭的主要劳动力外移，侨汇成为侨户的主要或部分生活来源，造成侨户家庭对侨汇的依赖；三是联系华侨和侨乡的水客、侨批业应运而生；四是华侨汇款回乡兴建的新屋、大屋和洋楼多，质量好；五是文化教育比较发达，较早接受先进思潮、引进现代科学技术，开风气之先。② 侨乡社会的中心则在城镇和圩镇。

---

① 广东省地方史志编纂委员会编：《广东省志·华侨志》，广州：广东人民出版社，1996年，第139页。
② 广东省地方史志编纂委员会编：《广东省志·华侨志》，广州：广东人民出版社，1996年，第139-140页。

　　《广东省志·华侨志》是对广东侨乡的整体思考，显然，有了侨之后还要有一定的附加条件，主要是国内外的联系和政策的保障两大因素，然后才能形成完整的侨乡。广东省有三大方言民系，以方言区分侨乡具有其现实地缘意义，也符合华侨分帮之历史传统。客家语系侨乡分布基本包括除潮汕之外的整个粤东地区，大概情况是：

　　客家人散居广东各地，大部分聚居在广东东北部梅县地区和东南部惠阳地区（含原宝安县）东江流域一带。①

　　客家语系侨乡有何特征、产生于何时？《广东省志·华侨志》认为：

　　广东客家语系地区早年对外移民，多因战乱被迫冒险漂洋过海，此外是由于生活所迫到南洋谋生。他们初到异国披荆斩棘，往往是自身难保，大部分尚乏接济国内亲属的能力，与家乡亲人联系不多。鸦片战争后，随着华侨经济状况的变化，华侨除寄款赡家外，还回乡购置产业，投资办企业，兴办文教福利事业。到19世纪末20世纪初，一个以圩镇为中心的、商业经济日益发展的侨乡社会逐渐形成。②

　　据此，华侨经济能力的提升带来其社会地位的逐渐上升，并使其在故乡形成了一定的影响力，这是侨乡形成的基本条件，具体地说，一是华侨自身有能力回国；二是"与家乡亲人联系"较多；三是具有"接济国内亲属的能力"。到"19世纪末20世纪初"，这些条件逐渐形成，客家侨乡才开始真正形成。客家侨乡的特征一是"以圩镇为中心"；二是"商业经济日益发展"。

---

　　① 广东省地方史志编纂委员会编：《广东省志·华侨志》，广州：广东人民出版社，1996年，第138页。
　　② 广东省地方史志编纂委员会编：《广东省志·华侨志》，广州：广东人民出版社，1996年，第181页。

二、梅州史志学界关于侨乡的探研

梅州是全国重点华侨之乡，这是事实，也是共识。但在梅州侨乡何时形成的问题上，却有不同的观点，梅州史学界对此亦同样存在分歧。

1. 《梅州市华侨志》的论述

改革开放之初，海外华侨华人在侨乡的影响极大，许多侨胞积极响应中国政府的号召，回国创业。就在这种背景下，20 世纪 80 年代中后期，梅州各县侨务部门积极联络侨胞，编修华侨志。这些华侨志后来都未正式出版发行，大多只是一些初稿，甚至一些数字还未"填写"进预留的空格中。与此同时，梅州市成立华侨史学会，创立了《嘉应侨史》，加强了对海外华侨历史的研究。在这些工作的基础上，2001 年 12 月，梅州市华侨历史学会编辑发行了《梅州市华侨志》，这是梅州侨乡修纂华侨志的重要事件。

《梅州市华侨志》同样重视对梅州侨乡形成问题的探讨。其中第三篇专门探讨了"梅州侨乡的形成与发展"，全篇共三章：第一章是"侨乡的形成与发展"，第二章是"侨乡经济"，第三章是"侨乡社会事业"。第一章第一节是"梅州侨乡的形成"，叙述中华人民共和国成立前梅州侨乡形成的历史；第二节是"侨乡的发展"，叙述中华人民共和国成立后梅州侨乡面貌发生的根本变化。在"梅州侨乡的形成"一节中，该志首先概述了梅州华侨出国过番的历史进程：

南宋末年，梅州乡民参加文天祥抗元失败后，以梅县松口卓谋等人向今印尼的加里曼丹避难谋生（1277 年），此为梅州乡民首次出洋的历史记载。随着国内各种原因，如山区人口膨胀或天灾人祸，生活难于维持，梅州陆续有人向南洋各岛迁徙。19 世纪中叶，鸦片战争爆发以后，西方殖民者入侵和开发东南亚、北美，需要大量劳工，梅州乡民多以"契约华工"或以宗族亲友提携等方式前往。五华县乡民张观润于 1918 年当契约华工订约卖身到山打根种烟。平远县蓝贵和，1922 年卖身到印尼勿里洞当矿工。梅州乡民大量出洋应在清末民初。清朝灭亡，民国建立后，中国海关趋于解禁，加上东南亚开发需要，梅州又靠近东南沿海，出入较为方便，因此，出现成批乡民结伴前往南洋各地。第二次世界大战期间，日本南侵东南亚，许多梅州华侨弃业回国，到 1945 年日本投降后，又有大批的归国华侨复出侨居地，并带去众多的亲友。直至 1949 年中华人民共和国成立之后，各国政府限制移民，出洋的人数便才有所减少。[1]

该志作者明确指出："梅州侨乡的形成在 20 世纪上半叶，也是梅州乡民大量出洋的时期。"[2] 显然，中华人民共和国成立之前梅州侨乡都被认定属于形成期。作者进而认为，梅州侨乡在形成中有如下特点：一是"华侨、侨眷人数较多"；二是"华侨与国内眷属有着千丝万缕的联系"；三是"有大量的赡家侨汇，侨汇是侨户的主要生活来源"；四是"重视文教事业"。[3] 显然，这四个特点其实就是作者所认定的侨乡形成的具体标准，归纳起来就是："侨"在"乡"内，并且产生了较大的影响，有了很高的地位。

该志关于侨乡形成的思考显得比较简单而不深入，甚至未介绍侨乡如何形成的问题，也没有思考其形成的具体情况。从其表述看，作者关于侨乡的定义显然是比较模糊的，并未理顺华侨与侨乡之间的内在关系。

2.《梅州市志（1979—2000）》的论述

2011 年 12 月，《梅州市志（1979—2000）》出版发行，这是继 20 世纪 90 年代初的梅州第二轮修志的成果，乃其续志。此志的出版虽然在 2011 年，但早在 2002 年 5 月其编纂计划便已经启动，组成了修志编纂委员会，此后还经过多次的人员调整。此志高度重视梅州"三乡"的特点，在"凡例"中强调：

---

① 梅州市华侨历史学会编：《梅州市华侨志》，2001 年，第 41 页。
② 梅州市华侨历史学会编：《梅州市华侨志》，2001 年，第 41 页。
③ 梅州市华侨历史学会编：《梅州市华侨志》，2001 年，第 41 - 42 页。

梅州是国家历史文化名城，是著名的"文化之乡""华侨之乡""足球之乡"。本志突出地方特色，广泛深入搜求资料，努力丰富这些方面的内容。……"华侨之乡""足球之乡"方面，设立"华侨之乡的形成"节和"足球之乡——梅州"专记，对梅州华侨漂洋过海的历史和梅州足球运动的发展作追源溯流的记述。①

根据这一主张，市志第四篇"侨胞·港澳台胞"第一章介绍了梅州"侨胞分布"，其中第一节是"华侨之乡的形成"，在首先列举了包括松口的卓谋等十多位青年及罗芳伯等"梅州人较早年间出洋的情况"后强调：

清朝年间，由于采取闭关锁国的政策，梅州客家人虽有出洋谋生或避难，但为数不多，梅州客家人的大量出洋，是在民国建立之后。其时各种闭关锁国政策逐渐解禁，梅州地区人口大量繁衍，谋生困难，不少人便远走他乡，另谋出路。②

该节的最后一段则指出：

20世纪中叶后，为华侨捎物寄钱的"水客"业逐渐兴起，梅州乡民出洋风更盛。许多乡民通过戚族关系，由"水客"直接把人带到南洋。……许多青年姑娘都乐于"过番"去做"番婆"。这样，梅州人在海外越来越多，与家乡的联系越来越密切，"华侨之乡"便自然而然地形成了。③

---

① 梅州市地方志编纂委员会编：《梅州市志（1979—2000）》（上册），北京：方志出版社，2011年，"凡例"第1页。

② 梅州市地方志编纂委员会编：《梅州市志（1979—2000）》（上册），北京：方志出版社，2011年，第140－141页。

③ 梅州市地方志编纂委员会编：《梅州市志（1979—2000）》（上册），北京：方志出版社，2001年，第141页。

由上引两段表述来看，此志关于"梅州侨乡的形成"的论述值得重视。

第一，作者认定，侨乡形成于"20世纪中叶后"。其实，梅州客家人的大量出洋显然是从清朝中期开始的；光绪年间，梅州人已经以南洋为"外府"了，光绪《嘉应州志》卷八"礼俗志"已经将此视为梅州民俗由俭入奢的一个基本原因①；民国时期则是客家人过番的鼎盛时期，李金发在其著名的小说《异国情调》②中，已经将民国时期的客家华侨及侨乡的情况揭示得非常清楚了。从本节所列举的有关水客和"番婆"等情况也表明，民国时期的梅州已经是典型的侨乡了，故民国30年（1941），梅县侨乡在抗战前后70%以上的侨眷靠侨汇接济过日子。"20世纪中叶后"已经是中华人民共和国时期，东南亚国家的排华政策更是带来了极其严重的影响，正如此志所指出："直至1949年中华人民共和国成立之后，各国政府限制移民，出洋的人数才有所减少。"③事实上，华侨与华人的概念应当作严谨的区分。没有明确华侨历史内涵所作的探讨，肯定会有前提的不正确性。

第二，作者认为，梅州的"水客"业"逐渐兴起，梅州乡民出洋风更盛"，甚至许多青年姑娘都乐于"过番"去做"番婆"。其实，"水客"业的兴起不是侨乡形成的原因，而是结果。当大量出洋过番打工的人都要与故乡的亲人取得联系，或者要汇款回家时，水客业就自然而然地形成了。民国年间自然是侨乡的水客业最兴盛的时期，这时出洋过番去打工的华侨愈来愈多，他们要养家糊口，这是他们漂洋过海的根本目的，在海外稍有所得便要想方设法寄回家。"二战"后，东南亚民族国家的独立给华侨的生活带来了极大的影响，1955年万隆会议则成为华侨史的重要转折点，华侨必须明确选择自己的国籍，或者成为华侨，或者成为华人。此时侨乡的

---

① 温仲和纂：（光绪）《嘉应州志》，台北：成文出版社，1968年，第151–152页。

② 陈坚编选：《异国情调——李金发代表作》，北京：华夏出版社，2008年，296–303页。

③ 梅州市华侨历史学会编：《梅州市华侨志》，2001年，第41页。

"出洋风"亦非"更盛"，华侨是逐渐回国，或者被迫，或者主动，水客业也随之由盛极走向衰落。总之，华侨出国之风受中外政策和国际形势的影响，有着极强的时代性。

第三，作者认为，梅州侨乡"自然而然地形成了"。其实，"华侨之乡的形成"虽然是海外华侨"与家乡的联系越来越密切"的结果，但却不是"自然而然"的。因为，作者将"各种闭关锁国政策"作为华侨能否自由出国并形成侨乡的基本条件，也就是说，梅州侨乡的形成是有一定的政策法令条件的，但"逐渐解禁"显然不是作者所认定的"在民国建立之后"，而是在鸦片战争之后的晚清时期，近代学者所说的"海禁大开"之时。

总之，华侨和侨乡的形成都有其特定的历史背景，侨乡是海外华侨社会与其中国的故乡社会，即中国和侨居国的社会发展共同决定的，历史内涵丰富，时代特征极强。要清晰了解侨乡的形成，就必须明确这种历史内涵和时代特征，否则，就不可能形成正确的结论。

3. 有关学者的研究

肖文燕《华侨与侨乡社会变迁——清末民国时期广东梅州个案研究》是研究梅州侨乡的重要专著，梅州侨乡的形成问题也是其中重要的内容。

（1）作者界定了侨乡的概念。

作者指出："有关'侨乡'的概念，学界至今没有统一的界定，各学者有着不同的解释。"① 在列举了陈达、黄重言、方雄普、周聿娥等学者关于侨乡的概念后，作者界定了该书关于侨乡的概念：

侨乡是指中国国内某些侨居国外者较多，归侨、侨眷较集中的地方。同时，应具有显著特征，如侨眷与海外亲友联系密切，联系面广，其中经

---

① 肖文燕：《华侨与侨乡社会变迁——清末民国时期广东梅州个案研究》，广州：华南理工大学出版社，2011年，第4页。

济联系尤为突出，出现侨汇、侨资多的现象等。①

　　显然，侨乡应有两个方面的内涵：一是海外华侨较多；二是内地与海外的广泛联系，特别是经济联系。侨乡包含了内外两方面的因素，侨乡的形成既是海外移民人数多的结果，又是华侨与国内联系密切的结果。

　　（2）作者确定了梅州侨乡的形成时间和历史。

　　作者认为"梅州侨乡的形成始于 20 世纪上半叶，即民国建立之后"，其理由是：

　　1644 年至 1911 年清朝统治中国的 267 年间，政府一直是采取闭关锁国的政策，梅州乡民虽有出洋谋生或避难，但人数不多。辛亥革命爆发后，清朝灭亡，孙中山领导的中华民国建立，各种闭关政策逐渐解除，梅州各县乡民出洋人数逐年增多。到 1938 年，梅州侨户"断家不断屋"的格局已形成。②

　　作者上述观点和表述与 2011 年版《梅州市志（1979—2000）》有关华侨和侨乡的论述是一致的，表述的字句也多有相同处，两者显然有着共同的来源，或者是前者来源于后者，或者是后者来源于前者。该书是作者在其博士论文的基础上修改而成的，其资料的搜集也有一个很长的过程——始于 2002 年夏天，相关的方志显然是其重要的资料来源。无论如何，两者都缺乏对历史事实的论证，该书的一些具体历史事实也值得商榷。作者在这一小段关于梅州侨乡形成的历史描述中，划分了四个时间段，各段之间的逻辑与判断则值得商榷。

---

　　①　肖文燕：《华侨与侨乡社会变迁——清末民国时期广东梅州个案研究》，广州：华南理工大学出版社，2011 年，第 5 页。
　　②　肖文燕：《华侨与侨乡社会变迁——清末民国时期广东梅州个案研究》，广州：华南理工大学出版社，2011 年，第 5 页。

　　第一，整个清朝 267 年间一直采取闭关锁国政策，这显然与历史事实不符。1893 年，清政府应薛福成之请，明确废除海禁政策，这是对先前存在的华侨可以自由出入国境事实的一种确认，是先有事实，再以法令加以确定。从此以后，出国华侨就有了明确的中国国民身份。因此，"各种闭关政策"并非在"辛亥革命之后"才"逐渐解除"。

　　第二，至于梅州出国乡民的情况，早在清朝中期罗芳伯建立兰芳公司的时候，梅州海外华侨社会就已经形成了，晚清时期梅州乡民出洋谋生或避难的就已经很多了，梅州侨眷已经非常依赖南洋的经济支持，侨汇已经成为侨眷的重要生活来源，南洋已经成为梅州出国侨民的"外府"，这是温仲和和黄遵宪等晚清客籍学者都一致认定的历史事实。民国建立之后，梅州侨乡与华侨社会都愈来愈兴盛，正如作者所说"到 1938 年，梅州侨户'断家不断屋'的格局已形成"，那时侨乡已十分发达，华侨与故乡之间联络频繁与密切。当然，为什么是"1938 年"？作者并无史料加以解释。

三、余论：盛世修志及其注意事项

　　综上所述，关于"梅州侨乡的形成"问题的探讨仍然处于一种比较粗浅的阶段，关于什么是侨乡的理解并不完整，其形成的具体时间也并无统一的认识——《梅州市志（1979—2000）》认为在"20 世纪中叶后"；《梅州市华侨志》认定"在 20 世纪上半叶"；还有一些认定在"民国建立之后"；《广东省志·华侨志》则认定广东侨乡的形成在"19 世纪末 20 世纪初"。但是，这些观点只是一种基本判断和概念的阐述而已，显然需要做更加深入的实证研究。侨乡的形成与中国和世界历史的发展紧密相连，关于侨乡的研究必然要从中国和世界的历史发展出发，这就要求研究者形成尊重历史的态度和方法，史实清楚，逻辑严谨，判断明确。

　　梅州侨乡的形成是海外华侨与故乡密切互动的结果，是许多华侨出国后，在侨居国形成了华侨社会，然后因为国家政策放宽，进一步促进了华侨的出洋过番，同时也使华侨与故乡联系更加频繁与密切，从而对故乡社会产生了巨大影响，因此，侨乡的形成不仅要关注华侨的出国，更要关注华侨的归国，只有在两者都已经兴盛之时才可能形成。简单来说，侨乡就是指"侨"在"乡"内，侨乡的形成是指"乡"内充满了"侨风"和"侨味"。因此，侨乡应当是近代历史的产物。

盛世修志，其目的在于"存史、资政、教化"。"存史"就是要保存最真实而可靠的记录；"资政"就是要对政治有所借鉴和帮助；"教化"则是弘扬先绪，激励未来。古语云："治国者以史为鉴，治郡者以志为鉴。"修志事业"功在当代，利在千秋"。修志是一门学问，也是一件非常严肃而严谨的事，不能马虎了事，更不能知错不改、将错就错。方志决不能误导读者，当今修志者当引以为戒。

修志者不能不去吸收最新的学术研究成果，或者故步自封，或者人云亦云，或者以讹传讹。2014 年 8 月 21 日，福建泉州举行"走向世界的地方学研究"学术研讨会，会议认为"地方学，是研究地方、用地方名称命名的学问"，地方学研究需要"确定全球视野，更好地走向世界"。[1] 志书其实就是地方学的重要代表，修编地方志必须有高度的时代观念和历史观念。

就当前的修志情况看，修志应当避免两个误区：

第一，修志不是写宣传海报，也不是写政治宣传资料，政治的或者地方的宣传资料，这不是方志应有的方向。方志乃地方的历史记录。诚然，修志重要的是记录近期工作，而非记述过去的历史，但过去的历史却不能不尊重，要将历史与现实有机结合起来，充分尊重历史的延续性，这也是对现实生活的基本尊重。因此，修志要以高水平的历史研究为基础，在学术浮躁的年代里，这一点尤其值得重视。

第二，修志不是各个单位的总结汇编。方志绝不是将有关部门的工作

---

[1]　孙虹《"走向世界的地方学研究"学术研讨会福建泉州举行》，福建新闻网，2014 年 8 月 23 日。

大事记和总结拿来汇合而成那么简单，从"众手""众单位"提供材料，经多人的编辑完成初稿，进而形成一部体裁合理、质量上乘的地方志著作，需要一位高水平的学者去统稿，并以其丰富的学识加以整理，以求史料的准确和完善，思想和观点对人们有所启迪。方志看似是许多人共同的著作，但切忌作"浮华之士"而"全无学术，专事剽窃""众手修书，道旁筑室，掠人之文，窃钟掩耳"①。当然，更加忌讳的是"以空言著书，于历代实迹，无所纪系"②，必有根有据而言之成理。论史和修志者宜以此为戒。

其实，无论各单位和各部门提供了怎样的材料和多少材料，修志者都需要做大量的调研，需要运用历史学和其他相关的现代科学的专门理论。学者和学术是方志写作正确性和水平的重要影响因素。唐代刘知几已经提出，编史需要兼具"史学""史才""史识"三长，而尤重"史识"；清代章学诚又增加了"史德"。"史德、史识、史学、史才"就成为衡量史家之基本标准，也是一部史书成功的基本保障。

传统方志之编修，一般由当地最高官长拣选当地名士，组成修志委员会。现代方志之修纂则由修志机构完全负责，这种修志制度有人员之限制而常常约束着志书的质量。据了解，在当代市、县志的编纂进程中亦常有人提议请有关专家与学者参与。民国十九年（1930），广东通志馆重议修《广东通志》，时任通志馆馆长的邹鲁兼任中山大学校长，他将通志馆附设于中山大学。民国二十四年（1935），《广东通志》开始纂修，但因陈济棠下野，该志尚未修成便中止，仅成《广东通志未成稿》120 册。但是，让修志馆与高校合作显然是一种比较理想的路径选择，专家学者的参与将使志书的学术水准更有保障。

---

① 郑樵撰、王树民点校：《通志二十略·总序》（上册），北京：中华书局，1995 年，第 2－3 页。

② 郑樵撰、王树民点校：《通志二十略·总序》（上册），北京：中华书局，1995 年，第 2－3 页。

第二节 侨乡概念与梅州侨乡特征

侨乡是现实的存在，也是历史文化发展的结果，同样还是人们主观层次上的理念，有其被认定的成分。侨乡还有着强烈的法律理念，包含着强烈的法律文化内涵。晚清中国从传统天朝上国逐渐转型为近代民族国家，这是国家属性的进化，这也决定了华侨转型成为中国公民，有着中国的法律身份，然后侨乡就有了近代的时代属性。因此，侨乡概念有其不同的层次，也体现出不同的内涵和特征。

一、侨乡概念之历史文化内涵

对侨乡首先要从词义及其历史发展的角度探讨，这是对其外在表现和现状方面的描述。历史内涵首先需要给予现状的描绘和叙事、介绍。

1. 侨乡乃事实之存在

侨乡常被指称为国内某些华侨较多而侨眷较集中的地方。江门市的台山常被誉为"侨都""中国第一侨乡"，因为海外台山籍华侨华人超过130万，主要分布在美洲（北美），散布于世界五大洲90多个国家和地区，而台山本地仅93万多人。

显然，侨乡首要的前提便是侨胞众多，最基本的外在特征便是"华侨较多"，当地海外移民较多，是华侨较多而侨眷较集中的地方。闽、粤、琼等省的许多县市，因其海外侨胞众多，一向有侨乡之称。

2. 侨乡有特定的词义内涵

侨，从人，乔声。其本意是指客居异地，如侨住、侨居，指寄居他乡的人。近代以后，侨则多指客居国外者。侨和乡组合而成"侨乡"，则其本义乃指华侨之故乡，特指基层的农村行政区域。

据甲骨文，"乡"字像二人对食形，是指用酒食款待他人。后来，"乡"之内涵有了更广的引述。其一，"乡"被假借为行政区域名，唐、宋以后则特指县以下的基层行政单位。其二，"乡"具有"籍贯"的含义，是指某个人或其父祖出生和成长的地方，即故乡。其三，"乡"有村落之意，是指与"城市"相对应的"乡村"。城市本身亦与"移民"相关，其居民则被称为市民，这就缺乏了那种特定的"祖根"内涵，缺乏特定的对故土的情感。因此，祖籍、农村乃"乡"之最基本内涵，具有强烈的家族、宗族以及故土情怀等内在的情感性意义。

侨乡显然也包含了侨与乡的这些词义意蕴，有一定的地域范围，故一般地不将省作为"侨乡"单位，而仅仅指省之下的市县镇村等行政区划。一些乡镇村会强调其侨乡特征，但"侨乡"主要以市、县为单位。

3. 周南京主编《世界华侨华人词典》关于侨乡的定义

《世界华侨华人词典》是有关华侨华人历史与现状的百科全书式的辞书，具有较高的科学性、学术性和知识性。其关于侨乡的定义是：

华侨在中国的故乡。出国华侨，绝大多数为闽、粤、琼等省人民。这些省出国华侨较多的县份，向有侨乡之称。福建侨乡，以清代泉州、漳州两府的10余县为主，加上闽北的福清、闽侯、莆田等县。广东侨乡，依方言不同可分为三部分：一为东江以潮州为中心的县份；二为东北区以梅县为中心的县份，俗称客家；三为以广州及珠江三角洲为中心的县份，俗称广府。海南省侨乡有文昌、琼海等县，广西的玉林、梧州、钦州等地区，云南省的腾冲等县，江苏省的无锡，浙江省的青田、温州，湖北省的天门，山东省的烟台，吉林省的延边，新疆的喀什、阿图什等，亦为著名侨乡。①

334

---

① 周南京主编：《世界华侨华人词典》，北京：北京大学出版社，1993 年，第 506 页。

据此，侨乡内涵一是"华侨在中国的故乡"而不是其他国家，亦不是华侨华人二次迁徙之后的外国地区和国家；二是"县份"，列举了闽、粤、琼、桂、滇、苏、浙、鄂、鲁、吉、新十一省和自治区的重点侨乡"县份"，因其更强调现状之空间分布而予以详细列举；三是"向有侨乡之称"，所谓"向有"，即强调其自然形成的客观特征，有长期沉淀而内蕴着的历史文化内涵。广东侨乡则依方言而区分为潮汕、客家和广府三部分。

4. 其他学者关于"侨乡"概念的论述

侨乡是华侨研究不可避开的概念，许多华侨研究学者（如陈达、黄重言、方雄普、周聿娥等）都已阐述与探讨了各自关于侨乡的概念及其基本特征。

内地与海外的广泛联系被当作侨乡概念的根本特征，这种联系，首先是人分内外，比如祖籍台山的海外侨胞人数要远比国内人数为多；其次是人事之关联要紧密而广泛；最后是物质关联，如侨汇、侨资较多等。

侨乡的形成是华侨与中国政府以及华侨故乡形成互动的结果。无论如何，侨"情"的深远而普遍影响是侨乡概念的核心内涵。侨乡是一种特殊的社会状态，既是客观的存在，又具有强烈的主观认定之内涵。"华侨众多"只是其外在的主要特征，充溢着侨风侨情则是其内在本质。

侨乡不仅是地理的空间概念，更是历史的、文化的概念，有其特定的时代性内涵，应当从历史和文化的高度去思考。侨乡的形成与发展是一个历史进程，与华侨及侨眷、侨属在中国社会地位的确认与提升密切相关，研究侨乡需要考察中国传统社会与文化，特别是晚清政府制度与法律体系的近代转型。论者认为，所谓"侨乡"，一般可指"华侨的故乡"，论者则指出：

"侨乡"即"华侨的家乡"，是近代以来流行于华南地区的一个约定俗成的概念，标志着那些曾出现过较大规模出国移民潮的乡村。侨乡是具有中国特色的海外移民的产物，也是在一定历史条件下出现的社会、经济发

展现象。侨乡的形成是偶然的，是中国将入而未入世界体系的产物。它揭示了是中国被动送往世界体系，沦为半殖民地社会的时空环境。①

论者认为侨乡形成是"偶然的"，有"被动"性特征，意味着"较大规模出国移民潮"并非一种历史的必然。

侨乡概念自然是基于华侨而来，而华侨一词的产生也有特定的时空环境。前辈学者说："华侨一词自有它的含义和特点，而且沿用已久，一时难于取代。"② 历史上的海外移民便经常被简称为华侨，而不作更多的细致的区分。侨乡概念同样内涵丰富，也有其"约定俗成"的应用。

二、走向世界客都的梅州侨乡

19 世纪末，晚清政府忙于应对列强，中国已经滑入半殖民地深渊，到 20 世纪初，八国联军入侵，在其压迫下，清廷被迫进行所谓的"新政"，设立外务部等具有近代民族国家功能的新国家机构。与此同时，华侨在海外与故国家乡间已经来去自由，梅州侨情侨俗浓郁，其侨乡特色明显，蕴涵着世界客都的特征。

1. "内""外"相倚的侨乡新理念

晚清梅县著名学者温仲和强调：梅州已经"倚南洋为外府"，以此高度概括了晚清粤东客家社会生活习俗，强调当地与海外之紧密联系和依赖。所谓"外府"，或可作"侨乡"形成之根本标志。

"外"自然是相对于"里（中）"而言，古时以核心所在为中，如全国以首都（京师）为中，则其他地区即称外。府，形声，从广（yǎn），表示与房屋有关，付声；本义是府库、府藏，段玉裁《说文解字·府字·注》中有"文书所藏之处曰府"。府还指官署、达官显贵的住所，还是对

---

① 杨宏云：《东南亚华侨华人的跨国实践与认同流变：以印尼华商为例》，厦门：厦门大学出版社，2017 年，第 36 页。

② 朱杰勤：《东南亚华侨史（外一种）》，北京：中华书局，2008 年，第 4 页。

别人居处的尊称，如"尊府""贵府"等。

外府，自然就是相对于故乡而言的外面的居所、居处。客家人讲究百年立居，虽然华侨外出但有叶落归根之念，祖籍地就是本府，是故地，相对稳定的谋生处则成了外府。所谓"外府"，就是指在海外安的家，相当于"第二故乡"。其"内"则依然是梅州老家。华侨与故乡梅州的互动愈来愈密切，"断家不断屋"，甚至是内外两头家。

鸦片战争后，海禁大开，梅州人大量移民南洋，过番风气更加浓厚，过番已经不再仅仅是源于内部生产力贫乏带来的经济压力，而是成为时人公认的最佳谋生途径。从非侨乡到侨乡，这是梅州社会的重大转型，梅州从内向型的传统农耕社会，走上了外向发展之路，也实现了梅州社会的近代转型，这是以海外发展为主的侨乡社会，是梅州社会内在发展的必然之路。

梅州侨乡的形成还是梅州与广东、中国和世界历史交汇的结果。西方殖民主义者开发殖民地对劳动力的需求和中国海禁大开，中国政府放开民众出洋的政策，导致华侨与故乡加强联系，梅州民众的出洋从此不再是单向的外出，有去还有回，侨乡便成为华侨世界的中心，充满了侨番风情和异国情调。

客家人走向世界并在海外形成了社会，客家成为世界性民系。民国之后，梅州逐渐成为"世界客都"。所谓"客都"，其实质在于"在此汇聚，由此迁出"。"在此汇聚"是形成客家，"由此迁出"则是走向世界，进而形成"侨乡"及进一步发展。

梅州从来就不是封闭的，而是与外界有着密切的关联，曾经是外来移民的迁入目的地，具有强烈的外向与开放型文化特征。晚清以来，这里名人辈出，且没有停止迁徙的脚步，而且是往世界各地迁徙，梅州便形成其世界性特征与内涵。

2. 侨乡之侨汇经济及其外向经济格局

侨乡之侨眷依赖侨汇，侨乡经济因侨汇而得到了补充，且由俭入奢，

其良好有序的经济生活为许多人树立了过番榜样。侨乡与侨眷紧密结合。侨眷持家为善，这常被视作盛事。1902 年，饶芙裳为李九香之妻所作的 71 岁"寿序"便盛赞其：

> 太夫人在家则深得夫坤之静，所谓上事舅姑，下育子女，始终不渝，平均如一者，太夫人有焉。……向所谓"相夫保家，利人济物，而一体乎坤之顺者"，吾又于太夫人见之矣。①

1912 年，饶芙裳又为李九香之妻作 81 岁"寿序"说："九香先生在南洋时多，家政委之太君。其岁费不敢多，必分三分之一为公益。"② 饶芙裳着力于写客家妇女之"勤俭坚忍"及其在生活中之地位和影响，异于他族的"主内"特征，则强调其作为华侨富翁之内眷散财做慈善，且"李公富赀财，乐善不倦。太君能如其夫，常斥所蓄为公益用。李公喜之，诸所创义举，不能常自督理，多籍太君葳其事，人颂李公兼颂太君焉"。上述文字谓其代夫行善，至死不渝。③

侨之慈善充溢侨乡，形成其时代之乡风文明。客籍士大夫皆盛赞客家独立而协助持家之"妇德"，侨乡之妇德更寓涵其侨眷之善事典范。一切皆源于其海禁开而往南洋所赚之资财。

侨乡社会建设同样强烈依赖华侨经济，华侨逐渐成为侨乡经济和文化建设的中坚力量。他们强烈的家国思想及叶落归根的期望，促使华侨尽力回馈家乡，尽力发展家乡的慈善事业，努力推动梅州社会经济与文化的发展。晚清以来，侨乡的慈善与教育事业已经完全离不开侨汇和侨资的大力

---

① 饶芙裳著，刘奕宏、郭锐校辑：《饶芙裳诗文集》，广州：羊城晚报出版社，2018 年，第 201 – 202 页。

② 饶芙裳著，刘奕宏、郭锐校辑：《饶芙裳诗文集》，广州：羊城晚报出版社，2018 年，第 203 – 204 页。

③ 饶芙裳著，刘奕宏、郭锐校辑：《饶芙裳诗文集》，广州：羊城晚报出版社，2018 年，第 210 页。

支持。

20 世纪初年，梅州士大夫与华侨富商合作，成为稳定市场和保障民生的重要力量。温仲和偶然翻阅《岭南文钞》，读到了吴石华致长乐县（今五华县）沈矞泉明府（即县令）之书信，非常感慨：

自海禁大开，华洋互市，旁海州县，遇水旱偏灾，小有饥馑，电报顷刻可通，轮舶应时而至。昔资上山及江西米者，今则海米为多。海米者，内地则采办于芜湖，外洋则采办于暹罗、越南、仰光、台湾等处，但使除运费外，有利可图，不须官绅董劝，自然趋之如鹜。其大贾则从产米之地，由轮船转运至汕头，而州中采办者则从汕头由本地船运至州。故曰海米也。自光绪甲午、乙未以后，连年米价腾贵，而地方晏然者，良由南洋诸巨商大发善心，筹款运米来粜，除转运脚费外不多取余利，则米商不敢高抬时价，而米价自平，不故为减价以倾米商之利，则米商贩米如故，而运米自多，米多则价亦平，平则邻近各地皆来采米，则消流愈广，消流愈广则周迴转运，米舟连樯而至，人心自安，米商转因多而取利，自然鼓舞。故平粜诚经理得人，则本不折阅而消祸于无形，诚为不费之惠，而惠莫大焉者也。以视昔人救荒之策，其难易不可以道里计矣。[①]

粤东嘉应州常患米价骤长，道光壬辰三四月间的灾荒使百姓如此无助，如今则因侨商之参与而完全不同，"可知今昔异势也"。海外华侨虽身在海外却心系中国故土和故乡的田园庐墓，讲中国话，保留华人民情风俗。侨乡经济更加依赖海外，本土文化渗入了大量的海外风情，社会风俗也在逐渐发生变化。侨乡与华侨关联更紧密，其眼光更多且更习惯地向外，其经济格局和文化心态也由内向转为外向。

---

① 温仲和纂：（光绪）《嘉应州志》，台北：成文出版社，1968 年，第 596 页。

3. 侨居：客家文化的近代转型

客家华侨谚语：有钱转唐山，无钱番过番。叶落归根，回乡建豪宅，为子孙世代留下一份基业，这是一份无上的肇居功业。19 世纪末 20 世纪初，著名的侨居建筑逐渐增多。"立产业、营新居"虽然不是资本意义上的经济投资，其经济回馈却是实实在在的。华侨民居建筑还反映了客家华侨不忘故土、眷恋家乡、光宗耀祖的文化心态。

19 世纪末 20 世纪初，张弼士在原乡大埔西河和马来亚槟城都修建"光禄第"。前者始建于 1908 年，是典型的客家民居建筑，建筑面积 4 180 平方米。后者因其蓝色外观墙而被俗称为"蓝屋"，中西合璧，占地面积 5 202.4 平方米，建筑面积为 3 065.7 平方米。张煜南、谢春生、梁碧如、戴喜云等晚清槟城领事们都在莲花池 14 号周边兴建宅邸[1]，也都在梅州老家建筑豪华住宅。张榕轩被誉为棉兰王，棉兰有张榕轩街，其祖籍松口镇南下村则有故居"幹荫堂"，始建于 1910 年前后。印度尼西亚华侨潘立斋于 1905 年建德馨堂，1917 年全面建成，全屋占地面积 7 500 平方米。

华侨也开始投资兴建商业建筑。万安公司集资兴建了万安街、中营街。[2] 梅县畲坑新加坡华侨杨溢燊在梅城、水车、畲坑等地购买、建造了十多间商店。[3] 1908 年，梅县南口著名华侨潘祥初和潘立斋合资建筑南口镇永发街共 16 间两层楼房店铺。[4] 平远县著名华侨姚德胜投资兴建了羊子甸新街共 20 多间两层楼店铺，其中 10 间西式店铺，羊子甸成为新兴市镇。[5]

论者多欣赏侨资建筑，谓其"中西合璧"。[6] 其实，无论其中西，亦无

---

① 林爱芳：《印象"蓝屋"：客家传统建筑在马来西亚的传承》，《嘉应学院学报》2019 年第 4 期，第 11 – 15 页。

② 梅县地方志编纂委员会编：《梅县志》，广州：广东人民出版社，1994 年，第 488 页。

③ 吴炳奎：《星洲侨贤杨溢燊》，《梅州文史》（第 10 辑），1996 年，第 69 页。

④ 何国华、潘顺元：《爱国侨贤潘祥初》，《梅县侨声》1990 年第 3 期。

⑤ 平远政协文史资料委员会编：《平远文史》（平远人物专辑1），1998 年第 19 页。

⑥ 肖文燕：《华侨与侨乡民居：客家围屋的"中西合璧"——以客都梅州为例》，《江西财经大学学报》2009 年第 6 期，第 70 – 74 页。

340

论其建在城镇或农村，无不体现出浓郁的侨乡风情，却又富于中国传统之人文内涵。

　　大量华侨回中国进行经济投资①，又积极推动侨乡教育，成为梅州新式教育发展的重要动力。② 客家华侨的内在精神也逐渐发生变化③，他们形成了强烈的民族主义情感，对中国的政治生活产生了重大的影响，张振勋和张榕轩便是其中突出的代表。论者认为：

　　　　客家文化是一种多元聚合形态的文化，是有着自己鲜明特色的地域文化。其中最基本的则是作为中原移民的中原文化，作为土著的南越及畲民文化、作为侨胞的海外文化。④

　　客家文化重视文化继承，也勇于吸收外来文化，华侨文化涌入并成为其主要内容，体现了"客家文化在近代中国转型"：

　　　　进入近代以来，作为客家文化形态反映的客家社会风俗、思维方式及生活习惯等方面，均随着近代中国社会的急剧变革而发生极大变化。在客家人的头脑中，传统的中原文化观念逐渐淡薄了，古老的中原遗风在客家社区也不再那么浓厚了。⑤

　　论者又从衣食住行、语言、婚丧习俗、宗教信仰以及太平天国革命等方面进行论证，说：

---

①　魏明枢：《晚清时期客家华侨在国内的经济投资》《史学月刊》2003 年第 6 期。

②　魏明枢：《华侨与清末梅州新学教育的兴起》，《嘉应大学学报》2001 年第 4 期。

③　魏明枢：《认识传统文化，培育客家精神——从华侨文化看客家传统精神的再造》，《客家研究辑刊》2005 年第 2 期。

④　赖雨桐：《客家客家文化的形成初探》，《梅州文史》（第 14 辑）2000 年，第 108 页。

⑤　丘权政：《客家的源流与文化研究》，北京：中国华侨出版社，1999 年，第 229 页。

客家人视野的开阔和观念的转变，从黄遵宪《春夜招乡人饮》诗中可见端倪。……客家人的见识如此迅速增长，正说明了进入近代以后，客家人由闭关到开放时代潮流中发生的变化。而观念的转变，又必然引起文化和生活习俗等多方面的一系列变化。①

对客家社会在开放性方面的影响，华侨显然是作用最大的群体，侨风侨俗已经渗入客家人的生产和生活。广东形成了粤语系、潮语系和客家语系三大侨乡。因其自然和历史人文条件的不同，不同的侨乡有不同的风格特征。

20 世纪初年，在改革与革命的动荡年代里，梅州侨乡独具特色，其生产与生活方式、社会风俗及文化都充溢着侨乡风情。梅州侨乡成为中国最开放的区域之一，也成为当时中国著名的文教之乡。

第三节　晚清官绅与梅州新学教育的兴起

随着近代欧美国家的强势崛起，东方国家逐渐趋于衰弱；伴随着"欧风美雨"，中国逐渐接纳更多西方文化，逐渐发生社会文化的强烈转型。鸦片战争后，西学东渐的浪潮一浪高于一浪，中国人民长期苦苦探索着学习西方以救国的道路。诚然，接受西学的历程相当曲折而痛苦，但正是在全国新学发展的背景下，梅州新学教育也得以更好地发展。

一、废科举与梅州官绅的新学敏感

晚清新学教育有其特定的历史背景，是西学东渐时代主题的重要内容，是近代世界政治与经济文明的必然要求。新学教育大力引进西方近代

① 丘权政：《客家的源流与文化研究》，北京：中国华侨出版社，1999 年，第 229 页。

资本主义文明，包括自由、平等和博爱的精神，相应的市场经济理念，工业革命的科技成果等，从而推动近代中国走向工业文明时代。晚清新学教育是救亡图存背景下先进人士推动的结果，也是各地方官绅共同努力的结果。

1. 清政府新学教育政策的转变

清末是中国社会发生巨大变革并开启现代转型的重要时期。许多先进的中国人积极探寻救亡图存道路，开始借鉴和引进西方教育，改革旧学、兴办新学的呼声不断高涨，教育救国论逐渐盛行，认为开启民智、培育人才是挽救民族危亡的关键。

甲午战争后，特别是20世纪初，新式学校在中国大量涌现。传统的科举教育以四书五经为教材和考试内容，提倡儒家教育理念，其核心是"学而优则仕"。新学教育与此完全不同，它借鉴西方各国学制、内容等，分科而设，既包含产业革命的实业教育，还有民族民主革命的民族国家教育和公民教育；既要求引进和发展先进生产力，也要求引入自由、平等等近代政治内涵。

戊戌变法曾一度废除八股。庚子事变之后，清廷被迫实行新政。改革科举制成为教育新政的重要内容，强调教育要适应现代国家的发展需要，要培养适应现代机器工业需要的人才。中国教育要培养"新的生产力和生产方式急需大批适应它发展的新式人才，科举制度则造成所学非用，所用非学"。[①]

1901年8月29日，清廷下诏，从次年起废八股和武科。9月，清廷又谕令各省改书院为学堂。1902年、1903年清廷又先后提出"壬寅学制"和"癸卯学制"。小学为初等5年，高等4年，中学5年，课程以读经为主，加设修身、国文、算术、格致、历史、地理、体操等。此后，各省普遍创办新式学堂，又鼓励游学。新式学堂与留学生激增。

---

① 汪志国：《周馥与晚清社会》，合肥：合肥工业大学出版社，2004年，第163页。

光绪三十一年（1905），袁世凯、张之洞等封疆要员联名奏请立停科举，八月初四日，清廷下诏"立停科举，以广学校"，决定自光绪三十二年（1906）丙午科开始，所有乡会试、各省岁科考试一律停止。废除科举制成为中国教育现代化的根本性措施，标志着中国现代教育的开端，其历史转折性影响无与伦比。

废除科举制和设立学部，颁布新学制，倡设新式学堂，设立了初等和高等小学堂，设立各级教育行政机关，除旧布新的进程非常迅速。各县设立劝学所，县以下划分学区，各区设劝学员，负责推行兴办新学。伴随科举制的废除，一整套新的教育体制逐渐建立：

从幼稚园、小学堂、中学堂、高等学堂，直到大学堂，以及职业教育、社会教育、师范教育、留学教育，还建立近代教育制度和教育机构，并且为中国的现代化建设培养出了第一批科学技术人才。[1]

新学教育逐渐成为中国现代学校教育的主要形式和内容，以科举为中心的传统教育完全让位于现代学堂教育。新式学堂逐渐取代旧式书院，并在全国广泛设立。1903 年全国有学堂 769 所，在校学生 31 428 人；1904 年有学堂 4 476 所，在校学生 69 475 人，直到民国建立，全国学堂、在校学生及其毕业生人数都迅速增长。[2] 1903 年秋至 1906 年，广东创办了各类新式学堂 859 所，到 1907 年几乎翻了一番，达 1 546 所。[3]

2. 梅州官员与乡绅热心提携与推动现代新学教育

在中国教育现代化的历史大背景下，梅州各地掀起了新学教育热潮，

---

① 汪林茂：《层级递进的晚清三次新政》，《历史教学（中国近现代史研究）》2002 年第 2 期，第 14-17 页。

② 吴春梅：《一次失控的近代化改革——关于清末新政的理性思考》，合肥：安徽大学出版社，1998 年，第 83 页。

③ 贺跃夫：《清末广东士绅与辛亥革命》，中南地区辛亥革命史研究会、武昌辛亥革命研究中心编：《辛亥革命史丛刊》（第 9 辑），北京：中华书局，1997 年，第 10-11 页。

相继开办了中小学堂，改革教育体制。各县城、乡镇陆续新设官立、公立各等小学堂，或将原有书院、义学、私塾改办成高等或初等小学堂。女子教育也同步兴起。1905 至 1906 年，各县共办起初、高等小学堂 42 所。到 1911 年，梅州各县共有小学 625 所、女子学堂 2 间，中学 9 所，梅州一跃成为全国重要的文教之乡。

梅州新学的涌现与乡贤的先知先觉和热心倡导分不开。梅州新学教育的发达与其旧学教育传统底蕴深厚不无关系，爱读书的风气早已经形成。科举传统下所培养并走出围龙的乡贤、士大夫有巨大号召力，他们成为发起新学教育的先知先觉者，是晚清梅州新学教育的重要启蒙者和先行者。

戊戌政变前后，许多乡贤多方奔走，谋求兴学救国，热心倡导新学教育。梅县黄遵宪、温仲和、饶芙裳，蕉岭丘逢甲，大埔何士果，兴宁肖惠长等率先倡办新学。论者便明确强调：

> 客家地区学风的兴起，与当时府、州、县的一些官员重视教育不无关系。[①]

热心倡办新学的乡贤，如黄遵宪等都具有明显的官员背景，他们的乡绅性质是肯定的；叶璧华和梁浣春等当地名人同样有着很高的号召力。他们都高度重视新学教育，视之为最迫切而最重要的事情，以之为救国的基本途径。他们不遗余力地发动各方力量投入兴办新学。本地望族、官府及海外华侨，都被积极引入新学教育，成为现代新学教育的重要力量。

黄遵宪"开民智"的思想已多被称道，而当时梅州一众乡贤持同样的观点，志同道合。饶芙裳挽温仲和：

> 犹记少年时，执经入座问字登楼，虽未曾宣住参门，屈项拜公称醉

---

① 胡希张等：《客家风华》，广州：广东人民出版社，1997 年，第 542 页。

345

酒；最难今日事，兴学育才练兵备盗，纵此后曹随萧步，哭秦无处不长城。

"最难今日事，兴学育才练兵备盗"，饶芙裳排列了当时梅州四件最难之事，以兴学育才为先。乡贤汇聚，群星闪耀，胸怀兴学育才之远大理想，目标明确，群策群力，为梅州文化之乡的崛起奠定了坚实的基础。

清末丘逢甲、黄遵宪等客家乡绅的新学教育实践，极大地促进了梅州现代教育的进步与发展，辛亥革命及此后历次革命，涌现了大量杰出的革命人才，民国梅州客家人才济济。黄遵宪在梅城创办的学校、丘逢甲等创办的岭东同文学堂、松口同盟会员创办的学校、梅州中学、东山中学，都成了清末民初梅州教育的摇篮。

二、推动梅州新学教育崛起的重要实践者

地方教育的兴盛与发达，需要有牵头人和倡导者，这些人有威望，亦有才智，大多是地方上的重要乡绅。晚清梅州新学教育之发达，与这批地方乡绅的努力分不开。

1. 丘逢甲和黄遵宪的梅州新学教育实践

黄遵宪和丘逢甲无疑是晚清梅州新学教育发展史上最杰出的人物。丘逢甲在 1889 年殿试中进士后即"专以新思潮及有用之学课士"，内渡后在粤东倡办新学。1905 年起，丘逢甲派宗人子弟到江西寻乌，福建上杭、武平，以及嘉应、兴宁、长乐、平远等地办族学。在他的努力下，岭东兴起了办学风，几年间新学校达近百所。①

黄遵宪很早就确信新学教育的重要意义并付诸实践。他在《日本国志·学术志》中提出："欲令天下之农工、商贾、妇女、幼稚皆能通文字

---

① 魏明枢、王晓军：《略论丘逢甲内渡后的教育实践》，《南宁师范高等专科学校学报》2005 年第 4 期，第 60 –63 页。

之用。"他在《致梁启超书》中指出，教育为"救中国之不二法门"。他任湖南按察使时与一批维新人士创办了时务学堂。

经过"欧风美雨"的洗礼，黄遵宪形成了强烈的教育救国论：其一，教育是国家强大之基础，"深知东西诸大国之富强，由于兴学"；其二，教育是振兴中国的根本手段与途径，认为"救国之策，莫善于兴学"。罢官归家后，黄遵宪在家乡积极倡办新学①，与温仲和等乡贤共同成立了教育行政机构，又创立了师范学堂。

教育之基础首重师资。光绪二十九年（1903），黄遵宪发表《敬告同乡诸君子书》，指出："凡兴办学务，必须有师范生，有教科书，有地方，有款项，四者缺一，不能兴学，而师范生非教育不能成。"② 师范教育和师资成为清末梅县新式中小学教育的重点。

黄遵宪邀集地方人士筹办东山师范学堂时，便与温仲和会商，筹款选派人员前往日本学习速成师范，杨徽五、黄之骏、饶一梅、梁少慎等成为梅县近代师资培养的先导，是梅县最早一批出国留学生。清末梅县有留学生17人，民国时期244人。③

光绪三十年（1904）二月，东山初级师范学堂正式开学，这是梅县创办师范教育之始。东山初级师范校址在东山书院，学制一年，首届招生150人，课程有修身、读经讲经、中国文学、教育学、历史、地理、算学、博物、物理、化学、习字、图画、体操等13科。④ 东山初级师范学堂奠定了梅州新学的基础。

2. 叶璧华和梁浣春等开创梅县女子学校教育

黄遵宪等客家先贤高度赞赏客家女性在生产和生活中的重要地位，强调民族国家振兴必须高度重视妇女参与。黄遵宪便说：

①　肖文评：《黄遵宪家乡兴学活动略论》，《中山大学学报论丛》2006年第8期，第33 – 38页。
②　郑海麟、张伟雄：《黄遵宪文集》，京都：中文出版社，1991年，第105页。
③　梅县地方志编纂委员会编：《梅县志》，广州：广东人民出版社，1994年，第882、889页。
④　梅县地方志编纂委员会编：《梅县志》，广州：广东人民出版社，1994年，第866页。

余历使海邦，询英、法、美、德诸女子，不识字者，百仅一二。而声明文物为中华，乃反异于是。嗟夫，三代以后，女学遂亡……而一孔之儒，或反持"女子无才是德"之论，以讽议之，而遏抑之。坐使四百兆种中，不学者居其半，国胡以能立？①

事实上，清末梅州女子学校教育也走在前端，其标志之一便是清末两大女诗人范荑香、叶璧华的成就，论者曾指出：

自乾隆以来崇文重教，人才辈出；晚清之际，更出现了像黄遵宪、丘逢甲这样名垂近代史的人物，所谓"文化之乡"的美誉，名副其实。"文化之乡"突出反映在教育的普及率上，而衡量普及与否的一个重要标准，就是女性受教育的重视程度及其达到的水准。②

诚然，女诗人及其诗之水准，反映了梅州传统旧学之成就。女诗人积极奔走呼吁，倡导创办女校，且卓有成就，此乃新时代之女学，乃新学教育背景下梅州成为文化之乡的重要内容，影响深远。

叶璧华（1844—1914），梅县白渡人，其夫为下市盘龙桥翰林李载熙之子李蓉舫，曾当过两广总督张之洞的家庭教师。她是梅州女子教育的重要开创者。梁伯聪《梅县风土二百咏》赞赏其创校事迹：

闺门不以涩羞夸，坐令蹉跎玩岁华。懿德更添嘉善校，算来女学始萌芽。

自注：清末女学校有二：一懿德女校，官立也，一嘉善女校，公立

① 黄遵宪：《古香阁诗集序》，叶璧华著，李景纲注释：《古香阁全集》，香港：天马图书有限公司，2010 年。

② 越以武：《〈古香阁全集〉注释本序》，叶璧华著，李景纲注释：《古香阁全集》，香港：天马图书有限公司，2010 年。

也。其时妇学甫萌芽，嘉善开校时，尚不敢鸣鞭炮，恐招邀观众太多，女子初出闺门，在街路行走，社会人眈眈注视，迨后兼用男教习授课，群多非议，再迨男女同校，更骇然，一步进一步，至于今日，视为固然矣。[①]

1906 年，叶璧华受到梁诗五等人的支持，在培风书院（今周增路尾）创办懿德女校，开办时有学生三十多人，教学内容以文学诗词为主。1913 年，该校改为省立女子师范学校。1913 年，懿德女校与附城崇实书院改办的崇实女校合并设立梅县县立女子师范学校，聘叶璧华为学监。

光绪三十二年三月廿八日（1906 年 4 月 21 日），《岭东日报》誉之为"嘉应女学之起点"：

嘉应叶润生女士，为叶曦初广文之女，李采卿学院之媳，学术甚深，历教授于张、姚诸大绅之家，及前任张游戎之幕。门下女弟子，于普通各科学粗晓门径者颇多。女士念专教一家，殊非教育普及之道。本年特赁定城东杨按察公之遗宅，组织一女学校，分为甲乙两班。其科目凡十一，一修身，二教育（言教授及蒙养之法），三国语，四国文，五数学，六裁缝，七手工，八家事，九习字，十图画，十一诗歌。现报名就学者，约有二十余人。闻士大夫之家，尚多愿入该校学习云。[②]

1905 年，梁浣春在梅城北门外"耕耘小筑"开办私立女子学校，有学生三十余人，设国文、算术、常识和手工四门课程。1907 年春，梁浣春之父梁玉麟等在梅城市塘唇育婴堂开办嘉善公立女校，开设国文、刺绣、缝纫等课程，学生有五六十人。1912 年秋，嘉善女校与城西公学合办妇女工

---

① 梁伯聪：《梅县风土二百咏》，梅州市地方志办公室编：《梅州客家风俗》，广州：暨南大学出版社，1992 年，第 123 页。

② 肖文评等编著《〈岭东日报·潮嘉新闻〉梅州史料选编》，广州：暨南大学出版社，2021 年，第 480 页。

艺传习班，不收学费，传授手工工艺，一个月一期，获梅县县政府"热心公益"奖状。

清末梅州女子学校以官立懿德女校和公立嘉善女校为典型，其后女子入学逐渐成为风尚，女学校也不断开设。1915 年，梅县县立第一女子高等小学校在城内城隍庙左侧设立。同年，松口女子学校在松口育婴堂开办，招收高小和初小学生。[①] 叶璧华和梁浣春等学界先贤，排除世俗偏见和非议而办学，赢得了社会各界的赞许和支持，也成就了梅州新学教育文化之乡。

三、清末民初梅州新学创立概况

晚清梅州创办了大量新式学校，标志着新学教育的崛起，这是许多重要乡绅努力实践的成果，成效卓著。

1. 外国教会与梅州新学的创立

1902 年，黄墨村、吴登初与德国传教士凌高超在梅城北岗崇实书院合办务本中西学堂。1903 年，凌高超及部分学生从务本学堂分出，另办乐育中西学堂，后该校改名为乐育方言学校。1912 年，乐育方言学校改为乐育中学。

1912 年，德济医院女助产士、德国人赫求光在黄塘创办心光女子小学（盲女院），初时招收盲女 20 余人。1913 年，美国基督教浸信会等教会组织在梅县城东挖子里创办广益女子小学。基督教会在梅州女子教育发展史上起了重要作用。梁伯聪《梅县风土二百咏》特表赞赏：

溺女之风得扫亡，阴功端在育婴堂。改为学校生徒盛，仍是钗裙幸福长。

自注：梅县旧有溺女恶习，先祖鉴三孝廉，与众倡建育婴堂于西街忠孝里，收容人家弃婴，雇乳妇哺之，救活无数，恶风为之转变。清末，无

---

① 梅县地方志编纂委员会编：《梅县志》，广州：广东人民出版社，1994 年，第 864 – 865 页。

婴送收，先叔玉邻（麟）廪生，倡政办嘉善女学校，保全校产，为女子增幸福不少。①

外国传教士还在五华等地开办小学、中学。

2. 清末民国梅州学校的创立及其教育发展

1904 年 3 月，饶芙裳在松口设师范讲习所，聘请谢逸桥、温靖侯为学监，学生 123 人，开办一期后停办。1906 年，嘉属官立中学开办。1910 年，丙村创办梅东中学堂，卢耕甫任监督。1911 年，温靖侯在松口开设崇文中学堂。②

1912 年，梅县临时议会决定，将东山师范学堂、嘉属官立中学、务本中学堂、梅东中学堂四校合并为公立梅州中学堂。此后到 1936 年，梅县相继创办了十六间公立、私立中等学校。③

1913 年春，梅县教育界人士卢演群、叶菊年、冯懋度，著名侨领丘燮亭、叶子彬等，联合百余名师生，反对广东省政府改公立梅州中学为省立梅县中学，另创东山中学。东山书院的底蕴焕发出耀眼的时代光辉。④

清朝梅州传统科举教育发达，"文风极盛"，当地人才不少，亦应极受瞩目。梁伯聪诗及注曰：

榜花盛发记前清，翰苑标题十四名。进士举人超四百，联科五解快登程。

自注：清代嘉应州中举人四百零五名……中进士六十一人……乾隆己酉恩科、壬子正科、甲寅恩科、乙卯正科、嘉庆戊午正科，五科相

---

① 梁伯聪：《梅县风土二百咏》，梅州市地方志办公室编：《梅州客家风俗》，广州：暨南大学出版社，1992 年，第 122 页。

② 梅县地方志编纂委员会编：《梅县志》，广州：广东人民出版社，1994 年，第 866、858 页。

③ 梅县地方志编纂委员会编：《梅县志》，广州：广东人民出版社，1994 年，第 859 页。

④ 梅县地方志编纂委员会编：《梅县志》，广州：广东人民出版社，1994 年，第 862 页。

连……①

民国初期，梅州客家人进一步发扬崇文重教、爱好读书的传统，文化教育因此进一步发展。梁伯聪诗及注曰：

文化高于一省强，自宜满目富琳琅。欲寻古董无商肆，美术如何不发皇。

自注：梅县文学发达，可称一省之冠，而美术则不见发扬，美术商店，如贩古董者，全梅无一间，真正文具完备店亦无，真能名世画家亦少，斯可异也。②

"文化高于一省强"，梅州已经成为名副其实的"文化之乡"。1935年，广东省教育厅考查全省国民教育，梅县列居全省第一。1945年11月5日，国民政府教育部报告全国普及教育情况，江苏武进县（现武进区）名列第一，梅县位居第二。③

梁伯聪（1871—1945）乃清末民初享誉全梅、全粤的教育名家，虽遗憾梅州美术"不见发扬"，但恰恰是他给了他的学生林风眠的画120分，可谓慧眼识珠。他的学生、梅州中学校友林风眠、李金发、林文铮后来都留学法国，成为中国现代美术教育的重要开创者，也成为享誉世界的绘画大师，让梅州在中国和世界绘画史上增添了无上的荣光。

梁伯聪的学生、著名诗人李金发撰写了《异国情调》，描绘了梅州侨乡，也表达了他对侨乡的观感，其中讲到侨乡青年之读书与过番：

① 梁伯聪：《梅县风土二百咏》，梅州市地方志办公室编：《梅州客家风俗》，广州：暨南大学出版社，1992年，第116页。
② 梁伯聪：《梅县风土二百咏》，梅州市地方志办公室编：《梅州客家风俗》，广州：暨南大学出版社，1992年，第123页。
③ 何尚武：《科举制度对客家区域教育文化的多重影响探析——以客家梅州地区为主要研究对象》，《龙岩学院学报》2007年第5期，第16-19页。

他们数百年都传统地到南洋荷属，或英属殖民地去经商，虽不一定成功，但比在货弃于地，无业可失的祖国，游手好闲好些。故青年不求怎样深造，只要识普通的字，会打珠算，就到南洋去碰运气了，故小康之家很多。还有几十座雪白的大厦，因为"架造"是他们引为最成功的事业，他们无求于人，这是他们祖先披荆斩棘得来的结果。他们将继续奋斗下去，除非帝国主义者，有一天下逐客令，他们才会回老家来过日子，过一生吃粥的生活。①

艺术源于生活。小说是生产和生活现象的凝聚与提炼。史学界常强调"六经皆史"，小说虽然只是艺术的真实，却有着相当的社会真实。文学人物及其社会环境不能脱离时代，亦不能脱离现实。

清末民国期间的梅州侨乡，过番是如此方便，年轻人择业，或凭亲戚牵引到南洋打工，或者出洋求学（如林风眠、李金发）。然而，读书不再是情怀，不再有境界，对于物质性追求早已且完整地取代了其精神性享受。

吃饭让身体长大，读书则让思想和精神成长，人因身体与思想的成长而真正成才，因精神独立然后能自立自强。地域社会同样需要物质和精神的共同滋养，缺少了读书的情怀以及对境界的追求，其文教之乡的危机是否就已经隐约可见？

四、近代新学兴盛的社会根源

时代变迁，包括传统科举教育向现代教育的转型，清政府华侨政策的近代转型等，这些都是梅州近代教育快速兴起与发展的时代要素，是近代梅州新学兴起的天时。梅州崇文重教的传统、官绅与梅州华侨的重视并积极参与等，则是梅州新学教育的兴起与发展的地利与人和。

---

① 李金发：《异国情调》，中国现代文学馆编：《李金发代表作》，北京：华夏出版社，2009年，第300页。

1. 兴学育才的传统氛围

梅州新学教育背后有着强大而有效的客家兴学育才传统。政府官员和本土乡绅成为发展梅州新学教育文化的领导力量；客家民众兴学育才的文化传统则是文教发达的坚实基础。乡贤、乡民的文化情怀及其人文传统乃其文教发达之本。

传统科举时代的文教兴盛，或者说发达的传统科举教育，成为近代新学教育有效崛起的传统文化基础，"人文秀区"的浓厚读书氛围具有强大的惯性。其读书传统已经形成了两大职业选择方向：家境较富裕者以读书中举为入学目的，其余的则是为了更好地出外谋生而读书求学。①

读书虽有"仕进"与"就业"的功利性分途，其重要性则同样受到肯定，读书能够形成稳定的愿望和风气，奠定兴学的社会基础和传统。梁伯聪诗及注曰：

> 士农工贾各营生，根本都从学过程。
>
> 举世尽皆能执笔，可云社会扫文盲。

自注：梅县山多田少，人们不能尽务农，恃文字生活。虽极贫人家妇女，亦以缴子弟读书为务，以为不如是不成材，自己老将无靠，成为风气，故人人无不读书识字，文化发展得为全省之冠，文盲之弊可说无也。②

读书求学几乎皆从物质的实用主义视角加以解读，其内蕴着的深刻精神内涵却总是那么的缥缈。诚然，大多数人还是不可能真正"恃文字生活"，读书只是有助于其提升自己的思维和思想，更好认识社会，让工作和生活变得更好。

梁诗描述了梅县社会的读书状况，揭示了一个基本事实：读书乃务农

---

① 陈宏文：《梅州客家人》，梅州：兴宁风采社，1996 年，第 203 - 204 页。

② 梁伯聪：《梅县风土二百咏》，梅州市地方志办公室编：《梅州客家风俗》，广州：暨南大学出版社，1992 年，第 116 页。

之外的又一重要谋生路径。梅县爱好读书的传统与生活实践相结合，读书传统与社会文化进步相互促进，成为社会文明发展的良好动力。

罗香林于 1933 年发表《客家研究导论》，又于 1950 年发表《客家源流考》，此二书奠定了客家学研究的基础。他在书中也特别强调了客家浓厚的读书之风：

> 耕田读书所以稳定生计与处世立身，关系尤大。有生计，能立身，自然就可久可大。客家人的社会，普通可说都是耕读人家，这在过去为然，现在也还未全改。①

2. 华侨崇文兴学之助力

清末梅州新学教育之发达，乃其侨乡社会发展的重要体现。杰出乡绅积极而有效地发动华侨，大力参与家乡的新学教育，华侨等外部经济和物质力量的资助，起到了雪中送炭的催生作用，并与内部的兴学力量形成了紧密关联，共同推动而形成了兴盛的梅州侨乡新学教育。

华侨积极参与新学教育，显然不能简单归之于侨乡之经济基础。崇文重教的传统形成了当地较高的文化水平，进一步推动了民众的文化水平，也推动了梅州华侨社会的发展，华侨之乡与文化之乡相互依赖又相互促进。

客家社会历来重视教育的传统，这是客家华侨重视新学教育的原动力。客家世俗有"宁愿挑担、卖柴、做苦力，也要供子弟读书"之语。移居海外的客家人，秉承客家兴学育才的优良传统，积极弘扬客家文化，也积极从事和发展海外侨胞的教育。

对自身经历的反省是华侨重视教育的内在动力。老一代华侨大多文化水平低，主要靠出卖劳动力为生。他们深知没有文化之苦，常痛感自己缺

---

① 罗香林：《客家源流考》，《兴宁文史——罗香林教授专辑》1989 年，第 115 页。

乏文化教育。作为受人欺凌的"海外孤儿"，华侨对教育的重要性认识更深刻。因此，他们更重视培养教育子女，也竭力发展侨乡教育。

殖民主义者的歧视是华侨重视新学教育的外在原因。华侨出洋谋生，都有一种身在异乡寄人篱下的感觉，过番是为了打工赚钱养家，但叶落归根的思想相当普遍且深厚，衣锦还乡的传统观念相当浓厚。1905年，张弼士接受光绪帝御书"声教南暨"赐匾典礼上说：

国家贫弱之故，皆由于人才不出，人才不出，皆由于学校不兴。我等旅居外埠，私有财资，眼见他西国之人，在各埠设西文学堂甚多，反能教我华商之子弟，而我华商各有身家，各有子弟，岂不可设一中文学校，以自教其子弟乎?①

华侨在故乡兴学育才，更成为"教育救国"的重要措施。客家人兴学育才的传统、对知识的渴求、对自身受教育少的反思及殖民主义者的歧视，共同形成了客家华侨兴学育才、教书育人、培养后代的教育思想，成为梅州兴办学校教育的巨大推动力。

第四节　侨乡华侨办学模式的崛起与成就

鸦片战争后，移民海外以养家糊口的梅州民众愈来愈多，海外梅州客家社会也愈来愈成熟，华侨与故乡的联系也逐渐增多。梅州形成了以南洋为"外府"的社会状态，侨风侨俗渗入梅州客家地区，华侨的影响不断扩大而深入，梅州成为著名的"华侨之乡"。

---

① 韩信夫、杨德昌主编：《张弼士研究专辑》，北京：社会科学文献出版社，2009年，第224页。

华侨参与侨乡新学教育是多层次的、全面的、全方位的。他们不仅在国内，还在侨居地创办新学教育。他们不仅早已认识到新学教育的时代方向，而且积极扶持和参与新学教育，既捐钱，还出力，形成了侨乡教育新风尚。

一、新学教育的侨乡模式

20 世纪初，梅州已经成为典型的侨乡社会，华侨成为经济与社会发展的重要力量。伴随着梅州新学教育的发展，华侨积极参与并推动梅州文教事业的发展，成为梅州文教发达的重要助力，这也成为侨乡教育发展的典型模式。

1. 官绅兴学及其重侨传统

晚清以来，华侨与乡梓之关联越来越紧密，其影响力也越来越大，受到包括清政府和革命者等各方的重视。孙中山曾经称"华侨是革命之母"，华侨在近代中国政治、经济、社会以及文化各方面都作出了崇高的贡献，影响广泛。

近代客家先贤们已经充分认识并重视华侨力量，建议将其加以积极保护和利用。丁日昌、黄遵宪等客籍官员都大力推动晚清侨政的近代转型，积极保护华侨。华侨经济力量逐渐受到晚清政府及社会各界愈来愈强烈的重视。

甲午战争后，华侨积极响应清廷新政号召，大力参与国内银行和铁路等现代化建设。20 世纪后，侨资更受清政府的重视，清廷也制定了吸引侨资及民间资金的各种奖励政策。1903 年《奏定初等小学堂章程》第十节规定：

绅董能捐设或劝设公立小学堂及私立小学堂者，地方官奖之：或花红，或匾额；其学堂规模较大者，禀请督抚奖给匾额；一人捐资较巨者，禀请督抚奏明给奖。①

---

① 舒新城编：《中国近代教育史资料（第 2 版）》（中册），北京：人民教育出版社，1983年，第 413 页。

诚如晚清政府不断提升认知而竭力利用侨资一样，华侨之乡的官员与乡绅更是直接而充分地重视与利用侨资和侨力，积极推动华侨参与地方各种公益与慈善事业的发展，突出其作为社会兴学主要力量的重要地位。

创办梅州新学教育的乡贤无一例外地都非常重视华侨，丁日昌、黄遵宪、丘逢甲等是其中的典范。他们视华侨为重要而有影响的社会群体，不仅挖掘其慈善救济力，也重视其兴学助力作用，既重视其提供的经济资助，又积极动员其参与新学教育。

丁日昌作为晚清洋务大员已经清醒认识到华侨的影响力，也完全肯定其重要作用；黄遵宪作为晚清第一代有代表性的外交官，与华侨已经有了深入而密切的接触，既积极为华侨服务，又依靠华侨做了大量的工作；丘逢甲作为清末著名的现代教育家，不仅大力倡导和参与新学教育实践，还曾亲自到南洋进行兴学募捐，积极引导华侨参与新学教育。

乡绅和乡贤们具有巨大的影响力和号召力，华侨积极响应而助力兴学，积极参与家乡的新学教育。毫无疑问，华侨的强大助力乃近代梅州新学教育兴盛之重要动力。华侨之乡的形成和华侨资助力量的强大，成为梅州新学教育发达的重要力量。当然，华侨力量是外在的，是通过辅助梅州内在的兴学主力而起作用的，内在的、传统的和现实的兴学力量才是梅州新学教育发达的根本力量。

2. 侨捐成就侨乡兴学新风

华侨寄回家乡的资金被认为是侨乡教育振兴与发达的根本条件。华侨经济上的赞助是梅州近代人文发达的重要推动力量。以张弼士等华侨为代表的"客商"积极推动中国近代教育①，产生了极其巨大的成效。林风眠、李金发、林文铮等出洋留学显然都是依赖海外华侨之资助完成的。

华侨与外出乡贤的经济赞助是推动梅州新学教育事业较大发展的重要力量。华侨或个人捐款，或募集资金，在家乡兴建中小学堂，改善教学条

---

① 何尚武：《"客商"的教育情结探析》，《嘉应学院学报》2008年第1期，第13页。

件；或者以经济力量扶持新学思想的发展，这是华侨参与故乡新学教育中影响最为显著的公益事业。当时很多学校创办前或开办后都不断得到华侨的支持。

清末兴办新学，嘉应官立中学经费由嘉应州署拨给。光绪年间，梅县全县九所书院、十所社学、六所义学和数十间村塾，其经费多由地方筹集，或由族姓尝产拨助。民国时期省立中学由教育厅拨款。县立中学由县政府拨款，区立中小学由地方筹款，其他私立中小学靠学费收、宗族尝产补助、固定捐税、群众集资、侨胞捐资等各方面解决。①

侨胞们的捐资是重要的办学经费，在许多情况下甚至是决定性的，中华人民共和国成立前梅县80%以上的中小学由海外侨胞捐资创办或者资助维持。② 在物质匮乏的时代里，华侨的经济接济显得如此重要，让时人终生难忘。他们捐资办学，历史不会忘记他们。海外侨胞积极参与，慷慨解囊，热心襄助，没有华侨的推动梅州就难以成为"文化之乡"。

在官绅与侨胞关于家乡慈善与教育事业的响应中，整个社会进一步强化了侨乡文化内涵，甚至在侨风侨俗的强化中，随着改革和革命的宣传，大量西方文化充塞侨乡社会，西化之风盛行，这是民国之后侨乡社会浓厚的崇洋风气之前奏。

侨捐兴学，影响明显而深远，树立了兴学榜样，形成了华侨参与侨乡教育的传统，传承着客家崇文重教的传统。长期以来，侨捐成为侨乡教育经费的重要来源。根据估计，1908 至 1940 年华侨在梅县捐资办学共达 100万元国币。诚然，侨胞的经济赞助有力地缓解了侨乡教育经费的短缺，却不能如一些文章中所说的那样，认为侨捐已经"解决了"侨乡办学经费。

3. 侨资助学、助教

华侨巨商、富豪的大笔捐赠款，其社会影响力和心理冲击力都会更加

① 梅县地方志编纂委员会编：《梅县志》，广州：广东人民出版社，1994 年，第 894 页。
② 梅州政协文史委员会编：《梅州文史》（第 12 辑），1998 年，第 26 页。

359

大，因此难免吸引更多目光的注视，让人形成一个错觉，即经济成功的侨领财大气粗，只有他们才勇于担当教育使命。

普通华侨多是出外打工者，其作用也应该受到重视。贡献有大小之分，奉献的心愿与性质却是一致的。华侨热心故乡教育，有钱出钱，有力出力，是普遍地、多方面地参与，这可以从不同的视角来考察。

华侨、归侨和侨眷全力赞助侨乡教育，以致侨乡受教育人数更多，文化教育事业更发达。华侨为养家而赴海外打拼，其积攒不但要买田造屋，修葺祖宗庐墓，更要救济家庭消费，供小孩读书。侨汇普遍增加了侨乡小孩的入学率和升学机会。

华侨助教助学不自新学教育始。梅县松口的印尼侨领李九香，就是较早关注和资助侨乡教育的重要代表。晚清举人、著名教育家饶芙裳高度评价李九香捐资助学，光绪十六年（1890）五月，他作《松口梅东书院八月课序》①，视其所捐设之松口梅东书院"八月课士费"，为梅县人文复兴之重要举措：

吾乡乾嘉时科甲称盛，自道光乙未后，此风稍息矣。然乙酉至今，阅戊子、己丑、庚寅乡会试，遂稍复前观。而其间积学以待之士，所在而有。则此后接迹而起者，不难复乾嘉之盛焉。推思其故，盖由吾乡自松江、友文两会课外，于光绪元年，乡先达谋设梅东书院，春夏两季，迭课其间。故其所以振厉人材者，有实效也。九香先生乐善好施，远近皆知其名，今年仲夏，于梅东书院常课外，益以八月课。斯亦所谓贤人君子者矣！人有为余说者曰：此九月，九香先生又有攀龙课之设，时之闻其风而愿效其为者，殆不止数家焉。由是言之，吾乡科名之盛，又岂但复乾嘉之盛已哉。

———————————

① 饶芙裳著，刘奕宏、郭锐校辑：《饶芙裳诗文集》，广州：羊城晚报出版社，2018年，第194–195页。

嘉道年间"人人能为诗",确实文风鼎盛。道光十五年(1835)乙未后则"科甲""稍息",乙酉(1885)、戊子(1888)、己丑(1889)、庚寅(1890)皆在光绪朝,几阅一甲子才"稍复前观",其缘由乃乡贤之提倡及经济提携。

课指征收赋税,差派劳役,是书院之收入和师生之物质保障。"常课"是定额收入,"八月课"与"攀龙课"则指定向捐赠之教育奖金。松口之书院既有其乡之固定经济保障,又有侨领之捐资助学,从而有效保障了19世纪末之后梅州文教之乡的振兴。侨捐可谓是侨乡新学发达之"催化剂"。

二、侨乡新学教育之侨资与侨力

华侨以其爱国爱乡之热情,积极响应并参与家乡建设。在创办新学的大潮中,他们以其胸怀和智慧,积极贡献财力、智力,为家乡新学教育的兴盛与发达作出了积极而伟大的贡献。

1. 侨资建校

"停科举以广学校"是清末教育新政的重要举措,新学教育亦以创建新学堂为其开始。海外侨胞热心桑梓教育,为梅州新学教育的兴起与发展奠定了坚实的基础。他们积极参与故乡新学教育,大量捐资创建学堂,成绩斐然。

1898年,温慕柳、饶芙裳拟建学堂,侨领谢梦池承诺捐款十万,后因地方阻力而暂停。1903年,温慕柳、饶芙裳再次倡办高等小学,并与谢益卿、谢梦池等华侨富商共同筹建。1906年春,师范讲习所办成,谢逸桥、温靖侯为监学,1906年12月18日,松口中学成立招生。1908年4月,校舍被焚,谢益卿、伍淼源、廖煜光等富商与海外侨胞再次踊跃捐款,重建校舍。1914年,谢益卿临终嘱托其子谢梦池每年补贴本校经费400元,赠各教职员工酬金200元。[①]

---

① 陈扬明:《松口中学八十年》,《梅县文史资料》(第9辑),第58-67页。

1902 年，梅县南口旅印尼华侨潘立斋、潘祥初叔侄捐资创办南口毅成公学（安仁学校前身），后又捐近万银元，资助其他学校兴建校舍。①

梅县丙村侨领张运喜及其夫人李馨娘（昵称张番婆），清末在新加坡开发银矿，后在柔佛开办益丰锡矿公司，并在矿山开办华侨小学，受到了清政府派南洋视学专员刘世骥的赞许。李馨娘曾捐大洋 5 000 块兴办三堡学堂。1908 年独资捐建介文学校，1910 年受宣统皇帝嘉奖，获赐"热心兴学"匾额，建牌坊，其左右柱上刻有"家学赖振兴，信巾帼英雄俯仰一世；国民资造就，宜膠庠后彦崇拜千年"的对联。②

19 世纪 90 年代，印度尼西亚华侨丘燮亭回故乡梅县丙村，创建了一间私塾性质的"时习轩"，供本村青少年识字学文。1904 年，他捐 1 200 元购买校址土地，和江柏坚、温佑才等人筹办三堡学堂（丙村中学前身），1907 年再捐白银 1 300 元。③ 1912 年，他捐 7 000 银元兴建永捷高等小学。④

1904 年，大埔兴建乐群中学，接受大量侨商捐资。1906 年，被誉为"养正保姆"的陈芸史与本村海内外乡贤陈禹三、陈邵丞等发起创办大埔湖寮莒村养正学校。清末民初，戴春荣几乎全资创办崇和小学，高薪聘请良师，免全乡就读学生学杂费。

平远著名侨领姚德胜热心捐资助学。1906 年 4 月 18 日，镇平县官立中学（蕉岭中学前身）开学，姚德胜莅临参观，并捐光洋 2 000 元；1913—1915 年，又捐 10 万银元，创建平远中学。⑤

1906 年，旅暹罗华侨徐同慎奔波劝募，创办东海学堂。1910 年，丰顺侨商徐明楷创办黎峰村振东学堂。

梅州中学、兴民中学、虎山中学、学艺中学、水白中学、梅兴中学等

---

① 梅县地方志编纂委员会编：《梅县志》，广州：广东人民出版社，1994 年，第 895 页。
② 温带权：《梅县丙村镇志》，梅州：梅县丙村镇志编辑部，1993 年，第 193、196 页。
③ 丘棠锐：《革命先贤丘燮亭》，《梅县文史资料》（第 9 辑），第 49 页。
④ 梅县地方志编纂委员会编：《梅县志》，广州：广东人民出版社，1994 年，第 895 页。
⑤ 梅州市教育局教育志编写办公室：《梅州教育志》，1989 年，第 206 页。

中学的创办，都得到了华侨的捐助。1930 年，梅县华侨捐教育资金 12 927 元，基金 8 200 元，29 间中小学得到资助。①

侨乡之侨资与侨捐建校是非常普遍的现象，上述简单列举的只是冰山一角，却能形成一定的侨乡校园之特色风情。

2. 官绅之出国募捐

侨领主动在侨乡出资创建学校，捐校舍建设经费。华侨经济力量的扶持是新学思想得以发展的重要保障。许多乡贤还主动出国募捐建校的经费，巨商豪富、普通华侨皆积极响应。

1899 年，丘逢甲等创办岭东同文学堂。1900 年 3 月，他前往新加坡、马来亚、印尼、缅甸等地考察、讲学，历时三个月，募集到近 10 万元办学经费。1901 年春，岭东同文学堂移至汕头，正式开学。

1903 年，张六士赴南洋宣传新教育，并筹募资金回国办学。1904 年，他与张俞人、张际云、邹鲁、饶熙等创办大埔第一所新学校——乐群中学（大埔中学前身）。

光绪三十一年六月十五日（1905 年 7 月 17 日），《岭东日报》报道《纪乐群学堂总办出洋劝捐与海外绅商助学之踊跃》：

大埔乐群学堂总办张君六士，去冬由学务处请岑督发给护照，往南洋各埠劝捐学费。张君所到各埠，凡大埔绅商，皆踊跃捐题，计集款有二万八千元之谱。其中有非本邑绅商，如闽人胡君子春，亦慨捐巨款，尤为难得。虽由张君之热心大力，为海内外人士所钦仰，易于集事，而各绅商之急公好义，于此可见矣。现张君已于十三日抵汕，拟回邑后即鸠工建筑乐群学堂校舍，以便足容多生，广及教育。其经费，即由南洋捐款陆续汇回接济云。②

---

① 梅州市教育局教育志编写办公室：《梅州教育志》，1989 年，第 207 页。
② 肖文评等编著《〈岭东日报·潮嘉新闻〉梅州史料选编》，广州：暨南大学出版社，2021 年，第 395 页。

1911 年，陈集菀、林梧冈、曾清吾等筹办蕉岭县"新铺公学"（今新铺中学），曾清吾被委派出洋募款，建成洋楼一座。陈集菀于 1918 年任校长，1921 年前往南洋募得银元 1 万多，新建了一批校舍。

民国初年，梅县隆文启文高等学堂筹建新校舍，侨胞萧郁斋、李干庭慷慨解囊，且出面募捐。林森泉、罗耀南、吴本寿等发动旅泰华侨乡贤资助程江培英学校。

3. 引入、扶持和保障新学教育

任何教育必首重意识形态，清末学堂教育亦不例外。清末各中学堂虽采取西方模式，却仍然大量掺杂、保留传统宗法礼教及伦理道德。光绪二十九年（1903）十一月二十六日，张之洞与张百熙等在《釐订学堂章程折》中说：

> 无论何等学堂，均以忠孝为本，以中国经史之学为基，俾学生心术一归于纯正。而后以西学沦其知识，练其艺能。务期他日成材，各适实用，以仰副国家造就通才、慎防流弊之意。①

学堂设置修身、读经、讲经等课程，又保留大量旧学规和各种禁令。诚然，新学初始，传统旧学与外来新学难免互动、对抗，新学教育难免受到旧式道德和管理方法的阻碍，进步人士的作用正在于打破旧教育观念和模式的桎梏。

1906 年，留学日本的松口华侨谢逸桥、温靖侯等人，回故乡组织同盟会，先创办了宣传革命的松口师范讲习所。1907 年，他们又创办了松口体育传习所，这是"革命党人进行集体军事训练和培养干部的场所"，梅州客籍华侨捐赠了全部创办经费。谢逸桥、姚雨平、温靖侯等创办的松口体育会，谢逸桥等自任教员，为辛亥革命培养了大批人才。

① 赵德馨主编，周秀鸾点校：《张之洞全集》（第四册），武汉：武汉出版社，2008 年，第 168 页。

清末梅州倡办新学，梅县松口设立松口高等学堂，后改名为松口公学，培养了大量革命者，如饶辅庭、林修明、周增等烈士，以及姚雨平、张酥村、温翀远、熊越等。辛亥革命的烈士林维明、江柏坚、谢鲁倩、李佐夫等，是叶剑英元帅在三堡学堂读书时的老师。谢鲁倩是三堡学堂校长，出生于印度尼西亚，其父乃华侨富商；林维明老师毕业于日本体育学校，他已将体育运动与国家民族命运直接联系在一起。他们在家乡积极传播革命思想，在客家地区营造了一种革命的氛围，为祖国培养了大量人才。

1912 年，叶剑英与百余名进步师生反对学校官办而创办"私立东山中学"，并在社会力量和华侨资助下得以渡过难关。1913 年，丘燮亭与暹罗华侨叶子彬、星洲华侨陈镜秋等捐大洋近万元，襄助东山中学兴建校舍。梅县东山中学自创建到 1949 年中华人民共和国成立，其建校费用和维护经费基本上源于侨捐。1957 年，叶剑英为东山中学 44 周年校庆题词时，还特意提到"海外侨胞的帮助"。

罗福星，1886 年 2 月出生于荷属爪哇巴城，1906 年全家返回蕉岭老家，在一家学校任体育教员。他于 1908 年到南洋视察华侨教育，先后在新加坡、爪哇中华学校任校长，并积极组织侨胞参加孙中山先生领导的革命运动。

晚清时期，松源王庆嵩、王师连等成立群学社，后在华侨王振东的推动下，群学社扩为兴学会。1905 年，松源高等小学创建，王少谟为首任校长。[①]

归国充当教员，直接参与新学教育，这是华侨引入和扶持新学的重要手段。华侨的先进思想、开拓眼光和外界视野，开发了学生智力，使他们更能放眼世界，胸怀祖国。叶剑英等大批革命家受到了他们的良好熏陶与教育。

---

① 曾庆梅等：《松源教育发展史》，《梅县文史资料》（第 19 辑），1991 年，第 17 页。

三、侨居地新学教育之兴起

清政府驻新加坡领事左秉隆、黄遵宪等皆大力倡办华侨教育，致力组织会贤社、图南社等，以培养华侨人才，提升其中华文化。20 世纪初，新学教育兴起之后，华侨新学教育同样快速发展。

1. 海外创办新学堂

国内外新学教育是相互呼应的。国内新学教育兴起之后，侨胞在海外也大力响应发展新学，并得到中国教育部门的指导，改蒙学馆私塾为新学堂，建立了从幼稚园、小学到中学的教育体制。

1897 年，佛山南海日本华侨冯镜如在横滨创办中西学校（后改名为大同学校），开创了华侨创办近代华文学校的先河。1899 年，神户华侨采用新学制，创办了神户华侨同文学校。

清末十年新政，华侨社会掀起办学高潮。英属马来亚建成侨校十余所，荷属东印度中华学堂发展到 65 所。[①] 1906 年，驻马来亚槟城领事、大埔华侨戴春荣父子与张让溪、刘问之等发起并捐赠巨资创办启发学堂。1901 年春，戴春荣为潮州、大埔、新加坡、槟城十余所学校捐赠十五万银元教育经费。

客家华侨开埠。首先是建设物质文明。他们披荆斩棘，开辟荒芜为耕地，从而奠定了家园的物质基础；其次是建设精神文明，文教则是其中重要环节。饶芙裳辑张耀轩之十二大功绩，其中第十一即是在侨居地创办华校：

华侨子弟日益芸繁，不有教育，安有智识。公素以培才为救国之本，乃以棉兰创办敦本学校，计建筑、校舍及常年费捐款至十五万圆有奇，不分省界，不取学费，并勤勉各署侨长相继设学，有竭蹶者，扶植之。迄今

_____

① 方玉芬：《试析清末民初华侨教育考察的历史及影响》，《八桂侨刊》2008 年第 3 期，第 11 页。

全属学校林立，侨生后进皆以受教育而有祖国之观念，且多返国肄业造就有成者，此公之德十一也。①

1904 年，槟榔屿领事兼南洋学务大臣、荷印华侨张弼士，捐款创办槟榔屿第一间近代华文学校——中华学堂。1924 年，当时的中国驻缅甸腊戍领事梁绍文，考察槟榔屿中华学校，高度肯定张弼士南洋办学贡献："在南洋最先肯牺牲无数金钱办学校的，要推张弼士为第一人。"梁绍文评价说：

张弼士的伟大不在乎金钱的富有和禄位的崇高；他的伟大，就在他肯作肯为的精神，与能收能放的度量，赚了人世间不少的财币，同时能散放许多财币于人世间，这是何等胸襟！何等气概！②

近代华侨不仅重视侨乡文教，还移植中华文教于侨居地，建立现代学校，培育现代民族精神。

2. 雅加达中华会馆及其新学教育的创建

印度尼西亚是梅州客家华侨重要的聚集地，中华文化及其精神之传承在此受到高度关注。这是一个民族国家崛起的年代，也是新型民族革命兴起的年代。印度尼西亚雅加达华侨也快速提升其中华民族意识，其重要体现便是 1900 年初由李兴濂、李金福等人发起筹创的新型社团：

这个社团不分乡族、姓界、省籍轸域，由华侨各阶层各行业组成。在不抵触当地殖民政府法令的原则下，以宣扬祖国固有的文化，并根据孔丘

---

① 饶芙裳著，刘奕宏、郭锐校辑：《饶芙裳诗文集》，广州：羊城晚报出版社，2018 年，第 207 页。

② 梁绍文：《南洋旅行漫记》，上海：中华书局，1926 年，第 70 - 71 页。

的经典说教，改良社会风气，提倡侨胞文化和加强团结互助为宗旨。①

1900 年 3 月 17 日成立，6 月 3 日注册批准，正式定名"雅加达中华会馆"，会址在八茶罐（Patekoan），其组织机构首先是"华文学校董事部及一般社会文化组"。丘燮亭成为雅加达中华会馆的第一届董事和两位副总理之一。

1904 年，雅加达中华会馆修改会章，明确会馆以办理文化教育事业为基本任务，以教育后一代入手，主要着力于儿童教育。其初期仅是识字，后来重视民族文化传承，又引入晚清"学堂新制"，进而重视商科等实用课程，以英文为主，仿效殖民地教育，"从而替华侨教育界树立了崇欧慕洋的风气，和培养殖民地洋行买办人才的榜样"②。

雅加达梅州客家华侨不仅积极参与创办新学教育，成为中华民族理念的提倡者，而且以现代新学为其重要的民族建设手段。华侨与祖国、侨乡的联系从未中断，叶落归根是其根本理念，为继承中华文化，大量华侨子弟归国就学。

晚清和民国政府亦曾考虑创办华侨子弟学校。梅县华侨梁映堂即发动并亲自送十多名华侨青年至南京入学。丘逢甲赋诗赞曰：

> 祖国归航率岛民，养成豪杰共维新。
> 他年编入文明史，此是当时领导人。

梁映堂父亲梁采臣是较早赴印度尼西亚巴城的松口侨商，他创建了南茂公司，经营有方，生意兴隆，又在侨乡创办"敬斋学堂"。梁映堂继承

---

① 梁德坤：《雅加达中华会馆的沿革及其所办的社会事业》，《广东文史资料》（第 23 辑），1979 年，第 148 页。
② 梁德坤：《雅加达中华会馆的沿革及其所办的社会事业》，《广东文史资料》（第 23 辑），1979 年，第 160 页。

南茂公司，又开设瑞德商行，被荷印政府委任为甲必丹，光绪年间出任巴城华商会会长，协办中华学堂。①

3. 侨胞兴学之海外传统

近代梅州客家侨胞兴学有其浓厚的历史传统，华侨在异域生活却保留着中国风俗文化，不仅"并未改从服色"，还努力维持中华文化和文明传统。论者说：在印度尼西亚众多的华校中，教书先生均以客家人为多。②重视教师教育之传承与创新，且形成了传统，这有其深厚的历史渊源。

其一，弘扬祖籍之客家崇文重学传统。客家历史常被称为一部移民史，客家人迁移外出更能体会中途之不易和文化之重要，故每居留必兴学育才。历朝历代梅州皆重提倡文化、文明，程旼、侯安国等皆梅州史上之文化大家，有重大贡献者亦倍受尊崇。

其二，弘扬侨胞侨居地之重教传统。罗芳伯漂洋过海到海外谋生，因其有"秀才"能力而被赋予教书职责。嘉庆年间，南洋华侨"招嘉应州之贫士，至彼教其子弟……"③这既反映了当时嘉应州读书人之多，又表明嘉应州人与侨居地学校之紧密，及其民风、学风之文化和教育导向。

其三，侨居地兴学乃官学传统之异域弘扬。中国历朝历代政府皆重教育，设官学成为政府之重要职能，此所谓文明教化。晚清政府设领护侨之后，同样重视侨胞之文明向背，注意引导其爱国情感。黄遵宪等在新加坡便高度重视侨胞之传统文化教育，设立了图南社等中国文化教育机构。

369

---

① 梁钰钊主编：《松口古镇风情》，第 102 页。

② 吴美兰：《客家人在印度尼西亚的共生与认同》，《嘉应大学学报》1999 年第 1 期，第 117 – 120 页。

③ 包世臣：《致广东按察使姚中丞书》，赵靖、易梦虹编：《中国近代经济思想资料选辑》（上），北京：中华书局，1982 年，第 17 页。

后记　学者的梦想与现实

胜日寻芳泗水滨，无边光景一时新。

等闲识得东风面，万紫千红总是春。

笔者的梦想就是做个学者，闲处书房里，就如同徜徉在泗水河滨，清风荡漾，花香扑鼻，迎面皆是前贤大哲，可谓"谈笑有鸿儒"。梦中的"泗水"，总是如此有吸引力，让人充满无限的遐思，让人流连忘返。

著述总是凝聚着作者的无穷心血，其撰写所耗费的精力常常只有作者才清楚。许多作者捧着自己的著作，常常非常激动，视之为自己的孩子。著作的形成不仅像是怀胎过程，其过程还各有特色，有其合理定位与衷心向往。

孔子曰：五十而知天命。天有四时，人生有四季，春播、夏长、秋收、冬藏。人过五十就当梳理从前岁月，如同到了收割的秋天，此所谓"知天命"。陶渊明说"聊乘化以归尽，乐夫天命复奚疑"，不再犹豫彷徨，此所谓"乐天命"。

学问并非轻松能取得。前辈教导说："要'精鉴博采'，读书是一辈子的事。"① 中途的小结也是必要的。本书汇集和沉淀了笔者从教三十多年的习作与思想，可谓串珠成链、厚积薄发和自得其乐。

---

① 孙磊：《陈永正：以感愧之心直面学术上的指瑕纠谬》，《羊城晚报》，2022 年 1 月 23 日第 A7 版。

高校老师只有极少数能登上"专业的珠穆朗玛峰",但老师或许更应当是"登山教练",要先做好科研探索的言传身教,乐在其中,以作示范和榜样。宋朝大学问家陆游(1125—1210)一生笔耕不辍,晚年作读书总结:

> 古人学问无遗力,少壮工夫老始成。
> 纸上得来终觉浅,绝知此事要躬行。

去年十一月下旬的一天,在客家研究院的会议上,肖文评院长说正在征集相关书稿,笔者便想,海外移民史研究已经有段时间了,水平可能不够高,但相关论文总是现成的,便拿出初生牛犊的勇气,集合了一本所谓的"征求意见稿",没想到竟然通过了。

笔者开始认真研读过去的论文,然后才发现,原本汇集的论文稿,主题不太集中统一,论文汇集便显得太粗糙了,于是决定改作专题撰述。是可谓"学然后知不足,教然后知困"。本书内容多未曾发表,与当代之论文集完全不同。

论文与著作自然是不同的。前者的探研视角独特而集中,后者则要求更加全面,形成独立而完整的体系;不同的论文难免出现史料的重复与观点的互证,汇集成一本著作则相当于一篇大论文,史料与观点必不能出现重复。

人类活动总有其特定的时间和空间,也就是其特定的活动场所。拆分时间和空间,其实就是放大了分辨率和像素,放大了场景。像素越高真实感越强,其描绘和撰写便会越真实可靠。专题著作便难免要下更大功夫。

搜集更多史料,不断糅合,便形成了本书最初模样,又经过不断修改而定稿,提交出版。笔者至今仍然觉得力有未逮,还要查阅更多史料,并重新查证其出处,其模样亦不够俊俏,其质量有待提升。笔者捧着书稿,却百感交集。

写作自然不是件轻松的事情，历史写作更需要以查阅史料为基础，还需要提升相关研究领域的理论水平。史料汗牛充栋，理论日新月异。在重新阅读过去的论文与整理相关材料时，过去写作的那一幕幕总会不断萦绕在眼前。

> 少年易老学难成，一寸光阴不可轻。
>
> 未觉池塘春草梦，阶前梧叶已秋声。

曾经是那么搜肠刮肚，是那么憔悴无助，是那么用功用力，重新翻阅曾经所写，却或者是稚嫩可笑，或者被彻底否定。细思今天所写，信心仍然不足。岁月沉淀不一定总是精华，点点滴滴的进步却必定倾尽心血。

曾经的努力，那是一段岁月，伴随岁月飘逝的是那一份真情。用功用力总以用情为先。热爱，然后能够乐在其中而不管身外之扰；热爱，然后才能累并快乐着；热爱，然后能够感受到诗和远方。无论如何，要努力争取做最好的自己。

历史学并非显学，甚至长期深陷危机。在地方高校执着于历史学，这自然需要有点精神力量的支撑，笔者以史学为业，30 多年过去了。那过往岁月，曾经着实充满迷茫和无奈，难免有些坎坷和风雨。

本书凝聚着笔者的过去岁月。学术探研，坐冷板凳是必要的；新课程和新知识则能够助你开阔视野；既要有扎实的基础还要有广泛的涉猎……笔者依然清晰地记得，也永远不会忘记许多前辈学者的指导、鼓励和安慰。

本书的出版，既是回顾和纪念，也是感恩和感谢。经济与社会的大发展，总会伴随着思想学术的大发展。能够安心静学，还能学有继承，学有所得，笔者要感恩身处伟大的时代。

历史就是一面高悬的明镜，照亮过去，指引未来。侨乡起源史是移民海外谋生的历史，总体上充满着苦累甚至是血泪。中华民族的伟大复兴正进入不可逆转的进程，美好的时代来之不易，能不珍惜乎？

感恩前辈们的教诲，也感恩学友们的指正和一路相伴。感谢嘉应学院客家研究院提供出版机会，感谢肖文评院长和研究院各位学者的支持与鼓励，感谢出版社编辑们的辛勤付出。感恩家人的陪伴、关爱与付出，为我营造了平和而宁静的写作氛围，感谢儿子的护眼台灯和显示器。

"采得百花成蜜后，为谁辛苦为谁甜。"老师和学者都必须像蜜蜂一样繁忙地采撷，必须继承足够的学业知识和学术思想，融会贯通，才能酿出学术"甜蜜"。一如既往地，笔者要向本书引用的文献作者表示感谢，为因疏忽而征引有误或遗漏注释表示歉意。谢谢！

梅江碧桂园

2022 年 6 月 18 日